▲民國四年，在廣西省立模範小學任體育教員時的李宗仁。

▲桂系靈魂人物李宗仁（右）與白崇禧年輕時合影。

▲民國十五年一月，李宗仁參加國民黨二全大會時在廣州車站留影。

▲民國十八年一月二十五日國軍編遣委員會大會閉幕合影（局部）。李宗仁、馮玉祥、閻錫山（前排左一、左三、右一）等均不支持蔣介石（前排右二）的編遣計畫，會議草草收場。

「六一事變」落幕後，民國二十五年九月十七日，李宗仁赴廣州謁見蔣介石，彼此言歸於好。▶

焦土抗戰的理論與實踐

李宗仁言論集

全面戰週刊社編輯出版

中華民國二十七年四月初版

◀李宗仁首倡「焦土抗戰論」，圖為其著作扉頁縮影。

▲民國二十六年雙十節，李宗仁（中）參加抗戰前夕，與夫人郭德潔、長兄李宗唐（德明）在機場合影。

◀李宗仁親赴台兒莊西南八里之車輻山前線督戰。

▲民國二十七年四月「台兒莊大捷」後，李宗仁在浴血奪回的車站攝影紀念。

▲第五戰區司令長官李宗仁（左起）、軍事委員會委員長蔣介石、副參謀總長白崇禧合影，攝於徐州會戰期間。

南洋華僑領袖陳嘉庚到湖北襄樊▶慰勞軍隊，與第五戰區李司令長官宗仁合影。

▲李宗仁（前排中）在第五戰區司令長官部所在地老河口，接見歐洲記者團。

民國三十三年，漢中行營主任李▶宗仁與蔣介石合影。

▲民國三十五年八月，軍事委員會委員長北平行營主任李宗仁（右）、北大校長傅斯年（左）陪同駐美大使胡適回到北平時的歡迎場面。

▲民國三十七年四月二十九日李宗仁當選副總統後，監察院院長于右任向他握手道賀。

▲民國三十七年五月二十日，南京國民政府舉行正副總統就職典禮，蔣介石、李宗仁先後步入大禮堂。李被蔣擺一道，穿了軍便服參加盛典，但他仍挺胸昂視，豁然若釋。

▲蔣介石夫婦讓李宗仁夫婦在會客室枯坐了半小時，才姍姍而出，交談幾句。

▲李宗仁副總統伉儷合影。

▲民國三十七年十二月十四日，蔣介石、李宗仁宴請訪華的美國經濟合作署署長霍夫曼（Paul Hoffman，左一）及美駐華大使司徒雷登，冀能爭取美援。

▲民國三十八年一月二十一日李宗仁代理總統後，與政府官員及部分外國駐華使節合影。

▲民國三十八年三月十九日，李宗仁赴上海解決府院分家問題，返回南京時在機場留影。

▲華北剿匪總司令傅作義（前排高個子）陪李宗仁步出機場。

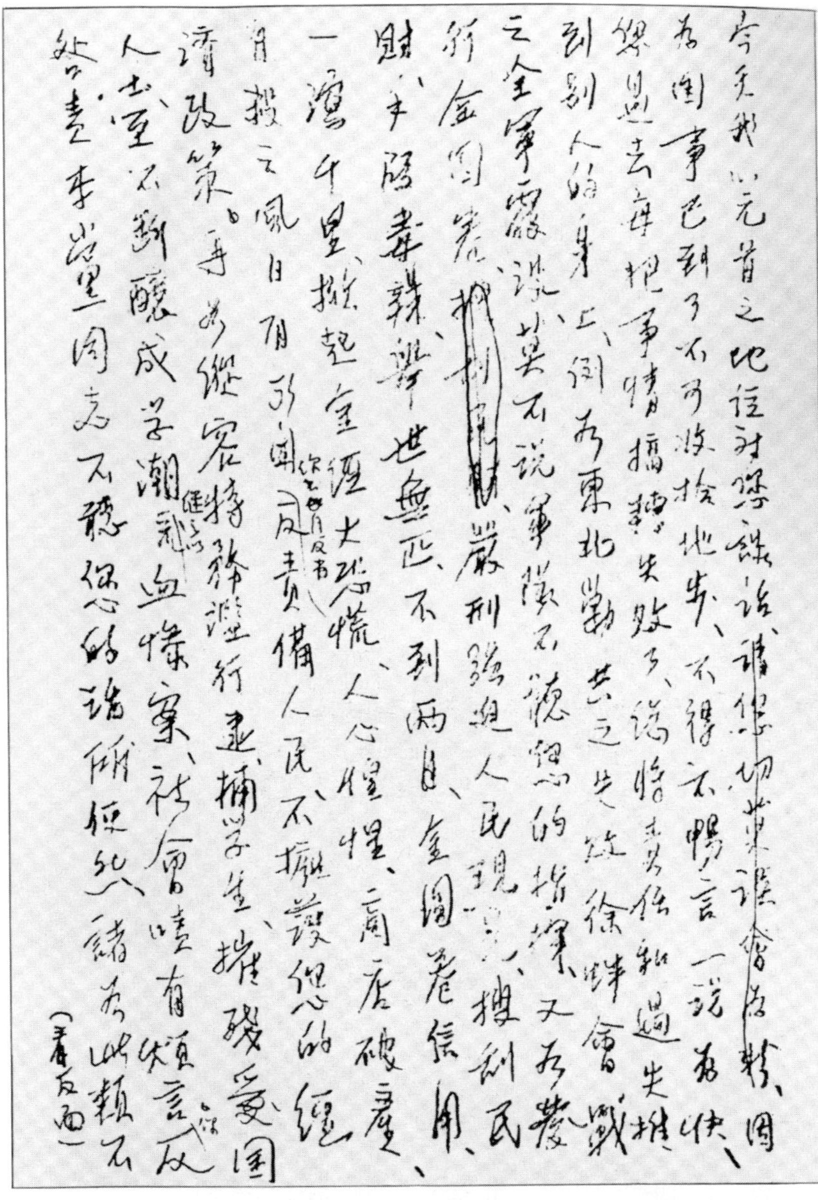

▲本書第七十章「對蔣之沉痛教訓」之李宗仁手跡（共五頁，此為首頁）。原文寫於一啤酒店廣告信箋正反兩面。為李氏自認全書中的「發憤之作」，特自己動手，親筆撰述。此篇亦為全書中唯一的親撰文稿。

▲一九六〇年，李宗仁與唐德剛攝於美國紐約寓所。

▲《李宗仁回憶錄》英文版的封面縮影。該書署名執筆者唐德剛在上，口述者李宗仁在下。

唐德剛作品集

唐德剛作品集
李宗仁回憶錄（上）

作　　者——李宗仁口述・唐德剛撰寫
主　　編——游奇惠
編　　輯——陳穗錚
發 行 人——王榮文
出版發行——遠流出版事業股份有限公司
臺北市10084南昌路2段81號6樓
電話／2392-6899 傳真／2392-6658
郵撥／0189456-1
著作權顧問——蕭雄淋律師
2010年 2 月 1 日　初版一刷
2020年 1 月16日　二版二刷
售價新台幣 480 元（缺頁或破損的書，請寄回更換）

ISBN　978-957-32-6587-0（套號）
ISBN　978-957-32-6588-7（上冊）
YLib 遠流博識網
http://www.ylib.com　　E-mail:ylib@ylib.com

序

唐德剛

這本書是李宗仁先生不平凡的一生事業底最完備的紀錄，又是李氏一生各階段心路歷程底最忠實的寫照。

這本書也是我個人已出版的著作中，用功最深、費力最大、遭遇困難最多的一部有原始性的史書。

李宗仁先生用了七十多年的歲月，始製造出本書中許多驚人的故事。我則用了將近六年的光陰——我平生治學生產力最旺盛的六年光陰——才把它用中、英雙語紀錄下來。

本書原只是一部中文「草稿」，藉助翻譯之用。按照李氏與原資助機關哥倫比亞大學東亞研究所中國口述歷史學部所訂的合約和撰述計畫，是在本書「英文版」發行之後，始能加以整理、潤色，然後以「中文版」面世的。不意本書「英文版」尚有待殺青之時，李氏忽於一九六五年夏，祕密離美，以致本書「中文版」的整理工作，便無法著手——蓋格於學術界的規律，李氏這位「口述者」一去，我這位「執筆者」，縱在詞句上亦不應易其一字，所以本書就只能以原「草稿」付梓了。「草稿」畢竟是「草稿」，其不完備之處，就毋待多贅了，只祈讀者知而諒之。

* * *

這本書的作者，雖只限於李公和我二人，但它畢竟是一部長逾五十萬言的「巨著」。「口述者」和「執筆者」之外，其他有關各項雜務，牽涉的範圍之大，實是一言難盡；正因其如此，則「執筆人」之協調多方，嘔心瀝血之情，也是說不盡的。其中一部分辛酸歷程，我曾另有文字紀錄，聊備鴻爪；至於撰寫期間所遭遇的學術性的困難，我在本書「英文版」序言中，也略有交代。總之，本書自動議磋商到付梓發行歷時逾二十年的一系列過程中，它嵌在我個人生命史上的痕跡，是苦是甜，也是終生不滅的。它今日之終能以現在形式出版，也可說是「執筆人」的一部「發憤之作」吧。

可是，「衣帶漸寬終不悔」，不管它曾給予我多少困擾，今日回思，我仍覺得我當年不顧一切，堅持把這份中文稿——這份哥倫比亞大學口述歷史學部所完成的唯一底一份漢、英雙語稿——寫下去、留下來的決定，是正確的；其正確性則反映在當代史籍上所發生的效果——它保存了李宗仁在中國歷史上的真面目。

李宗仁先生畢竟是在中國歷史上做過「一朝天子」的人物；他也是「近代中國」這座高樓大廈中的一根主要支柱。沒有這根柱子，則今日這座大廈，可能又是另外一棟不同底建築了。

李宗仁是怎樣地在「近代中國」發生其支柱作用呢？我們試翻史策，就不難一目瞭然了。

*　　*　　*

中國之所以形成當今這個局面——不管是好是壞——國民黨當年的「北伐」（一九二六～一九二八），實是當代中國一切發展的根源，而北伐的基礎則又建立在「兩廣統一」（一九二四～一九二五）這個歷史事實之上。但是撐起「兩廣統一」這半邊天的，則是廣西的統一（廣西統一較廣東為早）。

廣西於一九二五年秋季統一之後，在李宗仁、黃紹竑、白崇禧這三位青年將領領導之下，竟一反當時各省割據自雄的時勢，而投入蝸居廣東的國民黨之懷抱來「共同革命」。在那個人行為足以影響一個國家政治發展方向的時代，他們這三位青年將領——所謂「廣西三傑」——的胸襟和氣度，是十分不平凡的。他們這一決定，才能使「北伐」從構想成為事實。而在他們這三人之中，李宗仁實是決定性的人物。他們可以無「黃」，也可以無「白」，卻不可無「李」。

廣西的統一和兩廣的合作，實繫於李宗仁的一念之間。李氏如一念及邪，則那個風雨飄搖的廣東地方勢力，所謂「大元帥府」，是禁不起吳佩孚、唐繼堯、陳炯明三面夾攻的。

* * *

再談談「北伐」的本身吧。

北伐中最大的暗潮是國共之爭。共乎？國乎？汪乎？蔣乎？在那千鈞一髮之際，李宗仁那支「第七軍」，實是勢足扭轉乾坤的中間力量。他袒汪則無蔣；袒蔣則無汪。容共則共存；反共則共滅。

這支中間力量的如何使用，實憑其指揮者的個人意志之用藏取捨，而李宗仁所做的擁蔣的個人決定，也支配了當時中國歷史所走的方向。

* * *

國民黨政權在大陸時代如日中天之時，實是一九二八年底，張學良「東北易幟」之日。斯時黨內各派系如精誠團結，則今日中共在大陸上的局面，也正是當年國民黨的形勢。不論治績如何，維持東亞大陸之統一，畢竟是任何形式的中國中央政府，推行各項設施的先決條件。

孰知捨此路而不由，國民黨於一九二八年統一大陸之後，竟於同一幅「青天白日」旗幟之下，來個「同黨操戈」，打了三整年前所未有的血腥內戰，終於在東北邊陲打出個「偽滿洲國」；在長江沃壤的核心，打出個「蘇維埃」政權。從此國民黨的統一大業，便成為泡影，永不再來。

這樁歷時三載（一九二九～一九三一）的蔣、李、馮、閻「同黨操戈」的孰是孰非，歷史家言人人殊。這個「言人人殊」的爭辯，今後恐將延續一千年，而終無結論。

但是歷史家如姑置是非於不論，只談事實，則這樁國民黨黨軍自相砍殺的內戰，實導源於一九二九年初之「武漢事變」。其後接踵而來的「中原大戰」和「擴大會議」（一九三〇），實是「武漢事變」所觸發的連鎖作用，而李宗仁正是這「事變」的兩造之一——也可說他是始作俑者，甚至可說是罪魁禍首。中華民國十八年（一九二九），如果沒有這一役「討桂」之戰，則後半世紀的中國，該又是另外一個局面了。

* * *

李宗仁個人的態度，對一九三三年的「閩變」，一九三四年的紅軍「長征」，一九三六年夏季的「六一事變」，和是年冬的「雙十二事變」，都有其決定性的影響。

其原因便是抗戰前與南京中央抗衡的地方勢力，如盤據閩、粵的舊「四軍」諸將領，以及雲南的龍雲，四川的劉湘，湖南的何鍵，山東的韓復榘，山西的閻錫山，綏遠的傅作義，西北的諸馬，他們對南京的態度，多半是以廣西的李、白馬首是瞻的，而他們二人畢竟是這家掛著「青天白日」商標的老店中，最早、最有功勳、最有聲望，也最有實力的股東嘛。

桂系在當年的地方勢力之中，是有其「帶頭作用」的。它與南京「中央」，不但淵源最深，它在地方建設上的成績，也足為各省模範。李、白二人如擁護中央、服從政令，則舉國大小諸侯，多會聞風景從。他二人如背叛中央、帶頭造反，則各地地方勢力，也會作或明或暗的響應。「西安事變」之所以能和平解決，李、白二人態度之審慎，不能說對張學良最後之「懺悔」，沒有其一定的影響。

* * *

「抗戰」開始之後，桂系之盡釋前嫌，無條件地「共赴國難」，實是抗戰初期舉國軍民最大的興奮劑和定心丸。當時名學者傅斯年便曾說，廣西的全省動員，該打「一百分」。老實說，沒有這個一百分，則抗戰開始之後，可能就難以為繼。

但是我們亦不能否認，所謂「桂系」，在抗戰後期與重慶中央貌合神離，在地方政權中，貪污腐化、擁兵自重，也是國民黨政權軍令政令始終不能如臂使指，絕對統一的最大障礙。相反地，當時「桂系」與「中央」，如能精誠團結，整飭貪污，提高效能，則國民政府治下的一切內部問題——如政治經濟的改革，半獨立性底地方政治和軍事體制（所謂「雜牌」問題）的整頓等等，均可迎刃而解。

「一黨專政」不是當時中國政治問題的核心；專政而無能，才是政治問題的癥結所在。左丘明記臧哀伯之言曰：「國家之敗，由官邪也。」（《左傳》，桓公二年）國民黨當年的問題，便是「官邪」的問題。「官邪」之所以不能解決，實是派系傾軋的結果。

國民黨當年的「派系傾軋」，原不限於「桂系」與「中央」。「中央」系統之內的派系，亦傾軋無已時。是非雖不易談，而事實則至明顯。李宗仁所領導的這個「桂系」，實是當年國民黨「派系鬥爭」中，僅次於「中央」的實力派。在整個國民黨崩潰的體系之中，相與爭權攘利、貪污腐化，結果覆巢之下，終無完卵，也是他罪有應得的。

* * *

國民黨在抗戰之後，把辛辛苦苦自倭寇手中奪回的大好河山，拱手讓賢，乃派系自殘之結果。

國軍在東北「反共抗俄」不成，本可（如馬歇爾之建議）退保華北；「華北」不守，亦可劃江而治。一九四九年以前，全國精華所在的「長江以南」，原無共軍的一兵一卒，而當時對世界共產革命，有「一言九鼎」之力的史達林，亦嘗有力阻中共渡江之令。據當年美軍名將魏德邁之觀察，國民黨如尚餘「一把掃帚」，便足以阻止中共越江南侵，而況當時國民黨尚有百萬哀兵、艨艟巨艦、鐵翼連雲！有本錢若此，竟至天塹棄守，任共軍席捲華南，如秋風之掃落葉，讀史者今日回顧，固知國民黨當年之潰敗，經濟、軍事皆非主因；癥結所在，仍繫於派系自殘之間也。

李宗仁事後向筆者力辯，渠當年絕無「逼宮」之事。白崇禧斯時密勸黃埔將領促蔣公下野，亦可能出諸「善意」。無奈「中央」與「桂系」積隙已深，神離而貌亦不合。蔣氏引退，則李氏豈能無「彼可取而代也」之心。蔣公擅權謀，懷德報怨，自有其「寧贈朋友，不與家奴」之憤。由於他二人不顧大局的私鬥，終使國民黨在反共內戰中，太阿倒持，蹈「南明」覆轍，幾至使孫中山先生所創建的國民黨，全黨為之殉葬。

* * *

讀史者如暫時撇開歷史製造者的事功不談，而從其個人之品德出發，作誅心之論，則李宗仁亦頗有足述者。

司馬光曰：「德勝才，謂之君子；才勝德，謂之小人。」（《通鑑》，周紀一）

專就李宗仁個人治國用兵的能力來說，他應該說是位不世之「才」。他於青壯年時期，便能雄踞八桂，軍而不閥。全省勵精圖治，舉國有口皆碑。其才足以牧民，其德亦足以服眾。所以他才能穩坐「桂系」第一把交椅數十年而不傾。最後還要做一任「假皇帝」始收場，凡此皆足以表示李氏有不羈之「才」，有可歌之「德」，他的成就，不是一位「普通人」可以倖致的。

* * *

李宗仁當然基本上是個軍人。其將兵之才，自應超過他搞行政的本領。早在青年期中，他已是位披堅執銳的猛將。成熟之後，更是一位運籌帷幄、指揮若定的主帥。論謀略，論險詐——走偏鋒，則李不如白；然御百萬之眾、進退有度、師克在和、將士歸心，則白不如李。寫歷史的人，如把國民黨政權中數十員翎頂輝煌的「上將」，以傳統所謂「將才」標準來排排隊，則桂系這兩位首領，實應分居第一、二位。「小諸葛」白崇禧，在海內外享有盛名已數十年。不過縱是真諸葛當年亦不過是羽扇綸巾的戎幕之才。若論威鎮三軍之「主帥」的風範，則李宗仁還應居首位，非白參謀長所能企望也。

抑有進者。論將兵、將將，則李氏的本領亦非他底上級的蔣中正所能及。蔣公熟讀《孫子》，細玩《國策》。馭人每重權謀；將兵時輕喜怒。在疆場之上率數萬之眾，親冒矢石，衝鋒陷陣，於攻惠州、打棉湖等小戰役中，亦不失為一員猛將；然統大軍百十萬，轉戰千里，進攻退守，如在棋局之上，則蔣氏便不逮李、白遠矣。

但是，儘管李宗仁在軍、政兩行，皆有其超人之處，可惜的是他生非其時。他如生於農業社會的傳統帝王時代，則做主帥，做賢相，甚至做明君，他均可勉為其難。

不幸的是，他卻生在這個傳統東方社會，逐漸向西式——著重「西式」二字——工商業社會發展的轉移時代。東方的舊傳統與「西式」的新社會是鑿枘不投的。如何調和鼎鼐，兼取中西之長，使古老的中國文明，和傳統的政治、社會制度，通過此「二千年未有之變局」（梁啟超語），逐漸走向「超西方」（Post-Western）的新時代和新文明，則李宗仁（亦如蔣介石和毛澤東）在其泯然不自覺的傳統文化和習俗的薰染之中，他所受的有限的「現代知識」的訓練，就不足以承擔這項雷霆萬鈞的「天降大任」了。身「在其位」，而識見不能「謀其政」，那就注定李宗仁（乃至蔣氏、毛氏）一生事業的悲劇收場了。

*　　*　　*

當然，李宗仁在中國歷史上，不論為善或作惡，都不能和蔣、毛二氏並駕齊驅的。

李宗仁是赤足牧童出身，為人渾厚——有著中國傳統農村中，村夫老農淳樸的美德。為人處世，他不是個反反覆覆、縱橫捭闔、見利忘義的黨棍官僚或市儈小人。等到他時來運轉、風雲際會，享榮華、受富貴之時，得意而未忘形，當官而未流於無賴。遇僚屬不易其寬厚平易之本色；主國政亦不忘相與為善之大體。以此與一般出將入相的官僚相比較，都是難能可貴的。誅心以論之，則李宗仁在中國歷史上，也該算個德勝於才的君子。

* * *

可是話說回頭，吃他那行飯的人，是不能做太多的「正人君子」和「好好先生」的。他在「君子」和「好人」之外，也還有其「政客」的一面，否則他在國民黨那種風雲詭譎的政海之中，也早已滅頂了。

昔司馬遷評與他同時的漢朝第一位「布衣宰相」公孫弘，說他「為人意忌，外寬內深」（《史記》卷一一二，平津侯傳）。公孫弘，以「牧豕」之童出身，終至拜相封侯。一生經歷除才遇雙全之外，他那「外寬內深」的習性，也是他功成名就的主要條件之一。

民國初年，胡漢民隨孫中山遊武漢，見當時武漢的當權派首領黎元洪「渾渾而有機心」（見《胡漢民自傳》）。黎元洪以一個小小的清軍協統（旅長），為革命黨人所挾持而赴義，不期年便備位「儲貳」（饒漢祥語），未幾竟兩任民國「大總統」（一九一六～一九一七，一九二二～一九二三）。對他這項功業上的成就，他外表的「渾渾」和內蘊的「機心」，二者都是缺一不可的。

筆者為李宗仁先生耗時六年，著書五十五萬言，全篇立說主旨，一切均以李氏意志為依歸，未參雜我個人半句褒貶之辭。如果一位治史者，在推敲五十萬言之後，必須對他筆下的英雄，略申月旦之評的話，那我也可說：李德公於「名將」之外，也是一位容貌寬厚，而心志精明的政壇高手。論人品，論事功，他和「外寬內深」的公孫弘，與「渾渾而有機心」的黎元洪，大致是同一流的歷史人物吧。

* * *

國族不幸，於新舊交遞時代，歷史進化失調。一部中國近代史，直是一部民國「相斫書」。時賢中名將太多，名相太少。民國史上的英雄，因亦以相斫人為第一。德鄰李宗仁先生當然是相斫英雄中之佼佼者。

筆者有幸，竟能參預執筆，鉤沉探隱，略敘近百年來，國人自我相斫與聯合禦寇之實情，合李公「傳記」與「自傳」於一書。本篇雖為民國信史中不可分割之一章，勢必永傳後世，然回顧我國近百年來，天災人禍，更迭相尋，屍填溝壑、生民塗炭之慘痛歷史，吾人著書海外，擲筆沉思，歎息流涕之外，他何足言?!

但願我華族自此以後，重睹太平盛世，國人不再以相斫為榮，則幸甚矣。賢明讀者，細閱我書，想或有同感焉。

是為序。

一九八五年一月二十二日

於美國新澤西州北林鎮寓廬

目錄

第三編　初期軍中生活

第四編　統一廣西

第五編　從鎮南關到山海關——北伐回憶

【下】

第六編　十年國難與內戰

第七編　八年抗戰

第八編　從全盤勝利到徹底潰敗

□附錄一：李宗仁聲明

□附錄二：邵力子、章士釗一九四八年在香港致李宗仁的勸降書

□附錄三：撰寫《李宗仁回憶錄》的滄桑

唐德剛

李宗仁回憶錄

李宗仁 口述
唐德剛 撰寫

【上】

第一編
少年時期

【第1章】

時代、故鄉、家世

1

近百年來的中國，實為中華民族五千年歷史上前所未有的、最慘烈悲壯的一段。而遜清末葉內憂外患的情形，在這段史實中，比之其他時期，則尤為沉痛。

自滿清入主中原以後，經過兩百年的專橫統治，到嘉慶、道光時代，國勢日衰。就在這衰勢初起時期，新興的外族遂乘機侵入。道光二十年（一八四〇）的鴉片戰爭實開其端。由那時起，滿清的弱點全部暴露。外族囂張，煙毒橫流；國日貧、民日弱，遂至於不可收拾。

正當這外患日趨嚴重的時候，國內由於長期腐化統治的結果，官逼民反，在道光三十年（一八五〇）爆發了洪楊革命。時歷十餘年，禍延十餘省，伏屍千餘萬，形成我國歷史上少有的浩劫。從此，國家元氣大傷，外禍乃益發猖獗。其後，不特西方列強紛起謀我，即新興的日本也接踵效尤。同治、光緒時，我國四周藩籬盡撤，中華本土，也早晚有被瓜分的恐懼。數千年錦繡河山，至是竟淪為列強共有的殖民地。我華族只是苟延國脈於列強均勢之下而已。

國是危險萬分了，而清廷的昏瞶反有增無已。朝廷中竟有「寧贈友邦，不予家奴」的荒謬言論；而地方官吏更是賄賂公行，橫征暴斂，以致飢民遍野，盜匪如毛。加以外貨傾銷，國民經濟徹底崩潰，人民的貧困，舉世罕有其匹。因而有遠見的士大夫，和富於民族思想的祕密會黨，遂紛起圖謀挽救。有主張變法維新的；有主張伸張王權，扶清滅洋的；而圖謀揭竿起義，實行民族革命的，更遍地皆是。

廣西地鄰邊陲，對外族侵凌本有切膚之痛。又是洪楊革命的策源地，一般人民的民族思想極為濃厚，對專制、腐化統治所發生的反抗情緒，尤為熾烈。因此在這種時代背景中出生和成長的血性男子，極易受革命風氣及抗暴精神的感召，而發為慷慨悲歌的言行。

先祖如璽公、先父春榮公都生活在這國脈民命不絕如縷的時代。對外族的橫蠻侵凌，清吏的貪婪苛虐，都曾親身體驗，耳熟能詳。平時抑鬱之餘，也每以歎息悲憤的語調，和家人親友痛論時事。因此，我家的孩子還未啓蒙，便有機會在眾人中，旁聽鄉國沉淪的各種慘痛故事，油然而生革命抗暴的心理。我便是在這種時代背景和家庭環境中，於清朝光緒十七年辛卯陰曆七月初九日（公元一八九一年八月十三日）出生於廣西省臨桂縣西鄉的。

2

廣西當年的政治區劃分為十一府和若干直屬州、廳。桂林府原居十一府之首，而臨桂縣則是桂林府的首縣。所以臨桂縣治便是桂林府的府城，同時也是廣西省的省會，為清代廣西巡撫駐節的地方。

桂林府位於廣西的東北境，和湖南毗鄰。府內共包括七個縣、兩個州和一個廳。全境是一片山環水繞，川谷交錯的區域。地當南嶺幹脈的南邊，五嶺中有名的越城嶺居其北，都龐嶺在其東，五嶺支脈卻盤旋境內。桂林的山多係砂岩和石灰岩所構成，久經風雨侵蝕，峰巒聳峭，岩穴深邃。所以在一片原野中，往往平地風波，異峰突起，秀麗無匹。而岩石下邊，石灰質為地下水所浸，也往往蝕成奇穴，深不可測，鐘乳倒懸，蔚為奇觀。如桂林城東門外的七星岩、月牙山，北門內的風洞山、疊彩山，麗澤門外的老君洞，城中心的獨秀峰，南門外的象鼻山，都是名聞海內的名勝。

就在這山野間，自北而南，穿桂林府全境蜿蜒而過的，便是西江支流、桂江上游的灕水。溯灕水而上，到興安縣城的東側，可通湖南的湘江。這便是我國地理上有名的「湘灕同源」。據史書所載，湘、灕原不相通。秦始皇統一中國後，為便利漕運，曾遣史祿入桂林郡掘漇河以溝通二水。自此兩水相通，而水流則背道而下，同源相離，可能便是湘、灕二水得名的由來。

在這湘、灕分流處，河床和兩岸俱係用重數噸的方塊大石砌成，經兩千年未嘗稍損，工程的浩大，實可稱為奇跡，足與四川的都江堰媲美。

由灕水上游順流而下（桂林以下曰桂江），至蒼梧與西江會合處，又名鴛鴦江（因兩水一清一濁得名），東向直達廣東。溯灕水而上轉入湘水，再順流而下，可經長沙入洞庭而通長江。所以在我國古代，桂林可說是四達之區，蔚為中國西南部軍事、政治的重心。

這湘、灕二水都蜿蜒於奇峰原野間，平時江水碧清見底，游魚可數。有時水流緩慢，山光水影，一平如鏡，顯得秀美絕倫。偶逢峰迴江轉，頃刻間又波翻湍嘯，水陟灘高——自桂林到梧州號稱三百六十五灘——卻又顯得雄峻險絕。木船通行其中，兩岸猿啼，江山如繪，真使人如置身畫圖中，所以就風景來說，桂林府的全境都可說是山明水秀，而省會所在地的桂林城區，更是自古就以「桂林山水甲天下」一語而聞名海內。

以前遊桂林的人更有許多特別欣賞陽朔縣的風景的，因而又有「陽朔山水甲桂林」的佳話。其實桂林城郊和陽朔的風景遠較我鄉為遜色。因為陽朔山水固稱奇特美麗，可是峰巒過於密集，而乏阡陌桑田，及縱橫河流的陪襯，正如一個少女生得五官畢聚，縱然明眸皓齒，也難免美中不足。所以就風景幽美而論，桂林、陽朔均不如臨桂縣西鄉的穠纖適度，只可惜該處地非要津，旅客少到，不為外人所知，所以就不如桂林、陽朔的享盛名了。

在臨桂縣的西鄉，離桂林城約六十里處，有一小鎮曰兩江墟。墟內約有數百戶居民。再由此小鎮向西行七里便是我們李姓聚居的榔（讀浪）頭村。兩江墟周圍二三十里，土壤膏腴，人口稠密，村莊棋布，雞犬之聲相聞。舉目展望，遠近都是一片良田。就在這平曠的田野中，小山峰稀疏羅列，峻峭秀美，姿態各異，勝過一幅美麗的畫圖。這些村落各有其不同的村名。或因其地勢風景得名；或別有其命名的歷史淵源。如白洞村和白崖村即因其村旁有白色的崖洞得名；如大浪坪卻以其地勢平坦而得名；中寶村相傳其村側的岩洞中貯有寶藏；軍營村則為古代軍屯的遺址。我家祖居村子名曰榔頭村。「榔」字原義為樹木茂盛下垂貌，因以樹林茂盛得名。我外公劉家所住的古定村，也曾為古代屯軍的地方。

就在我們這座村落西邊約二十里，便是平地崛起高聳入雲的一系列崇山峻嶺。其中柴草、野生花果和山豬、麋鹿之屬是取之不盡的。這是我們附近一帶數十村莊居民的公產，為居民們農隙時採樵畋獵的處所。

我鄉的農業出產以穀米為大宗，桐油、茶葉次之，各項藥材又次之，居民頗能安居樂業。然平時除至戚近鄰外，彼此間卻大有老死不相往來的光景。

雖然當時我鄉農民未受教育的多至百分之六十，然多數男子在童年都曾啓蒙識字，少的數月，多的三年五載不等。惟女子除少數富戶外都無識字機會，這是由於傳統習俗重男輕女的緣故。所以大致說來，我鄉居民多數是半耕半讀、自給自足的自耕農，貧富懸殊不大。大地主可說絕無僅有，小地主也為數不多。歷來民風淳樸，遜清一代，文風極盛，雍正年間的陳宏謀，便以進士及第，歷任巡撫、總督，拜東閣大學士，為朝野所稱羨，其後代也有名儒，科甲鼎盛。所以在科舉時代，我們廣西有句諺語說：「廣西考桂林，桂林考兩江。」意思是科舉考試中，桂林實為全省第一，而兩江又為桂林第一。所謂兩江，即是我的故鄉兩江墟一帶。

我國自古以農立國，這些仕宦之家，原多來自農村，深知民隱，因此，賢官良吏頗能下體民情，知所興革。據說陳宏謀即是廚司出身，後為某塾師所賞識，蓄意栽培，才使他直步青雲的。不過這些官宦之家，一旦發跡以後，便逐漸和農村群眾脫離了。因為他們做了官，為著生活享受，都遷入城裡居住，衣錦食肉，對家鄉的民間疾苦，便忘得一乾二淨了。

我鄉正因為文風極盛，故一般習俗比較重文輕武。這種現象亦有其歷史淵源。我國專制時代的傳統政策，原即重文輕武。其重要緣故，是因為文人長期伏案，每每形成手無縛雞之力、弱不禁風的白面書生，易於駕馭；而武人卻恃強好鬥，容易造反。故俗諺有云：「秀才造反，三年不成。」而劉項從來不讀書，反可橫行天下。所以我國專制帝王特厚咿唔誦讀，而薄好勇鬥狠。再就我鄉的情形來說，人民想從武事求上進也很不易。因為專制時代，武人出身只有兩途可循：其一係科甲出身，從武童生考武秀才，然後逐步上進，以至於武舉人，武進士，甚至於武狀元。但是這種考試實非一般鄉民的財力所能勝任。武考不比文考，應武考要練刀、弓、石，習騎射，製裝備，吃補品，這種種均非清貧農家所能負擔。不若「三更燈火五更雞」式的苦讀較為易辦。

武人的另一種出身便是行伍。但行伍卻要離鄉別井，冒險犯難。而我鄉農民多半能溫飽自給，故亦不願出此。太平天国時代，洪楊圍攻桂林不下，屯兵我鄉，居民為其裹脅者雖多，然終乘機逃亡，卒無一人隨洪楊遠征以至建功發跡的。因此，我鄉一向就沒有當兵吃糧的風氣。在我本人以前，我鄉未嘗出過一個知名的武將。而我本人的廁身戎旅，卻係軍校出身，和上述兩種方式都有不同，故也另當別論。

3

我們在椈頭村聚居的李姓族人，男女約有二百丁口。相傳我們祖先原是隴西人。歷經朝代，遷徙數千里才定居在廣西的。最早的傳說是說我們的先人是秦時南遷的。始皇鑿灕河以通湘灕時，隨史祿而來的，據說有李姓將軍二人。這二人便是我們南遷的始祖。秦闢廣西為桂林郡，我們的遠祖便在這新闢的桂林郡落戶了。另一傳說則謂我們的遠祖最初自隴西遷入關東（即今河南省），再遷湖南，三遷而入廣西定居的。至其年代，一說在漢朝，一說在唐朝，或者即是歷經漢、唐二代才遷入廣西亦未可知。總之，我們李姓聚居在桂林的兩江墟椈頭村，其最初遷來的年分雖譜牒無考，然至少也有將近千年甚或千年以上的歷史了。經千餘年的繁衍，由於農村經濟的破產，歷代兵災匪禍的浩劫，以及若干族人遷往外鄉謀生，所以人丁迄今仍只有二百餘人。

至於我家這一房，則自高曾以上，歷代均是單傳。至先祖如璽公才生二子——先父春榮公（字培英）和先叔春華公——其後丁口始盛。我家是所謂耕讀傳家的，歷代都是半耕半讀。先祖以上，我家尚稱小康，加以幾代單傳，故生活頗為優裕。到了咸豐初年，洪楊圍攻桂林很久，故鄉迭遭兵燹，於是盜賊蜂起，我家故宅致被焚毀，曾祖又曾被綁票勒贖，因此家道中落，房屋也無力重建。後來故宅的廢墟被闢為菜圃，而四周的牆基猶存，憶我幼時，在菜圃內玩耍，曾在這些牆基上，爬上爬下，於今記憶猶新。

我家既是且耕且讀，所以歷代先人都具有農村社會中誠實慈祥的美德。加以幾代單傳，時虞絕嗣，所以先人更加樂善好施，希望廣積陰功，為子孫祈福，因而頗為鄉里所稱道。所以我們歷代都可說是積善之家。

先祖如璽公不但樂善好施，而且豪俠好義，專喜結交各方豪傑。中年時曾往四方遊歷。下三湘、渡洞庭，遠至武漢訪察長江形勢，中原民俗。後又越南嶺下廣州，在珠海留連。晚年研究醫術，精於小兒科。其時因我家尚稱寬裕，不靠行醫過活，所以先祖為人治病都是義務性質，為我鄉的一位知名的儒醫。

先祖少年時，曾被過境的清兵拉夫，中途急智逃脫，幾為追者所獲，所以他畢生對滿清的苛政，和軍隊的擾民，最為痛恨。加以目睹鄉間土豪劣紳的魚肉小民，使他頭腦裡充滿了抗暴的思想。在他的晚年正值清廷最弱，外禍最烈的時期，中法之戰、中日之戰、八國聯軍、日俄之戰接踵而來。越南原為我藩屬，與廣西脣齒相依，當光緒十年（一八八四）法人侵佔越南時，廣西全省震動。先祖耳聞目睹，至為真切。因之，他對清廷的顢頇，洋人的猖獗，深為痛心疾首。他老人家晚年吸食鴉片，這或許是因為他無從發洩他的憤懣，故藉此以吐胸中積憤。煙毒在中國為害已久，同治、光緒年間，為禍尤烈。因當時清廷連年用兵，軍餉無著，竟公然將鴉片弛禁，以煙稅充軍餉。雲貴一帶本是盛產鴉片區域，故煙毒在廣西流傳更深。

吸鴉片的人多半喜清談，好賓客。煙槍在手，親朋滿座，談風便愈健。我祖父也常在煙榻上把他當年的遭遇以及所見所聞令人憤慨的故事，說給客人和我們孩子們聽。因為這些都是實人實事，說來感人極深。我小時乃至我的一生，受這些故事的影響極大，至今不忘。

【第2章】

父母之教與童年生活

1

先父培英公生我兄弟姊妹共十一人。早夭的三人，成長的有五男三女。我家祖產本甚有限，祖父晚年析產時共有田地六十多畝。祖父母保留十餘畝為養老之資，我父與春華叔各得二十餘畝。我們這一房十口之家的生活費便全靠這二十餘畝的田地，家用自感十分拮据。幸賴我母克勤克儉，撫養我兄妹八人至於成立，劬勞之情，有筆難宣。

培英公承先祖家教，也是一位個性倔強、任俠好義的人。先父不但豪爽，同時也極端勤勉好學。他生在文風極盛的臨桂西鄉，耳濡目染已足勝人一籌，而他又投拜於名師門下，進步自更不待言。

先父的老師李小甫先生，與我們同姓不同宗，也是當時的奇士。他是我鄉的一位名舉人，然自中舉後，即無意科場，隱居故鄉，終身不仕。他的同寅中有官至高位的，曾保薦他做知縣，而小甫先生力拒不受。或問其故，他說他不願為腐敗無能的清廷作鷹犬，更不願與捐班出身的貪婪官吏為伍，其友人也不能相強。小甫先生因此以高風亮節聞名鄉里。先父慕其名而義其行，遂拜小甫先生為師，就讀門下。其一生為人行事，都以小甫先生作模範；淡泊名利，無心仕途，都是受小甫先生的影響。

小甫先生不但無心功名，其思想也極為新穎。在家鄉竭力破除迷信，主張興學堂，辦實業，為地方興利除弊。他因深知科舉制度當廢，乃親自將其四子中行二、行三的送往上海進教會學堂。其後行三的德晉考取官費留學美國，學習土木工程，和中國最早的著名鐵路工程師詹天佑先後同學。這位早期留美的李老師的兒子，有件趣事值得一提：李君赴美以後，受到西洋文化的洗禮，對中國盲婚的習俗起了反抗的心理。他寫信回家，要求和他才三四歲時因父母之命、媒妁之言而訂下的未婚妻解約。女家父母卻認為無故退婚，有辱門楣，乃嚴詞拒絕。這事鬧得滿城風雨，遠近皆知，鄉民不知真相，傳說紛紜。有的甚至說李君在美國已被彼邦巫醫，為取睪丸配製藥丸，將其閹割，致失去性機能，不得已而要求退親云云。輾轉相傳，似乎煞有介事。由此可見當時新舊習俗是如何地格格不入，以及民眾排外情緒的熾烈了。李舉人既是位名儒，先父又極勤勉好學，所以先父在當時科第中，很有前途。然他老人家原不以功名為意。一試未酬之後，又值先祖母和先祖父去世，前後丁憂六年，因守制下場，遂未再試。從此也就無心仕途，以其餘生在家設館授徒。

在先父壯年時期的中國，已與祖父當年迥然不同。清廷腐敗日甚，外患有增無已，瓜分大禍迫在眉睫。這時革命熱流已極澎湃，戊戌前後的維新思潮，尤風靡一時。在這種風氣激蕩之下，培英公也成為我鄉革命派激烈分子領袖之一。尤其是他的破除迷信，毀廟宇、興學堂的主張，引起了當地守舊派的劇烈反對。那種主張在當時是件很不平凡的事。舊時代的農村社會原極迷信，更加以統治者的提倡，欲使人民易於就範。於是人民不但認為富貴榮華是由神鬼在冥冥中作主；而疾病荒歉，也由於魑魅從中作祟。平時求神拜佛，燒香還願，都習以為常。若逢祈雨驅鬼等大事，且由專業此道的道士主持。這種道士，有事相召時即來設壇作求神、驅鬼等各種法事，無事時彼等也另有職業。為首的雖或以道士為專業，但其門徒卻都係普通農民。

這種道士有時亦確有些巫術。我鄉的道士有時為病人驅鬼時所表演的巫術亦頗足驚人。有些道士在地下挖一長坑，在坑內燒炭，當炭火熊熊時，渠即喃喃念咒語，然後將農家所畜的鴨一隻，驅其踏火而過，而羽毛足爪毫無損傷。他更能策病人全家踏火而過不被灼傷。這或係一種魔術，然而鄉村愚夫愚婦便以為道士確是法力無邊了。故在專制時代，朝廷嚴禁和尚、道士入場考試，以示其人格在社會上低人一等。為的是怕他們憑藉邪術，煽惑民心，與統治者爭奪天下。

我鄉還有許多其他迷信，也很可笑。如祈雨遊行時，不許人戴草帽，或持洋傘。「洋傘」為東洋舶來品，因「洋」「陽」同音，故被認為有觸禁忌。過路行人，如有犯的，常被群眾追逐、毆打。必至將傘帽撕毀才罷手。所以每當祈雨行列經過時，行人都要在驕陽下把草帽洋傘收藏起來，而觀者更四處尋覓追逐戴草帽、持洋傘的人以為笑樂。然戴斗笠、持紙雨傘的則不在此例，因斗笠和雨傘都是下雨的象徵。

先母也信鬼神。某次我父病勢危急時，她也請了道士來家「驅鬼」，但不讓父親知道。當父親在病榻上聽到外面的嘈雜聲時，問是什麼事，我們都設題騙他。若他知道了，是要大發雷霆的。

我們鄰近各村，每年秋收以後，或逢農曆新年，農民們都要演戲酬神。若不演真人戲，便演木偶戲，也十分熱鬧，但是我父從不參加，他對迷信總歸是深惡痛絕的。他這種態度的養成，可能是受小甫先生和當時維新風氣的影響。不過他對於求雨一道似不如對他項迷信反對的激烈。求雨時，各村每家至少出一人參加遊行，我有時要求前去參與熱鬧，我父並不加以阻止。

培英公在鄉間，因為思想較新，加以為人正直，所以常受到地方上惡勢力的攻擊，而先父對他們亦不稍讓。我鄉當時土豪劣紳、貪官污吏和散兵游勇魚肉人民的情形，隨時都有，而先父和他們衝突的情形，我今日回憶起來，猶歷歷如見。這對我童年心理的影響，決定了我後來統兵治政的整個作風。我本人是曾經身受其中痛苦的人，所以「己所不欲，勿施於人」，是我後來約束官兵、告誡部曲的一句重要格言。同時希望使我幼年間耳聞目睹的事，永不復現於中國。

培英公是一位能力甚強，富於冒險精神的人，不甘以一位三家村的塾師終其生，因而他時時想遠走高飛，創立一番事業。光緒三十年（一九〇四）時，他忽然聽說洋人在香港招募華工出洋工作，認為這是一個機會，可以到海外遊歷，闖闖世界。於是他就結束了教館生涯，不顧家人的勸阻，毅然去香港應募，當了華工，隨即出洋到了馬來亞。培英公想出洋的目的，多少受了些海客談瀛的影響，以為海外，浪闊天高，大可振翮翱翔，一展平生抱負。誰知一到馬來亞，始發現為洋人所騙。華工的生活慘於牛馬，而洋人的虐待工人，更是怵目驚心。不久便發生了當地華工團結抗暴的運動。先父因為是個讀書人，所以被推舉為華工代表，與資方的英國人實行鬥爭。經過年餘的奮鬥和交涉，被資方解雇，遣回香港，乃結束了他的一場海外歷險記。因此他後來一提到英國資本家便咬牙切齒，痛恨入骨。

先父體格素健，但他畢竟是個書生，體力勞動非其所長。他在馬來亞做工時，多半時間也是以他的文墨工作——如替人寫家信，或其他筆札方面的事——和他人交換體力勞動。在家鄉時，他也因為終日教館，無暇下田工作。

我家所有的田地，都由我們自己耕種。我父既少下田，一切勞動遂由我母擔任，我們弟兄不過從旁協助而已。農忙時我們偶爾也雇請短工，但那是極少的例外。提起我鄉婦女的勤勞，舉世實罕有其匹。廣西婦女多不纏足。舉凡男人能做的勞動，如上山採樵，下田割禾等，婦女都和男子一樣地操作，從無稍異。然男子日出而作，日入而息，工作有定時。婦女則不然，白天她們和丈夫、兒子一同下田耕作；入晚回家，她們還要煮飯、洗滌、紡織、縫紉和哺乳幼兒，工作倍於男子。生活的痛苦勞瘁，實非常人所能想像。我的母親劉太夫人就是這樣一位勤勞的婦女，更因父親教館，不能操作，母親難免分外辛勞。

當我七歲時，我家便已析產分居。而我房人口逐漸增多，食之者眾，生之者寡，家庭經濟總是入不敷出。每年都要借債，甚或賣去一兩畝田地。那時我們唯一可以借貸的地方，便是我外祖父劉家。

我外祖父家亦係克勤克儉以興家的。每年都有餘糧，以高利貸出營利（這時鄉村貸款的利率，有時高至百分之百）。因而每年青黃不接時，母親便去外家借貸，我外公和兩位舅舅為人甚為寬厚，外公尤其是忠厚長者，對我們極願幫助。無奈我外婆，雖然聰明幹練，但生性極為吝嗇，自不願常把糧食無利貸與我們。我幼時常跟隨母親挑了擔子去外婆家借貸，有時借得少許，有時甚至紅著眼睛，空擔而回。

記得有一年糧食歉收，新穀登場尚需月餘，而家裡穀倉顆粒無存，米罈子又已見底，情形嚴重極了。於是母親要我也挑了籮筐和她同去外婆家借穀。去後，外公外婆留我們午餐，卻故意裝作不知來意的樣子。飯後，我們應該回家了，母親才不得已說出想借糧食的事。外婆臉上頓時就有不愉快的表情，並埋怨我們不該常來借貸。她說現在市上利息很高，借給我們的，當然不好意思要息，不過損失未免太大了。母親卻說，每年不夠吃，實因食口太多，非好吃懶做所致。外婆和母親因為是親生母女，說話當然不太避忌，互不相讓，遂吵起嘴來。母親一氣之下，便流著眼淚，索性不借了。我們母子兩人挑著空擔子回家，當時母親心頭的辛酸，實無法形容。在路上，她勉勵我長大後必須努力做事，不可依賴別人。她說自己親生爹娘尚且不能借貸濟急，何況他人？言下實有無限的感慨。這年，我們終於典掉兩畝田，才把難關度過。計當時一擔（一百二十斤）穀子，價值不過兩塊毫洋，而且有借有還，竟弄得母女反目，真可一歎。

當時我們的家庭經濟雖全靠母親一人操心維持，但她總能辛辛苦苦地使我們兄弟姊妹有衣有食，不虞凍餒。母親雖未受過什麼教育，但是寬厚仁慈，能忍能讓。當我家析產時，祖父母所給資財，由我父和春華叔兩房平分。祖父母因體念我房小孩眾多，故特地多分給木凳數條，給我們孩子們使用，但母親竟婉辭不收。因她知道春華嬸嘴尖心狹，看到我房多得幾條板凳，心頭將有不快，所以母親不願收這幾件額外的家具，以安春華嬸的心。

還有一事也可表現母親的為人。有一年秋收時，母親帶了我們在田內割禾，我們已將穀子打好裝入籮筐。時已黃昏，遂逐筐向家中搬運，這塊田離我家約半里路，往返需時。當我們搬了一轉回來時，發現留在田中尚未運走的籮筐，每筐穀子都淺了數寸。顯然是鄰近同在收禾的人，乘我們離開時，將每筐偷了些去。我們兄妹們發現穀子被竊，自然大嚷起來。母親立刻制止我們，並說：「算了、算了、值不了多少。」她的意思是嚷也無益，使人聽了，徒增鄰人的難堪而招致怨恨。以後我們對那家偷竊的鄰人仍談笑如恆，相處怡然。諸如此類，母親對人處世的賢良寬厚，我想都是生性使然，後天的教育和環境似居其次。

嗣後我們兄弟都長大了，我供職軍旅，有薪餉可以接濟家庭，母親才稍釋重負。她晚年鄉居，附近老幼殘疾都絡繹於門乞求救濟，凡真正是鰥寡孤獨，殘廢無依的，母親總是經常幫助他們。若是少壯貧困的，母親濟其急外，並勉勵他們努力工作，以圖溫飽。凡有向母親借貸的，她總說：「你將來如有了便還我，如還不出，就算了吧。……我知道窮人借貸的日子是不好過的。」母親直至晚年，生活仍極勤儉。在我後來統一廣西，完成北伐，參加抗日戰爭，率數十萬眾，身經百戰，而全國知名時，鄉里鄰人對我家自亦難免另眼相看，而母親居處簡樸，謙誠和藹，與往日初無稍異。我弟兄幼時，母親只勉勵我們勤耕苦讀，做個誠實忠厚，自食其力的人，絕無心要我們為將為相。後來她老人家年老了，亦決不因為有兒子為將為相而稍易她簡樸忠厚的家風。某次，我回家省親，我的三個胞妹向我說：「哥哥，你做了這樣大的官，而我們仍舊耕田種地，你不怕鄰里恥笑你嗎？」我回答說：「在勞工神聖的今日，耕田種地是可驕傲的。」母親也很以為然。

其後，我因職務關係長住通都大邑，每思迎養，而母親總不肯離開鄉間，情願過其極簡樸的農村生活。而我鄉的老弱殘疾則因之得其周濟。所以母親暮年時，善名播於四方。到她老人家於民國三十一年壽終時，遠近鄉人多有泣不成聲的。我今日回想我家從前衣食的艱難，以及母親撫育我兄弟姊妹的辛勞，真是「欲報之德，昊天罔極」。

2

我是我父母的第三子。然因長兄早夭，所以我實行二。惟據族譜凡屬本房男性，我又列行九。至村上鄰里的人多喊我為老九，而不稱呼名號，驟聽雖不大順耳，但老字的含義已屬尊稱，例如：老夫子、老先生、老兄等。今年逾七十，家中姪輩尚喊九叔，倒覺親切不以為忤。哥哥德明長我兩歲，我之下還有三個弟弟——文卿、德輝、松齡——和三個妹妹。在我七歲以前，我們過的是大家庭生活，和祖父母及春華叔嬸都住在一起。祖父十分好客，所以我家那時常常賓客滿堂。祖父尤喜堪輿之學，朋友中很多是看風水的專家。我們弟兄幼時即常在祖父煙榻旁聽他們講故事。

我家既是歷代務農，所以我兄弟們都是地道的農家子弟。我學步未久，就跟著母親下田去玩。經常與日光和新鮮空氣接觸。雖然曬得皮膚黝黑，但是身體卻十分健壯。我們因為經常要下田工作，所以除在書房和過年外，我們都喜歡赤足。縱在碎石鋒利的山路上，因習慣成自然，亦如履平地，不覺刺痛。

我們因是農家子弟，長輩雖也要我們「開蒙」讀書，但是他們的意思無非要我們稍知詩書，明白事理，將來能承繼且耕且讀的家風，做一個誠樸純良的農民而已，絕無意要我們以詩書作晉身之階。母親偶然也喜歡念幾句《幼學詩》上的話給我們聽，如「將相本無種，男兒當自強」、「丹桂有根，獨長詩書門第；黃金無種，偏生勤儉人家」一類的話。但她的意思亦只是勉勵我們而已，並非真希望我們能折丹桂，積黃金。

記得我幼時，有一次在田裡幫助拔黃豆，母親問我和德明二哥，將來長大了，希望做什麼。二哥說他要做個米販子。我們農村裡唯一大宗出產的便是穀子。有些農人利用農暇，買了穀子回家，碾成白米，挑到市場上去賣。這樣可以賺得些微利息，碾米而得的米糠又可飼養家畜，這種人叫做米販子。二哥羨慕他們長年有豬宰殺，所以他長大了也要做個米販子。

母親問我呢，我說我要做個「養鴨的」。我鄉養鴨的人，的確對我們孩子們的引誘很大。養鴨也在農忙之後，那時各處田內收穫後所掉下的穀子，正是飼鴨的最好食料。一個養鴨的可養二三百隻鴨子。鴨子在四處田塘河溝內覓食，故不需太大的本錢。在我們小孩子想來，鴨生蛋，蛋變鴨，十分可羨。所以我說我長大了做個養鴨的漢子吧。當時母親很滿意我們的志向和想法，可見我們自幼就只希望將來做個誠樸的農夫，胼手胝足，以求溫飽。及後稍長，我們就幫助母親做一切田間工作和家裡雜務。諸凡插秧、割稻、打柴、餵豬、切豬菜、舂米、織草蓆等等無所不做。孔子說：「吾少也賤，故多能鄙事。」大概孔子少時，也能做這類粗重的事。

但是我家既然歷代不曾廢讀，祖父和父親對我們兄弟的教育，當然也不會忽視。因此在我六歲那年父親就讓我開蒙了。所謂「開蒙」，就是舉行一個小小的祭孔儀式，讓孩子們正式開始上學讀書。在滿清時代，開蒙是一個家庭內的大事，儀式甚為隆重。我記得在我開蒙那一天，家中備了三牲——豬、雞、鴨——和一些水果，為我祭告孔子。我那時什麼都不懂，只覺得很好玩，向那個紅紙做的「先師」牌位叩頭，卻不知是什麼東西。

開蒙後，我就正式入塾讀書了。我的塾師，就是我的父親。我最初的學業是認方塊字，並學習寫字。寫字的最初步驟是「描紅」。即先生寫了紅字，我們用墨筆跟著在上面「描」，這就叫做「描紅」。在我識了一千多個字以後，我就正式開始讀書了。我最早的課本是《三字經》、《百家姓》和《幼學詩》；接著便開始讀「四書」和「五經」。那時我國的教育方法，不知由淺入深，一開始便是很艱深的課業。經書不必說了，即使《三字經》也不是啓蒙年齡的兒童所能了解。我讀書的天資本是平平，沒有太高的悟性，故讀起來就頗覺吃力。

那時的私塾，今日想起來也是十分奇特的。每一私塾約有二十來個學童。大家擠在一間斗室裡，每兩個共用一張長方書桌，先生卻獨用一張方桌，放在最易監視全體學生動靜的位置。塾師多半戴著深度的近視眼鏡，樣子十分嚴肅。他們大多數絲毫不懂兒童的心理，對學生管理的嚴格，實非現在的人所能想像。教授法也極笨拙，往往不替學生講解書義，只叫學生死命地念，以能背得滾瓜爛熟為度。先生規定某部書從第幾章起逐日背誦，自一本積至十餘本，都要從頭背誦下去。學生如背誦欠熟，先生就將整疊的書甩到地上，待讀熟後再一一從頭背起。至於書中的意義，學生是不甚了解的。

先生的桌上必備有一塊長方形木板，叫做「戒方」。學生如不守規矩，或背書不出，先生就用戒方打頭或手心，打破打腫，都是司空見慣的事。有時，先生的桌子旁邊甚至放著一根丈把長的竹竿。如果學生妄言妄動，先生不須離開座位，就可拿起竹竿，當頭打去。屋子小而竹竿長，所以書房內每個學生的頭，他都鞭長可及。

從前學生的家長們都有個錯誤的觀念，認為嚴師出好徒。先生愈嚴，學生的進步愈快，因而做先生的也以作嚴師自豪。於是學生對老師，怕和恨之外，簡直無情感之可言。這種教法，自今日眼光看來，不特不能啓發學生的智慧，適足以得相反的結果。卒至一般學生都視書房為畏途，提起老師，都是談虎色變的。我們的私塾也不能例外，我父親尤其是秉性剛直，責功心切。同學中被斥責、被罰跪，事極尋常。我那時也寧願上山打柴，不願在書房內受苦。

學生們被關在書房裡念書，每日多至十餘小時。唯一可以溜出書房，閒散片刻的機會，便是藉口小便或出恭。這是先生無法管束的。因而書房內，出去「小便」與「出恭」的學生總是川流不息的。造成公開欺騙的習慣，影響兒童心理很大。今日回想當年的情形，實屬幼稚可笑之極。

我在父親的私塾內讀了約三年的書，父親便不教了。我乃轉入另一私塾，隨塾師龍均時先生又讀了兩年。嗣後，父親受外婆的聘，到她家古定村設館，我才又回到父親的私塾內在外婆家繼續讀書。那時我鄉私塾設立的慣例，是由一位比較富有的人家出面請師設塾，課其子弟。左右鄰舍的學童也來入塾讀書。這位塾師的薪金（其時尊稱曰「束脩」）都是由學生的家長分別以米或銀錢付給的。而敦請塾師的「東家」，在束脩外，並供給書房、塾師的住房以及日常所用的油鹽和柴炭。這次外婆既是我父的「東家」，她循例要供給這些日用品，我也常奉父命往外婆處領取。外婆生性勤儉吝嗇，平時與鄉人買賣東西，總是錙銖必較，從不稍讓。我那時雖才十一二歲，卻已深知外婆的個性，所以我每次向外婆領取油鹽時，總是躊躇不敢放膽前去。有一天放學之後，父親在廚房內預備炒菜吃晚餐，鍋子已燒著火，才發覺沒有半滴油，父親便急忙叫我到下屋外婆處索取。我執著油壺三躍兩跳已看見外婆坐在廚房那一副冷酷的面孔，便有點膽怯，停止在廚房外的牆邊，徘徊不敢進去。這時父親因為燒紅了鍋子也不見我回來，不就走來找我。他看我不聲不響地靠在外婆廚房門口——父親是個急性人，又因等了許久——不由得火上心頭，一把將油壺從我手中奪去，狠命地打了我兩巴掌。外婆見了，才對父親說她看見我拿著油壺站在外邊，不知是來做什麼的。父親取了油就回頭走，我在後面跟著，想哭也不敢哭。那時我雖然年紀小，但是知道外婆分明曉得我來取油的，只是父親不明白我站著不進去的原因，冤枉地打了我一頓，使我感到有冤無處申訴，又不便說破外婆吝嗇的情形。這也是我在外婆家讀書時的一件趣事。

父親私塾內的學生，都是農家子弟，所以都是半耕半讀的。農忙時節私塾便放假，讓學生們回家幫父母操作。記得有一次我跟隨村上幾個成年人上遠處的山中打柴，那時我大概十三四歲的光景，當夕陽西下準備回家時，看他們都裝滿一大擔，我是初生之犢不畏虎，心情非常好勝，覺得一擔柴百把斤重，他們既然做得到，我又怕什麼？所以我也裝上一大擔，和成年人幾乎一樣多。最初挑來似乎不甚重，誰知「長路無輕擔」，愈挑愈重，漸漸我就落伍了。最後竟至五步一停，十步一歇，實在挑不動了。而這時和眾人相去已遠，且時近黃昏，四顧茫茫，我不禁號啕大哭起來。但是我一面哭，一面仍勉強挑著柴擔蹣跚前走。幸而母親預料我挑不動，遠道來接，才結束了我這場悲壯的場面。

我在父親的私塾內又讀了兩年，四書五經，粗可理解，父親便應募往南洋去了。母親不願我輟學，乃把我跟一位名叫李慶廷的先生讀書。這位李先生是一位廩生，和父親為莫逆之交。後來他要到桂林進新辦的法政學堂。我得了母親的同意，也跟李先生上省城，進了新創立的臨桂縣立兩等小學，日裡上課，夜間溫習功課，受李先生的指導。那時正值庚子八國聯軍之後，清廷正在廢科舉、興學堂、辦新政，我們的臨桂縣當時就辦了這所小學。所教的除了國文之外，還有許多新式的學科，如數學、博物、英文等。我是私塾出來的，從未學過這些，而又插入高年級，當然對這些學科一無所知。因而在學期終了時，我在榜上「坐了紅椅子」。那時出榜的通例，榜末要用紅筆一勾。因為那一勾正在最末一名的下面，所以考最後一名的叫做「坐紅椅子」。而這次校裡的一年兩學期期終考試，「坐紅椅子」的就是我。加以我又是鄉下初來，體質尚稱結實，而衣著不甚入時，舉止言行，都帶幾分鄉土氣，因此城裡的同學們，都譏笑我是「鄉下的傻瓜」。現在考試又坐兩次紅椅子，使我分外覺得難為情，所以我在這小學裡讀了兩個學期，就輟學不去了。這便結束我在文科學堂的教育。

我離開了臨桂縣立兩等小學，父母無力使我繼續升學，家中可以耕種的田地又不多，我這個壯健的孩子，也到了覓取一項正當謀生職業的時候了。讀書上進，就我們那時家中的環境說來，可說已經絕望。

這時候，各省正在試辦「新政」，廣西省新設獎勵工商業的「勸業道」，並在桂林城內設立「省立公費紡織習藝廠」，招收二百學徒，學習紡織。此時父親方自南洋回來，也覺得這項新興的行業很有前途，因此送我進習藝廠做學徒，希望我在半年肄業期滿後，回家改良我鄉的織布手工業。這習藝廠是由桂林城內原有的「考棚」改建的。建廠的目的是訓練一班學徒用新式方法來改良舊式的木機織布。這在當時算是新式的工廠，規模很大，廠長似由勸業道道台自兼，訓練也還認真。我們的廠長既是一位大官兼的，廠內自然也有些官場應酬。我記得廠中當局有時在廠內請客，規模極大。我們學徒只可從遠處看去，那一派燈光人影，呼奴喚婢的場面，真是十分烜赫。

我在這廠內一共學了半年關於紡織的初步技術——從下水漿紗，到上機織布，我都學到了。光緒三十三年（一九〇七）春初，我十六歲時，學習告一段落，我便回家了。政府設廠的初意，原為改良農村手工業，增加農民副業生產，我回家之後，大家都歡喜，就買了一部新式木機，從事織布。才過半年，由於家人對織布一事，無太大興趣，也就算了。這時父親又已應聘到姑丈家教館，我便又跟著父親到姑丈家讀書，而姑丈對織布倒頗有興趣，他在桂林買了一部木機，要我教表姊們織布。誰知我在「習藝廠」所學的，僅是一些皮毛，故漿紗時，把紗漿焦了，一旦上機，隨織隨斷，弄得十分尷尬。後來我又曾應聘到別村李姓家裡教織布，可是均告失敗。深歎任何行業從業的不易。我在姑丈家這次認真地讀了二年多的書，便得了機會考入陸軍小學，從此遂成了一名職業軍人。

第二編

陸軍教育時期

【第3章】

陸軍小學的教育

1

我之能夠進廣西陸軍小學，實出於一個很偶然的機會；而這個機會的促成，卻不能不歸功於先父的摯友——湖南邵陽人李植甫先生。先父和李先生訂交，也有一段傳奇式的故事：

我鄉農民都喜歡練武術。各個農村往往請了拳師主持教練。我村近鄰的西嶺村，在光緒末季也請了一位拳師。這位拳師名唐四標，湖南人，教武術之外，兼賣跌打損傷膏藥。他生的十分健壯，打的一手好「花拳」，除了在西嶺村教拳，也挑了他的膏藥擔子到兩江墟上叫賣。他在賣膏藥前，往往先表演一套拳術，以吸引觀眾，然後又作江湖上的自我宣傳，大有「拳打三山好漢，腳踢五嶽英雄」的氣概。因為他生得身材魁梧，又練得一副蠻勁，故雖盛氣凌人，而無人敢與較量比武。有一次在兩江墟上，唐四標表演拳術之後，正在自吹自誇之時，觀眾中忽然站出一位讀書人模樣，約摸四十歲上下的中年人，長得很結實，也操著湖南口音，向唐四標說道：「聽你老兄的口音，我知道你也是外路人。作客異鄉的人，總應該謙虛禮貌一點，不應該在當地人的面前誇下偌大海口，目空一切……」他還未說完，唐四標已惱怒了起來，捏起拳頭，朝這人臉上一晃，說：「你是何等人，也敢來教訓我！」他接著更提高了嗓子，大聲喝道：「你是過路的人，不該干涉別人的私事，難道你要打破我的飯碗嗎？有膽量就過來比個高低，死傷各聽天命。」於是那人也脫了長衫，在眾人圍觀拍掌之下，和唐四標交起手來。彼此拳來腳去打了不多幾個回合，已見唐四標漸漸不支，最後被逼到牆腳下，無可再退了。這人舉起拳頭，告訴唐四標說：「老弟，你現在該要說話了，否則我怕你要受傷！」唐四標至此覺得實在無法反擊了，只得說：「好漢住手！」才結束了這一場拳鬥。

唐四標被擊敗後，自覺沒趣，乃收拾了膏藥擔子，垂頭喪氣，逕自去了。然而這場拳鬥的新聞卻立刻不脛而走，哄動了全市趕墟的人。西嶺村當然也得到了這消息，唐四標既不辭而行，遂決定請這位新英雄來遞補唐的遺缺，他也就答應了，就此在西嶺村住下。這位擊敗唐四標的新拳師便是李植甫先生。李先生也是一位性喜結交的人。他在西嶺村住下了，便打聽當地豪俠好義之士。他聽到先父培英公的名字，特來登門拜訪。先父與他一見如故，談得極為投契。

李先生不但武功好，而且寫得一手好字，能詩能詞，風格的豪邁，略似石達開。因與先父時相唱和，酒酣耳熱，每有慷慨悲歌之作，彼此都有相見恨晚之感。從此，植甫先生經常是我家的座上客。

植甫先生曾祕密告訴先父，他是一名犯了殺人罪，曾為湖南官廳緝捕的要犯。他原是湖南邵陽縣的一名秀才。某次進長沙省城作客，聽說城內有一位惡少，是某大官的兒子，仗著父親的權勢，無惡不作，時人莫敢誰何。植甫聽了心抱不平，便決心要碰他一下。後來他打聽出這位少爺在某妓院內有一位寵妓，視若禁臠，不許任何人染指。一日，植甫到那妓院，指名叫那妓女陪侍。未幾這位貴公子來了，他故意不讓開，因此和這位少爺的保鑣打起架來。保鑣不敵，這位惡少乃親自上前呵叱，不意被植甫三拳兩腳打死了。植甫既闖下大禍，乃化名易姓，逃出長沙。但是官廳追捕甚急，湖南無法存身，又逃到桂林。因顧慮城裡耳目眾多，遂下鄉躲避於兩江墟。

植甫在西嶺村教了些時，我村也把他請來，教館半年。我便是奉先父之命，泡茶拿煙，灑掃炊煮，專門招待他的人。而他對我這個結實爽快的小夥計，也著實愛護備至。

當時廣西兵備處總辦是蔡鍔，總辦以下，乃至陸軍小學裡的各級辦事人員，多半是湖南人，植甫先生的同鄉。所以他對該校的情形非常清楚。因此在我從習藝廠畢業回家，無適當職業的時候，植甫先生便力勸先父，送我去應考新成立的陸軍小學。

關於投考陸軍小學，我母親並不熱心。她認為像我這樣一個勤勞的青年，與其去投考那不可知的陸軍小學，倒不如留在家裡，幫忙操作為佳。後來因為植甫先生一再勸告，先父才決意要我認真地準備功課，以便應考。所以當父親應聘到姑父家設塾時，仍攜我同往。他那時便認真督責我的課業，不讓我輕易離開書房，做其他事務。經過充分的準備，我乃於光緒三十三年（一九〇七）冬季，進城參加陸軍小學第二期的招生考試。

2

廣西陸軍小學是推行「新政」的設施之一。清廷自庚子八國聯軍之後，維新派人士策動推行新政，預備立憲，同時停止科舉，興辦學堂。廣西遂也在這風氣下實行起新政來。那時的廣西巡撫張鳴岐，是一位年輕有為、好大喜功的人。他銳意延攬新政人才，推廣新政。為此，當時政府行政部門中也添了些新機構，如管教育的提學使，司警政的巡警道，管工商的勸業道。為訓練新軍，又設立督練公所，下分兵備、參謀、教練三處。

在這些新的機構之下，又先後成立了各種新式的學堂，如法政學堂、典獄學堂、農林學堂、優級師範、普通中小學、警察學堂、警察督練所、陸軍小學堂、陸軍幹部學堂、陸軍測量學堂。宣統元年（一九〇九）又成立了諮議局，為省級民意機關。

為了充實這些新成立的機構，巡撫張鳴岐又四處張羅新政人才，一時講時務而富有革命思想的人物如莊蘊寬、鈕永建、王孝縝、李書城、孫孟戟、蔡鍔、尹昌衡、耿毅等，以及留日返國的學生如孔庚、趙恆惕、蔣尊簋、雷壽榮等都先後到了桂林，分擔各項職位。如成立最早的兵備處，即由莊蘊寬任總辦，鈕永建任幫辦。至光緒三十四年（一九〇八），莊、鈕因與張鳴岐不洽，自請外調，張鳴岐乃調南寧講武堂總辦蔡鍔接替莊氏。

廣西陸軍小學堂直轄於兵備處，乃清末軍制上一種全國性的設施。這是模仿當時德國和日本的軍制。由各省辦陸軍小學，就基本學術科訓練三年，畢業後升入陸軍預備中學；兩年後畢業，再行送入國立保定軍官學堂分科受訓兩年；畢業後派充各軍下級幹部。這三級學堂內部的組織和設備，均極完善，而訓練和管教的嚴格與認真，實為民國以後的中央或各省軍官學校所望塵莫及的。

廣西陸軍小學堂成立於光緒三十二年（一九〇六），堂址在桂林南門外大校場的舊營房。是年招收第一期新生。蔡鍔任陸小總辦，雷飆任監督（也就是後來的教育長）。其後蔡離職，蔣尊簋（伯器）繼任總辦。宣統元年蔣調任參謀處總辦，陸小總辦改由鈕永建繼任。

我參加陸軍小學的第二屆招生考試時，桂林文昌門外的陸小新校舍正在建築中，第一期學生在南門外大校場的兵營內上課，第二期的招考地點則在城內的舊考棚。陸小因為是新創辦的官費學堂，待遇甚優。學生除供膳食、服裝、靴鞋、書籍、文具外，每月尚有津貼以供零用。加以將來升學就業都有保障，所以投考的青年極為踴躍。報名的不下千餘人，而錄取的名額只有一百三四十人，競爭性是極大的。

考試完畢，已近歲暮，我就回家了。託了鄰村經常去桂林販賣貨物的商人代為看榜。一天我正自山上砍完柴挑了回家，路上遇見一位「趕墟」回來的鄰村人，他告訴我說陸小第二期招生已發榜了，正取共一百三十名，備取十名，我是第一名備取，準可入學無疑。這也可算是「金榜題名」吧！我立刻敏感到當時壓在肩膀上的扁擔，今後可以甩掉了，實有說不出的高興。

在學堂規定報到的日期，我辭別父母，挑了簡單的行李，便到桂林去上學了。那時鄉下人是不常進城的，有時逢年過節，偶爾應城內親友之約，去看舞龍跳獅，才進城住三數天。所以進城對我們原是件不尋常的事。我們平時為著工作方便，都是短衣赤足的。要進城，首先就要預備一套乾淨的長衫和鞋襪，打了個包袱，揹在背上。走到離城約數里的地方，才在河邊洗了腳，把鞋襪穿好，換上長衫，然後搖搖擺擺學了假斯文，走進城去。穿鞋襪和長衫，對我們原都不大習慣，一旦換上新服裝，走起路來，覺得周身受著拘束，異常的不舒服。加上我們那副面目黧黑，粗手粗腳的樣子，和白嫩斯文的城裡人比起來，自然如驢入羊群，顯而易見。臨時雇了一名挑夫，替我挑了行李，然後進城。先在西門內大街上找個伙鋪，將行李安頓好，才到陸小去報到。誰知事出意外，校方拒絕我報到，理由是我遲到了十來分鐘，報到時限已過。那時陸小重要負責人都是剛自日本回國的留學生，辦事認真，執法如山。而鄉間出來的青年，既無鐘表，對時間的觀念自甚模糊。於是我就以十分鐘之差，失去了入學的資格。垂頭喪氣的情形，不言可喻。不過校方負責人勉勵我下期再來投考，並說我錄取的希望很大，因為我這次體格檢查被列入甲等，這在應考的青年中是不多的。

3

我悵然歸來之後，父親命我繼續隨他到黃姓姑丈家去讀書，準備來年再試。於是我又在姑丈家用功地讀了一年。至翌年（光緒三十四年，一九〇八年）冬季，陸小招考第三期學生時，我再度前往投考。這一次投考生增至三千餘人，而錄取名額仍只百餘人。榜發，我竟被錄入正取。按時報到，因而我進了廣西陸軍小學堂的第三期。

這時陸小在文昌門外的新校舍已全部竣工。全校有新式樓房十餘幢，另有禮堂一所。學生的宿舍和課堂分建在大操場的兩側，學堂辦公廳和禮堂則建於操場的兩端，十分莊嚴寬敞。當時校方的教官和各部門主持人，多半是新自日本士官學校畢業回國的留學生。他們都穿著非常整潔鮮明、繡有金色花紋的藍呢制服。足上穿著長統皮靴，光可鑒人。腰間更掛著一柄明亮的指揮刀，在校內走動時，這柄刀總是拖在地上。因而他們走起路來，刀聲靴聲，鏗鏘悅耳，威風凜凜，使我們剛自鄉下出來的農家子弟看到了真是羨慕萬分。我們的總辦蔡鍔將軍有時來校視察，我們對他更是敬若神明。蔡氏那時不過三十歲左右，可稱文武雙全，堂堂一表。他騎馬時，不一定自馬的側面攀鞍而上。他常喜歡用皮鞭向馬身一揚，當馬跑出十數步時，蔡氏始從馬後飛步追上，兩腳在地上一蹬，兩手向前按著馬臀，一縱而上。這匹昂首大馬，看來已夠威風，而蔡氏縱身而上的輕鬆矯捷，尤足驚人。我們當時仰看馬上的蔡將軍，真有「人中呂布，馬中赤兔」之感。所以我能夠當陸小學生，已經十分滿意。只希望將來畢業後，能當一名中上尉階級的隊附和隊長，平生之願已足。至於像蔡鍔那樣飛將軍式的人物和地位，我是做夢也沒有想過的。後來我讀古今名人傳記，時常看到「自幼異於群兒」、「少有大志」、「以天下為己任」一類的話，總覺得這些或是作者杜撰的話。我幼年時，智力才能，不過中人。知足常樂，隨遇而安，向無栖栖遑遑急功好利之心，只是平時對人處世，誠懇篤實，有所為亦有所不為而已。

陸小的訓練，分學、術兩科，完全是模仿日本式的，十分嚴格。學科的程度相當於舊制中學，除國文史地外，還有各門科學和外國語，教學都很認真。即就國文一科來說，我們的國文教師都是些舉人或秀才出身，國學造詣極深，而同學中也不乏文人學士。當宣統元年，廣西舉行最後一次拔貢考試時，我們學堂裡面兩位第一期同學，竟暗中報名投考為人槍替而被列入優等。拔貢在清代考試制度上是高出秀才一等的，能槍替考拔貢而被列入優等，其國學程度，亦可想而知了。

就各門科學來說，陸小對數理特別注重。當我進入第三年度時，我們的數學已學到小代數的二次方程式了。

至於外國語則為選修科，於日語、法語、英語、德語、俄語中任擇其一。因廣西和法屬安南接壤，法語被認為比較重要，所以我就選修了法語，教師是位法國人，名白利。可是我的個性和語言一道不大接近，同時我知道一旦離校便無進修的機會，也沒有應用的機會，日久就會全部忘記。因此我在課堂上學習，也只是應付考試，圖個及格而已。所以我跟那位法國教師學了三年法文，至今已一句不會說了，把所學的，全部還給了先生。同班中雖不乏孜孜研讀外國文的同學，成績極好，但是畢業後，果如我所料，也於幾年之內忘得一乾二淨。

我們的術科課程並不十分注重，每天只有一小時的時間，初期訓練包括徒手與持槍的制式教練，逐漸到班、排、連的密集隊伍教練。此外尚有器械體操和劈刺等課目。

我當時身體非常健壯，鍛鍊又勤，所以器械操中的雙槓、單槓、木馬等有風險的玩意兒，都可作極精采的表演，一般同學跟我比起來，實遜色多了。至於劈刺，尤為我的拿手本領。在比賽中，許多比我高大而結實的同學，都非我的敵手。第一是因我的技巧純熟，以前李植甫先生在我村教武術時，我雖未正式學過，但平時觀摩所得，亦頗能得其三昧。第二則是我的動作敏捷勇猛，一交手就取攻勢，每使對方膽怯，因此我在同學中有個諢名叫做「李猛仔」，這就由劈刺比賽得來。

陸小既是個軍事學校，所以我們的日常生活極有規律。早起晚睡，出操上課等，都有極嚴格的規定，動作確切而敏捷。稍有不慎，便要受警告或處罰。處罰的方式有立正、禁閉，或假期「禁足」（不許外出）等等。我在陸小三年，幸未受過處罰，所以校內上下對我印象極佳。

學生中也有託病請假，不出操或不上講堂的。因為一個學生如經醫生證明有病，便可請准「半休」（不出操）或「全休」的假期。那時的醫學知識和設備都很簡陋，不易查出一個人是否真正生病，所以請假比較容易。然而我在陸小三年，連一次「半休」也未請過。足以證明我身體的健壯。

陸軍小學教育因為是國家陸軍軍官訓練的基礎，所以在創辦之初，便十分認真。經費也比較充足。我們一日三餐，都是八人一桌，每桌四菜一湯。四菜之中有三葷一素。我們的制服全是呢料子，還有一套嗶嘰的。冬季則有呢大衣。每人每學期發兩雙皮鞋，後來經費稍感困難，然每人每年仍可領到三雙。當時我們的服飾是十分別致的，學生多數拖著一條長辮子，卻穿著現代式的陸軍制服和皮鞋。今日回想起來，雖有不調和之感，但在那時是覺得十分神氣美觀的。我們的留日返國的教官，以及少數得風氣之先的梧州籍同學，間或有將辮子剪去的。也有少數將後腦剃光或剪短，把前面的頭髮編成辮子，再把辮子盤成一個餅，貼在頭頂上，然後戴上軍帽的。但他們在寢室內或操場上脫掉軍帽時，卻倍覺難看。

衣食之外，每人每月尚發有零用錢。一年級新生每月領八錢銀子的補助金。成績優異的可增至一兩。考上最優等的可得一兩二錢。二年級生每月例發零用銀一兩。成績優秀的可得一兩二錢。最上等的可得一兩四錢。三年級生每月例發一兩二錢。成績優異的可增至一兩四錢，乃至一兩八錢。當時桂林物價極低，所以這些零用錢是每月都有剩餘的。我記得那時一兩銀子，至少可兌換制錢一千四五百文，而一碗叉燒麵不過制錢十文，物價之廉，由此可以類推了。

滿清末年，廣西在一些新人物的勵精圖治之下，頗有朝氣勃勃的現象。在這種風氣薰陶下的陸小學生，尤其表現得年輕有為。陸小的校風是極為嚴肅篤實的，全校上下可說絕無狎娼、賭博情事發生。學生日常言談行動，都表現得極有紀律。即使星期假日在街上行走，也都是挺胸闊步，絕少顧盼嬉笑，行動失儀的事。甚至學生在校外提取行李等物，校方亦規定不許負荷太多，以免有失青年軍人的儀表。當然也難免有犯規或行為失檢的學生，然究屬例外。學生在這種風氣籠罩之下，學術訓練和德性薰陶的進步，可說是一日千里，非一般文科學堂所能及。不幸在我入校後第二年，校內一連發生了兩次風潮，學風逐漸不如前。辛亥之後，陸小改為陸軍速成學堂，學風更是每況愈下了。

4

陸小的兩次風潮，一是「驅蔡」，一是「倒蔣」。「驅蔡」是驅逐蔡鍔（松坡）離桂。「倒蔣」則是和蔣尊簋（伯器）為難。

蔡鍔原為南寧講武堂總辦。由張鳴岐調來桂林，任兵備處總辦，後又兼任參謀處總辦，統率所有新軍及訓練新軍的機構，權傾一時。但是蔡鍔是湖南人。在遜清末葉，湘人居桂的極多，湖南因為交通比較方便，一般人——尤其是寄居廣西的湖南人的文化水準，平均較廣西人為高。這樣本已招廣西人的嫉忌；加以他們人多勢大，又盤據要津，也難免有跋扈情事，再加上我國人特有的鄉土畛域之見，遂更易鬧事。再者，辦新政的新人物中間，也不無派別、省界之分。甚至同為同盟會會員，亦往往因工作祕密，聲氣不通而自相傾軋。蔡鍔原為同盟會會員，和當時革命領袖黃興、趙聲等，都有祕密往還。但是蔡鍔或許因為時機尚未成熟，不願暴露身分，所以和桂林極為活動的同盟會會員沒有聯絡。因而風潮一起，連同盟會會員也群起參加驅蔡運動了。遂使這風潮帶著濃厚的革命氣氛。

驅蔡的風潮最初發源於「幹部學堂」。原來廣西在清末訓練新軍時，擬編練一鎮一協，所以為培養這一鎮一協新軍的軍官而設的幹部學堂，招收了二百餘名新生，其中湘、桂籍均有。因那時下級幹部缺乏，需才孔急。後因經費不敷，新軍只編一混成協。如此則幹部學堂所培養的二百餘名軍官亦嫌太多。蔡鍔時為兵備處總辦，乃令幹部學堂舉行甄別考試，以期裁減該校學生，並以國文程度為取捨標準。當時湘籍學生的國文水準一般地較桂籍學生為高。因而甄別結果，獲留校的一百二十人中，湘籍的佔九十多人，而淘汰出校的則幾乎全是廣西學生。於是桂人大譁，認為蔡鍔袒護同鄉，有失公允，遂群起作驅蔡運動。而同盟會分子對蔡也有嚴重的誤會，驅蔡尤為積極。

幹部學堂驅蔡運動一發生，瞬即波及校外各機關。湘桂交惡已久，此次乘機發作，作為民意機關的諮議局也被捲入。始則若干議員為袒護其本省籍被淘汰的學生而彈劾蔡氏，繼則全會一致驅蔡。於是在諮議局的掩護下，風潮日益擴大，甚至全省罷市罷課，要求蔡鍔離桂。

在這風潮擴大時，陸軍小學也全體參加，學生整隊到撫台衙門請願，集合在撫台衙門外照壁牆前，守住不去。撫台派人來溫言撫慰，要我們回校，我們不理。最後他又派了一個文案之類的職員出來威脅眾人說，如果不服從命令，大家都有殺頭的危險。當他提到「殺頭」兩字時，我們隊伍中忽有人領導大呼：「不怕！」眾人也跟著亂嚷一陣。今日回想起來，實在覺得當時的無知與可笑。

在廣西各界脅迫之下，蔡鍔終於被迫離桂赴滇，誰知這一調動對蔡氏正是塞翁失馬。因為雲南政治局面比較單純，蔡氏很快地便脫穎而出，至辛亥革命時遂被舉為雲南都督。後來又因雲南講武堂出身的滇軍將校都是蔡氏的舊屬或學生，使滇軍成蔡氏的子弟兵。袁世凱稱帝時，蔡氏微服出京到雲南，振臂一呼而全國景從。袁氏被迫取消帝制，蔡氏竟因雲南起義的首功，獲再造民國的盛譽。如其留在廣西，蔡鍔或不致如是功業彪炳而名垂青史吧！

在蔡鍔被迫離桂後不久，我校又發生了倒蔣的風潮。陸小學生的國文程度很高，而校方的教學也以學科為主，術科為輔。但是任管理人員及術科教練等工作的助教們，卻多半是弁目訓練班一類出身，略識之無的老粗。學生難免有些瞧不起他們，然而他們是管理人員，學生的日常生活由他們來管理，請假等事也由他們來批示決定。他們因為受教育有限，批出來的文字，往往別字連篇。有一次就因為學生譏笑他們的批示而起了糾紛。作「批」的助教，或許是惱羞成怒；而觸犯他的學生也不肯低頭認錯。正在兩造糾纏難解難分時，一部分旁觀學生一陣喊打，把事情鬧大了，直鬧到總辦蔣尊簋那裡。蔣氏為維持軍風紀，養成學生服從習慣，乃下令將鬧事學生開除，學生當然不服，風潮便擴大了。

陸小在驅蔡運動之後，人事本已有些變動，學風亦漸不如前，此次風潮中尤表現得十分囂張。有些人竟以為那炙手可熱的蔡鍔將軍尚且被趕走，何況蔣尊簋。大家要求總辦收回成命，並懲罰侮辱學生的助教，但是校方不允許，雙方堅持甚久。學生又設法把風潮擴大到校外去，然一般人士對這風潮極少同情。因而到最後還是學生屈服，肇事的學生卒被開除，而風潮平息。

陸小既經兩次風潮，學風遂有江河日下之勢。到宣統三年（一九一一），離我畢業之期只有三個月了。武昌城內一聲炮響，發生了辛亥革命。廣西響應之後，一部分學生組織敢死隊，從軍北伐，學校無形停閉，遂結束了我三年的陸軍小學的教育。

【第4章】

廣西青年與辛亥革命

1

我在陸小的最後兩年時，革命的爆發已有山雨欲來之勢。各地的革命黨人都在密謀起事。革命領袖如黃興等都盤桓於香港、安南之間，與內地黨員聲氣相通。兩廣地處邊陲，遂成為革命志士聚集的區域。

革命黨在廣西的活動本有悠久的歷史。因廣西是洪楊起義的故鄉，人民的民族意識極為濃厚，更兼民風強悍，富於冒險犯難的精神。所以革命黨人的注重廣西，自因其具有特殊背景的緣故。而當時廣西的新機構，如陸軍小學、幹部學堂、學兵營等，都是革命黨人所盤據的機關。

在張鳴岐撫桂的初期，革命黨人的活動，可說是肆無忌憚，有時簡直可以說是囂張。張鳴岐當時以新人物自命。同時為了祿位著想，他更不敢濫事鎮壓革命黨，以免激成大變。洪楊故事不遠，張氏是聰明人，自不願再蹈覆轍，所以他對革命黨的活動裝聾作啞，曲予優容。因此廣西同盟會的活動，簡直成了公開的祕密。在上的領導人，最先有莊蘊寬、鈕永建等。後來莊、鈕自請外調，然同盟會的人數已多，基礎已固。所以同盟會分子如王孝縝（勇公）、何遂、尹昌衡、耿毅、冷遹等都極為活躍。某次張氏宴客，尹昌衡酒醉之後，竟宣稱清廷不能存在。同時王勇公鬧酒，竟以張氏所佩手槍，自室內向外射擊，致擊碎窗上玻璃。由此可見當時青年革命志士氣燄的一斑。後來張氏深恐同盟會勢大不可收拾，乃設法壓抑。不過張鳴岐不久即調升兩廣總督赴粵，遺缺由沈秉堃繼任，於是革命的風氣復振。同盟會廣西支部乃於宣統二年（一九一〇）正式成立，並發行《南報》（後改為《南風報》），以鼓吹民族革命。

陸軍小學在創辦之初即為革命黨人的巢穴。它雖是清廷的陸軍基幹訓練機關，但校內平時極少提到「忠君」一類的話。有之，則為敷衍遠道前來視察校務的欽差而說的。同盟會支部成立之後，我校革命空氣遂益形濃厚，成為廣西同盟會活動的中心。會中幹部並在陸小附近租屋成立「軍事指針社」，專門在陸小學生中吸收同志。他們所選擇的對象當然是成績優異而有血性的青年。因此他們就來吸收我加入同盟會。

同盟會是一個祕密的革命機關，它要聽命於海外總部而隨時發難。在滿清時代，搞革命的都被目為「叛逆」，隨時可以有殺身之禍。為表示死而無悔的革命精神，入會時都要填具志願書，歃血為誓，示無反悔。我校入會的三期學生共有五十餘人，並租有民房三間，每月聚會兩次。記得我們在該處入會，用鋼針在指頭上戳血作誓。我只把針向手指上一戳，血便出來了，並不覺得痛。而膽小的同學，不敢遽戳，把針在指頭上挑來挑去，挑得痛極了，仍然沒有血出來，頗令人發笑。這也是一件趣事。

2

大約在我加入同盟會之後半年光景，廣州便發生了七十二烈士進攻督署失敗而壯烈成仁的大事。當時我們都躍躍欲試，惟以事出倉卒，未及響應。再過半年，武昌起義便在舊曆八月十九日爆發了。首義的分子便是駐在武昌城內的「新軍」和陸軍第三預備中學的學生。消息傳來，人心振奮。就在廣西的新軍（混成協）和陸小學生預備起事之時，桂撫沈秉堃和藩台王芝祥等見清廷大勢已去，乃與諮議局議長等合議響應武昌起義。廣西遂於宣統三年農曆九月十七日（公曆十一月七日）宣布獨立。同時由諮議局推舉沈秉堃為廣西都督，王芝祥和時任廣西提督的陸榮廷為副都督。革命的地方政府乃正式成立，並定期開慶祝光復大會。誰知就在這慶祝會中，發生了一部分巡防營「舊軍」叛變的怪事。

廣西的「新軍」與「陸小」初成立時，已為「舊軍」巡防營所嫉視。這新舊兩派軍人，因思想、作風的不同和利害的衝突，早有水火之勢。而舊軍恃其資格老，歷史深，對這一新興力量的成長，尤視為眼中釘。加以新軍和陸小在當時都被看成革命黨，我們自己也以革命黨自居，今番革命成功，又難免趾高氣揚；而一向反對新軍和反對革命的舊軍，對這一變革，更不願附和。因而在開慶祝大會這一天，一部分巡防營舊軍乃發動叛變，目的是搶劫政府金銀、現鈔所在的「藩庫」和銀行。

慶祝會是決定下午八時在桂林皇城內諮議局前面的廣場上舉行的。這天下午七時，我們陸小學生每人提了一個寫著慶祝標語的燈籠，整隊進城參加大會，並預備在會後提燈遊行。所以整個隊伍都是徒手的。當我們的隊伍自文昌門入城，轉入南門大街到鼓樓底時，駐在鼓樓上的巡防營士兵，突然向與會群眾開槍，一時槍聲劈啪，秩序大亂。我們的隊伍乃調轉頭來準備衝出文昌門去。這時人聲鼎沸，步伍雜沓，各人所持燈籠，互相撞擊，發出勃勃之聲，使本已慌亂的場面，益增緊張空氣。當我們隊伍只有一半逃出文昌門時，駐城樓上的巡防營突然將城門關閉，一部分同學乃陷在城內。我們逃回學堂，喘息方定，聽見城內只有稀疏的槍聲，仍不知真情實況，大家猜想是巡防營兵變。

這天因為是假期，學堂各級長官早已出去觀看熱鬧。只留兩位隊長各自率領兩期同學進城。所以我們逃回學堂之後，成為群龍無首的狀態。幸而不久總值日官爬城脫險回來，集合全體講話，並問學生關於應付這一事變的意見。當時大家一致認為我們和舊軍早已有隙，現在舊軍叛變，一定要向我們進攻無疑，我們應準備自衛。於是，總值日官打開彈藥庫，將我們平時打靶用的子彈分給眾人，每人各得子彈十顆。這時局勢緊張，我們人數既不足，子彈又不多，若巡防營真來進攻，恐不足以抵禦。大家乃決議開往新軍混成協的駐地李家村，以便和新軍一致行動。李家村距我校有二十里路，這時已是深夜，夜間警戒行軍，必須搜索前進。在討論這問題時，同學中有人大呼：「請調李猛仔當前衛搜索組組長！」在大家呼喊下，我也當仁不讓地站了出來。總值日官因在大隊中又挑選了數名身強力壯而有膽量的同學來輔助我，我便帶著這幾位同學，荷槍實彈，在夜色茫茫中，走在大隊的前面，擔任搜索，向李家村進發。

這是我們第一次戰備行軍，大家知道這不是演習，所以都難免有點緊張。我們幾個擔任搜索的同學，自然更為警惕。當我們出門不遠，前面忽然有一個黑影躍起，跳入路旁草叢裡。有一個膽小的同學，一時沉不住氣，舉起槍來，便向那黑影連發兩響。這一支沒有作戰經驗的隊伍，不知發生了什麼事，一時頗為慌張。迨真相弄明白了，才知道那黑影是一隻狗，見到大隊人群走來，向草中逃避而已。大家這才安心繼續前進。因夜間警戒行軍行動緩慢，將近天亮，才抵達了李家村。

當我們到達就地休息之時，混成協的新軍正在鳴號集合，整頓器械馬匹，準備出發桂林，進剿叛軍。我們這一百多名陸小學生的到來，甚出他們意料之外。他們對於剿滅叛軍，似有成竹在胸，不須我們參加，雙方磋商之後，我們的總值日官和他們的負責官長向我們表示，凡願留在新軍營盤內的，可以暫住營內；家在附近，可暫時回家的，不妨暫時返家，到叛亂平息後，再回校歸隊。我就決定回家暫避。

李家村在桂林之南，我家榔頭村在桂林之西，兩地相去百餘里，步行要一天多才可以到。我既決定回家，便帶了自己的六八步槍，自李家村向兩江墟走去。邊走邊問，路雖不熟，但是方向是不錯的。走了半天之後，飢腸轆轆，想找點食物充飢，途中經過一大村莊，我便停下來休息。但是這村莊上卻沒有賣食物的店鋪。最後有一間小店內的幾位壯年人答應替我去買幾個雞蛋，要我稍等一下。我等了一陣，未見他們回來，而其他留下的幾個人則交頭接耳，神色有異。我頓時覺得有點奇怪，提起槍來，就繼續上路。剛走出村莊一兩百碼，忽然發現後面有人趕將上來，其中有人竟拿著鳥槍和刀棒。他們追近了我，便吆喝：「站著！」我度其來意不善，也連忙將刺刀裝上，問他何事，他們便支吾其詞，但是仍向我走來。我便警告他們不許接近，否則我要開槍了。他們知我有備，同時他們的武器也遠沒有我的鋼槍厲害，所以他們只得懊喪地退回去了。我也急忙趕路回家。

其後，陸小附近一家餐館內，有位和我很熟的工友黃老二，他告訴我一個故事。黃老二便是上述那村裡的人。他說有一個陸小學生攜槍經過他的村莊時，被村裡的幾個匪徒看見。這些匪徒專做打劫行旅、殺人越貨的勾當。他們一見這位陸小學生有枝鋼槍，立生殺機，想乘其不備把他殺了，奪取他的槍枝，然後把屍骸用豬籠裝著，沉入河底滅跡。幸而這位學生機警，乘機離去，未遭毒手，好不危險云云。我聽了不禁毛髮悚然，說道：「那位陸小學生就是我！」黃老二大驚失色，連聲說我「福氣大」！這也是我在辛亥革命期中的一件插曲。

在我遇險之後，天色漸黑，四顧蒼茫。其時我鄉有狼患，常有行人被狼咬傷或咬死。我深恐為狼群所襲擊，乃橫持著槍，兩邊擺動，使野獸有所畏懼，不敢偷襲。離兩江墟漸近時，見沿途村落中，人影浮動，有的打著火把，挑著行李，似乎是上山躲難的樣子。途經單橋村，我便走了進去，見一家大門洞開，正在忙著搬什物，忽然看見我士兵裝束，提著鋼槍，登堂入室，頓時驚慌失措，相顧愕然。好在我立刻說明原委，他們才化驚為喜。原來他們也聽到城內兵變，恐被波及，所以紛紛逃難。他們聽說我剛從城裡來，都來問長問短。我也略說城中叛亂情形，惟後來只聞稀疏槍聲，至實情則無從知悉。這時我已飢餓不堪，想向他們買點食物。那家主人說，這年頭還分什麼彼此，有雞儘管殺好了。說著，他們就殺了兩隻肥雞，招待我大嚼一頓。鄉人知道實情不至惡化，相談甚歡。他們並招待我住宿一宵，翌日我才回到自己家裡。我在家裡住了半個月，聽說城裡兵變已經平息，陸小可能復課，所以我又回到桂林。到省城之後，才知道兵變情形並不嚴重。藩庫因有備，未遭搶劫，城內除富家略有被掠的外，別無其他殺傷和焚燹情事。變兵瞬即被鎮壓繳械。不過此時廣西政局卻有了極大的轉變。都督沈秉堃，因自覺非廣西人，不足以表率群倫，已經辭職，由副都督陸榮廷繼任都督。

3

這位後來統治廣西十年，威震西南數省，號稱「南中國第一人」的陸榮廷，亦是一位傳奇式的人物。陸是廣西武緣縣（後改武鳴縣）人。咸豐八年（一八五八）出生於一個無賴的家庭。其父不務正業，淪為小偷，被其族人拘入祠堂吊死。其母因貧病交加，不久又去世。這時陸榮廷才十四五歲，無處藏身，遂流浪到南寧，在鴉片煙館及賭場裡向人乞憐討錢過活。稍長之後，在龍州縣署內當差。龍州地鄰安南，故該地法籍天主教傳教士的勢力極大。其時正是庚子之後，中國政府畏洋人如虎，而傳教士亦藉其本國政府聲勢，橫行一方，莫敢誰何。這時龍州有一位法籍傳教士，畜有警犬一頭，十分凶猛，附近婦孺，時有被咬傷情事。因官民畏懼教士，均不敢告訴，然私下憤恨之心，與日俱增。一日，這位教士往訪龍州州官，把狗繫在衙門頭進大堂的柱上。榮廷因事走過，該犬狺狺相向，陸氏一怒之下，用木棍將狗打死了。這一死不打緊，教士就向中國官廳要狗。地方官恐開罪洋人，乃緝捕陸氏。榮廷一時藏身無處，不得已，逃入盜藪，落草為寇。陸氏本是一位重義氣、有領導天才的人物，逼上梁山之後不久就成為盜魁。率領嘍囉百數十人，打家劫舍，出沒於中越邊境。不過陸氏做強盜卻專以搶法國人和安南人為務，而中、法兩國官兵對他竟無可如何。據說，有一次官居「七劃」（所謂「七劃」，是法國軍官袖口上所繡金色條紋的數目，中國鄉民遂以此來稱呼他們。）的法軍指揮官親自出馬，來剿陸氏，追到崎嶇的山路中，忽見樹幹上貼著一字條，原來是陸氏所留，上說：「如你不停止前進，將有殺身之禍。今先一試小技，射你的右臂而不傷骨。」這「七劃」方將條子看完，忽然山林內一聲槍響，「七劃」果然受傷如條子所寫，絲毫不差。「七劃」大驚失色，遂不敢再向山中搜索，沮喪而返。這故事的真實性可能很小，但陸氏的槍法，確實非常準確，後來他身為廣西都督時，偶施小技，也足使市民咋舌稱歎。

陸氏在中越邊境橫行數年，法方無計可施。最後，駐越南法督恃強逼迫中國官廳限期剿滅。駐龍州提督蘇元春宮保不得已，乃改剿為撫，許陸以高位。榮廷乃率其黨羽就撫，任管帶之職。嗣後以剿匪有功，逐年升遷，至辛亥年，已官至廣西提督。廣西獨立時，為諮議局公推和王芝祥同為副都督，到沈秉堃、王芝祥去桂，乃繼任都督，是為陸榮廷統治廣西的開始。陸氏由南寧來到桂林時全城各學堂、機關和人民團體一齊赴南門外將軍橋歡迎，軍樂與鞭炮之聲不絕，場面的熱鬧，實為前所罕見。

我回到陸小，見校中並未復課。留校同學中的一部分，正在組織學生軍，預備隨軍北伐。因這時武昌的革命軍和清軍正相持不下，故檄調各地的革命軍增援。這時廣西的新軍和舊軍仍時生摩擦，所以沈秉堃、王芝祥均力主調新軍北伐。一則可消弭新、舊軍間的衝突，二可減輕廣西的負擔，三可增加北伐的聲勢，實屬一舉數得。沈自願以湘桂聯軍總司令名義親自統率先行北上。王芝祥待陸榮廷將到桂林時，也率舊軍六大隊赴鄂。沈、王的原意，除調協兩軍的衝突外，亦欲乘機離桂以自保。是為廣西北伐軍的由來。

廣西學生所組之北伐敢死隊除陸小學生外，文科學堂學生參加的也非常踴躍。全隊共約百餘人，由前陸小「學長」梁史（潤軒）任隊長，克日北上參戰。

我回陸小之日，正是學生敢死隊組織就緒之時，我立刻前往報名參加，誰知為時已晚。因為經費和彈械所限，僅能容納一百餘人，後來的都被婉拒。那時抱向隅之歎的青年，正不知有數十百人，我也只有徒呼負負了。

【第5章】

從陸軍速成學堂到將校講習所

1

在北伐軍離桂之後，陸小遂正式改為陸軍速成學堂（後改「堂」為「校」），林秉彝為監督。林氏出身南寧講武堂，係陸榮廷的參謀長林紹斐（號竹筠）的長子。竹筠初為陸氏辦文案，榮廷逐年升遷，竹筠也隨著水漲船高，累遷至廣西都督府參謀長，也是當時的風雲人物。林秉彝原無資歷，因其父關係出任陸軍速成學堂監督。

速成學堂成立時有學生三百餘人，其中大半數為自陸小改編而來的；另一小半則係另招的新生。速成學堂於辛亥年底籌備成立，民元壬子（一九一二）乃正式開學上課。從前陸軍小學的教學，以學科為主，術科方面的軍事操等每天只有一小時。至速成學堂則完全不同，因它是一所純粹的軍事教育機構，故其訓練以術科為主。教授法與進度約與保定軍官學校相等。我們一進學校便開始分科教練。三百名學生分為三隊。第一隊半數為炮科。我屬於第二隊，步科。最初的三個月是士兵個別教練。第四月起則受軍士班教練。其後按級遞進，由排教練而連教練，最後到一個營、團的戰鬥教練。這時在操場上的制式教練和野外演習俱極認真。此外馬術、器械操、劈刺等技術訓練亦極嚴格。我們的教官多半是南寧講武堂一類的中國軍事學堂出身，極少留學生，但總教官中村孝文則是日本人。他畢業於日本士官學校，日俄戰爭時曾任大尉連長，立有戰功。陸榮廷聘他來任陸氏總顧問和速成學堂總教練兼戰術教官。他並娶了一位廣西女子為妻。其人做事認真，毫不馬虎，頗為學生所敬重。因他不諳華語，教練時由一浙江籍譯員翻譯。

我們在講堂裡的學科，都是與軍事有關的科目。至一般的學科如國文、史地、外國語等一概豁免。軍事學科包括步兵操典、野外勤務、四大教程和其他幾門與軍事有關的科目。我在陸小時最感頭痛的便是外國文。現在外國文沒有了，而各門學科都是我所喜歡的，所以我非常用功，每次考試總在前三數名之內。在速成學校兩年和在陸小三年一樣，我從未請過一次假。這頗能助長我做事認真，不苟且、不偷懶的習慣，而為師友所推重。同時，我和教官同學間相處亦極融洽，極少齟齬。古人說：「師克在和。」我在速成學校兩年，很能體會袍澤間融和合作的樂趣。

就一般生活和教育情形來說，速成學校的管教遠不若陸小的嚴肅，學風也不若陸小的淳樸。例如我們在陸小時代，全校上下可說絕無「吃花酒」或狎妓情事。可是速成學校內卻常有教官前往桂林的「花區」所在地訾洲的妓院內宴客和「吃花酒」。俗話說得好：「上梁不正下梁歪。」於是同學中也有於假期內易服狎遊的。這種現象固然是由於辦學的人的作風不同，但也是因整個政治社會風氣的頹廢。當清末厲行新政時，朝廷中一部分大員和各省少數封疆大吏，可能是敷衍門面，緩和輿情；然下級辦新政的人物，都是受過新式教育的人，的確生氣勃勃，有一番新氣象。不意在革命之後，這種欣欣向榮的氣象反而消失。以前的所謂新人物，現在大半變成舊官僚；以前的新政機構，現在又都變成敷衍公事的衙門。加以革命後崛起的人物如陸榮廷等，究竟新知識有限，對於革新之道懂得不多，因而造成江河日下的現象。速成學校和陸小學風的迴異，僅是這種普遍存在的頹風中的一環而已。

2

按照陸軍速成學校的規定，訓練期本為一年半，然我們陸小留下來的學生，實際上受教育兩年。因為我們在新生入學前已開始上課，迨新生正式開課時，我們已上課數月了。我是在宣統三年（一九一一）歲暮入校，民國二年秋季畢業的。畢業後，速成學校即告結束，並把校裡的一切設備，移交給新開辦的「將校講習所」應用。因陸榮廷自民國元年繼任廣西都督（民國三年改稱將軍）以後，深感廣西舊軍有整頓的必要。而舊軍將校大半是行伍出身，或者也同他本人一樣是綠林出身的。這些將校，積習極深。平時擾民有餘，而對現代化的軍事訓練則完全是門外漢。所以陸氏要辦一個「將校講習所」，把舊軍中各級將領分期調到所裡來施以短期的現代化的軍事教育。所長即由前速成學校監督林秉彝充任。所內的低級軍官則由速成學校畢業的優秀學生中選任。這樣我就獲選為將校講習所的准尉見習官。

將校講習所設在南寧東門外大校場（又名標營）。南寧是廣西的新省會。廣西省會的遷治，早在宣統年間即有人提起。因為桂林偏處廣西東北部，對全省省政的處理，不若南寧的適中和方便；加以陸氏的家鄉又近南寧，所以力促其實現，乃於民國元年秋正式自桂林遷往南寧。我們速成學校畢業生，被派往將校講習所的，自然也隨省治西遷。我們一行數十人，由校方雇大號民船十餘艘，滿載器械裝備，由桂林順桂江下至梧州。在梧州另雇數艘小汽輪拖曳，溯江而上，直達南寧。

在這籌備遷移期間，我們仍住在速成學校內。這時校內有馬數十匹。我性喜馳騁，閒來無事，便以練習騎馬為樂。我們在速成學校肄業期間，本有馬術一科，我因身體健壯，膽大敏捷，所以在同學中，我的馬術實首屈一指。我能夠當馬疾馳時，據鞍躍下躍上，往復十餘次而不倦。這一項馬術，全憑身體靈活，臂力過人，才能勝任。當我作這種表演時，師友均歎為觀止，我亦頗以此自豪。

這時速成學校內有好馬數十匹，而其中有一匹「馬頭」，高大雄壯，確是名駒，但一向沒有人敢騎。所謂「馬頭」，也是一樁很有趣的故事。我們南方的軍用馬，多購自內、外蒙古或西北各省。在這成群買來的數百匹乃至一千匹裡，經常有兩三匹馬頭隨行。馬頭事實上就是群馬的領袖。牠生得特別高大雄壯，遍體乃至腿的下部，生滿長毛。這種馬頭，力可敵虎。牠有管理馬群的天賦能力。當草原上萬馬奔騰時，如有少數馬匹偶然落伍或離群，這馬頭會疾馳而去，把牠們趕回隊伍裡來。因而每次當政府在蒙古購買大批的馬時，總少不了有馬頭隨之俱來。那時養在我們校內的便有這樣一匹馬頭。這馬頭除專門飼養牠的飼養兵外，別人親近不得，更不要說騎了。走近了，牠就亂踢亂咬，而牠又力大無比，無人可以制服。牠原為前混成協所有，因牠不服駕馭，才交我校飼養。

一日，我為好奇心所驅使，要求管牠的飼養頭目，替牠紮起馬鞍子來，讓我試騎一下。最初，他們都有難色，說：「老爺（馬夫叫學生為老爺），馬頭是騎不得的！」然而我一再地要求，並且他們也知道我的馬術超人一等，所以答應讓我試試。次日，他們在馬欄內慢慢設法把鞍子紮好，由三個飼養兵牽了出來。我隱蔽在操場正面學校辦公廳後走廊邊的大柱子之後，居高臨下，等他們把馬頭拉近大柱旁邊時，我縱身躍上馬背，提過韁繩，準備牠跳躍。誰知牠一動也不動，若無其事地向前走數十公尺。我正有點詫異時，牠突然把頭和身子向操場左邊一擺一竄，勢如疾風暴雨，那三個牽著牠的飼養兵，未及叫喊便被摔倒在地；牠再縱身一跳，三個人便被拖成一團，全都撒了手。這時，馬頭便瘋狂地跳躍起來，我用盡平生之力也勒牠不住。牠最後一躍躍上走廊，當牠兩前足踏到走廊邊緣長方石塊上時，這石塊被壓翻了下去，因此牠雖衝上走廊，卻失去了重心，也隨之倒下。我見情勢危急，連忙把右腿提上馬背，跟牠倒下，被摔在一邊。這時馬又躍起，衝向一小門，門狹馬大，用力過猛，竟將新的皮馬鞍撞毀脫落。牠然後逃回馬房裡去了。這時旁觀的群眾都捏著把汗圍攏來看我，發現我並未受重傷，只是擦破了手背，而地上則鮮血淋漓，原來馬頭撞掉了一顆牙齒，還落在地上。大家不免埋怨我不該冒此大險，並讚歎我馬術好，福氣大。因為這馬如不把石塊踏翻跌倒，把我摔開，我一定在門上撞死。如果馬跌倒時，我未能沉著應付，或動作稍欠敏捷，我的右腿一定被馬身壓斷。又如果我兩腳夾著馬身不夠緊，或未將身子貼在馬背上，我一定被摔在牆根上，弄得腦漿迸裂。我那時真是生死間不容髮，不特旁觀的同學、夫役等怪我魯莽輕生，我現在想來也覺那時太年輕氣盛，視生命如兒戲了。這也是我五年軍事教育結束時一件驚險的軼事。

後來速成學校結束，一切設備器械及馬匹等，都運往南寧移交給新辦的將校講習所。那時這匹馬頭已不知去向。當時桂林人嗜食馬肉，馬肉米粉為一道著名小食，這馬頭可能已入馬肉米粉鋪，也未可知。

3

我在南寧將校講習所報到，是民國二年的秋冬之交。我被派為准尉見習，事實上即是隊上的助教，月薪十四元。開學後，任少尉隊附，事實上即是排長，月薪三十二元，未幾又晉升中尉。這是我生平第一個軍職。講習所內的學生都是舊軍裡的中下級帶兵官，年齡大約在五十歲以上，官階高的有位至統領的上校乃至少將。有臃腫的大胖子，也有瘦削的矮子；有禮貌周到的君子，也有抽鴉片、逛妓寮的腐敗分子。至於他們出身的複雜，更不必提了。有一部分固然出身於武考或行伍，然不少是由綠林招安而來的。因為廣西在清末，是盜匪如毛，而全省皆山，剿平不易，所以當時有「無處無山，無山無洞，無洞無匪」的諺語。

這種匪風的養成，據說是由於道光年間的官吏縱盜養奸所致。洪楊以後，盜風更熾，官吏怕事，不敢認真剿除，相反地，卻以高位重賞來招撫匪首。這樣一來，許多不安分的野心分子，都視作賊為晉身之階。由匪首可一躍而為哨官或管帶（約等於尉官、校官的階級），如想從行伍升遷，恐畢生也無此希望。這種化匪為官的風氣，在清末盛極一時。遠如官至提督、因追剿太平軍戰死在南京城外、清廷賜謚「忠武」的張國梁，近如廣西都督陸榮廷，都是由匪變官的最顯明的例子。這種風氣當然不只廣西一省有，北方的張作霖、張作相、張宗昌等也都是綠林出身。所以我們講習所內，也有若干人是土匪頭目起家的，習慣惡劣，不守紀律。他們都保持著原有的官階和厚祿，拖家帶眷前來受訓，當然不把我們這些小隊附們放在眼裡。故此駕馭他們，也像試騎馬頭，殊非易易。

我們的第二隊一百三四十人中，便有位至少將統領的高景純君在內。我管教他們的態度是公私分明，不卑不亢。在開學後不久，他們也開始對我表示好感和敬畏。我逐漸以新式的軍事知識灌輸他們，使他們的興趣提高而樂於接受。那大胖子高景純統領和其他素無訓練的軍官，有時在出操時體力不支，我就叫他們站在一邊，看同學操練，而我自己則絲毫不苟且。他們在我以身作則的感化之下，也都自願前來練習、操演，一反他們舊軍本來散漫和不振作的習氣。後來也頗能覺今是而昨非，完全服從新學術的教導，使全體上下和睦，精神煥發。等到一年受訓期滿畢業時，他們對我都有依依不捨之情，並聯合起來送了我一件很名貴的紀念品，使我深為感動。

講習所於試辦一年之後，本擬擴大組織，繼續更番調訓各級舊式軍官，故省方派所長林秉彝攜帶巨款前往上海購置新式裝備。誰知林氏愛好排場，喜歡應酬，到了那十里洋場，為聲色犬馬所誘惑，乃大肆揮霍。不數月，所攜公帑被用一空之後，他又打電報回省，誑稱款項不足，要求補匯。於是陸榮廷左右不滿林氏父子的人，乃大肆攻擊林秉彝浪費公帑，主張停辦將校講習所。這時省府亦確實不願再匯巨金給林秉彝，遂明令把講習所停辦。我們這些教職員，文的被遣散，武的則只有在南寧聽候派遣工作了。

第三編

初期軍中生活

【第6章】護國軍中的青年軍官

1

在將校講習所停辦之後，我們這批無職軍官，奉令聽候另派工作。明知等來等去總不會有結果的，因舊軍各有其系統，門戶之見甚深，我們不易插足，且我們新式軍人也不願置身其間。而新軍究屬有限，更無餘額可以容納我們。所以當我的同事們紛紛搬進城裡住下候差時，我就不願浪費時間和金錢，決定返鄉務農了。我家原是耕讀之家，因此我覺得在外無職，回家務農是很正當的事，就在民國三年的秋季，回到臨桂縣的祖籍。

我對於稼穡是個熟手，體力又強，所以我和一般農夫做著完全一樣的工作。而他們對我則有些詫異，認為我是一個讀書人，在外面求學的洋學生，居然也能和他們一起下田工作。有些不明大體的人則認為我在外面做事無出路，被迫返鄉種田，難免有絮絮閒言。我聽了也處之泰然，並不介意。本以為可在家鄉長期務農，誰知我在桂林的一些朋友認為我在家種田太可惜了，於是便約我到桂林去教書。

桂林許多新式學校，教授的都是新式課程，因而師資便有供不應求之勢，而其中最感缺乏的便是軍事和體育教員。我國的傳統，讀書人都文弱不堪，手無縛雞之力。一旦要找一個能擔任各種軍事教育和體育運動的人，實非易事。這些學校雖先後請過幾位軍訓和體操教員，結果不是他們的學術科不行，為學生所不滿，就是教導無方，或人緣不好，而自動或被迫離職，故各校當局為這項課程，頗感頭痛。所以當我的朋友們知道我賦閒鄉居時，他們便認為我是這項職務最適當的人選，而向各校推薦。民國四年的春天，省立模範小學首先送來了聘書，我當然也樂於接受，就摒擋一切，到了桂林，做了省立小學高級班的軍訓教官兼體操教員。軍訓是我的本行，器械操更是我的拿手本領，時常在操場上作驚險的表演給學生們看。他們對我那種馬戲班式的技術，佩服得五體投地。加以我的人緣一向是好的，校方同事對我均極推重。所以我就職不久，便聲譽鵲起，全桂林的學校都知道了。不久，縣立桂山中學也送來了聘書，要我去兼課，我推辭不了，也就兼了。所幸這兩校距離不遠，而同事和學生都對我極好。學生們敬我如父兄，學校當局則視我若瑰寶，優禮有加。合計兩校給我的薪金，比上尉官俸還多四十元，在那時確實是個很可觀的數目。我因而有餘錢接濟家用，剩餘的尚購置些田地。精神上與物質上的生活都很愜意。

不過我終究是個職業軍人，教文科學堂自非我的素志。所以我時時在想重返軍界。就在我在桂林任教將滿一年時，我的一位朋友冼伯平君是我將校講習所早期的同事，他現在滇軍張開儒第三師，已任至營長。承他的器重，邀我到他那裡去當連長。因為這時正值袁世凱稱帝，西南政要群起興師討袁。滇、桂各軍都在擴充，號稱護國軍，幹部需要人，像我這樣一個經過長期訓練的青年職業軍人，自然就在他們羅致之列。我當然也樂於應召。所以我就向學校當局辭職，以應冼君之約，加入護國軍討袁。

2

冼營長翰熙（伯平）是廣西寧明人，廣西幹部學堂步科畢業。我們在將校講習所共事時，他是第三隊的隊長，我是第二隊的隊附。冼君在當時同事中是一位年輕而佼佼不群的新軍人。衣履非常整潔，隨身有自備的帆布行軍床，日常生活極有規律，而且注意衛生。總之，他一切都很洋化，和普通軍官迥然有別。其後，他加入滇軍，當李烈鈞的護國軍由蒙自開到南寧時，冼伯平正任滇軍第三師張開儒部三十一團第二營營長。當時的第三十一團團長便是在抗日時期曾任江西省主席的曹浩森。

冼君對我的邀請，可以說正合我心。因此我就覆電冼君，表示接受新職。誰知道我向學校辭職的消息一出，兩校師生一致挽留。終因我去意甚堅，他們也不好過分勉強。在我臨行之時，學校當局一再表示惋惜，並謂值此動亂時代，各方職位變動甚多，現在姑且請人為我代課，如果我覺得在外邊不妥，他們隨時都歡迎我返校任教。幾番惜別，互道珍重之後，我才離開了桂林。

這時正值暮春季節，風和日暖，我自桂林順灕江而下，直達梧州。梧州本是西江上游的大城市，這時更值護國軍興，運輸頻繁。各軍都在向肇慶集中。時滇軍第四師方聲濤部適開抵梧州，故沿江碼頭附近設有第四師的招待所。當我乘的船靠岸時，只見碼頭上下，軍民雜沓，熙熙攘攘。我正預備上岸找旅館，再候船去南寧，忽然在人叢中瞥見前陸小第一期同學朱良祺、梁伯山和謝紹安。梁、謝二君且是我兩江小同鄉。舊雨相逢，驚喜交集。互道別後之情，才知道朱良祺現任滇軍第四師步兵第三十四團第一營營長。梁為該營營附，謝為第一連連長。當朱知道我正打算去南寧擔任連長時，便決意留我在他本營充當連長。我告訴他說曾與冼君有約在先，未便失信。良祺說，大家同屬一軍，分什麼彼此。不容分說，便招呼勤務兵，把我的行李搬到第四師招待所安置下來。並立刻呈請委派我為第一營第三連連長。在良祺的強制執行之下，我無法脫身，只好寫信給冼君請辭，並陳述不得已的苦衷。

這時第四師的兵額尚不足，正在梧州一帶加緊招募。我們在梧州住了十多天，我的委任狀由上峰批了下來，所報連長不准，但准以中尉排長任用。這對我當然是一個小小的挫折，不過我也並不介意。於是我就在第四師內當了一名排長，隨軍開拔到護國軍都司令部所在地肇慶。誰知道這時滇軍第三師也開抵肇慶。我忽然間又碰到了冼營長。他因責我為何爽約，未去南寧？原來因為戎馬倥傯，我在梧州所寄的信，他沒有收到。當我解釋清楚被朱良祺等挽留的經過，以及現在當排長的情況後，冼君大為不平。因為他已替我請准了當連長，我不到差，卻在良祺這裡「炒排骨」（那時軍隊中把當排長叫做「炒排骨」，連長叫做「蓮子羹」）。他要我回第三師去。我覺得此事很難開口，所以沒有答應他。不意有一天營長們在一起吃花酒，我也奉陪末座，大家又提起了關於我的事。因為大家都是老朋友，伯平便責備良祺不該把我中途拉夫搶了過去。伯平說：「你把他搶了過去也罷了，但是你沒有機會讓他當連長，卻叫他在你那兒『炒排骨』。」兩人說到最後竟吵了起來，再加上幾分酒意，彼此甚至拔出手槍來。這事一下鬧大了。我夾在中間覺得非常為難，為免使朋友們因我而傷感情，我想還是辭職不幹的好。承朋友們推愛，覺得我李某為人做事誠實可靠，都要來爭取我。我現在只有兩邊都不做，方可維持朋友間的感情。於是我就決心辭職搬到端州旅館暫住。

這端州旅館是肇慶當時最大的旅館，裡面住的客人極為複雜，但多半是與反對帝制運動有相當關係的，或在候差，或是有事與都司令部接洽。我在端州旅館也遇到幾位以前將校講習所的學生。他們知道我賦閒無事，曾有意介紹我去參加他們的朋友所編的地方民軍。他們說如果我肯去，他們可以推薦我以校官階級任用。因為這時各地都在成立民軍，或是收編土匪，紛紛請求都司令部給以番號，官階極為混雜。「關內侯，爛羊頭」，故校官也可隨便委派。我自思是一個正式軍校出身的軍官，殊不應與這些烏合之眾的民軍為伍，所以他們的好意我都一概謝絕了。但是長期賦閒，也不是辦法。正在進退維谷之時，我忽然發現了前陸軍小學同學李其昭。

其昭畢業於陸軍小學第二期，後又轉入幹部學堂，他且是我臨桂縣的小同鄉，平時過從極密。他這時是護國軍第六軍總司令林虎的部屬——步兵第七旅第十三團第二營的連長。他一見到我便問我現隸何部？我當然據實以告。其昭便說如果我不嫌棄的話，何妨到他的連裡去「炒炒排骨」呢？我說反正是閒著，如果他那裡有缺，我當然很願意追隨。其昭說，等他向他的上峰報告一聲，我就可以搬到他部隊裡去了。

其昭的上司第十三團團長周毅夫和第二營營長黃勉都是廣西人，廣西幹部學堂畢業的，和冼伯平、朱良祺都很熟。第二天，其昭帶我去見黃營長，黃一見面便翹起大拇指，說我是「大大有名的」！原來他早已知道冼、朱兩營長為我而拔槍相向的故事了。他一再地說：「歡迎！歡迎！」這樣，我在當天便搬入林軍第二營，當了一名中尉排長。這就是我參加護國軍終於隸屬於林虎先生部下的經過。

【第7章】

討龍之役與初次負傷

1

林虎先生，別字隱青，廣西陸川人。畢業於江西武備學堂。岑春煊任兩廣總督時，林僅二十歲。初任哨官，駐桂林。旋位至管帶（校官階級）入粵駐防欽、廉。辛亥武昌起義，升為團長，率所部參加北伐，進駐南京。民國二年二次革命時，江西都督李烈鈞起義獨立，林氏時為李的混成旅旅長，踞守馬當、湖口、九江等要塞地區。袁世凱派李純統率大軍南下，進擊李、林等部，久攻不克，後來繞至上游，由武穴偷渡長江，經南昌截斷南潯鐵路，才將林部重重包圍。懸賞以緝林虎，生死不拘。此時，南昌省垣忽生兵變，李烈鈞微服出走，大勢已去。林氏乃率部突出重圍，到達湖南醴陵縣。自動解除武裝，將槍械彈藥送予素與革命黨人有默契的譚都督延闓。林氏本人則潛逃海外，度其亡命生活。時人曾譽之為彪虎將軍。

到袁世凱陰謀稱帝之時，林氏即潛回廣西，策動廣西耀武上將軍陸榮廷揭櫫義旗，響應雲南獨立，而護國戰役中南北優劣之局，因此頓形改觀。此舉實為洪憲帝制覆亡，護國運動勝利的關鍵。因此當時為討袁而設的軍務院中諸領袖如岑春煊、陸榮廷等對林虎先生極為器重，故特畀予護國軍第六軍總司令的要職。我幸能投到他的麾下充當一名排長，雖位卑人微，無關輕重，但每思飛鳥尚知擇木而棲，人固宜擇善而事，私衷亦頗欣慰。至於林虎先生的勇敢善戰，出處磊落光明，廉潔自守，用人不疑，此種作風感人尤深，影響我一生做人處世，實至巨大。可惜當時中國政治未能進入法治常規，內戰頻仍，致使他常陷逆境，為時代的犧牲者，然吾人固亦不宜以成敗來論英雄。林先生晚年曾於柳州經營一小農場。中共席捲大陸後，尚未聽說他遭受清算，而被推為人民政協委員。亦不幸中之大幸。

本團團長周毅夫先生，廣西恭城縣人，也係早期同盟會革命黨人。營長黃勉、連長李其昭以及全團上尉以上官佐，十之八九出身幹部學堂，士兵則概由廣西各縣招募而來，所以皆係本省人民。我至連上到差時，他們在肇慶集中徒手訓練了還不到兩個月，新兵基本教育尚未完成，也無槍械。在我報到後五天，才由日本運到一批六五口徑的村田槍，發給士兵，方開始實施持槍教練，這批槍枝在日本人心目中早已成為過時的廢物，不堪用來作戰了。惟當時中國軍隊獲得此項武器，確已心滿意足。不意當我軍正在積極訓練，秣馬厲兵，準備北伐討袁時，袁世凱忽於六月五日暴卒。袁氏既死，副總統黎元洪正式「接任」總統，以段祺瑞為內閣總理，通電全國息兵，這樣護國軍也失去了作戰目標。軍務院和都司令部乃準備解散，所轄各軍也聽候編遣。誰知袁氏死後，北洋軍閥的重心隨之解紐，逐漸形成各系——皖系、直系、奉系——軍閥割據之局。南方各省的軍事領袖如雲南的唐繼堯、廣西的陸榮廷與廣東的龍濟光也互不相讓。因此袁氏死後南北大戰的危機雖可避免，而各區域爭權奪利的小內戰反因此加劇。就南方來說，首先變成各方討伐的對象的便是粵督龍濟光。

龍濟光是雲南土著的彝人，原為土司，後以襄贊清廷剿滅雲南彝亂有功，逐步升遷，光緒末季，由岑春煊薦為廣西右江道。光緒三十四年（一九〇八）署廣西提督，宣統元年真除。辛亥革命前數月，率軍入粵為鎮撫使。至民國二年，二次革命解體後，廣東都督胡漢民被迫去職，龍氏因效忠袁世凱，受任為粵督。民國三年六月，都督府裁撤，濟光乃以振武上將軍名義，督理廣東軍務。袁氏稱帝時，曾封龍為一等公，旋加郡王銜。

至民國五年四月，西南各省以兵威脅，龍氏宣布獨立，並按護國軍例改回民元舊制，稱廣東都督。但是龍氏參加軍務院而為撫軍之一，不特非其本意，且處處與護國軍為難，阻撓滇、桂軍假道廣東北上。那時滇軍護國第二軍總司令李烈鈞、都司令岑春煊和廣西都督陸榮廷（時陸已率師入湘），都急於北伐，不願與其破裂，而虛與委蛇。幾經交涉，濟光始允李烈鈞部滇軍假道，自三水趨粵漢路，經韶關，袁世凱忽然病故，都司令乃令李氏暫停北進，就地待命。

孰意袁氏病故後四日，龍濟光未得軍務院同意，單獨取消廣東獨立，宣布聽命中央。這當然引起護國各軍的不滿，加以滇軍假道廣東北進時，龍氏曾令地方官不與過境軍隊合作，甚至多方留難。當李烈鈞屯兵韶關待命時，韶州鎮守使朱福全竟關閉城門，並斷絕商民販賣食品，以困滇軍。滇軍在城外露宿數宵，適值大雨，全軍困乏，商之於朱，朱仍閉門不納，兩軍遂於六月十九日發生衝突，城上龍軍竟發炮向滇軍轟擊，大戰遂起。廣東各地的龍軍（時稱濟軍）與護國軍隨之皆有接觸。一時各地槍聲劈啪，函電紛飛，莫衷一是，是為粵中討龍戰爭的序幕。

2

討龍戰爭發生後，我們的護國第六軍在粵漢路南段沿線一帶與龍軍也發生接觸。這時我們的第十三團正在肇慶訓練，村田槍剛才發下，士兵持槍各個教練的基本訓練都還沒有完成。但是前方戰況緊急，我們遂奉令向前方增援。全團自肇慶乘船出發，到蘆包上岸，步行兼程前進。第十三團的士兵訓練很差，如何作戰呢？唯一補救的辦法只有在行軍休息的時候，練習一些基本動作，如射擊，臥倒，利用地形、地物等等。我連的士兵中亦間有持槍、瞄準熟練的，我起初很詫異，後來由他們的夥伴說出，原來這些人都是當過土匪的，其中有三個班長且做過土匪小頭目，後來受招撫才改邪歸正的。因此我就特別注意他們的生活和行動。出乎我的意料，我發現他們每次戰鬥，不只勇敢善戰，而且極重義氣，毫無欺善怕惡的習氣，較其他的士兵反而容易管教。古語說：「盜亦有道。」這確是我寶貴的經驗。

我們一路經炭步向高塘火車站進發，望見粵漢路上的火車南北疾馳，聽到車聲轆轆，心情頓覺開敞。一個生長在山國的人，從未越出省門一步，此次因投入軍隊，方遠行至珠江下游，見輪船火車往來行駛，熱鬧非常，雖則離鄉背井，不無思鄉之苦，但也因見到新的天地而異常興奮。軍行抵高塘車站，略事休息，並各自整理隊伍。此地距戰地約三十里，前線戰事正緊，催我軍開去增援，於是立即整隊開拔，用快步前進。我連士兵除極少數出身綠林，與官兵打過游擊戰外，其他都未上過戰場，內心不免感覺緊張。走了十餘里，隆隆的炮聲和猶如鞭炮的槍聲，響徹雲霄。我當然未便詢問別人此時的感覺如何，但我自己內心忐忑，神經緊張，腳步輕浮，呼吸有上氣不接下氣的模樣。我深信我的愛國熱忱與人無殊，而視死如歸、不避艱險的膽量，尤不在他人之下，何以一聽到槍炮聲，情緒就如此緊張，連自己也莫名其妙。反觀路旁耕種的農民，反而神態自若，令我暗中吃驚，慚愧萬分。原來此地民風強悍，族與族或村與村之間，每因爭奪牧場和水利灌溉而發生械鬥，情況的激烈，有如兩軍對陣，必須政府派軍隊彈壓，方才停止，所以他們視戰爭等於家常便飯。

我們的部隊趕到前線時，已近黃昏。這時火線上槍聲正密。我以為戰場上一定死傷枕藉，血肉模糊。誰知在我們進入總預備隊陣地之後，槍炮聲便寂靜下來，我們發現並無太大的死傷。此時天已全黑，為調整各營連位置，我團擔任左翼，派步哨及聯絡兵搜索前進。黑夜之中，部隊缺乏訓練，自不易確實掌握，因之指揮失靈，弄得方向不辨，敵我不分。一時槍聲大作，混戰了一番之後，才發現原無敵人，而是自己的部隊在互相射擊。今日思之，實覺得當時部隊的荒唐和作戰的兒戲。

經過半夜的緊張和恐怖，我們的連長李其昭，開始有點膽怯，他不等向營長報告及批准，假託腹痛須返後方休息，便擅自將他的連長職權，委託予我，他就退到後方去了。我便代理連長職務，指揮部隊。次日拂曉，我們便向左翼延伸，加入前線作戰，發現敵軍正向我方前進，開始其拂曉攻擊。我們尚未挖掘壕溝，僅僅憑藉地形，與敵人遙相射擊。經過數十分鐘的戰鬥，在敵人衝鋒之下，我們的陣地開始有動搖跡象。這時我想，我們如果不能立即將敵人的攻勢阻截，全軍很快便會潰不成軍。根據軍事學，要阻止敵人進攻，必須向他們逆襲。這時我們和各方都已失去聯繫，營長也不知去向。我只好命令掌旗兵，舉起我們的連旗，準備著隨我衝鋒。我隨即大聲號令全連官兵，衝向前去。這時，一則因為部隊訓練不夠，命令不易貫徹，再則因為槍聲正急，我呼喊的命令未為全連官兵所聽到。所以當我向前衝了約二三百公尺時，回顧士兵隨我而來的，零零落落，為數不多。這時槍彈橫飛，已頗有傷亡，我正預備轉身督促部隊前進，而右側樹林已為敵人所佔據，正向我們所前進的部隊射擊。在一陣密集的槍聲中，我突覺頭殼猛震了一下，立刻右腮上血如泉湧，滿嘴都是碎牙。我馬上把牙齒吐出，用手在右頰一摸，方知道子彈自我右頰射入上顎骨。我再一摸左頰，則並無傷痕，我想子彈一定停留在上顎。這時血流如注，頭昏目眩，我知道不能繼續指揮，乃招呼一排長代行我連長職權。我告訴他，我暫時退下包紮，如情形不太嚴重，我仍當回來繼續指揮。我連本有勤務兵三人，但是因為李連長帶走了一人，餘二人又未可分身。我本可帶一二槍兵，以備使喚，然深恐因此減少我連的戰鬥力，所以便獨自一人退出陣地。步行未幾，遇著了一個掛著紅十字的軍醫。他在為我略事檢驗之後，便說：「恭喜！恭喜！子彈並沒有留在你的頭部，它已從左鼻孔出去了。」大概這顆子彈受了皮帽勒和我的上顎骨牙根的阻力，轉了個彎，自左鼻孔出去了。

聽了軍醫的話，我暗自慶幸。因為子彈如留在面部，必須開刀才可取出。且不說開刀的危險，即使能順利地將子彈取出，面部破了相，豈不難看。我正在傷腦筋時，經他這一說，心中頗為寬慰。他替我稍事包紮後，我便繼續前行。將近黃昏時候，我走到了高塘鎮的臨時後方醫院。這醫院設在一所祠堂裡面，傷兵充塞，滿地呻吟而無人過問。

這時我已困乏之至，想找一點食物和一席安身之地而不可得。廚房裡空空如也，水漿全無。最後實在因為困乏太甚，我自外面撿了兩塊磚頭，在傷兵群中找得一席空地，將磚作枕，躺了下來。頭方落枕，便曚矓睡去。一覺醒來，已是午夜，飢餓不堪，而口渴尤甚。乃起來走到廚房，想找點食物充飢，但是廚房裡非但無半碗冷飯，甚至滴水全無。這時我實在口渴難熬，遍找之下，竟發現一隻木盆，靠在廚房的牆角裡，裡面還剩有些沒有潑完的水。這水可能是洗菜剩下的，也可能是洗腳剩下的。我也管不得許多了，彎下身去，一飲而盡。瓊漿玉液，稍潤枯喉。喝完之後，我又回去睡下，雖然飢腸轆轆，仍舊閉眼睡去。

睡下不久，醫院裡忽然騷動起來，把我驚醒。據說是前方戰事失利，敵人追兵已近。龍濟光軍在那時是有名的不守紀律和殘酷的部隊，不但虐待俘虜，就是俘獲的受傷官兵也無倖免；有的傷兵甚至被活活燒死。因此前線失利的消息一出，後方，尤其是傷兵醫院內，更是驚惶失措，大家匆忙逃走。那些傷殘不能行動的士兵，尤感恐慌，哀號乞助之聲，慘絕人寰，但在兵荒馬亂之時，各人逃命還不及，誰能相顧？

我們自醫院倉皇出走，向北撤退。這時高塘全鎮居民也都為兵敗消息所驚醒，扶老攜幼，紛紛向北逃避。一時軍民雜沓，勢如潮湧，真是風聲鶴唳，草木皆兵。我夾在人群中，循鐵路線向後方走去。面部傷口腫痛，十分難受。但心中卻自慶為不幸中之大幸，假如我傷在別處，不能走動，被追兵捕獲，豈不可悲。約兩句鐘，瞭望東方即呈現一片白色和紅霞，一輪火紅太陽頃刻東昇，天已大亮。

我沿著鐵路線走了約二十餘華里，便到了新街車站。此地有一設備較好的後方醫院，我就住了進去。其中醫生護士照拂俱甚周到。這時方知道前方戰事已趨穩定，我方並未失利，龍軍更沒有追來，前次慌亂，只是一場虛驚。所以我就在這所醫院中，靜心養傷。翌日，我的部隊中又派來了勤務兵一名，供我使喚，並將我的日用品送來，因此生活頗為安適。

這所新街後方醫院是設在一座大廟裡面，院子裡有葵葉搭成的遮陽天棚，在夏日炎炎時，而廟內仍是清風習習，涼爽之至。廟前廣場上有大榕樹兩株，枝幹參天，綠蔭如蓋。廣場前面是一條小河，泉聲潺潺，水清見底。日長無事，坐在榕樹下的石凳上納涼，遙看河畔洗衣婦女，燕瘦環肥，各有風韻。因此，一些負輕傷的官佐，便整日徜徉榕樹底下，評頭論足，頗為逍遙自在。

我入院之初，傷勢頗重，臉部腫如皮球，十分痛苦，尚無此閒情逸致。後來傷勢漸減，也時常參加榕樹下的「談論會」。傷兵見有官長在此，都悄悄離開，不來擾鬧。我們幾個下級軍官坐談樹下，無憂無慮，清閒得有世外桃源之感。就在這宜人的環境之中，我一下便住了四十餘日。

3

我住入新街後方醫院不久，討龍戰爭便結束了。我軍已自石馬戰地開往仁和墟附近的鴨湖整訓。我進醫院後尚不足二十天，傷勢稍退，營長黃勉已兩度派營附唐隸生來催我早日出院歸隊。原因是我連的李其昭連長臨陣畏縮，為士兵所輕，到停戰後回到連上已無法約束士兵，業經請准辭職，遺缺由我遞補，要我早日接任。我又住了二十天左右，正式接任本連連長。

我連是駐在鴨湖的一所祠堂之內，時常給養不繼，軍紀鬆弛，處境萬般困苦。回顧本人統兵數十年，而鴨湖整訓這一段時期，實是我所見軍隊生活中最艱苦的。當護國戰役初起之時，各地民軍蜂起，各有其盤據的地盤。經都司令部給予番號之後，均於當地稅捐中，扣除軍餉，自行維持。我們護國軍第六軍是直屬於都司令部的正規軍，並無地盤可據，軍費薪餉來源，全憑上級發放。最初由都司令部核發，都司令部撤銷後，我軍改隸於廣東督軍陸榮廷，我們的薪餉遂由督軍署核發。然此時戰事初定，省級經費也十分困難，我軍欠薪欠餉，自不待言。有時不特薪餉全無，甚至伙食亦無法維持。有時全軍竟日枵腹，餓至深夜，才有少許糙米送來，沙石稗殼參雜其間，煮熟亦難下咽。

至於士兵的服裝，則更不堪一提。我軍在肇慶建軍時，曾發下質料窳劣的軍服，每人一套。經過一場戰爭和數月溽暑天氣，已經朽爛。士兵不特無衣可以換洗，簡直是衣不蔽體，襤褸不堪。有的士兵，衣褲破爛至遮羞無計時，竟用草莖將破處紮起，更顯得狼狽不堪。這時正是盛夏，炎熱難當，而蚊蟲之多，尤不堪想像。每當黃昏或拂曉，蚊蟲活動最劇之時，嗡嗡之聲令人心煩，隨處用手一揮，即可撲落數隻。我連士兵又全無蚊帳，我和三位排長雖各有一頂，然為與士兵共甘苦，我勸告各排長，一律藏而不用。入晚之後，我們的血肉之軀不堪蚊蟲吮啄，均不能入睡，但聞蕉扇驅蚊發出啪啪之聲，通宵達旦。士卒生活如此之苦，當然談不到訓練。幸而我團士兵多係新募鄉農，對長官尚知敬畏。加以我們官長，以身作則，和士兵寢食相同，甘苦與共，士兵也頗為感動。以此我的命令尚無人敢違抗，紀律差可維持。平時雖不常出操，卻時常集合作「精神講話」。我軍原為反袁護國而成立，精神講話的題材，自以維護民國、反對帝制為主。不過我們那時對民主、議會政治這一套，自己也很茫然，士兵當然更莫名其妙。所以我們的精神講話，言者既不諄諄，聽者更是藐藐。官長訓話時，有些士兵交頭接耳，有些隨便嬉笑，我們官長也只好裝聾作啞。幸好士兵之中，絕少「兵油子」，否則紀律更不易維持了。

這時我團內官長們的生活雖較士兵略勝一籌，仍然很苦。薪餉累欠不發，制服又無著落。我們軍校出身的軍官多穿舊日校中發給的制服，有的甚至穿起當時廣東夏季盛行的香雲紗便服來。偶爾，我們也三五成群至鴨湖鎮上茶樓內，啜茗聊天。但是我們都是宦囊久空，既不能吃大魚大肉，一杯清茶，久坐不去，自然不為堂倌們所歡迎。他們常常以怠工來作消極抗議。他們每見我們來了，都竊竊私議說「電燈膽」又來了。「電燈膽」的意思是不通氣。不通氣者，即不知體察他人臉色之謂也。我們也佯作不知，來去如恆。

所以此時我軍和當地居民的感情，可以說是極不融洽。此地居民習於械鬥，對我們這樣衣不蔽體的部隊，當然不放在眼裡，而身量二尺五的士兵們，亦不願向老百姓低頭，因而軍民之間的小衝突時常發生。加以仁和墟上私賭之風甚熾，有少數好事士兵，前去抓賭，偶有被毆傷情事。全團士兵積怨在心，時思藉機報復，更有好事者暗中煽動。某日中午，全團士兵忽然哄動起來。我為喧譁聲所驚動，忙問何事，有些士兵便說：「連長，我們要上仁和墟裡去報仇，那裡的人欺人太甚了。」我喝道：「不許胡鬧！」但是他們和其他各連士兵早已暗中決定一致行動，已不聽我的命令了。當時全團士兵千餘人，一哄而起，衝向仁和墟去。此時團長周毅夫、營長黃勉俱在省城未回，第一、三兩營營長和我們各連連長也無法制止形同譁變的士兵。幸而我們的駐地和仁和墟距離三四華里，且有一小河相隔，商民聞變，立把船隻全部靠到對岸去。士兵無船可渡，乃隔岸鼓譟，聲震田野。更有士兵，亂放冷槍，使事態更形嚴重。仁和墟的居民亦驚惶莫知所措。當地紳商，乃派人過河來說好話，賠不是，我們連長們也乘機向士兵勸說。最初他們堅持不從，必欲摧毀仁和墟而後快。

我對本連士兵如哄小孩子一般，苦口婆心地勸說。第一，我說，你們這種舉動形同兵變，為軍法所不容，堅持不回營，上級一定要調兵前來彈壓，結果將不堪設想；再者，縱使你們真的成為兵變，變了亦無處可去。本團士兵多係廣西人，客居廣東，如零星逃亡，必為廣東民團個別捕殺無疑。況此地民風強悍，民團器械精良，縱使我們整團兵變，也有彈盡援絕之時，何況零星逃散，大家如果認真譁變，前途是不堪想像的。其他各連連長亦以同樣方式向士兵勸慰。最後，士兵們總算答應讓仁和墟的商民放爆竹賠禮。於是，仁和墟的商會購了整籮筐的爆竹，一筐又一筐地在對岸燃放，士兵嫌少，商民便遵命多放。爆竹響處，士兵隔河歡呼勝利，拍手跳躍，聲聞遠近，熱鬧非凡。商民賠禮畢，士兵才紛紛返營，結束了這一幕喜劇。

這鴨湖鎮一帶的居民是十分強悍的。不特男子對駐軍不稍戒懼，縱是青年女子，對軍隊亦初無回避、畏怯之心。一日上午，我在駐地的祠堂門前閒眺，偶見門前左側大路上，有一青年女子姍姍而來，當她漸漸走近祠堂時，我因身為長官，未便注視一過路女子，乃掉身回歸房內。未幾，忽聞士兵嘈雜，和一女子喧嚷怒罵之聲。我忙走出去一看究竟。原來這喧嚷的女子已闖進祠堂裡來，正是我剛才所見的。她一見我出來，知道我是位官長，便立刻向我叫起來。

她說：「你們這裡的士兵，太不規矩，為什麼調戲過路女子？」

我說：「少奶奶，我的士兵怎樣冒犯你了，我查出一定重辦！」

她說：「我從你們祠堂旁邊經過，有兩個士兵跑到我身邊，動手動腳！」

我說：「少奶奶，你能不能認出這兩個士兵呢？」說著，我便自衣袋裡取出哨子，吹了幾下，全連士兵聞聲便在院子裡集合起來，請她指認。

最初她很自信，以為可以立刻指出。誰知她對這一百多人注視了一會，她的自信心開始動搖了。這一百多位都是一樣年輕力壯的穿著二尺五的丘八，她也認不出究竟是哪兩個剛才摸了她一把。認了半天，她勉強指出兩位來，而這兩個士兵卻堅決否認。

我因而告訴她說：「少奶奶，請你務必當心，不能冤枉人家啦。調戲婦女，按軍法報上去，可能槍斃的。事關人命，請你千萬不要認錯了人！」我這麼一說，她更覺懷疑，便在士兵中又指認了兩人，一共四人。

我說：「少奶奶，剛才調戲你是兩人，現在為何變成四人啦？」

她說：「就是這四人中的兩人。」究竟是哪兩人，她仍無法判明，我自亦未便亂加處罰。為免使她下不去，我便當她面，將全連士兵訓誡一番。她也覺得很夠面子了，才向我道謝而去。

事後，我詢問這四個士兵，是否真有不規矩行動，四人均矢口否認。大家猜想，可能有兩位調皮士兵，見她姿色動人，私下打賭，看誰敢摸她一下，其中一位真的大膽地向她上身摸了一把，誰知竟被她追到連部裡來。至於誰是真正調戲她的人，她也沒有看清楚，所以指認不出。但是她當時那副激昂氣概不讓鬚眉，言談清脆和態度逼人的樣子，使我今日想起，仍覺事如昨日，餘音在耳。我帶兵數十年，地歷十餘省，鮮見有如此隻身闖入軍營喧嚷的青年女子，這也是鴨湖一帶特有的情形。

【第8章】

護法戰爭

1

我們在鴨湖駐紮不久，粵局已獲適當解決。南北雖因黎元洪繼任總統的法律根據問題，尚在爭辯，大規模的戰爭終於避免了。黎氏上任後，仍以段祺瑞為內閣總理。七月六日北京政府明令改革地方軍政制度。獨立時期的軍務院、都督府等固然取消了，即舊有的將軍和巡按使制度也一律廢止。各省統軍的長官改稱各省督軍，民政最高長官仍稱省長。理論上是實行軍政分治的。為統軍方便計，督軍之上，又視各地情形分設巡閱使。例如在兩廣有兩廣巡閱使，在華中則有長江巡閱使，在北方則有直魯豫巡閱使等。

督軍之下，按地方情形置護軍使或鎮守使，以統馭駐軍兼以維持地方治安。民國五年七月十四日，軍務院正式結束。當時北京政府擬派岑春煊為廣東督軍，而岑氏因有「袁死，已即引退」的諾言在先，謙辭不就，乃改派陸榮廷督粵。龍濟光被調往瓊州（海南島）任礦務督辦，率軍離廣州。陸氏部將陳炳焜（陳原為蘇元春的差官，陸榮廷就撫時，和陸結為兄弟，其後一直為陸氏的左右手）卻奉派督桂。到民國六年四月十日，陸氏升任兩廣巡閱使，遂薦其部將陳炳焜、譚浩明（譚係陸氏妻弟）分督粵、桂，自此以後，兩廣遂成陸氏的地盤，與雲南督軍唐繼堯、貴州督軍劉顯世形成粵、桂、滇、黔犄角之勢，而和正在分裂中的北方皖、直、奉各系軍閥相抗衡。

龍去陸來之後，我們前護國軍林虎的總司令部乃奉調入廣州。我們十三團移防廣三鐵路的西南。林虎旋即受命為高雷鎮守使，率所部前往高雷駐防，清剿當地土匪。我們全軍乃又自黃埔搭海輪分途開往高雷。這是我第一次乘海輪。我們廣西是遍地皆山的，很少看到平原。當我順西江東下，地勢逐漸平曠，已覺眼界不同，至此初入大海，浪闊天高，一望無際，心胸更覺十分舒暢。

雷州位於廣東省西南部雷州半島之上，隔海與海南島對峙。此地居民多係講黎話的漢人，所說黎話和廣州話完全不同。其風俗極端保守，時已民國五年，全國各地男子都已剪去辮髮，而雷州男人仍留著辮子，使我們初到的人感覺驚異。雷州人多務農為業，然因地鄰海濱，土壤中鹽質極重，不宜耕種，故人民生活極苦，文化水平也較廣東其他各地為低。然雷州民風強悍，勇敢善戰。

我們部隊開抵雷州的海康縣時，正是中秋前後，秋高氣爽，這時駐在高雷一帶的部隊車駕龍部，是臨時招募的地方民軍和土匪，紀律極壞。

車駕龍（號雲六），廣東茂名縣人，日本士官學校畢業，當護國軍初起時在高雷一帶招募了大批民軍，經呈准都司令部編為第六師，以車氏為師長兼高雷鎮守使。迨都司令部撤銷，第六師原應遣散，詎車駕龍拒不受命，所以林虎在廣州受命為高雷鎮守使時，即奉有密令，就地解決車駕龍。等我們部隊開到海康縣部署就緒，林虎的高雷鎮守使任命才由廣州明令發表。於是，林虎假名交替，設宴招待車氏。這是一場鴻門宴。事先由林氏祕密計畫當酒酣耳熱之時，發炮為號，即席逮捕車氏，並繳其部的槍械。我這一連因為原已部置進駐海康縣，故奉命收繳縣裡的武器。海康是雷州的首縣，縣長兼任車部軍職，有軍隊二三百人，實力似在我連之上，如措置不慎，則危險之至。因此我決定擒賊先擒王，精選敢死隊數十人，聽到一聲炮響，即率隊直衝縣長辦公室，將縣長逮捕。

這位縣長似乎是位文人，當我持著駁殼槍衝入他的辦公室時，他似乎很惶恐。我說：「我現在奉命來繳你們的槍，希望你不要抵抗，否則玉石俱焚！」這縣長乃連忙招呼他的左右，不許抵抗，說：「我們公事公辦，不許抵抗。」於是我們草木不驚地便把縣署內的槍枝繳了。車駕龍同時亦被逮捕，未作抵抗。解決車部之後，我們在雷州住了二十多天，便開往高州剿匪。

高州與廣西接壤。我們在高州過了年，在粵桂邊境剿了半年多匪。這時南北政要又發生了所謂「護法」的爭端，內戰再起，段祺瑞派兵入湘窺粵，南方各省乃組「軍政府」與「護法軍」，以桂督譚浩明為總司令，北上援湘。我們這一團中先後被抽調兩營北上，任護法軍右翼，入湘作戰。因此我們在民國六年秋季，遂由高州防地調回省城，然後奉命北上參加護法戰爭。

2

譚浩明為廣西龍州人，農家出身，係陸榮廷的內弟。相傳陸氏某次搭乘譚浩明的父親的篷船赴龍州，因而認識了譚浩明的姊姊，兩人竟私訂終身，約為夫婦。其後，陸氏被迫為匪，而譚浩明之姊矢志不嫁以待陸。迨陸氏受撫，此一對情人始成眷屬，所以陸譚的姻婭關係實非泛泛的。護法之戰即起，陸氏以兩廣巡閱使身分坐鎮南寧，而譚氏則以總司令身分統率粵、桂軍分三路入湘增援，並相機北伐。軍政府特派老革命黨人鈕永建為聯軍總司令部參謀長。

我們的中路約萬餘人，由譚浩明直接指揮，自桂入湘，攻長沙，窺岳州。左翼主力為湘軍，約兩萬餘人，由程潛、劉建藩、趙恆惕等指揮，自寶慶北上。右翼約六七千人，為廣東護國第一軍，歸馬濟指揮，由廣州經曲江入湖南的郴州，北指醴陵，為中路軍的側翼，並可東窺江西。馬部人數不多，因馬和林虎為莫逆之交，故調我們第十三團第一、二兩營歸其節制。

我們的團長原為周毅夫。到達醴陵後，不知何故被免職，由中校團附何文圻升任團長。營長原為黃勉，於團長更換後自請調差，乃由中校團附冼伯平調任營長。冼氏原在滇軍任營長，都司令部改組時，冼乃脫離滇軍，到我們第二軍任團附，至是，又調任營長，成為我的直接上司。

我們北上時正值秋冬之交，自省城乘粵漢路火車至韶州（曲江），然後步行經樂昌到湘粵交界的坪石。這一帶正是騎田嶺的主脈所在，我們在崇山峻嶺之中前進，所行俱係羊腸小道，然風景絕佳。山中常有小溪，水清見底，路的左側，有河流一道，蜿蜒而東，和廣東的北江會合。鄉民用兩頭翹起的小船作交通工具，順流而下，行駛如飛。

坪石鎮位於湘粵交界處，一半屬湘，一半屬粵。過此便入湘東平原。這是我生平第一次入湘。湘、粵兩省雖屬毗鄰，然我們一入湘境，便覺別有天地。就氣候說，古人所謂嶺南的梅因向陽而先開，嶺北的梅卻因春到較遲而後開，就是說明嶺南的廣東和嶺北的湖南氣候的差異。就風土人情來說，湘、粵也有顯著的不同。在我們到坪石之前，所見兩廣婦女概是天足，操作勤勞，與男子等同。但一過坪石，婦女都纏足，腳細如筍，行動婀娜，凡田野間及家庭中的笨重工作，悉由男子擔任。其他差異之處很多，不暇細述。

我們部隊自坪石北上，經宜章、郴州、永興、安仁、攸縣，直趨醴陵。除在攸縣城外二十里處的黃土嶺和北軍小有接觸外，未發生其他戰事。

過攸縣後，便進入湘江流域富庶之區，人民比較安樂，婦女的服裝和打扮尤為入時，男女的交際很是開通。沿途所見所聞，對我們都很新奇。自坪石至醴陵約五百餘里，也多趣事可述。這一段商旅頻繁，沿途都有小客棧，當地人叫「伙鋪」，大小可容數人或數十人不等。逆旅主人為招徠顧客計，往往雇用青年姑娘們，盛裝坐在門前做針線。來往客商常為她們的美色所引誘而入店投宿。其實她們都是農村的良家婦女，由伙鋪主人雇來點綴門面的，入晚以後，她們就收拾起針線，各自回家去了。她們並不害怕軍隊，與他省習俗大有差別。

我們於十一月中旬克復醴陵，中、左兩路軍亦於同月底攻佔長沙。段系的湖南督軍傅良佐棄城而逃。北軍在湘的主力——王汝賢的第八師和范國璋的第二十師，都不曾力戰即撤退。我軍復於民國七年一月二十七日攻佔岳州，主力前進至羊樓司，進窺武漢。一時護法軍聲威大振，舉國為之震動。

這次我軍能迅速推進的主因，還是北方政府的內訌——馮段失和。總統馮國璋主張與西南和平解決，乃於民國六年十一月二十日將國務總理段祺瑞免職。到了湘鄂戰爭失利，段系軍人如安徽省長倪嗣沖、魯督張懷芝等於十二月三日在天津集會，力主對西南用兵。岳州易手後，鄂督王占元也感受威脅，遂附和段系。馮氏不得已，乃屈從用兵之議。於民國七年二月中派直督曹錕為兩湖宣撫使，魯督張懷芝為湘贛檢閱使，張敬堯為攻擊前敵總司令，率勁旅吳佩孚等所部再度入湘。三月二十三日復起用段祺瑞為國務總理，湘鄂戰事乃急轉直下。

張懷芝所部自湖北通城反攻，與我中、右兩路軍激戰於湘鄂邊境，不分勝負。北軍主力第三師吳佩孚部則循粵漢路及洞庭湖水道南下，我湘軍即受挫於羊樓司。三月十七日，我軍被迫退出岳州。三月二十六日，吳佩孚又破我長沙，四月二十日吳部復攻佔衡山，我軍乃退守湘南衡寶、耒陽、永興之線。

3

在湘中戰爭開始逆轉於我不利之前，我們這一團最初曾奉令自醴陵北上岳州，作前線右翼軍的總預備隊。當我們將入湖北通城縣境時，忽聞吳佩孚率其精銳第三師南下，水陸並進，武長路正面我方戰事失利，岳州危在旦夕。且敵人的長江艦隊企圖由洞庭湖溯湘江而上，直搗長沙以斷我軍的後路，我們乃奉命火速撤退。三月二十六日長沙失守，我們中路軍向衡陽撤退，右路軍亦自醴陵南撤至茶陵、攸縣之線，旋再退至安仁縣城以北約二十里的綠田墟，阻止敵人南進。這時張懷芝部節節進逼，正面也發生激戰。我營於安仁縣城奉令開赴前線，準備參加戰鬥。到達綠田墟時，前線戰況已見和緩，惟據探報，敵人有大隊向我陣地右翼移動跡象，我營乃受命即向陣地的最右翼延伸增援，以備萬一。冼營長乃率領本營由綠田墟北進，經過一座大石橋，再行約二里，然後向我主陣地的後方向右前方進發。到達目的地後，一面派偵探搜索敵情，一面派哨兵擔任警戒。此時全線槍炮聲已歸沉寂，我營正面亦無敵人。忽然，冼營長發起燒來，不能支持，必須回後方治療，故即命我代理營長指揮作戰任務。於是我就召集其他三位連長研究攻防作戰方針。我先發言說：「安仁縣城至綠田墟之間，無一較好的陣地可資防守。我軍現選擇此一丘陵地帶為攻勢防禦陣地，其優點在於前面開敞，可以瞰射敵人。惟其間亦有不少蔭蔽之地，使敵人容易潛伏，接近我們的陣地。而陣地後約五里直至綠田墟卻是一片水田，並有不能徒涉的小河橫亙其間，這是名副其實的背水陣，是為其最大的弱點，萬一戰事失利，我們只有向前衝殺，死裡求生，決不可向後撤退，自取滅亡。請各位同仁提高警覺。」

是晚平靜無事。翌晨拂曉之後，槍炮聲漸密，當我們士兵用早膳時，陣地前後落下的炮彈有數十枚之多，幸未傷人。早餐剛畢，我軍全線戰鬥已漸入猛烈階段。敵人屢向本營猛撲均不得逞。我為明瞭敵人的動態計，乃跑到散兵線上，觀察敵我雙方戰鬥狀況，即見一部分敵軍利用地形，逼近我方火線。和我前線位置相距尚不到三百公尺，五官面貌幾可辨認。散兵線後敵人炮兵陣地有炮八門之多，距離不足三千公尺，正向我散兵線盲目轟擊。同時又發現我軍正面似已被敵人中央突破，友軍已紛紛向綠田墟大道潰退。此時戰況危急萬分，我立即令營部號兵吹衝鋒號，向敵逆襲，以遏止敵人的攻勢。不料竟無一兵一官向前躍進，我急忙拿起營旗，躍出戰壕，大聲喊殺，衝上前去。全營士兵見我身先士卒，乃亦蜂擁而前，槍炮聲與喊殺聲震天動地。我舉著旗子正向斜坡衝下去時，忽見前面一丈多遠，有黑影一閃，泥土紛飛，濺得我滿頭滿臉。我用手將臉上泥土抹去，仍繼續揮兵反擊。頃刻間即將當面之敵擊退而佔領其陣地。這時正值黃梅季節，下著小雨，嶺上泥土甚鬆，剛才那黑影原是一顆炮彈，似乎沒有爆炸，只把泥土掀起，濺了我一身。

經本營一陣衝鋒之後，敵人全線攻勢果然被我們堵住。這戰場是一個丘陵地帶，長著不少松木和茶油樹。當我們搶佔敵人陣地時，他們大部分退走，小部分仍利用蔭蔽地形，一面退卻，一面逐段抵抗。我蹬在一株茶油樹之後，只聽得敵人槍聲不絕，卻不見機槍的位置，我只得將身體略略站起，以資觀察，忽然一排機槍射來，正打入我胯下。我覺得大腿的肌肉振動了一下，俯視即見血流如注。立刻伏在地上，但仍大呼衝鋒，並說：「奪得敵人大炮一門的，賞洋五百元。」於是全營蟻附而上，殺聲震天，敵人竟棄山炮四門而逃。我軍全線遂尾跟敵人追擊。此時，兩名勤務兵才扶我退出戰場。我發現自己身中四彈，然其中只有一彈射入大腿，其他三彈只打穿了褲子，未傷及肌肉。如果我提高身體遲了一二秒鐘，則此四顆子彈必將射入腹部，那就不堪設想了，真是險極！

我自戰場退出後，行走不到一里，傷口疼痛難當，便倒了下來。勤務兵乃自附近農家找了一隻梯子，把我抬到安仁縣城。說來奇怪，大軍作戰，城裡竟無治療傷兵的設備。不得已，只好請縣政府代雇本地的草藥郎中來醫治。這位年近古稀的老先生隨身帶了藥物前來，一到之後，先把帶來的生草藥搗得稀爛，然後將緊纏傷口的綁腿布解下，檢視一番，開口說道：「恭喜！恭喜！腿骨幸未折斷，子彈從骨膜之左側穿過，敷藥之後，約十天即可痊癒走動了。」我聽了將信將疑，惟恐他在說大話。這大夫隨即叫人端上一碗清水，他左手接碗，以右手食指指向碗中作寫字畫符模樣，一面口中念念有詞，我也不懂他念些什麼。只見他從碗裡吸了一口清水，噴在我的傷口上，然後把搗爛了的草藥敷上，另拿一塊乾淨白布包紮起來。說也奇怪，我的右腿受傷已六七小時之久，紅腫充血，疼痛異常，而一敷草藥之後，痛楚立止。他因我不能在縣城久留，另給我一包藥，以備替換。我送了他兩塊銀元，這是相當大的酬謝，他一再謙辭，始肯收下。據說此草藥郎中是當地跌打損傷的權威，果然名不虛傳。我即日雇了一乘轎子，向後方的永興縣進發，當晚宿在途中一伙鋪裡。鋪主人有一年方二八的掌上珠，她聽說我的勇敢，轉敗為勝，乃自動替我包紮、燒水、泡茶，百般撫慰，殷勤備至。當我翌日離去之時，她似乎頗有依依不捨之情，令我感激難忘。湘女多情，英雄氣短，這也是受傷後一段頗值得回味的韻事。

到達永興之後，得悉我軍已收復攸縣和茶陵兩縣城，所獲戰利品有：滬廠造七生的五❶山炮四門，步槍二百餘枝，機關槍數挺。不意，數日後忽傳衡陽失守，北軍分兵向祁陽、耒陽挺進。我右翼軍左側後大受威脅，正向永興、耒陽之線撤退。我遂退到郴州休養了半個月，創口漸痊癒，行動無礙。

此時敵方前敵指揮吳佩孚，忽暗中與我軍通款言和。戰事乃進入停頓狀態。本營乃奉令駐防高亭司，馬濟的總司令部則設於郴州、耒陽大道上的棲鳳渡。至五月中旬，乃有冼營長奉調回粵，遺缺由我接充的消息。

注釋

❶七點五公分（cm）的中文音譯。——編者注

【第9章】

護法歸來

1

自我接任營長之後，戰局入於停頓狀態。吳佩孚按兵不進，我軍亦未反攻。我營遂駐於耒陽縣的高亭司訓練。惟此時我發現本營處境十分困難。因我營係自林虎將軍所部暫時調歸馬濟指揮，由於系統不同，難免遭受歧視。寄人籬下，遠戍湘省，真如大海中的孤舟，四顧茫茫，官兵都有惶惑之感。加以入湘以來未及一載，而已撤換團長一員，更換營長兩員，自然影響軍心。我升任營長之後，除第二連原為我所統率，不成問題之外，其餘第一、三、四各連連長都因本營處境困難，前途渺茫，故乘更動營長的機會，先後辭職回粵，另謀高就，影響士氣尤巨。

再者，此時戰爭膠著於湘南，我方陷於失利狀態。而政治上，孫中山所領導的軍政府和陸榮廷所領導的實力派，又有水火不相容之勢。初由政治見解的分歧，演變成兩粵地方主義的鬥爭。原來中山開府廣州時，所招募的軍政府衛隊，難免良莠不齊。其中有數名官兵被督軍莫榮新部下指為土匪，而遭逮捕。軍政府數次派員交涉，也無結果。此數名官兵終被槍決，致使中山忍無可忍，乃於民國七年一月三日親登軍艦，指揮官兵，對觀音山督軍署開炮轟擊，一時炮聲隆隆，全城震驚。幸而炮彈只掠過山頭，並無死傷，山上炮台也未還擊，一場風波，旋即平息。嗣後，中山張貼布告，曉諭軍民，申斥莫榮新藐視法紀，故特炮擊，以示薄懲云云。中山先生素富革命熱情，並善於辭令，每對群眾演說，口若懸河，故有「孫大炮」之稱。此次怒轟觀音山，名實相副，全國一時傳為趣談。至二月二十六日，接近中山的海軍部部長程璧光，又被奸人刺殺於海珠碼頭，形勢對中山殊為不利。中山先生乃毅然向非常國會辭去大元帥職，赴滬從事《三民主義》的著述。其後，軍政府大元帥制雖經改為七總裁制，也不能消弭政客派系與地方主義權利的鬥爭，更因此而招致前退駐瓊崖的兩廣礦務督辦龍濟光的異動。龍濟光受段祺瑞的慫恿，乘隙進攻南路的高州、電白及兩陽，其勢甚為凶猛。林虎奉命率所部進剿，鏖戰兩月，不分勝負，後等李根源率滇軍增援，方將龍部擊潰，退回瓊州。然龍濟光仍不能立足。乃率殘部二三千人乘船逃往天津。此一勾結袁氏，鼎鼎大名的濟軍遂消滅於無形。

值此討龍戰事緊張階段，軍糈浩繁，各單位餉項時虞不繼，本營又遠駐湖南，更難相顧，餉項積欠尤多。兼以團長何文圻誠樸有餘，幹練不足，遇事因循，累積各種因素，影響本營軍紀，致使管教困難。是年秋冬之交，北風凜冽，寒氣襲人，不獨餉項無著，即禦寒服裝亦杳無音信。士兵飢寒交迫，怨言叢生，每向各連長質問，亦只空口安慰，無補實際。十月二十日下午一點，全營士兵事前似已互通聲氣，各連自動集合，聲言齊赴團部要求團長發餉。我和各連官長，忽聞警耗，倉皇馳赴隊伍中，竭力告誡阻止，但無效果。只得跟隨士兵齊到團部，請何團長當面對士兵解釋一番。其中有若干士兵盛氣向團長質問，來勢洶洶，雖跡近聚眾要挾，惟困難確屬實情，亦情有可原。何團長聽士兵報告完畢後，便多方解釋，最後甚至訴苦說：「就是把我身上的皮剝下，天上也不會掉下銀子的。」情詞極為淒慘。於是我和各連官長，一面向士兵勸導，一面拉拉扯扯，好不容易才把幾連士兵帶回宿營地去。

孰知本團鬧餉的消息，不脛而走，竟哄動了附近的駐軍。俗語說得好：「好事不出門，壞事傳千里。」更有人難免畫蛇添足，以訛傳訛，甚至說何團長被打傷。消息不久傳到廣州，林虎、馬濟二人俱甚震怒，尤以馬氏為甚。因馬濟治軍，素稱號令森嚴，尤喜沽名釣譽，故力主嚴辦，以肅軍紀。林氏雖秉性渾厚，胸襟豁達，但因對馬氏情誼甚篤，不便因循不加追究，故即面派參謀長梁史，擬具懲治辦法，以便實施。當時有主張就地繳械遣散的，也有主張撤換營、連長以警告的，議論紛紛，莫衷一是。我們全營官兵聞耗，大起恐慌，然亦未敢申辯，只得聽天由命，淒涼景況，難以盡述。幸梁參謀長辦事精細公允，他查出總司令部確拖欠本營餉銀數月之多，而本營轉戰粵湘，戰績卓著，不無微勞，此次雖有越軌之嫌，尚屬不無可原。且我們第二軍自南路討龍之後，聚眾索餉，以及其他不法情事亦時有所聞，均未究辦，如對本營矯枉過正，未免有失公道。乃簽呈意見，略謂湘局已等於休戰狀態，應將本營調粵，歸還建制，以便就近考察實際情形，再定奪法辦云云。於是一場驚險風波，竟得平安度過，可說是萬分的僥倖了。

民國八年二月，本營奉令開拔回粵，官兵無不喜出望外。營部暨各連笨重行李，概由宜章縣城落船下駛，沿途山高水急，舟行如飛，不到兩天已抵曲江車站，轉乘火車而達廣州的東堤，暫宿營於珠江水面的花舫中。各連的官兵仍循民國六年北征時的道路，越過崎嶇的騎田嶺，走了七天光景，才到曲江，轉乘火車而與營部會合。當我們離去高亭司時，附近誠樸可愛的鄉民，以本營官兵生活十分清苦，都能維持軍民合作，軍民雜處將近一年，絕無強賣強買，或調戲婦女等情事，故紛紛購買鞭炮燃放，以盡地主歡送之誼，情況很為熱烈。歸粵途中，進入湘粵交界的樂昌縣時，陡見婦女完全天足，在山上和田野中工作，有的挑著擔子，在路上橫衝直撞，類皆面目黧黑，汗流浹背；以視湘省婦女的白皙細嫩，舉止斯文，真有霄壤之別。驟看之下，頗不順眼。可見社會一切習俗，甚至眼簾的審美觀念，也不覺由習慣而成自然了。

我們在花舫中住下，稍事休息。一面請領服裝，一面請發欠餉，俾官兵購買鞋襪什物，全營煥然一新。

我於高亭司開拔之前，屢次剴切告誡官兵，恪守軍紀，愛惜軍譽，以破滅外間的流言蜚語。時東堤岸上，高樓巨廈，酒館林立，俯瞰珠江水面，花舫如雲，都為軍政顯要與富商巨賈的應酬娛樂場所。每屆黃昏，燈光照耀，恍如白晝，笙歌達旦，繁華為全省之冠。我們住在花舫中，距離這些熱鬧地區不過數百碼。早晚按時到郊外出操，隊伍整齊，市民嘖嘖稱讚。一入夜間，官兵即已在沉沉酣睡，鴉雀無聲，並不為外界的聲色所誘惑。據說，林虎曾數度在晚上到本營附近，微服暗訪。他發現我營上下官兵號令貫徹，紀律森嚴，實為全軍之冠，乃大為詫異讚歎，這才一洗外間誣衊的恥辱。

2

我們在天字碼頭附近的花舫上駐了五六天，便奉令開拔往新會縣城駐防。按照一般部隊的習慣來說，駐防新會是掙錢的難得機會。因新會縣是僑鄉富庶之區，舟車輻輳。駐防部隊官長，在當時政治污濁氣氛中，違犯禁令，包煙包賭，習以為常。包庇奸商，偷關漏稅，更是司空見慣。以前駐此的部隊長官，無一不腰纏萬貫，滿載而歸。上峰是否有意派我到此，以示酬庸，實未敢臆斷。我率隊到後，當地紳商即以往時慣例待我。派人來說項疏通，並餌以重利。我自思係一受新時代教育的青年，豈可貪圖分外金錢，自損人格，故即嚴詞拒絕。他們見我不為所動，仍不肯罷休，一再託人來說，一切不要我負責，只要我遇事佯作不知，不認真執行法令，仍可不勞而獲，暗中分肥。但我仍不為所動，並聲明公事公辦，決不絲毫通融，違法的當按律懲罰不貸。我這種破例的作風，頗為當地一般人所不解，因他們歷來尚未見過任何駐紮此地的軍官有此「傻勁」，視黃金如糞土，寧開罪於地方的不法紳商，而不願苟取一介。但我駐防新會將近一年，除為少數劣紳與市儈埋怨外，一般人民及正當紳商，均對我稱頌備至，亦頗足使我私衷欣慰。

當我到新會駐防之時，廣東政局已是動蕩不定的狀態，省長一席，尤為明爭暗鬥的焦點。結果省長李耀漢被逐，翟汪宣布上台。因此，李對支持翟汪上台的陸榮廷和莫榮新懷恨在心，並想利用他在任省長期間扶植起來的勢力，策畫謀反。他收買土匪，運動民團，實行暴動，搗亂政局，以洩私憤。在我駐防新會之後不久，正李氏準備移交之時，渠即先委其死黨何瑞珊署理新會縣長。當時，李耀漢的死黨企圖暴動的謠言四起，人心惶惶。

何縣長湘籍，約五十上下年紀，行伍出身，曾隨李耀漢任軍職多年，老於世故，為人極端圓滑，是一位老官僚。渠上任之初，即專程來訪我，我亦循例到縣政府回拜。過了一個月光景，時在七月上旬，我忽接本軍駐江門第一游擊隊統領黃業興密函，叫我即日赴江門，有要事相商。我猜度可能與政局有關。惟本營係直接受總司令部管轄，並不屬黃氏指揮。不過在系統上，同是護國第二軍，他是少將統領階級，我只一少校營長，有事當然受其指揮。即乘新寧鐵路火車前往江門，晉謁黃氏。他屏退左右，把房門關好，然後說道，他昨晚才由省城趕回，政府獲得確切密報，前省長李耀漢，現住香港，派人四出收買土匪，策動各縣地方團隊，密謀舉事，搗亂粵局。其重點係在陽江、陽春、新興、羅定、雲浮與四邑等縣分，上峰決意先下手為強，分頭派兵馳赴各縣鎮壓，以弭亂源。並查得新會何縣長是策動四邑的主要負責人，著我明天即將其逮捕。我問逮捕之後，如何處置，是否遞解來統領部？他說：「不必，不必，千萬不要送來。」我說：「那麼送到哪裡去呢？」黃說：「就地崩掉吧！」意思是就地槍決，「崩」的一聲，將他打死算了。我聽了他的吩咐，心中愕然，自忖未經審訊，竟如此處決，未免兒戲。他見我半晌不語，便鄭重說道：「這是上峰當面交代的辦法呢！」我乃無言退出。當晚回到營部，立即召集四位連長祕密會議，決定部署進行。次日清晨約六時光景，用兩連士兵，把縣政府包圍得水洩不通。我親自率領其他兩連，衝進縣政府去，先把縣警隊官兵制服，命令他們不得擅自行動，並申明是奉命來捕何縣長的，與縣府職員及官兵無涉。當時見一掃地的夫役，即強迫他帶路進入上房，於縣長臥室門外呼叫開門。一個女傭人不知何事，便把房門打開，陡見一群官兵闖進來，嚇得面如土色。此時何縣長和他的年輕的太太尚在甜蜜沉睡中，邱連長乃一手把他抓起來說：「我們營長有要事，請縣長到營部去。」何縣長兩眼矇矓，半睡半醒地說：「什麼事如此急迫，可否稍緩，等到中午，我親到營部會見你們營長呢？」但是此時哪有他說話的餘地，各官兵叫他趕快穿上長衫和皮鞋，半推半拉地把他拖出房門之外。斯時何太太嚇得面無人色，跪在地上號啕痛哭，哀求勿傷害她的丈夫，景況很為淒慘。

人總是感情的動物，我與何縣長曾有一面之緣，政治派系鬥爭，與我又無切膚之痛，且不甚了解雙方鬥爭的癥結所在，只知服從為軍人的天職。我已預料到這場面的慘絕人寰，內心實在感覺不安，但為慎重達成任務起見，又不能不親自出馬，故自始至終，只是站在官兵群中，竭力避免與何氏見面。我們的營部在東門外約一里地的陳侯祠內。何氏認為到了營部，見我之後，總不會有多大問題的，所以一路上尚稱鎮定。再者他即使負有密謀暴動的使命，然並無舉事的證據，所以他判斷或不至於死。誰知一出東門，距營部不遠，路旁有一運動場，官兵即推他進入此一空地。此時，他才知道不妙，乃大吼如雷，說：「喚我到營部，為何又要進入運動場？」頓時掙扎，不願前進。他個子高大，威武有力，又頗具武藝根柢，在此生死關頭，他企圖死裡逃生，乃向圍繞著他的數十名官兵拳足交加，恰似一頭瘋了的黃牛，秩序頓時混亂起來，喚打叫殺，叫成一片。官兵又怕誤傷袍澤，不敢向他射擊。幸而我事先已料到可能有此一幕，特精選一群善於搏鬥的官兵，故際此場合，尚能應付裕如，糾纏不到一分鐘，何氏便被按倒在地，「崩」的一聲，結果了他的性命。

此一具戲劇性的搏鬥，和西班牙武士鬥牛一般驚心動魄，使我終身難忘。每念中國內憂外患，殺伐頻仍，成則為王，敗則為寇，人權毫無保障，像何縣長的不知多少，說來痛心。我旋將辦理此案的經過呈報上峰，出乎我的意料，竟得一道嘉獎的指令，文中有「處置有方，草木不驚」的官樣文章。並另有一電令，在新縣長未到任之前，著我暫代縣長。但我並不引以為榮，反有啼笑皆非之感。

在駐防新會期間，還有一件趣事：廣東民風，有兩姓械鬥的舊習，因此民間儲備槍械甚多，匪風猖獗，此亦為原因之一。其械鬥的原因，有為爭山場或水利，也有為爭陽宅（房屋）或陰宅（墳地）而起的。每遇械鬥，輒糾集千數百人，對壘廝殺，如臨大敵，非有大隊官兵馳至彈壓，不肯罷休。當我們在新會駐防時，有古井鄉李姓父老，想和我拉上宗親關係，免遭別族侵凌，乃託人說項，請我到該鄉認宗親，拜祠堂。申明於祠產存款項下，有利市封包酬謝，少則三五千元，多則可能逾萬。我因顧慮地方人士誤會我有偏袒李姓之嫌，乃一再謝卻。

3

我在新會駐防九個月，又奉命開往肇羅陽鎮守使署所在地的肇慶。肇慶古名端州，為西江下游的重鎮。地當粵、桂交通的要衝。

這時我們的護國第二軍總司令兼肇羅陽鎮守使林虎即駐節於此。林虎所部各師部隊也分駐在城郊一帶。我的營部便設在東門外李家祠堂。此一三進大廈係前省長李耀漢發起建築，完成不久。雕梁畫棟，頗為堂皇富麗。

我軍初到肇慶駐下，總司令林虎便著我們前往察看肇慶一帶形勢。林氏並開始在城外要隘構築鋼筋水泥工事。其假想敵係來自廣州方面，因之我們的工事上，炮口都指向廣州。當時我們都不明白其用意，廣州是省會所在地，焉有敵人自那個方向來進犯之理。不過既是總司令的命令，我們亦未便多問。

我軍除每日照例出操和作精神講話之外，長日無事，倒頗覺清閒。一日，我在營部內忽聞街上有群眾喧譁聲音，極為熱鬧，我營士兵也多在旁吶喊助興。我為好奇，出街一看，才知是當地人民「搶親」。肇慶習俗，結婚間有採取「搶親」的方式。搶親就是男家聚眾前往女家「搶奪」新娘。女家也集合親友鄰舍，貯積大堆碎石以抵禦來搶親的隊伍，而男方來搶的均備斗笠等物作盾牌，以防禦投來的碎石。當入侵隊伍接近女家時，男方指揮便發令將斗笠預備好，一聲吶喊衝向女家。女家防守部隊也吶喊抵禦，並以所貯碎石向男方投擲。迨兩軍短兵相接時，磚頭瓦礫，紛如雨下，衝鋒吶喊笑鬧之聲亂作一團，好不熱鬧。雙方搏戰良久，女方陣線卒被男方衝破，乃由男方所派健壯婦女數人衝入小姐繡房，將新人架走，於是雙方遂由兩軍對壘，轉為兒女聯姻。化干戈為玉帛，各以酒肉享客。曲突徙薪，焦頭爛額，並為上客，皆大歡喜。

當搶親正在熱烈進行時，我們的士兵也從旁吶喊助興。迨男方已搶得新人，雙方戰將與旁觀群眾仍舊喜洋洋，大有與新郎同樂之概。其歡樂、熱鬧與滑稽，較今日文明結婚夠味多了。這也是我所目擊的肇慶奇異風俗的一種。後來我曾有一機會與曾於抗戰時任第七戰區司令長官的余漢謀談及此事。余氏便是肇慶人。他說「搶親」是肇慶的土俗，相沿成習，已不知有幾千百年了。

我們住在肇慶時，還曾發生一件極滑稽的事。那便是我們護國第二軍第五旅第一團團長蘇世安的住宅裡忽然發生了「鬧鬼」的怪劇。據他說家中的用具每每自動騰空飛起，瓦礫沙石，常常淩空而下，聲勢驚人。雖無人受傷，然闔家被鬧得雞犬不寧。有人乃建議說，鬼怕印。蘇氏乃將他團部用的官印，蓋了許多，貼在門上，但是毫無效果。蘇氏又往鎮守使公署借來了鎮守使的大印，蓋了十數通，並在印側寫了些鎮壓鬼怪的話，貼在各處門上，說也奇怪，「鬼」竟然被印嚇住了。從此蘇府始再見太平。這也是駐防肇慶時，一段有關迷信的小插曲。

至民國九年二、三月間，李耀漢終於在兩陽、新興各縣收買土匪，運動民團，發動叛亂，搶劫燒殺，四境騷然，本營奉命協助友軍，由南江口經羅定向新興進剿。新興縣是李耀漢的故鄉，土地富饒，盛產煙草。境內群山環抱中有兩區平地，田土豐美，當地人呼之為「內外天堂」。李家便住在「外天堂」。李氏及其親故並以歷年所積財富，在「天堂」裡建築了不少壯麗的中西合璧的房屋，綠窗紅瓦，殊為「天堂」生色不少。此地因人民富庶，所以民團的組織與裝備，都不在正規軍之下。

當我率領本營行抵離「外天堂」五十里的大道上，遙見前面官兵，紛紛潰退下來，民團漫山遍野，打著紅白旗號，正在喊殺，追趕潰兵。我旋於亂軍之中，發現一員青年軍官，騎在馬上，頻頻揚鞭，似欲阻止士兵的潰退。我立即傳令本營，就原地散開，準備參加戰鬥，然後策馬馳向那位青年軍官，攔住了他，詢問匪情、戰況。互通姓名之後，知道他是本軍游擊隊幫統楊鼎中部下的一員營長，名叫陳銘樞。陳濟棠當時也在該幫統部下任上尉副官。蔡廷鍇在陳銘樞營裡充當排長。滄海桑田，駒光如矢，孰能料到十年後，這幾位竟為中國近代史上的一時風雲人物。

這一年的秋天，陳炯明在漳州誓師回粵，兩廣政權易手，陳銘樞部未及追隨林虎退入廣西，遂為粵軍第一師師長鄧鏗所收編，陳氏即升任第一師第四團團長；是時李濟深為鄧鏗的參謀長。民國十四年冬，廣東完成統一時，第一師擴充改編為國民革命軍第四軍，由陳銘樞任第十一師師長。其後出師北伐，馳騁大江南北，戰績卓著。這是後話。

當時陳銘樞看到我，知道援軍已至，喜出望外。他對我說：「前線情況不好，潰了！潰了！」他希望我立即指揮所部前進，向匪軍衝擊，以挫其鋒。我說：「我既然來了，一定負責把這一群暴民擊散，以保地方安寧。」故即揮軍反攻。反叛團隊和土匪究係烏合之眾，不堪一擊，紛紛作鳥獸散，我們乃跟蹤追擊三十餘里，游擊隊統領黃業興，幫統蔣琦，各率所部分進合擊，先後攻至「外天堂」的邊緣。時已黃昏，不敢冒險進入，乃就地宿營。翌日拂曉，乃翻山越嶺，湧入李耀漢的家鄉。此一地區廣闊十餘里，有河道可行木船，經羅定，下駛南江口而入珠江，貨物吐納，殊為便利。

我們派兵向四處搜索，不獨匪蹤毫無，即村民亦逃一空。牛、羊、豬、犬、雞鴨遊蕩在田野裡，無人照顧。不注意軍紀的友軍官兵，認為是千載難逢的機會，大宰牲口，以饜口腹之欲。古語說：「大軍過，籬笆破。」非身歷其境，難以洞悉箇中淒慘的景況。天堂墟上煙草堆積如山，由統領黃業興分別以逆產充公，本營亦分配到一小部，約值千元的煙草，用以犒賞官兵。此次平亂，本營官兵無一傷亡。在天堂住了五天，即開拔回肇慶原防。善後事宜，由友軍協助新興縣政府辦理。此後不久，我軍乃又捲入粵桂戰爭。

【第10章】第一次粵桂戰爭

1

粵桂戰爭發生於民國九年八月。那時一部分廣東首領，主張粵人治粵，企圖將桂人陸榮廷的勢力趕出廣東。因自袁世凱帝制失敗，龍濟光被逐離粵後，廣東軍政大權悉操於兩廣巡閱使陸榮廷手上，以其部將譚浩明、陳炳焜分督桂、粵。護法戰起，孫中山率海軍回粵組軍政府時，陸榮廷、陳炳焜雖陽示歡迎，而實際上頗不願軍政府有實權，故迭與中山齟齬。經中山數度和陸榮廷磋商，陸才把陳炳焜調開。而以另一部屬莫榮新繼任，並將原由前省長朱慶瀾撥給的二十營省防軍，交陳炯明指揮，號為「援閩軍」，由陳氏率領赴閩，以避免和桂軍衝突。這是陳炯明駐兵漳州的由來。

這時中山與陸、莫等齟齬日甚，陸榮廷和唐繼堯都早已不就軍政府的元帥職。到翌年五月，乃索性將軍政府改組，廢除大元帥制，改用總裁制。選岑春煊、陸榮廷、唐繼堯、孫中山、唐紹儀、伍廷芳、林葆懌等七人為總裁。不久，更選岑春煊為主席總裁。中山不得已，乃向非常國會辭去大元帥職，飄然去滬。廣東政權遂完全落到陸、莫實力派手中，二人和政學系政客楊永泰等朋比為奸，盤據地方，剝削人民，兵驕將惰。當年勁旅，偷安數年，已成師老兵疲狀態。陳炯明（時稱粵軍第一軍）陳兵漳州，久有回廣州之意。到民國九年八月，見時機成熟，遂和許崇智的粵軍第二軍會師漳州，聲稱「粵人治粵」，揮戈西指，進攻潮、梅，其勢甚銳。陸榮廷、莫榮新倉皇發兵阻截，所謂「粵桂戰爭」於是爆發。

當戰事未起之時，粵中將領間早有摩擦不協調的現象，加以督軍莫榮新久戍粵東，與其上司兩廣巡閱使陸榮廷，因各為左右親信所影響也不無隔閡。這時駐防省會的粵軍護國第一軍總司令馬濟，為陸氏的心腹大將，兼任督軍署參謀長，自視甚高，與莫氏的股肱沈鴻英、劉志陸、劉達慶等時相摩擦。惟護國軍第二軍總司令林虎和駐瓊崖鎮守使李根源的滇軍，卻採取中立態度。到了戰爭發生，乃成各自為戰的局面。

當時莫督軍鑒於潮梅鎮守使劉志陸已被陳炯明擊破，乃檄調瓊崖李根源的滇軍到河源布防。滇軍的左翼為沈鴻英軍，右翼為馬濟和惠州警備司令劉達慶兩部。我們第二軍林虎所部，則由肇、羅、陽地區抽調約一萬五千人，東進接連馬、劉兩軍的右翼，伸到海岸線上。前線總兵力不下五六萬人，以逸待勞，採取防禦攻勢的姿態。

我率本營自肇慶開往三水，乘火車到廣州河南的石圍塘渡河，經長堤，再乘廣九路火車到樟木頭，即向淡水方面前進。不料粵軍洪兆麟部已乘虛佔領淡水墟。我軍先遣部隊黃業興部正在圍攻中。旋將洪部擊潰，本營並未加入戰鬥，惟跟蹤追擊，經白芒花，向稔山前進。而敵軍的楊坤如部增援，據守稔山，向我軍反撲。楊氏為陳炯明心腹健將之一，異常剽悍。敵人得此生力軍，戰鬥力大為提高。激戰終日，不分勝負。最後，作為總預備隊的本營也奉命加入戰鬥，乃獲大勝。敵人潰不成軍，我軍乃銜尾窮追，直到七泥、八泥地區，已進入陳炯明家鄉的海豐縣境，如果再繼續追擊五十里，海豐縣城即可唾手而得。惠州方面戰況也很順利，破平山，克復三多祝，和本軍能做到齊頭並進。不意正在此時，左翼河源方面的沈鴻英、李根源兩軍，忽告失利，節節敗退。這消息對我們無異冷水澆背。當時且有謠言，廣州警察廳廳長兼江防司令魏邦平，河南地方軍李福林，以及虎門三角洲等處要塞和炮台，早已聯成一氣，暗中勾結陳炯明。到前線戰事失利，這謠言遂成為事實。魏邦平等通電籲請莫督軍下野，以避免兵燹而維護地方安寧。於是人民團體也紛紛通電響應。民心既去，大局急轉直下，遂成無可挽回的局勢。林虎為避免本軍被消滅起見，下令星夜向肇慶撤退。旦夕之間勝敗殊途，官兵心情怨恚，可以想見。

當時全國各地軍隊，因連年內戰，任意擴充，既不注意訓練，又缺乏餉糈，以致軍紀廢弛，本軍自亦不能例外。有的將領甚至鼓勵士兵搶掠以提高士氣。我曾親眼看到統領黃業興的部隊，包圍淡水，正在對戰激烈時，一部分官兵已勇敢地衝鋒到墟場的邊緣，另一部分尚伏在子彈打不到的蔭蔽地方。黃氏乃走向前去，用自由棍輕輕地逐一擦著士兵的屁股說：「丟那媽，你們還不前去，東西被人搶光啦！」士兵們果然笑嘻嘻地彎著身子，向前躍進了。我才恍然大悟，原來舊式行伍出身的軍官，以這種卑鄙的手段來為自己開闢升官發財的捷徑，思之真不寒而慄。黃業興的部隊攻破淡水之後，不顧慮敵人反攻，只一味搜括商民財物，捆載出墟外拍賣，該地不旋踵已成為一個熱鬧的臨時市場，無知鄉民，趨之若鶩。我曾碰見一位中級軍官，從口袋裡掏出一對翡翠手鐲，碧綠晶瑩，光彩奪目。他喜洋洋地告訴旁人說，得之於一士兵之手，價值甚廉，說時洋洋得意而不以為可恥。我心中自思，這種軍隊若不消滅，實無天理！

我們退到樟木頭時，廣九鐵路已不通車。形勢險惡，達於極點。乃徒步過石龍，行抵石灘，才知道廣州方面的實際情況。莫督軍已循人民團體的請求，允諾不把廣州市作戰場，以商會籌五十萬元作各軍的開拔費為條件（原要求一百萬元）。莫氏即宣布下野，赴香港。同時取消廣東獨立，軍政府也自動解散。原來拱衛省垣的廣東第一師陳坤培所部（該部係討龍濟光時入粵，擴編成立）和平退出廣州，向西江上游撤退。李福林、魏邦平已宣告獨立，維持市面秩序。我們大軍如向廣州撤退，恐易發生誤會，不得已，由石灘繞出增城，經從化、花縣，越過粵漢路沿線的軍田、清遠、四會等縣而向肇慶進發。我軍在石角渡過北江後，在清遠境內，不知為何，和馬濟第一軍及韓彩鳳等友軍共約三四萬人會合，擠在同一道路上，向同一目的地進發，爭先恐後，行軍序列頗為混亂。

大概上峰認為我營的軍紀和戰鬥力，在本軍內均屬上選，故自七泥開始撤退時，即令我部擔任後衛的責任，掩護本軍安全退卻，並制止落伍士兵騷擾人民。這種命令，真是所謂「平時不燒香，臨時抱佛腳」，哪裡會有效果？記得當時徹夜急行軍，某一午夜，在增城、從化之間，大軍已穿過一小鎮，有百數十名狡黠士兵，故意落伍停留下來，到民房前拍門叫喊，本營適於此時趕到，把他們驅逐走了。我帶了三名士兵，稍事停留，不到十分鐘，忽從一間鋪裡發出婦女慘叫聲音，我偕隨從士兵趕過去，叫喊開門。裡面的士兵把門開了，女人呻吟之聲，慘不忍聞。我站在門口，向他們叱道：「你們何故不跟隊伍，在此騷擾人民，干犯軍紀？」在油燈的微光下，看見裡面有約摸六七人。他們見我們人少，並不害怕，竟反唇相稽道：「你是什麼人？敢來管閒事！」我的隨從士兵答道：「是我們李營長。」他們便咆哮起來：「直屬官長也管不了，你偏來管閒事。」馬上，叫打聲、扳機槍聲，亂成一團。我忖度這些士兵已不可理喻，好漢不吃眼前虧，只得忍氣吞聲，避了開去，任由他們無法無天，發洩獸慾。迄今想起當時情況如在目前，我一直認為此事是終身的奇恥大辱。

再說大軍浩浩蕩蕩向肇慶進發，道窄人多，擁擠不堪。一日，黃昏之後，進入一條長約三十里的隘路，兩側山嶺連亙不絕，險峻異常。出隘路後約五里，有一鎮叫蓮塘墟，故隘路出口處就叫蓮塘口。有一夫當關、萬夫莫闖之勢。我進入隘路之後再向前走，便隱約聽到槍炮聲。我即策馬急進，只見我們大軍壅塞隘路，山野之間，人馬雜沓，秩序亂得難以形容。原來蓮塘口是四會和肇慶間唯一的通道。而此通道已為敵軍李福林、魏邦平所部，自廣州乘火車趕來，先行佔領，堵截我軍去路。本日上午，我軍先頭部隊到達時，即開始向敵猛攻，不下。後各路大軍匯集，馬濟、林虎兩總司令也親赴前線督戰，激戰終日，仍無法將通路打開。不幸這時又逢連宵大雨，大軍數萬人陳兵路側，一籌莫展。幸而此時後無追兵，否則情形便不堪設想了。

當晚，我折回本營所在地，派出連哨，嚴加戒備。時大雨如注，人困馬乏，疲憊不堪，士兵想覓地避雨固不可得，即我們營部想覓一席之地，也不可能。最後勤務兵在田野間，找到一個上有草篷，旁有泥牆的大糞坑。他們建議說，如果找得到十來根木頭，架在糞坑之上，再鋪上稻草，雖然臭氣逼人，也未嘗不可暫避豪雨。我說，不妨試試看。不久，把木頭架上，稻草鋪好，十多人擠臥其上，酣睡一宵。翌晨雨止，我走到司令部所在地，只見林、馬兩總司令都在一起，相對無策。我向林總司令敬了一個鞠躬禮，他把我介紹給馬濟。在護法戰爭時，我在湖南曾做過馬濟部下，但馬氏迄未召見過我，也不認識我。然而他對我在綠田墟一役負傷，並繳奪敵方山炮數門的事，尚能記憶，並十分讚賞。

我當時報告林總司令，想到前方去看看，立蒙應允。在前線我看見蓮塘口附近的地形，確實十分險峻。所謂蓮塘口，確是在兩列高山中露出的唯一「出口」，寬約二三百米突❶。口的兩側則為高聳的山峰。敵人在這兩側的山坡上，以及正面的峽谷中，都築有工事，架設機槍，居高臨下，以逸待勞。我軍如從正面進攻，正在敵人火網密集的交叉掃射點上；如從兩側仰攻，則不但目標暴露，且須爬上山頂，尤非易易。不過此處敵軍為李福林、魏邦平所部，既乏平時訓練，也乏戰鬥經驗，倘用先聲奪人之勢，向蓮塘口作正面撞擊，定能將敵人防線衝破。捨此之外，實別無他途可循。各友軍顯然見不及此，故毫無進展。我回到司令部時，乃將上述意見陳明，林虎和馬濟傾聽之後，似均有難色。因為在一峽谷之中，大隊向前突擊，敵人居高臨下，三面夾攻，勢必聚殲無遺。但是他們也知道，中央突破是唯一的希望，現在已是最後關頭，為免全軍被俘，縱知其不可，也只有一試。林虎因問我能否把我原是後衛的這一營調作前鋒，擔任這項暴虎馮河的任務？在這情況下，我自不便推諉，只得說：「讓我試試看吧！」他兩人聞言大喜，並允許另調幫統蔣琦率一營，為我的接應。

我回到營部之後，立即召集部下四位連長訓話。我告訴他們這項進攻任務是十分艱巨的，戰況勢必萬分慘烈，但事已至此，死裡求生，義無反顧。這次搶關，勢在必得，否則只有全軍繳械。說畢，四位連長皆表示服從命令。我便令全營進發。當我們迫近蓮塘口陣地時，我命令全營五百餘人，就峽口前面附近散開。我自己帶著掌旗兵和號兵走在前面。當我們快進入敵人射程之內時，敵方的機關槍和步槍遂密集向我們發射。我們沉著前進，走到適當距離時，我命令號兵一齊吹衝鋒號，一聲喊殺，全營蜂擁而上。敵人三面炮火，向我隊集中射擊，地上煙霧瀰漫，血肉迷糊。我指揮全營，冒死衝向前去，竟將敵人正面陣地一舉突破，敵方全線乃開始動搖，我便揮軍追擊，並撲向兩翼山坡，敵人不及退走的，紛紛繳械投降。一陣廝殺，整個蓮塘口的敵人遂被肅清。作為我後援的蔣琦營尚未及參戰，敵人已被我擊潰。天險既下，峽口大開，全軍數萬人循序平安通過，歡聲震天。戰事甫定，我檢點殘部，發現本營傷亡一百數十人，為全營人數三分之一以上。我隨身的一名掌旗兵陣亡，二名號兵，一死一傷，兩名衛兵也傷了一個，戰況的激烈可見。蓮塘口一役之後，我的聲名隨之大譟，竟以勇敢善戰，聞名兩粵。

過了蓮塘口，便一望無際，再無山地，全軍遂順利開到肇慶。當林虎做肇慶鎮守使時，曾在肇慶城外築有堅固工事，似早預料會有今天的變局。我們回到肇慶後，曾數度視察這些工事，本有固守之意。嗣因廣東大勢已去，乃繼續撤退。我們奉到命令之後，亦頗有輕鬆之感。

2

在我軍繼續撤退途中，總司令部高級官員馬濟、林虎等，均乘船西上。我們最後撤退的部隊則循西江北岸江邊的小道，向梧州撤退。除我們林軍之外，尚有韓彩鳳部，馬曉軍的第二團，以及其他番號的部隊，共約三四萬人，自肇慶出發。我們的第一站目的地是離肇慶約七十里的悅城。

不意我們大軍尚未抵達悅城，粵軍追兵已到。楊坤如部由四會經石狗突然佔領了江畔的祿步墟，把大軍切為兩段，使我們首尾不能相顧。當時退卻的部隊都歸心似箭，已經過去的部隊都不願回頭夾擊敵人，而我們未通過的部隊，遂被阻於祿步墟江畔。這時江中粵軍小炮艇也溯江西上助戰，以四生的小炮向我軍轟擊。我軍被困江邊，受水陸兩路夾攻。統領黃業興乃率我部與友軍游擊司令韓彩鳳部和馬曉軍的第二團，向江邊和山上的敵人反攻，自晨至暮，戰況膠著，毫無進展。這次我仍擔任後衛，當我抵達祿步墟附近江畔時，黃業興便要我營參加戰鬥。這次戰況也很激烈，我營與馬曉軍團為鄰，數度向敵人猛撲，俱被其火力壓制。直到黃昏時候，敵人陣地才被我突破，潰敗而逃。然我營又傷亡百餘人，第四連邱連長明熙亦陣亡。在這場戰役中，我第一次遇見了白崇禧和黃紹竑，他們都在馬曉軍部下任連長。

祿步墟為一小鎮，約有二三百戶人家。一二萬大軍同時開進，一時秩序大亂。少數不肖官兵，索米索食，甚至搶掠縱火，亂成一團。當邱連長陣亡之後，我派士兵覓得一具大棺材入殮，擬隨軍搬運。誰知墟上數處起火燃燒，軍隊擁擠，棺材太重，無法抬運，後竟為村民拋入江中。當時如不用棺材，則邱君屍體或不致遺失，至今思之，尤引以為憾。

過祿步墟後，我軍不再沿江西進，另由他路到梧州。這時粵軍追兵已遠。粵人治粵，桂人治桂，暫時相安無事。我營在梧州稍住些時，便奉令開往玉林❷駐防。

注釋

❶公尺（meter）的中文音譯。一般簡稱「米」。——編者注

❷玉林縣，原名鬱林，一九五五年改名玉林。——編者注

【第11章】

中山援桂之戰

1

我軍退回梧州之後，粵桂戰爭已暫告一段落。這時，廣東護國第二軍番號取消，改稱粵桂第一路邊防軍。林虎到桂後，即辭去軍職，間關赴港去滬。所部由黃業興統率，黃氏即由統領升任邊防軍第一路司令。

我營到了梧州，因大軍雲集，水陸壅塞，一時不易開赴指定地區，乃奉命開到梧州對岸下游七八里地的沙洲露營。在此期間，一日午餐時，有一排長忽然神經錯亂，鬼話連篇。自稱是第四連連長邱明熙，說他在祿步墟陣亡之後，我們不該遺棄其屍體而去，這是不仁不義之舉。大叫大鬧起來。該連特務長倉皇到營部來向我報告，我聽了非常詫異，立刻過去一看究竟。只見許多官兵正圍著他在看熱鬧。我走上前去，厲聲說道：「胡言亂語，搗亂嚇人！」我說了幾句後，那位排長情緒緊張，面色赤紅，抬起頭來看了我一眼，便低下頭去，不再作聲，不久便清醒了。有人問他：「剛才你說了些什麼話？」他竟毫不知情。時軍民大眾，把此事說成咄咄奇談。其實這在現代心理學和生理學上也許可以得到解釋。該排長或許一時受良心譴責，神經緊張起來，至頭腦昏迷，想到邱連長陣亡的情形而情不自禁地說出些怪誕的話來。

我們在沙洲住了一個星期，便奉命坐船上駛經藤縣到武林登岸，徒步到玉林。隨後我營又分防到興業縣屬的一個小鎮叫做城隍墟駐紮。這一帶是當時著名的六萬大山匪穴的邊緣。當地民團常有被土匪襲擊繳械情事，我們來此亦負有剿匪的任務。

此時邊防軍司令部設在玉林，我因公常到玉林城去。有一次，我和司令部裡幾位高級軍官出去逛街。據他們說，這裡有一位姓崔的星相家。我們的袍澤中有請他看過相或算過命的，都說他十分靈驗，所以他們意欲前去一訪，請他看看相。我們原是無事逛街，因此一行六七人便一同去了。沒有請他看過相的人都請他看相。我因我父親是最反對迷信的人，故此素不相信星相。等到大家都看完了，這位星相家早已對我頻頻注意，至是才說，要替我看一看。我因顧慮人家說我迷信，不甚願意。他說：「看你的相，比他們都好，看看不妨，並不收相金。」加上朋友們的慫恿，我就讓他看了。他首先就說：「我看你先生的相，比你同來的朋友們都好多了！」他這話說得相當大膽，因為我們同去的都是司令部和本軍裡的幾位高級軍官。有位至少將的，我當時是少校，官階最低。

我說：「在這裡，我是階級最低的啊！」

「沒關係，」他說：「按相上來說，你明年要連升三級！」

我說：「那除非明年這裡發瘟疫，把我這批朋友都害死了，我才有這機會連升三級！」大家哄堂一笑。

「我不知道啊！」他說：「但是相上是應該如此的。」

別人又接著問他：「連升三級以後又怎樣呢？」

他說：「鵬程萬里，前途無疆。」

他又說了許多奉承的話，最後他真的不收相金。在當時我僅以渠為一江湖術士，信口恭維人，討幾文相金而已，根本未加注意。誰知翌年粵桂戰爭又起，我竟由營長而幫統，而統領，最後升任邊防軍司令，一年之內恰恰連升三級。民國十三年夏，我通電籲請陸榮廷下野息兵，親率大軍，直搗南寧。中山先生委我為廣西綏靖督辦時，這位崔某特地遠道來南寧訪我。當督辦公署的總值日官、副官處長周祖晃向我報告說，我的一位朋友崔某來拜訪。我接了名片一看，心中愕然，並不認識這位貴客，因我已經把這件事忘記了。總值日官見我發怔，便說：「他說他在玉林替你看過相，說你要連升三級，故此特來道喜。」我這才彷彿想起有這件事，同時心中也覺得奇怪，何以如此碰巧。但是為避免議論說我們革命軍人提倡迷信起見，我沒有親自接見他，只下了一張條子，叫軍需處送他五百元，庶幾使其不虛此行。我今日回思，仍覺此事奇怪，因為崔某所說我將來的事，如子息二人，父親早死，母親高壽等等，一一應驗，誠屬不可思議。

我在城隍墟駐防時，還有一件與迷信有關的趣事。我是民國九年年底到玉林，在城隍墟過年的。當地人民於農曆新年，帶了酒、肉、爆竹來我們營部勞軍。營部是設在一所祠堂內，屋宇非常高大，四合圍的天井之上，尚架著竹編的遮陽天棚。賀年的商民就在天井裡燃放爆竹，一不小心，火花忽然把天棚燒著了。所幸人手眾多，搶救迅速，故未成災，只是把天棚正中燒了一個大圓洞。陽光下照，院落中反而顯得明朗了。事後，我營的醫官李慶廷，忽然來向我道賀。李慶廷便是我前章說過的教師。因為他精研中醫，我在當了營長之後，聘請不到西醫，便把他請來做醫官。這時他已六十以上的年紀，深信陰陽災異之說。因為我是他的上司，所以他叫我「先生」。他拱了手對我說：「德鄰先生，恭賀！恭賀！自今以後，必逐年高升！」

「李先生，何以見得呢？」我問他。因為他是我父親的莫逆之交，又曾是我的老師，所以我也稱他「先生」而不叫名。李先生說，根據他幾十年來的經驗，這事是一件難逢的好兆頭。天棚燒了一個大洞，上見天日，如果燃燒成災，當然就不好了。起火而無災，正是上通霄漢，光照萬里，大吉大利。而且又發生在大年初一，所以他要向我鄭重道賀。這種迷信，在中國舊社會裡，原是不足驚異的，我當然也未加注意。

2

我在城隍墟住了五個月，已經中斷的粵桂戰爭，舊火復燃，我們邊防軍再度奉命向廣東進攻。原來在粵桂初期戰後，陳炯明回粵，桂軍回桂，本可相安無事。不意桂軍敗退回桂後，廣西督軍譚浩明取消自主，接受北京政府命令；而中山回粵之後，也把軍政府招牌重新掛起，自任大元帥，以陳炯明為陸軍部部長兼廣東省長，有統一兩廣之志。加以北京政府利用兩廣間的矛盾，進行離間挑撥，委前廣東督軍陳炳焜為梧州護軍使，伺機窺粵，有捲土重來之意。這樣一來，粵桂戰事的延續已不可避免。到民國十年六月，戰火終於爆發了。

這時廣東方面以陳炯明為總司令，分兵三路入桂，廣西方面，陸榮廷也分三路堵截。中路由陳炳焜指揮，在梧州對岸的大坡山布防，採取攻勢防禦姿態。主力軍則置於兩翼：左翼北路由沈鴻英指揮，由賀縣、懷集東進，攻北江；右翼南路由譚督軍浩明坐鎮玉林，指揮攻高雷。

不久，左翼沈鴻英軍入廣東境，佔領連山、陽山，頗有進展。右翼軍亦迭獲勝利，佔領欽、廉、防城。我們第一路邊防軍於六月間自玉林出發，未幾即攻克化縣，而將高州合圍。粵方高雷鎮守使胡漢卿為湖南人，原係林虎部屬，和我本是熟人。後因戰局不利，胡氏率部向陳炯明投靠，被派為高雷鎮守使，駐節高州。我們將高州合圍時，胡氏未及逃遁，遂被困於城內。是日黃昏之際，我營首先爬城攻入高州。或許因為胡部軍紀不佳，所以當我們攻入城內時，即有商民報告，說胡鎮守使仍在城裡，可能藏匿於外國天主教堂之內。我聞報後，即率衛兵向教堂搜索。在一個傳教士的臥室角落裡，我發現有一隻大衣櫃。我親自將衣櫃打開一看，果見胡氏躲在其中，滿面鬍鬚，低著頭，狀極觳觫。我對他說：「胡漢卿先生，請你出來吧。」胡氏舉首看我，渾身發抖，討饒說：「請你叫他們不要打死我啊！我們以前還是同事啊……」我說：「請你放心，我不會傷害你的。我們朋友還是朋友。請你出來，請你出來……」

我隨即把他送到司令部去，司令黃業興和他也相熟，所以對他很優待。後來我軍退卻，就把他釋放了。

我們攻佔化縣和高州之後，敵人因未遭受重大損失，旋即向我軍反撲。其先遣部隊約千餘人，佔領了高州通化縣道上約三十里的石鼓墟，將我軍後路補給線截斷。上峰命蔣琦和我指揮步兵兩營附炮四門，驅逐該敵，以維持後方交通。誰知該墟為防禦土匪而築有極堅固的石圍牆，並有碉樓數座，無異一座要塞，短期內實難攻破。足見本軍黃司令暨參謀人員疏於防範，致令此一重要據點落入敵人手中，而陷本軍於不利的形勢，殊可惋惜。這兩營官兵以屢戰皆捷的餘威，數次衝鋒，都為敵人火力所壓制，無法衝入墟中。蔣琦乃和我計議，以為進攻之道，首在摧毀敵人的碉樓和圍牆，碉樓和圍牆一毀，則敵人瞰射的火力大減，我軍便容易迫近，突入墟內。這些碉樓和圍牆既是十分堅固，摧毀它一定要用山炮轟擊，但現在炮兵放列陣地距目標過遠，很難命中。蔣幫統和我乃決定將炮兵陣地推進接近墟場。又因間接地段很多，不能直接瞄準目標。不得已，只好推進距離該墟約一千五百米突的土岡上，將四門山炮放列轟擊。這時蔣幫統和我都站在山炮的側翼六七公尺處，觀察彈著點。因我們的目標過於暴露，又在敵人步槍射程之內，忽然槍彈橫飛，密如雨點，官兵即紛紛躲避於陣地稜線之後，我和蔣琦身為指揮官，為官兵的表率，彼此鼓著傻勁，不肯隨部屬躲避，以示懦怯。不知為何，我當時有一種直覺，老是感到蔣氏處境甚為危險，而未想到我自己正處在同一危險境界之中。這感覺的產生，是因我忽然想起蔣氏和他的夫人曾屢次說過，他倆遊遍大江南北，所遇算命看相的術士，都說蔣氏「過不了四十歲」。他自己也深信此說，因此放蕩不羈，花天酒地地過日子。不巧，今年他正是四十歲。而去年在玉林崔某替我看相時，卻說我遇險時能逢凶化吉。故當流彈鳴叫橫飛之時，我就向蔣氏建議，此處目標太大，應向炮兵陣地左側移動二三百公尺，以避開敵人火力。蔣氏同意，乃向左移動了約三百公尺。他站在我的左側不到一公尺，我們兩人正在用望遠鏡窺測炮兵發炮的彈著點，他忽然蹲下去，坐在土丘稜線之上，拿著望遠鏡繼續觀測。他蹲下還不到兩分鐘，我發現他身後突然塵土飛揚，蔣氏隨即慢慢地仰臥下去。我立刻把他扶住，只見他兩眼一眨，似「死魚眼」一般。但他馬上恢復正常，對我說，他受了傷。我和衛士將他扶離原地幾公尺，在稜線後，以保安全。隨即解衣檢視，見他的小腹左下側，為槍彈貫穿一小孔，流血並不多。蔣對我說：「我現在受傷了，要去城裡包紮一下再回來，這兩營兵即請你指揮吧！」擔架兵便把他抬走了。翌日，我便聽說，他因子彈擊中小腹，貫穿數層腸子，腹部發炎，不治身死了。倘當時我們不移動位置，或他不蹲下來，可能不致中彈。是則人之生死，殊未可逆料。後來見到蔣的夫人，她也說她丈夫的陣亡，恐怕是命裡注定的。

直到第二天黃昏時候，我們仍僅包圍該墟場，後更因炮彈用盡，補充不上，終未能達成任務。而粵軍的援軍又到，我乃奉命退守高州城。旋接密電，我們中路軍陳炳焜部，已被粵軍攻破，梧州失守。敵人分水陸兩路猛進，一部在武林登陸，向玉林挺進，我軍後路有被切斷而陷於包圍的危險。不得已，乃決定放棄高州，回師迎擊粵軍。時我被升為幫統，繼蔣氏的遺缺。

這時粵軍正在節節進逼，向高州合圍。我軍約七八千人，即就高州城郊抵抗，同時趕緊架設浮橋，俾便撤退。時值初夏，河水高漲，好不容易才把浮橋草草架成，先將輜重和炮兵撤退。敵人料到我軍已成甕中之鼈，進攻愈急。不幸陣地忽然被敵人突破，全線動搖，頓成混亂狀態。大隊都向高州城退卻，群集河岸，爭過浮橋，人馬雜沓，混亂不堪。江濤洶湧，水流湍急，架設浮橋的材料，又只是些木板繩索。大軍蜂擁過橋，橋弱人多，全軍半渡，浮橋突斷，而岸上不知，仍向前力擠。橋滑水急，橋上人紛紛被擠落水中。一時呼號之聲，慘不忍聞。

當橋斷時，我正在橋上，也被擠落水。在水中忽又被同溺的二人抱住雙腿，三人一同沉入江底。幸而我這時神志尚清，先把右腿掙脫，然後用右腿猛踢抱我左腳的人的頭部，那人才鬆了手，我乃脫身浮出水面。抬頭一看，只見江面上人頭攢動，馬匹行李，逐浪翻騰，人號馬嘶，哀叫呼救。溺者四處亂抓，萬一被抓住，勢必同歸於盡。所幸我身體強壯，泳術不弱，躲開人群，搶游到對岸，雖自慶更生，但見袍澤逃生無術的，都紛紛逐波而去，此情此景，真慘不忍言。此外，隨我有年、轉戰湘粵的那匹愛馬，也被沖失，使我惋惜不止。後聞該馬為前入湘護法曾認識的張韜所擄獲，但不知確實否耳。

浮橋既斷，未及渡過的部隊只好沿江岸西行，和敵人且戰且走，終亦渡到河的對岸，向玉林會合。後來聽說河中溺死的並不多，可稱不幸中之大幸。

過河之後，經信宜向廣西北流縣，到隆盛墟稍事休息。聞玉林已被圍困，譚浩明不知去向。圍攻玉林的係陳炯明之弟陳炯光所部，我們遂回師解玉林之圍。敵人在玉林逐村固守，我們也逐村肅清，敵人不支，向北流、容縣退去。我們孤軍不明全盤情況，未敢遠追。到防守玉林城的第一師陸裕光（榮廷長子）部向貴縣撤退時，我軍也退回玉林。在玉林住了兩三天，我又被升為統領。這次由幫統升統領，為時不過十數日而已。

【第12章】

六萬大山去來

1

在玉林勾留約六七天，因大勢已去，我軍又開始向橫縣退卻。黃業興仍派我為後衛。這時各方情況既不明，更是兵敗之後，軍紀廢弛，士無鬥志，沿途騷擾焚掠。我因擔任後衛，有時看見落伍士兵，在搶掠或強姦，我總是上前去斥責一番。有的士兵看見官長，悄悄逃走，然持槍反抗的也大有人在。黑夜之中，我隨從的衛士又不多，也無法管束。統兵者治軍無方，為害百姓，罪大惡極，實難盡言。

我們從玉林撤退，途中總是每十五里或二十里一小休息，三四十里一大休息。每逢休息時，我總到司令部所在地去問究竟。我們的參謀長梁史是我陸小時代的學長（等於今日的隊附或排長），他和我有師生之誼，可盡所欲言。一天晚間在路上休息，我便問梁參謀長前途開往何處。梁說：「按計畫，我們應開往南寧待命。不過現在陸榮廷等已通電下野（七月十六日），桂局全非，恐怕開往南寧也非上策。」

我問：「那究竟怎麼辦呢？」

梁說：「黃司令可能要把部隊開往欽、廉、防城一帶待機，將來免不了要受粵軍收編的。黃司令是廣東欽縣人，所部官兵也是欽、廉人，所以他要開到那裡去……」

我說：「我統率的這兩營，多半是廣西人，與其開往欽、廉去受收編或遣散，倒不如就在廣西被收編或遣散，離家鄉還近些。……萬一我部下的官兵不願隨大軍向欽、廉撤退，則如何呢？」

梁說：「如果你的部下不願隨大軍遠去，你又掌握不住，我看你只有自己酌裁了。我也沒有什麼意見。」

我回到我的部隊裡後，部下的官長都紛紛來探問究竟。有的就提議說，黃司令現在帶兵去欽、廉，我們廣西籍官兵，與其到欽、廉受編遣，還不如留在廣西。我說我正在考慮此事，諸位意見如何？有人即主張將部隊開入粵桂邊境的六萬大山之中，暫避一下，再作決定。總之，欽、廉是去不得的。我說：「我正有此意，我們就這樣決定吧。」

天明之後，我們已走近六萬大山邊緣，傍午時分，我軍已抵達城隍墟附近。我藉口休息，命令所部停止前進，並召集各部隊長官商議，大家一致贊同暫時將部隊開入山區。六萬大山本是有名的匪巢，為免士兵誤會我們帶他們上山落草，我命令各部隊長官向士兵解釋，我們只是到山中暫避，並非去當土匪。部署既定，我便命令各軍掉轉隊伍，直接開進山區裡去。直屬司令部的炮兵一連，機關槍一連，都願跟隨我入六萬大山。

前進部隊見我部久未跟來，黃業興頓生疑竇，因詢問參謀長梁史。梁說：「李統領因所部都係廣西人，恐不願隨軍去欽、廉，所以中途停下了。」黃司令即派一參謀趕來勸我，我只好以實情相告。黃業興聞報後，其部下有主張派兵回來強迫我一同前進的，但是梁史暨黃本人都不以為然。他們深恐派兵來追，引起自家火併，反為不美。現在大局已起急劇變化，不如各奔前程為是。

黃司令統率大軍開走之後，我部約千餘人遂在六萬大山住了下來。六萬大山本就險峻荒涼，加以歷年為土匪盤據和官兵清剿，山內廬舍為墟，耕地荒蕪。我們開入後，只得就地露宿。山中極少平地，部隊只好化整為零，由各小單位覓地住宿。有帳篷的便架設帳篷，無帳篷的便結草為廬。

我們邊防軍本自護國軍改編而來，在討龍、護法諸役中，都立有戰功，蔚為廣西一支勁旅。今日兵敗之餘，遁入高山，形同落草，景象全非。全軍千餘人，露宿荒野，各項學、術訓練，因無操場課堂，一時俱廢。官兵心理上都有異樣感覺。無知士兵以為我們真的落草，上山來稱王紮寨的。官長中也竟有提議「出去打幾趟生意」的。我有時出巡視察各宿營地，但見平時賭禁森嚴的我軍，竟有席地呼盧喝雉，擺攤摸牌的；也有哼小調，講笑話，練拳腿的；……各行其是，其樂融融，也別有一番天地。

我們露宿了一宵，翌晨發現俞作柏營長所屬兩連官兵於黑夜潛逃出山。這兩連官兵多半是欽、廉人，不願留在六萬大山，所以乘夜逃去。當時，有人主張派兵去追的，我竭力反對。當初我們留下，黃業興不來追，今日他們離去，我也主張由他們去吧，何必強留。

我們在山中住了不久，忽然發現另有部隊數百人開入山來。最初我們以為是敵人前來搜索，後來看見不像準備作戰的模樣，派人前去查詢，才知是友軍，也來山中躲避的。他們一共有四連官兵，槍械齊全，由營長陸超率領。陸部原為莫榮新系統下的部隊，莫氏敗走，他們未及退卻，遂為粵軍所收編，開來粵桂邊境作戰。因為我軍初期勝利，他們又叛離粵軍，不料我軍旋即再度敗績，他們無處容身，乃避入六萬大山，躲一躲再說。他們對我李某人原都知道的，聽說我已先期入山，他們極願前來「合夥」，我當然把他們收容下來。

再過兩天，我們又發現有部隊入山，約有兩連之眾，經過情形和陸部大致相同。由一位姓徐的營長率領，也願歸編我軍。後來徐君因見我無適當名位安插他，便獨自離去了。兩連官兵即撥歸俞作柏節制。截至此時，在我指揮下，駐在山中的部隊共十餘連，約兩千人，據險自保，聲勢相當浩大。我駐了一個星期，軍糧餉項漸感拮据。所幸離此地不遠的城隍墟，便是我以前的防地，人事很熟，當地耆紳以前對我都很推許，其中也頗多富戶。故這次軍中缺糧，我便派員分頭去拜訪紳商，請求接濟。當地紳士即組織起來，為我籌畫一切，軍糧遂有了著落。

百事粗有頭緒之後，才知粵軍溯西江而上，已佔據南寧。中山先生也準備由灕江赴桂林，並委馬君武為省長。廣西部隊除少數受改編外，大部分都潛伏各縣農村，進行游擊，對抗粵軍。其中武鳴、都安、那馬及左右兩江的勢力尤為雄厚。故粵軍尚在源源開入廣西，由玉林經城隍墟往南寧的部隊，絡繹不絕於途。那時企圖收編我軍以擴充實力的，大有人在。首先派人前來接洽的便是陳炯明之弟陳炯光，次為鍾司令景棠。我因深知他們的用意，所以他們的收編計畫我全未接受；相反地，我向粵軍當局提出了收編的條件，我的條件是：㈠不受任何單位部隊的收編。我要直屬於粵軍總部，成一獨立單位。㈡我要一職兼兩省的頭銜，不願直屬於任何一省。我這些條件原為防止有被亂行調動，而被無故繳械的危險。誰知出人意外，陳炯明對我的條件完全接受了。因此我部遂受編為「粵桂邊防軍第三路」，我被派為本軍司令，由陳炯明下令，開往橫縣「點名」。

2

陳炯明所以能完全接受我提的條件，後來我才知道其原因。原來桂軍各地殘部仍在抵抗，且在南寧西部實行反攻，並迭獲勝利。我部在林虎軍中向以能戰聞名，陳炯明深恐我部和其他桂軍合流，對他實行夾擊，所以他急於收編我，而接受我所提出的一切條件。可是在收編後，卻不發糧餉，僅命我將部隊帶往橫縣，聽候「點名」。

陳氏這命令，使我身為主帥的人，頗感進退維谷。一則陳氏意不可測，開往橫縣甚或開往南寧，有隨時被繳械遣散的可能。再則，我部久困窮山，軍紀難免廢弛，本已不易掌握，加以士兵衣履破爛不堪，今大軍開拔，竟無開拔費，士兵赤足行軍，連草鞋都買不起。在這種情況下，軍令自更不易貫徹。所幸士兵一向知道我軍需公開，身無餘財，並未剋扣糧餉，所以尚肯服我。而我這時也只能以勸告方式，有時甚至親自去拉他們前進。大軍至此，直如一群淘氣的孩子，且行且止，口中牢騷不絕。人們自知身無長物，惟肩上的一桿鋼槍和腰間的百餘發子彈是一筆財產。當時地方團隊購槍，每桿值二百餘元，子彈每粒二角。一個士兵如將其武器賣去，逃回鄉里，可數年不愁衣食；而隨軍前進，卻衣履不全，口腹不飽。在這種情況之下，我們部隊的長官，只有苦口婆心，百般勸慰，才勉強將大軍開出山區，走上通橫縣的大道。

這時粵桂邊境，大兵之後，遍野荒涼，途經小鎮，俱不見商民。因此時粵軍方才過境，沿途姦擄焚殺，以致人民逃避一空。我們離六萬大山後，向西進發，當日宿營於一小鎮名叫寨墟，屬廣東合浦縣。寨墟原有商民三四百戶，有當鋪數家，都築有碉樓，平時也算是一繁榮的墟場。不過此次在過境軍隊焚掠之後，全市寂無一人。我們的士兵也有到已被擄掠一空的廢墟中，尋找殘剩衣物。有時我親自上前阻止，士兵中有較為頑皮的，竟笑著向我說：「司令，沒有什麼了，我們也只是來看看罷了！」

在寨墟宿了一宵，翌日我們便進入廣西屬的橫縣。橫縣民風強悍，地方團隊組織尤為強固。我軍入橫縣境後，沿路看見軍人的屍體零零落落橫於道左。也有若干人民的屍體雜在其間。經檢查這裡被殺軍人的番號，發現都是粵軍。後來聽說，粵軍過境時，紀律不好，為人民所仇恨，到大軍過後，地方團隊遂擊殺零星落伍的軍人，軍隊也還擊，所以軍民的屍體，雜陳田中，怵目驚心。因此，每當我軍中途休息時，我便指粵軍遺屍為例，告誡全軍，務必秋毫無犯，免蹈粵軍覆轍，自毀令譽。當晚在橫縣境內百合墟宿營時，我便集合全軍訓話，三令五申：(一)本軍不許佔住民房。(二)本軍對商民買賣公平，嚴禁強買強賣。百合為一極大墟場，有商民千餘戶，貿易很盛。為防士兵肇事，我特另組軍風紀檢查隊沿街巡邏，以防意外。誰知第二天在街上，竟然有一士兵和一老太婆發生糾纏，被檢查隊所發覺。原來這老太婆有衣服一件被竊，她便懷疑是我部士兵所為。正好她在街上碰見這位士兵，提著一個普通老百姓的包袱。老太婆疑竇頓起，以為包袱內一定是她的失物，要打開檢查，兩人遂糾纏起來。檢查人員排解不了，便命令該士兵將包袱打開，其中果有便衣一套，雖是舊衣，尚完整清潔。檢查人員就問這老太婆，是否即渠遺失之物。老太婆似乎不敢承認，吞吞吐吐，不願說出。檢查人員以其不能決定，遂沒有把贓物判交老太婆，而把這有偷竊嫌疑的士兵拘到司令部來，向我報告。

我問那士兵：「你為什麼偷人家東西？」

「報告司令，」士兵回答：「這些衣物不是偷來的！」

「哪裡來的呢？」

「是前天晚上在寨墟的街上撿來的。」

這時我已決心整飭風紀，擬重辦一二犯法士兵，以儆效尤。所以我說：「不論你的東西是哪裡來的，總是從民間非法取來的。非法擄掠民財，我要重辦你！」

那士兵聞言，當然發慌，哀泣認錯。我說：「認錯是不算數的，按軍法還是要辦。」最後他更哀求說，他是我臨桂縣兩江墟的小同鄉，冀求分外寬容。我見他用同鄉之誼來請求寬恕，我更要以同鄉之名加以重辦，庶幾大公無私，軍威可立。治軍之道，原要恩威並濟，如今軍紀頹廢已極，不立威不足以挽頹風，我乃決定犧牲這名士兵，以整飭軍紀。

計畫已定，我便命令號兵吹緊急集合號。瞬息之間，全軍兩千餘人已在墟前的方場中集合，圍成一四方圈。圈中置一方桌，我遂將犯兵押到桌前，我自己則站在桌上向全軍訓話。略謂，我軍是一有光榮傳統的部隊，參加護國、護法諸役，俱立有輝煌的戰績，功在民國。今日行軍至此，愧未能保國衛民，反而騷擾百姓，殊為我軍人之羞。現在這個士兵違反紀律，偷竊民財，人證物證俱在，然渠竟以為是本司令的小同鄉，冀圖倖免。實屬罪無可逭。當按軍法議處，就地槍決。嗣後，如有任何違法官兵，干犯紀律，也必按律重辦，決不寬恕云云。語畢，遂命令將該士兵就地槍決。

這時全軍寂靜無聲，四面圍觀的民眾，也暗自咋舌，讚歎我軍軍令如山，紀律嚴明，為歷年過往軍隊所未見。自這番整頓之後，全軍頓形嚴肅。令行禁止，秋毫無犯。所過之處，軍民都彼此相安。

但是，我每想起這件事，即感內疚，這名士兵劫取民財，有物證而無人證，罪不至死。且我事後調查，那套衣服確是從寨墟廢墟中撿來的，而他也確是我兩江墟的小同鄉，他家與我家，相去僅七里。他那時如不說是我的小同鄉，我或不至將他處死，正因為他說是我的同鄉，我才決定犧牲其性命以整飭軍紀。雖然那時軍紀廢弛，非如此不足以挽頹風，然這士兵本人多少有點冤枉。我之殺他實是一種權術的運用，而非治以應得之罪。我的一生最不喜用權術，而生平只用這一次，竟用得如此殘酷。雖當時情況使然，實非得已，數十年來，我每為此事耿耿於懷。

3

本軍在百合墟住宿一宵後，翌日再向橫縣進發。過樂民墟再渡過邕江便是橫縣。當我們軍次樂民墟，離橫縣約十餘里之地時，陳炯明忽派點驗小組，一行數人前來。說陳總司令現正在橫縣，命令我軍即刻停止前進，不得渡河，就地點驗竣事，即刻回師，到北流縣駐防。陳氏此令是何用意，我當時不得而知，但我本人不願孤軍去橫縣，恐陳氏心懷叵測。現在他忽然命令停止前進，對我說來，實是「阿彌陀佛」，求之不得。

奉令之後，我們就在樂民墟駐下，聽候點驗。這時我軍共有人馬約二千左右，步槍一千零四枝，德國克魯伯廠製水涼重機槍（俗稱「水機關槍」）六挺；廣東兵工廠製氣涼重機槍（俗稱「旱機關槍」）四挺。另有德國克魯伯廠製七生的五退管山炮四門。我軍的編制是：司令之下轄兩個「支隊」。支隊設支隊司令。第一支隊司令為李石愚，第二支隊司令為何武。每支隊下轄二營，每營直轄四連，每連轄三排。每連有步槍九十枝。所以按編制，我的第三路邊防軍的兩個支隊共計四營，凡十六連（內有直轄炮兵一連），輕重武器俱全，軍力可說是相當強盛。

點驗既畢，粵桂聯軍總司令部乃發給我軍二十天伙食費。計士兵每人每天伙食銀二角，官長加倍。發散既畢，總司令部即命令開往桂東北流整訓。這時陳炯明正駐節橫縣，我想一探粵軍虛實，暨打聽戰事發生情形，乃假名採購，派徒手官兵十餘人，隨點驗小組去橫縣一行。小組負責人最初嚴拒我方人員同行，說為何不在百合墟一帶採買，何必去橫縣。我們的理由則是：大兵之後，百合墟一帶商民逃散一空，已無物可購，勢非隨小組往橫縣不可。

聽了「採買」人員回來後的報告，才知道自百合墟到橫縣沿途和邕江渡口兩岸，戒備森嚴，如臨大敵。因陳炯明深恐我偽裝收編，陰圖異動。我所派去的「採買」人員，雖是徒手，沿途也橫遭阻擾，若非有點驗小組同行，斷難通過。他們到了橫縣，消息才豁然開朗。我們自入六萬大山之後，幾與外界消息完全隔絕。因為當時既無無線電，也無電報電話可資聯絡，甚至報紙也是早幾個月前的舊報，消息全失時效。他們到橫縣後，才知道桂省當局雖已下野，而散在各處的桂軍仍在游擊抵抗，粵軍追擊焚掠很慘，而桂軍的抵抗也變本加厲。最近武鳴一役，粵軍慘敗，南寧震動，所以陳炯明親自趕往南寧坐鎮。他剛到橫縣，即聞我軍師次百合，他深恐我響應武鳴桂軍向彼夾擊，所以命令我停止前進，折回東部駐防，免與桂西各殘部合流。這時我才恍然大悟，陳炯明所以戒備森嚴的道理。

於是，我軍遵令東開北流。北流在玉林之東，也是玉林五屬的一縣，尚稱豐腴。到北流後，陳即派來上校參謀和中校參謀各一人，長期住在我的司令部裡。名為聯絡參謀，實是監軍，防我心懷異志。我在北流將本軍十六連分駐城郊訓練，並隨時剿匪，因玉林五屬向以匪多出名。

我在北流住下不久，陳炯明忽又派高雷鎮守使胡漢卿率兵數千駐於玉林城內。其意或在就近監視我的行動。胡氏就是前在高州為我所俘，後將他釋放的。誰知事隔不到三月，他又以我的監視者身分出現。

我對胡氏的駐兵玉林，雖未十分注意，而胡氏對我則頗感惶恐。胡氏因非將才，加以所部人械有限，益發膽小。渠所率三數千士兵，悉數蝸縮玉林城內，不敢外出。平時將城門緊閉，因北流在玉林之東六十里，所以胡氏只開玉林西門，闔城商旅概由西門出入，其他三門則白日長扃。初聞傳言，我尚不信，後為酬酢，赴玉林拜訪胡氏，也由接待人員導從西門進城，才知傳言無誤。加以所見玉林城鄉胡兵戒備的情形，遂深知胡氏奉命駐軍玉林的用意。

胡氏性喜聚斂，膽小無大志。全軍都在城內，佔住民房，強買強賣，弄得闔城騷然，里巷嘖有煩言。陳炯明回粵初期，頗思有所作為，凡渠號令所及之地，煙、賭一概嚴禁，很有一番新氣象。可是胡漢卿屯兵玉林時，公開包賭抽捐，革新空氣蕩然無存，而紳商路謗卻與日俱增。於是他在玉林駐了些時，見我並無異志，遂請調回高雷去了。

我駐兵北流時的作風則正與胡氏相反。不住民房，不派捐稅，嚴禁煙賭，公平買賣。士兵與當地商民相處，宛如親人。與玉林對照，判若霄壤，所以我軍頗受當地人民擁護。但是正因為如此，我軍的餉糈遂日益艱難。總司令部所發的，只是些微的伙食錢，絕難維持全軍的費用。按往昔駐軍通例，總是就地取材，派捐包賭，甚至無理勒索，隨意苛求，居民也不以為異。然我駐軍北流，決心不隨例出此下策。在緊急關頭，我曾將司令部內所存傷病官兵繳回的閒槍中撥出一百枝，每枝配子彈二百發，折價每枝一百五十元，售予當地防匪的地方團隊，得洋一萬五千元，終於未取民間一介而將難關度過。

就在我們軍餉十分困難之時，南寧的粵桂聯軍司令部不特餉金欠發，陳炯明反而下令要我軍將山炮四門交出。他的理由是：我的第三路原是步兵，不必有炮。繳炮的命令一到，兩位聯絡參謀就時時來催。我即行文總司令部婉拒。我的理由則是：玉林五屬，盜匪如毛，且此地隨處皆有碉樓，萬一為匪所盤據，官兵如無山炮，絕難攻堅。為清剿土匪，此四門山炮斷難交出。陳氏見我詞意堅決，知不可動，遂未堅持。

但是他隨即又電召我去南寧報告。這原是一個難題。當我在司令部集會討論此事時，部下官佐，都認為我既未遵命交炮，陳總司令疑慮已久，如貿然前去，恐遭不測，因此都不主張我去南寧。而我本人則期期以為不可。我如不去南寧，是自示攜貳之心，故違軍令，反為不美。所以我便告訴他們說：「我去南寧設有不測，那時諸君可自作決策。如總司令意在繳械遺散部隊，而諸位認為可行且係應該，則諸君可不必以我為慮，逕自遵命繳槍便可。如諸君以繳槍、遣散為不可，則高舉義旗抵抗可也。我軍轉戰千餘里，大小十餘戰，聲名赫赫，諒亦不致任人輕取。總之，諸君見機行事，千萬不必為我而投鼠忌器……」商酌部署既定，我便自北流到貴縣，乘船溯江到南寧。

4

到南寧後，陳炯明就在總司令部召見我。這是我第一次見到那時聲勢烜赫，後來竟因背叛中山先生，終至聲名狼藉的陳炯明。他召見我的地方是在總司令部的客廳裡，這客廳十分寬敞。陳氏高高上座，離我很遠，雙方都須大聲說話，才能聽得清楚。

陳炯明身材魁梧，一表非凡。但是他有一個最大的缺點，便是他總不正眼看人。和我談話時，他遠遠地目光斜視，殊欠正派。孟子說「胸中不正，則眸子眊焉」，大概便是如此。這或許也因為他是近視眼的關係。我們用廣東話交談了幾句，未著要領，他就叫我出來了。

照例，高級長官召見遠道而來的部下，總要垂詢一些軍中情形，隨機慰勉訓示，甚或設宴招待，以示慰勞激勵之意，庶可使部曲畏威懷德，上下歸心。但是陳炯明召見我則不然，三言兩語之後，遂無下文，或許他是很忙，也沒約我吃飯。關於繳炮的事，他也沒有向我說及，百事就這樣不了了之。

陳氏當時在西南是炬赫一時的風雲人物，位居粵桂聯軍總司令，連戰皆捷，所向披靡。再加以革命為號召，敢作敢為，作風新穎，為人廉潔，頗為物望所歸。可惜他究係文人，將兵非其所長，更兼性多猜忌，氣量褊狹，除親友故舊以及潮、梅同鄉之外，對一般袍澤以及赴義來歸的官兵，都視為外人，難於相容並包。此實係陳氏不治之疾，非因此喪志辱身不止。陳氏後來叛孫失敗，蟄居香港有年，住於羅便臣道九十二號。我在民國十八年中原戰爭失利後赴港，也曾住於該宅。同年，李任潮（濟深）被禁閉於湯山，民國二十年獲釋來港，也賃居於是。我們三人都是在大陸政爭失敗後來港，才居住其中的，實是一樁趣事。此屋後為李任潮所購得，任潮附共後，為響應中共抗美援朝捐款，聞已將該屋售去了。我在民國十八年住於其中時，陳炯明曾想來看我，為我所婉拒。由於一般國民黨人因其背叛中山，目為黨的叛徒。我當時雖與蔣先生政見相左，然此是我二人私人閒事，我本身則始終未曾脫黨。為免黨內同志們誤會，我拒絕了陳氏的訪問。所以我平生只在南寧見過陳氏一面。

在南寧我還去拜訪過當時中山所委的廣西省長馬君武。馬氏也是臨桂縣人，和我更多一層鄉誼。他是歐洲留學生，精通英、法語。年方四十開外，風度翩翩，談風甚健，為人亦和藹可親。他一見到我就發牢騷，說他雖為省長，但號令不出郭門，全省各地都為駐軍盤據，無人約束。他並告訴我，關於軍餉彈械，不能倚靠他云云。同時我也以鄉誼請他向總司令緩頰，不要再追繳我的四門山炮，馬氏也一口承諾。我們在南寧過從五六次，廝混得很熟，我對他的印象極好。

馬氏是留學生，目擊西方物質建設的進步，自然十分心折，一旦身為省長，殊思有所興革。他首先注意的便是交通建設，截至此時，廣西尚無公路。陸榮廷當政十年，只修了一條馬路，自南寧通到他祖居的武鳴故鄉，為他一人的方便，其他一概無有。馬氏乃決定修公路，但費盡九牛二虎之力，只修了五里路，無功而罷。

我在南寧住了十來天，也沒有多少公事可辦，除有少數同學故人來訪外，和軍政各界的接觸並不多。而招待我最殷勤的，卻是當時桂軍第一師師長劉震寰。劉氏是一位極富戲劇性的人物。他原是廣西桂林師範學生，柳州馬平（今柳江）縣人，清末時加入同盟會搞革命，聯絡綠林是其所長。因陳炳焜和他同鄉，陳任梧州護軍使時，援引他為統領，率領他收編的土匪兩三百駐守梧州左側背的木雙。中山援桂時，劉向粵軍通款，放粵軍由木雙擊梧州背後，陳炳焜因此放棄梧州而逃。劉便於民國十年六月二十一日率部進入梧州，通電附義，自稱桂軍第一師師長。電文中力數陸、譚等罪行，語極尖刻。當時廣西人士對陸、譚雖無好感，然亦不直劉震寰之所為。他的師長名義大約是粵軍前方指揮臨時給與的。陳炯明接到這份通電，頗為詫異，在桂軍宿將中，劉震寰之名不見經傳，何來此「第一師師長」？因電令前敵總指揮葉舉逮捕劉某，就地槍決。葉舉因粵軍其時正多方號召桂軍赴義，故認為殺降之舉為不智，再三為其說項，才為陳炯明所優容。這次我到南寧，劉震寰竭力拉攏我，其目的是想收編我部，委我為他的「第一師」中的旅長。但我對劉的觀感：第一，劉氏非軍人出身，原不知兵，我雅不欲為一外行軍人的部屬。再者，劉氏原無基本部隊，一時榮顯，全仗其投機取巧得來，收編一些烏合之眾，不堪一擊。而最重要的一點，還是他的為人。他臨陣通敵，已非軍人本色，而通電過度詆毀原來長官以取媚於新主人，尤屬可恥。所以他雖派員與我殷勤周旋，我始終無動於衷，沒有上他的圈套。

第四編
統一廣西

【第13章】

孫陳失和與自治軍成立的經過

1

我在南寧見過了陳炯明，住了十來天後轉回北流原防。在南寧時我已微聞粵軍內部發生齟齬，兩粵政局又有山雨欲來之勢。當時因消息不靈，不知其事本末，事隔多年，我才知道其基本原因在於孫、陳失和。中山先生是民國十年四月在廣州由「非常國會」選為大總統，而陳炯明則經中山一再提拔而任為粵軍總司令。他二人如不能合作，則兩粵政局必然會起極大的紛爭。

原來粵軍入桂打倒了陸、譚，陳炯明為徹底消滅桂軍殘部，乃溯江西上，駐節南寧，志在從事改革兩廣政治，然後緩圖發展，原亦未可厚非。但中山統一兩廣之後，適逢直、奉醞釀大戰，奉張向中山求援以夾擊直軍，中山亦認為北方軍閥中勢力最大最強橫的是曹錕與吳佩孚。「擒賊先擒王。」要剷除軍閥，必先從直系下手，奉系既來通款曲，則暫時與之合作，亦為革命黨政略上應有的措施。中山乃決定乘機北伐，即在桂林組織大本營，意圖假道湖南北上，而窺長江。這時中山除原有的粵軍許崇智、李福林所部之外，游散各地的前護國、護法各軍，如朱培德所部的滇軍，彭程萬所部的贛軍，和谷正倫所部的黔軍，也紛紛入桂附義，聲勢頗大。民國十一年春，一部分北伐軍且已進入湖南邊境。然此時一則因孫、陳的主張相左益甚，陳氏不但不支援北伐，並百計阻撓其實現；二則因湖南省長趙恆惕為鞏固地盤計，不願捲入南北政爭的漩渦，借聯省自治之名，發動民意機關籲請中山體念湘省歷年兵燹之苦，萬勿假道湖南，以紓民困。中山見內受陳炯明的掣肘，外受趙恆惕的阻撓，乃於民國十一年三月二十六日在桂林大本營開會，決計變更計畫，調在桂林親信各部回粵。四月十六日，中山師次梧州，電召陳氏至梧會晤，陳不敢應召，一面急電坐鎮南寧的前敵總指揮葉舉班師回粵，一面呈請辭去本兼各職，作為消極的抵制。四月十九日，中山頒令准陳氏辭去廣東省長暨粵軍總司令的兼職。陳氏本人卻退往惠州。中山見陳非大患，即按照原定計畫，取道韶關，入贛北伐。出師未捷，在後方的陳炯明忽令部將葉舉率師回省。中山聞訊，倉卒趕回廣州坐鎮，六月十五日終於發生叛軍炮轟總統府情事，中山因此離粵，粵事遂益發不可收拾。

所以孫、陳失和，以及國民黨的內訌，實是兩廣政局轉變的一大關鍵。然孫、陳失和的主因，實係兩人政見的不同，非純然為意氣之爭。中山先生自矢志革命之時，即以全國為對象，不願局促於一隅。以故中山力主北伐的動機，原係孤注一擲，勝負殊未可必。但是把握時機，不計個人成敗，原為革命家的本分。加以先生氣魄雄偉，敢作敢為，尤非常人所能及。故不辭冒險，期達目的。

至於陳炯明，其平生抱負，任事作風，處人態度，都恰恰和中山相反。陳炯明自始就沒有問鼎中原的大志，加以其時聯省自治之說正風靡一時，陳氏及其部曲，均心嚮往之。他們認為中山的北伐，絕無成功的希望，與其以兩粵的精華，作孤注一擲，倒不如切實整頓兩廣，待羽毛豐滿，再相機北進。其所見亦未始非穩健之策。所以他叛變之後，北方的知識分子如胡適之等，竟公然同情陳氏，甚至有說陳炯明叛變為「革命」的。然陳氏最大的錯誤，在於其為人有欠光明磊落。他身為革命黨員，受中山的厚託，攬軍政大權於一身，如以中山北伐計畫為不可行，大可剴切陳詞，力辯此計畫的非計。如中山不納，也大可潔身引退，以見一己的坦誠無私。做一個革命黨人，原應以國家民族為重，不能盲從領袖。而陳炯明既不敢公開提出自己的主張，對中山的計畫又口是而心非。到了最後關頭，竟至唆使部曲叛變，不論公誼私交，陳氏都不應出此下策，淪為叛逆，實不可恕。

我由南寧回到北流不久，駐在玉林的胡漢卿部於民國十年十二月十日撤往高州，我部遂接防玉林。到翌年四月下旬，粵軍向廣東倉促撤退。玉林地處粵、桂交通中樞，陳炯明電調我駐防貴縣，將玉林五屬移交陳炯光接防，以預防我乘機襲其後。嗣後，我曾赴郊外迎接陳炯光，陳氏隨他的大隊人馬向北流而去，並未入城停留，只和我應酬了三言兩語，說羅統領即將到玉林駐紮，囑我稍候，以便接洽。我因恐粵軍恃眾圍繳我部槍械，故特令部隊避開大道，從小路先行開拔。我自己則帶了特務營一連，等候羅統領到來。繼而自思，既已和陳炯光見了面，何必再敷衍羅統領呢？遂不再等他，即刻上道。不料走了才十餘里路，忽有粵軍軍官兩人率士兵十餘人跟蹤趕來，說羅統領有事須和我商量，請我折回玉林。我說，已和陳司令接頭過了，現須趕路，無暇和羅統領見面了。兩軍官苦苦要求，無奈我意志很為堅決，他們只得掉轉頭回去了。旋於途中，得當地人民報告說，我的部隊曾在離興業縣城二十餘里某隘口兩側設伏，襲擊粵軍。羅統領親率官佐三數人殿後，坐了轎子，雜於隊伍行列中，緩緩向東行進，毫無防備。驟遭襲擊，手足無措，遺棄轎子，落荒而走。我軍擄獲械彈輜重不少。我到興業縣城後，查明確有此事，係俞作柏營長所為，他料我在玉林不會逗留多久，忽出此一舉，幾乎陷我於不測。羅氏初被襲擊時，以為是土匪或民團企圖劫取槍械和財物。但旋即覺得土匪和民團不會有如此沉著的作戰經驗和強烈的火力，乃懷疑是我軍有計畫的行動，所以派員追來，要我折回玉林，問個明白。幸好我認為他們既班師回粵，已無再和他們周旋的必要，不肯折回玉林。否則，後果不堪設想。事後思之，此一機運關係我個人的安危實在不小啊！

我在行進中在興業縣城和橋墟住宿了兩宵，第三日到達貴縣。不料貴縣剛發生了一樁不幸事件。當中山放棄桂林，班師回粵時，特派廣西第一師師長劉震寰為廣西善後督辦，駐節南寧。省長馬君武見兩粵政局突然發生變化，龍州、百色、左右兩江地區，以及南寧附近各縣，因粵軍撤退，散軍土匪遂蜂擁而起。省會竟呈現風聲鶴唳的狀況，乃決計率省府一部分重要職員和衛隊一營，分乘輪船數艘，遷往梧州辦公。當他們到達貴縣時，正值春夏之交，水小河淺，輪船不能夜航，遂在縣城下游約一里的羅泊灣對岸停泊過夜。適我軍第一支隊司令李石愚率領俞作柏及陸超各一營先馬省長一日抵達貴縣。俞營長以警戒為名，於午夜派兵潛至泊船地附近，鳴槍呼喊繳械。一時槍聲大作，馬氏等宿在船上，無處躲避。馬氏身邊隨侍的愛妾深恐馬氏受傷，乃伏於馬氏身上以作掩護，不幸竟被子彈射中要害身死。馬氏的衛隊營卒被繳械。翌日，我於途次聞報，連忙趕到貴縣，即赴船上向馬省長慰問道歉。馬氏大發雷霆，說如要繳械，只消說一聲，便可唾手而得，何須開火，以致釀成慘案呢？我處此場合，異常尷尬，只有自承約束部曲不嚴，致發生此不幸事件，連聲賠不是。值此混亂時期，馬氏亦深知我不在貴縣，對俞部實不易約束。事已如此，夫復何言！乃憤然命令開船下駛，行抵梧州，遂力辭省長之職，由省府財政廳廳長楊愿公暫代，廣西由此而入無政府狀態。於是，散軍、土匪、惡霸，更無忌憚，一時全省鼎沸，形成前所未有的混亂狀態。

2

我軍在貴縣駐紮不及半月，玉林五屬的粵軍早已悉數退出。地方官吏暨人民團體紛紛來電，請我回師坐鎮玉林五屬，以維持地方安寧。我軍駐該區日久，較之粵軍軍紀嚴明，軍民感情融洽。今日既然地方無主，官軍一致請我回師駐防，我也覺得義不容辭。於是，除留一部分隊伍在貴縣維持治安外，其他的即於十一年五月上旬開回玉林五屬。這時廣西全省騷然，治安殊不易維持，本軍槍枝不足一千，只得勉力為之。旋容縣亦請我派兵駐防，一共七個縣分。我四處張貼布告，嚴申軍紀，並禁止外縣散軍竄入我防地的範圍。在全省干戈擾攘之際，我一面整軍經武，一面修明地方吏治，使人民能安居樂業，成為當時廣西僅有的一片淨土。孰料此即我日後披荊斬棘，削平群雄，統一廣西，參與北伐，使八桂子弟足跡遠達山海關的起點。

就在我軍返駐玉林期間，廣西已成無政府狀態。劉震寰雖有人槍七八千，仍感勢孤，全軍蜎縮於南寧附近，不敢遠離。各地軍政體系遂無形瓦解。前陸、譚流散部屬有二三萬人，其中有經粵軍收編，現已與粵軍脫離關係的；也有在陸、譚敗後，暫時隱匿而志圖規復的。他們遍布廣西全境，各不相屬。人槍較多的，自封為「自治軍總司令」，或師長、旅長。人槍較少的，則自稱為司令、幫統、營長不等，各視本身勢力而定。割據一方，派縣長，設關卡，徵錢糧，各行其是。

那時勢力較大的，首推劉日福、陸雲高、陸福祥、蒙仁潛、林俊廷、陳天泰、張春如、梁華堂諸人。劉日福原為桂軍宿將，粵軍克南寧後，劉率部三四千人退入雲貴邊界的百色，和粵軍相持。粵軍退後，劉收拾殘部，自稱「廣西自治軍第一路總司令」。次為陸雲高，他原為陸榮廷所部廣西陸軍第一師第一旅旅長。第一師師長為陸榮廷的長子陸裕光，故該部裝備極為精良，為陸氏部隊中的精華所在。粵軍佔領期中，陸雲高部駐於賓陽、上林、都安一帶。至是，陸也自稱「廣西陸軍第一師師長」。另一支有力部隊則為陸福祥，自稱「廣西陸軍第一獨立旅旅長」。有人槍三千，駐於武鳴、那馬一帶。粵軍退後，即圖規復南寧的，就是該旅。等而下之，則有蒙仁潛，有人槍二千餘，自稱「邊防軍司令」，駐在隆山、忻城附近。在桂林則有賭徒梁華堂，亦糾眾二千餘，自稱「桂林自治軍總司令」。駐於龍州、靖西、邊關一帶的，則有李紹英，有人槍二千，自稱「龍州邊防司令」。柳江方面，融縣有何中權，來賓有韋肇隆，武宣有陳天泰，桂平有劉權中，平南有張春如，各有兩三千人不等。譚浩明之弟浩澄、浩清也各有人槍千餘。這些自封的將軍們大半係行伍出身。其中地位較高的為林俊廷，曾任鎮守使，惟此時僅有人槍千餘，駐於黔桂邊區。總之，這時群雄蜂起，各自稱霸稱王，互不相屬，遠交近攻，以大吞小，鬧得一團烏煙瘴氣。

這時廣東孫、陳之間已成水火，無暇顧及廣西，而劉日福自稱「廣西自治軍第一路總司令」的通電已經到來。劉日福、陸雲高、陸福祥正進軍南寧，企圖驅逐「反骨仔」劉震寰，其他各處也都各自獨立，我們和陳炯明的關係也無形中斷。於是，我部下的官長和五屬紳商乃一致建議我取消「粵桂邊防軍第三路」的番號，改稱「廣西自治軍第二路」。我就在五屬紳商和本軍袍澤一致擁戴之下，於五月下旬通電就職為「廣西自治軍第二路總司令」。我們成立自治軍的用意是多少有些排外性的。因此次粵軍援桂，極盡焚掠的能事。其原因則是桂人治粵甚久，粵人頗感不平，一旦有了機會，即大事報復。例如粵軍魏邦平所部在平南時，曾因細故燒毀村落數十之多，慘不忍聞。又如粵軍在桂濫發鈔票，強迫商民十足通用，這種鈔票限用於廣西境內，一旦粵軍離境，即成廢紙。故此次粵軍入桂後，桂人對一切客軍都深惡痛絕，一聞粵軍離桂消息，即紛紛成立「自治軍」。「自治」也者，免為他人所治之謂也。而五屬人士之所以擁戴我為「自治軍第二路」，更有不受其他自治軍控制之意存乎其間。

五月二十二日，南寧劉震寰部七八千人為當地自治軍擊潰，逃入廣東欽、廉一帶。省會遂入桂軍的掌握。此時，在南寧的各自治軍首領，頗覺有重設省政府，統一廣西軍政的必要。六月初，劉日福、陸福祥、陸雲高和蒙仁潛乃聯電約我去南寧商討桂局善後事宜。我當然義不容辭，應邀前往開會。這是我初次和他們會面。他們四人都是五十開外的老年人，除蒙仁潛係秀才出身外，其他三人僅略識之無；而我則是不足三十歲，受過完備的教育的青年，和他們在一起，顯得十分不調和。

至於他們的所謂「開會」，也是不成其為「會」的。大家約好了每日開會一次，便在原來的督軍署的會客室內談起來，既無主席，也無紀錄。坐得不耐煩了，就爬到桌子上去。說起話來，也非常粗鄙。餓了，便招呼勤務兵去買幾大碗米粉來，在會客室內圍桌大嚼，實不成體統。

他們四人之中，以劉日福最為老實，赳赳武夫，毫無心計。陸福祥則豪爽痛快，雖識字不多，卻是極誠樸的好人。因此我們所謂開會，實在都是陸雲高和蒙仁濳的主意。他們兩人是極狡猾而有野心的人物。最後，他們搬出兩顆用黃緞包裹的大印，一為廣西省長的印，另一為財政廳廳長的印。蒙氏發言說，現在廣西無主，理應有一位綜理全省政務的省長，一位管理稅收的財政廳廳長，和一位統率全省自治軍的總司令。我們正在討論省長人選時，蒙仁濳忽然站起來，把省長大印搶了過去，說：「我是秀才出身，省長應該由我來做。」蒙說完之後，陸雲高也手忙腳亂地站起來，把財政廳廳長的大印抱了過去，說：「財政廳長由我來當吧！」

蒙仁濳問我道：「德鄰先生，有什麼意見嗎？」

我說：「凡是諸位的決定，我一概無成見！」

他們再問陸福祥，陸說：「我管他娘什麼省長，什麼財政廳長，老子沒有了餉，只知道向財政廳長要餉啊！」

劉日福是老實人，沒說什麼不平的話。陸福祥說劉的防地好，有黑貨（鴉片）經過，軍餉不成問題。他們又主張聯名拍一電報給林俊廷，推戴他為全省自治軍總司令，因林氏曾任鎮守使，地位較高，所以請他來當此職。林氏當時避居在黔桂邊境，久未回電，所以總司令一職也就算了。林俊廷也是一有趣人物，他雖官至鎮守使，卻一字不識。一次，他責罵他的祕書們，為什麼有客來訪而不報告他知道，只留下一張名片。隨從的祕書解釋道：「這原是你老人家自己的名片。」林又罵道：「何人敢把我的名片倒放在桌子上，好大膽啊！」我在南寧住了一星期便回到玉林防次。蒙仁潛雖然做了省長，仍舊號令不出郭門。陸雲高的財政廳廳長，也只能在南寧一帶收收稅罷了。這時既然全省騷然，軍政無主，我回到玉林後，也只有盡一己綿力，在可能範圍之內，使防區內的人民安居樂業。

3

我身為廣西自治軍第二路總司令，駐防於玉林等七縣之內，無形中成為這七縣之內唯一的軍政首長，因而對轄區內軍政民政的處理也義不容辭。為承當此項意外的職務，我只好將自治軍總司令部擴大組織，軍政之外，兼管民政。總司令之下設祕書處處長一人，特自南寧請來黃鍾岳君擔任。黃君前清秀才出身，為人廉潔而幹練。陸、譚主政時，曾在民廳及財廳任科長，也曾任縣長，頗有政聲。承他日夜辛勞，多方匡我不逮，深慶輔翼得人。黃君後來曾任廣西財政廳廳長很久。大陸易手後，寄居香港，貧病交加。一九五二年（民國四十一年）逝世時，竟至棺槨無著。追思共事三十餘年，勞瘁過人，狷介自守之情，驟聞長逝，實不勝其悽惻耳。

至於本軍參謀長則由黃旭初君擔任。黃君老成練達，與我有同窗之雅，並曾入陸軍大學深造，謹小慎微，應對如流，全軍賴其輔導，上下歸心。嗣後我軍竟能戡平八桂，問鼎中原，渠早年主持戎幕，為本軍打下良好基礎之功，實不可沒。黃君其後主持廣西省政達十九年，澤被桑梓，亦非倖致。

祕書處處長之外，並設民政、教育、財政各科，分掌轄區內各項行政事務。務使各項政務照舊施行，不因戰亂而稍受影響。然軍政大權的決策，均操之於我一人，職責極其繁重。

我那時雖尚不足三十歲，所幸我生平治事謹慎，自奉甚儉，一切為當地人民和本軍上下官兵的福利著想，所以頗為各縣軍民擁戴。當地紳商各界都稱讚我為人少年老成，而誠心服從我的領導。本軍官兵因我大公無私，賞罰嚴明，所以生活雖苦，亦無怨言，並且上下協力頗有朝氣蓬勃的現象。

我軍上下的生活相當艱苦，全軍僅有伙食費可發，別無薪餉。士兵每人每日領伙食費小洋二角，官長不分階級，每員每日四角。此外，各級官長視官階的高低酌發「公費」若干，為數也極有限。但是因為我對財政絕對公開，收支情形，不特全軍上下，乃至各界人士俱可一覽無餘。是以軍民能合作，全軍上下尤能一德一心，為救鄉救國而奮鬥。

不過這時兩廣軍隊，俱尚不能全脫舊軍積習，按新時代的軍人生活和各種訓練的要求來看，都不夠水準；我軍自亦不能例外。為增強戰鬥力和整飭軍紀，我在玉林辦了一所「玉林幹部教練所」，調本軍行伍出身的下級軍官前往受訓。並招收一些中學畢業的有志青年，前來入學，畢業後充任下級軍官。另外並附設「教導大隊」，調本軍班長及遴選足以充任班長的上等兵前來受訓，以充實本軍的基層幹部。這種訓練極為有效，其後我們第七軍的戰鬥力多得力於這時訓練出來的下級幹部。因為我們作風新穎，風聲所播，各方有志青年及部隊來歸，如水之就下，玉林頓時成為廣西革新運動的中心。

我在治軍之外，還要兼管七縣的民政、財政。省政府的政令既不出郭門，縣長的委任均由我作主遴選。在粵軍初退之時，所有前省長馬君武所委縣長願繼續服務的，都予留任。但他們都係粵人，原為粵軍各部向馬省長所推薦的。粵軍退後，他們也無心久留，逐一辭職返粵。在七縣縣長出缺時，最初我決定實行地方自治，民選縣長。但是初行之時，即深感此路不通。因鄉中有資望的人士對政治都抱消極態度，不願擔任縣政。一旦選出，都力辭不就。即勉強擔任，也尸位素餐而已，但求無過，不求有功。其他二三流的當選者，則又物望不孚，難任艱巨。這種現象的發生，其理由也很簡單。因服務桑梓，原非易事。生於斯，長於斯，人事關係牽連太多，容易招怨。尤其是值此動亂時期，盜匪如毛，其時縣長又並管司法，一有盜案，如因循不辦，則有違功令；如按律行事，則公事化為私仇，顧慮尤多。在此賢人不願為，壞人不能為的情況下，使我處理各縣縣政，殊感棘手。最後，我想出一民選縣長互調的辦法，即將甲縣所選的縣長，調往乙縣任職。這樣一來，行政效率大為增強。因當選者任事遠方，無人事牽制，遇事能秉公處理。有此一番周折後，我才領悟到「離鄉五百里之內不得為官」的古制，實有其特殊意義存在的。

我對於七縣財政稅收的處理，以不加捐增稅為原則，使當地人民除額定賦稅外，別無其他負擔。我所轄六縣（貴縣旋移交陸雲高治理，故不計在內）的稅收，每年約有正額錢糧十七八萬元，其他各項雜稅，如統稅、鹽稅、屠宰稅、煙酒稅等，合計也在二十五萬元上下。後因收支不能平衡，乃另徵所謂「防務經費」，即賭捐。兩粵人士嗜賭成風，官方寓禁於徵，抽取巨額「防務經費」已相沿成習。陳炯明返粵時曾禁賭，然未幾即解禁。玉林賭禁原為胡漢卿所取消，遂未復禁。其他各縣後來也恢復舊制。六縣每年可抽賭捐約二十餘萬元。以故我防區之內，每年稅收總額約在七八十萬元左右。軍政機關撙節開支，尚可維持。

這七縣經過了一番整頓，貪污絕少，土匪斂跡，現出一片昇平氣象。以之與廣西其他各地土匪如毛，貪官污吏及不法軍隊魚肉人民的情形相對照，這七縣算是一塊樂土。廣西各縣乃至廣東邊區避亂人士都紛紛遷來寄住。

【第14章】

兩廣革命武力之初步合作

1

黃紹竑字季寬，容縣山嘴村人。生於書香之家，天資敏慧，為人幹練，並富冒險精神。他原是我的陸小同學，他是第四期，低我一班。辛亥革命時，他隨學生軍北上到南京。嗣後在武昌進第二陸軍預備學校，畢業後，又入保定軍官學校。民國五年冬畢業回廣西，正是護國軍事結束之後，陳炳焜任廣西督軍之時。紹竑遂在當時號稱新軍的廣西陸軍第一師內任見習官。民六夏季廣西當局創辦陸軍模範營，由馬曉軍任營長，黃旭初等任連長，紹竑與若干陸小同學如白崇禧、夏威、陳雄等都在該營任連附。

是年秋季護法戰起，模範營曾奉調入湘，改編為湘粵桂聯軍總司令譚浩明的衛隊營。護法戰事結束，衛隊營於民國八年冬間改編入廣西陸軍第一師步兵第二團，馬曉軍任團長。黃旭初升為團附，黃紹竑、白崇禧俱升任該團連長。當民國九年我們進攻新興李耀漢所部時，該團因訓練有素，軍紀較佳，被調來肇慶接防。粵桂戰爭，桂軍失敗，該團也由廣州西撤。我們退卻時被追軍截成兩段的祿步墟之役，該團任我軍右翼，協同將粵軍擊退。

民國十年粵軍援桂戰爭發生，紹竑等正隨第二團駐防百色。陸、譚政權崩潰後，馬曉軍受馬君武省長收編為田南警備司令，下轄五營，黃紹竑、白崇禧俱升任營長。馬曉軍所部駐百色，旋陸、譚殘部為劉日福所繳械，馬、黃、白諸人幸得脫險。其後馬收集殘部，並收編民團合編為六營，以黃紹竑、白崇禧為統領，各統三營，和當地散軍繼續作戰。白崇禧因腿部跌傷去廣州治療。粵軍東下回粵時，馬部被調回駐南寧。馬部到邕，而廣西善後督辦劉震寰被散軍及民團圍攻，放棄南寧，向廣東欽、廉撤退。馬也率所部千餘人退向欽、廉。行抵靈山縣，馬因軍食無著，前途渺茫，把部隊交黃紹竑統率，他自己便經北海往香港去了。

我聽說黃紹竑這一支人馬正在流離失所，他既是我陸小同學，軍中作風自非其他流散部隊所能比擬，便有心請其率部來玉林合作。他的四哥黃天澤於辛亥革命時曾隨學生軍北伐，自我軍移駐玉林後，和我常有接觸。我便委託天澤在往廉江路上等候乃弟，請其來玉林合作。

天澤此去果然一說即合，紹竑隨即率所部千餘人開入我的防區。於是衣食有了著落，又可避免被人併吞的危險，因此官兵異常歡騰。我即委黃紹竑為第三支隊司令，並指定其故鄉容縣為其防地。紹竑來歸之後，我軍實力大增，由兩個支隊增為三個支隊。其時編制如下：

廣西自治軍第二路總司令　李宗仁
第一支隊司令　李石愚
第一統領　俞作柏
第一營營長　李明瑞
第二營營長　林竹舫
第二統領　鍾祖培
第一營營長　鍾祖培（兼）
第二營營長　劉志忠
第二支隊司令　何武
第一統領　伍廷颺
第一營營長　伍廷颺（兼）
第二營營長　尹承綱
第二統領　陸超
第一營營長　陸超（兼）

第二營營長
第三支隊司令 黃紹竑
第一營營長 夏威
第二營營長 陸炎（華甫）
第三營營長 韋雲淞
炮兵連
機關槍連

2

民國十一年夏，兩粵政局又起急劇的變化。因陳炯明叛變，中山先生在滬檄調滇、桂各軍東下討陳。當時首先接受中山委任率部進攻廣州的為沈鴻英。沈氏係泥水匠出身，後淪為盜匪。辛亥革命柳州宣布獨立時出受招安，遂扶搖直上，成為莫榮新的心腹大將。民國十年粵軍援桂時，鴻英擔任桂軍左翼軍總指揮。及桂軍中路為粵軍突破，桂局瓦解，沈氏竟通電詆毀陸榮廷，促其下野。此舉頗為桂人所不齒，粵軍也疑他為詐降。沈氏自討沒趣，率所部萬餘人避入湖南的平江、瀏陽，因此引起湘軍對他的圍剿；經北京政府的斡旋，沈部乃移駐江西的贛州。

民國十一年十一月，沈軍乃乘桂林空虛，竄回桂北一帶，實力增至兩萬餘人。這時正值群雄峰起，八桂無主，沈鴻英懷有囊括廣西全省的野心，故派說客四出，企圖收編各處的自治軍。

首先引起沈氏注意的，便是我部三千多人槍和六七縣地盤。沈氏因遣其子沈榮光偕另一代表劉某前來玉林作說客。沈榮光曾肄業南寧將校講習所，是我教過的學生。這次銜父命而來想收編我做他父親部下的師長。我因鴻英曾當土匪，所部風紀蕩然，上下全憑綠林豪傑式的義氣相維繫，實不足以言軍旅，所以我自始即有輕視鴻英之心。加以他反覆無常，早為兩粵人士所不齒，我如何肯聽他收編？因此當榮光提及乃父之意時，我便認真地教訓他一頓說：「如果你們再不長進，仍舊胡作非為，將來說不定我還有收編你們的一日呢！」說得榮光垂頭喪氣而去。這時論實力，沈鴻英當然強我十倍，不過他在桂林，我在玉林，他鞭長莫及，莫奈我何。

沈鴻英向我勾搭雖未得手，然不久，他奉中山密令東下討伐陳炯明卻一帆風順。民國十一年十二月沈和滇軍楊希閔、桂軍劉震寰由梧州、賀縣分進合擊，竟將陳炯明逐出廣州。這時各路討陳軍實以沈部為最強。隔年一月中旬陳炯明通電下野後，沈軍盤據廣州，威風一時。隨後，北京政府竟委沈鴻英為「廣東軍務督理」，沈也首鼠兩端，居之不疑。到二月初，中山先生自滬返粵，組織大元帥府，許崇智也率軍自閩邊返粵，沈氏才被迫退出廣州。那時東江雖有陳炯明部盤據，然西、北兩江仍屬沈氏勢力範圍，聲勢頗為烜赫。沈氏之外另一位向我們玉林方面注意的便是東山再起的陸榮廷。陸氏於民國十一年九月乘廣西混亂時，從越南回到龍州，糾合舊部數千人，意圖重整旗鼓，掌握全省政權。時蒙仁潛在南寧自稱省長，林俊廷也已到南寧任自治軍總司令，北京政府即順水推舟，委林氏為「廣西綏靖督辦」。陸榮廷回廣西後，北京政府又加委陸氏為「廣西邊防督辦」，另委張其鍠為廣西省長。此項委令自然引起蒙、林諸人的不快。

陸榮廷以邊防督辦名義不便指揮全省，旋授意部隊和人民團體推他為「廣西全省善後督辦」，他便由龍州移駐南寧。到了南寧，意欲整頓全省軍隊，故發布命令，改編各部隊的番號。但是廣西經過這番大變亂後，人事全非，即使陸氏往日的心腹也多面從心違，不復聽他調度。原駐南寧一帶自稱第一師師長的陸雲高，和自治軍的蒙仁潛等，在陸榮廷回邕後，深恐為其控制，都紛紛撤離南寧。陸雲高部沿江東下，並派人來玉林向我商借貴縣暫時駐紮。我明知他借了不會歸還，但為避免衝突保存實力起見，我遂將所部撤出貴縣，讓陸部駐紮。

在此時期，全省自治軍名目暫時取消，由廣西善後督辦陸榮廷另頒番號及委任狀。我的「第二路自治軍」的番號亦由陸氏明令改為「廣西陸軍第五獨立旅」，我任旅長。下轄三團，由三個支隊司令李石愚、何武、黃紹竑分任團長。當時我因實力有限，未便與陸氏齟齬，故對其委任既未正式接受，亦未正式拒絕。為了此事，我在本軍司令部召集了高級官長商議。各司令都不願改變番號，勸我「不要理會那個老頭子」。因為我們如果接受陸氏所給予的番號，那我部下各「司令」都須改為團長。團長究不及可大可小的司令來得光輝。商議結果，只將我的「

自治軍第二路總司令」名義取消，並改總司令部為旅部，其他一概如舊，以改頭而不換面了之。

民國十一年年底，陸榮廷來電邀我赴武鳴一行。武鳴是陸的家鄉。陸在彼築有華麗住宅，並修了專用公路，自武鳴直通南寧；是為當時廣西獨一無二的汽車路。我到了南寧，陸氏派他專用小汽車來接我往武鳴。這是我第一次乘坐汽車。

在武鳴，陸榮廷對我十分禮遇，招待我在他家裡住宿一宵。陸氏在閒談之中，大為抱怨粵軍的焚殺。他說他治粵時，待粵人不薄。胡展堂（漢民）等常來武鳴訪問，渠均盛意招待。湖南的譚延闓在其本省失敗時，也曾到武鳴訪陸。陸說他曾一次送譚氏大洋二十萬元。當時廣西省內只用小洋和紙幣，渠因使譚氏便於出省使用，故以大洋贈送。陸氏說：「我對廣東這一批人都不壞呀，但是他們此次入境，竟將我寧武莊住宅全行燒毀。你看，我現在住的是以前當差們住的；粵軍燒剩下的……」言下無限憤怒。

我在寧武莊住了一天。陸氏所說的概屬人情應酬話，並未涉及本省的軍政大事。我就告辭，乘汽車到南寧，盤桓了兩三天，探訪親友，仍回玉林。

那時，陸氏並令各地自治軍將名冊呈報，以便統籌整編。但令下後如石沉大海，各地軍事首領都不願受陸氏節制。我軍在民國五年成立時即和陸氏無甚歷史淵源，自更不願受他節制。廣西全省因而形成了王綱解紐，諸侯割據的局面。而野心的地方領袖卻又紛圖兼併，以擴充一己的勢力。這時我的第三團團長黃紹竑，已在容縣休息了七八個月，久靜思動，目睹兩粵政局紛亂如麻，急欲乘機向外發展，因而有出師梧州之舉。

3

黃紹竑出師梧州的全盤計畫，是我和他祕密商榷後改訂的。他原來的計畫是應沈鴻英密召，前去廣州。因沈鴻英的收編各軍計畫，雖在我處碰壁，卻轉而利誘分化我的部屬，駐在容縣的黃紹竑遂成為他祕密活動的對象。

因為黃紹竑有一堂兄黃紹嵩，在沈氏總司令部任祕書，沈鴻英曾命黃紹嵩祕密作媒介，畀紹竑以桂軍第八旅旅長名義，囑其速率所部去廣州。黃紹竑因困居容縣，發展不易，遂為其煽惑，躍躍欲動。但他究竟是我的部屬，並感我收編扶植的情誼，如不辭而去，就跡同背叛，乃於民國十二年二月間自容縣來玉林，祕密向我陳述衷曲。他說，我們久困玉林五屬，終非辦法，應該乘兩粵政局動蕩的時機，圖謀發展，方為上策。遂將沈鴻英如何向他活動，以及他自己也有赴廣東之意，告訴給我聽，希望我對他有所箴規。

我聽後，思忖黃氏是個不受羈縻的幹才，挽留不易，不如成全他向外發展的志向，異日或能收到表裡為用之功。但我卻指出幾點請他注意。第一，目前兩廣局勢如此動亂，隨時都有機會讓我們發展，只看我們的出處和主張是否正確，實力是否充沛。我們駐紮此地，並非終老此鄉，只是養精蓄銳，待機大舉。我軍除中級以上官佐為正式軍校出身者外，下級幹部多係行伍出身。我們現在急需訓練一批青年幹部，將本軍練成一支有紀律的勁旅，等時機一到，我們才能攻無不克。

再有，照我的觀察，沈鴻英目前在廣州極為囂張，四處樹敵，最後必然失敗無疑。若不揣時度勢，而徒以五六百枝槍的小部隊去依附沈氏，何能發生作用？一旦沈軍崩潰，則覆巢之下，寧有完卵？況沈的為人，機警狡詐，反覆無常，早為粵桂人士所不齒。所以依附沈氏以求發展，不特如探虎穴，凶多吉少，且與同流合污，勢將終身洗刷不淨。如別人賦予名義，尚可考慮接受，惟沈鴻英賦予的名義，決不可輕易承當。

紹竑聽了我的分析後，說他志在假借一個名義東下以圖發展，並非真誠附驥沈氏。至出處和危險一層，他是不十分重視的。我說：「冒險犯難固是青年革命軍人的本色，至向外進取的原則，我更是絕對贊成的。不過自中山回廣州再度組織革命政府後，對沈鴻英的驕橫跋扈已嚴加制裁，相信不久必定爆發戰爭。此時只可與沈氏及其左右虛與委蛇，一俟戰爭白熱化，沈軍不支之時，即率所部潛入蒼梧境內，乘虛襲取梧州，斷其歸路，而與大元帥府所轄的粵軍相呼應，藉以溝通粵桂的革命勢力。然區區一團人，恐不能完成這一偉大的革命使命，待時機來臨，我必派遣一支有力部隊，和你一致行動。」

紹竑聽了，深以為然，並衷心地感激我為他的策畫和忠告。而我也頗以黃氏能坦白相告為慰，此實為以後我們統一八桂，團結無間的因素。黃氏回容縣後，便按照我的忠告，放棄去廣東的計畫。到三月二十日北京政府果然正式任命沈鴻英為廣東軍務督理。四月十日沈以移防為名，將軍隊集中新街開祕密會議。到十六日，便在新街就任北京政府的廣東軍務督理職，通電請中山離開廣東，戰禍遂啓。沈軍雖得北軍方本仁開入北江助戰，仍節節敗退。到了四月下旬，沈軍已全線崩潰，分水陸兩路向廣西撤退。當粵中戰事發動時，黃氏即急電我，報告正率所部向蒼梧挺進，請派隊伍跟進支援。我即令李石愚率俞作柏、林竹舫、劉志忠等營前往。到六月初，黃將部隊集中於梧州上游的戎墟和新地墟。黃氏為探明粵中戰況起見，特親到梧州向鄧瑞徵請領餉彈。恰巧此時在廣州療養的白崇禧和另一保定同學陳雄，也祕密趕回梧州，並攜來大元帥孫中山委黃紹竑為「廣西討賊軍總指揮」的命令。黃和白、陳會面於他的胞兄仲庵家裡，紹竑乃知沈鴻英失利，正在總退卻中。現據守肇慶城的沈部黃振邦一旅，已被大元帥府陸、海兩軍所包圍。紹竑知襲擊梧州的時機已到，惟實力尚嫌單薄。那時他已騙得餉若干，答應轉回戎墟防地，即通電就第八旅旅長新職。陳雄仍返廣州。黃氏偕白崇禧返抵防次後，即親筆函我，派白崇禧和李石愚兩人星夜送到玉林。信中說為預防萬一起見，請我再派兩營前往，以增強戰鬥力，完成此一有重大意義的任務。我也認為用兵之道，不可患得患失，逡巡不前，只要認定時機成熟，必須以雷霆萬鈞之力，以爭取最後勝利。乃令伍廷颺率所部一營，兼程向梧州進發。這是我和白崇禧初次詳談，他身穿整潔的西服，談吐彬彬有禮，頭腦清楚，見解卓越。

他對中山備極推崇，而對大元帥府所屬的粵、桂、滇各軍則都有不滿的批評。惟對粱鴻楷第一軍中的第一師李濟深所部，卻認為人才濟濟，作風新穎，可引為將來革命的夥伴。我和他徹夜開誠傾談，論列當前兩粵全盤局勢。我認為此番襲取梧州，已如探囊取物，毋須費多大氣力，此後彼此應佯作分道揚鑣，以免樹大招風，遭人妒忌。並希望他們在梧州方面盡力聯絡粵中新興革命勢力，勵精圖治。我則採取內剛外柔策略，暫時和陸榮廷治下各舊勢力虛與委蛇，以便養精蓄銳，等待他日彼此分進合擊，打成一片。此一決策，只讓高級幹部三數人知悉，其餘則嚴守祕密，以免僨事。白氏聽完我的建議後，表示非常贊成和感動。以後我和白氏共事二十餘年，推心置腹，患難與共，雖有人屢次企圖分化離間，我二人只一笑置之。世人多有因此形容李、白實為一人，私衷亦覺當之無愧。

黃紹竑此次派白、李赴玉林請兵，實出於俞作柏的陰謀。李石愚回到岑溪時，接俞飛送一信，謂德公左右需人相助，請到玉林後不必再來，前方指揮作戰，作柏可以完全負責云。白崇禧偕伍廷颺營行後兩日，林竹舫、劉志忠率部到玉林面報，謂李司令動身後，俞即在新地墟集合三營宣布，李司令已回玉林，部隊交其指揮。我們不甘隨俞叛李歸黃，故祕密由間道拔隊回來云。林、劉兩營長不知此中祕密，而有此誤會。幸伍營補上，黃部不至太弱。

白崇禧偕伍廷颺部援軍到達，黃即進襲梧州。發動之日，黃部乘黑夜先斷絕水路的航運，拂曉時即掃蕩沈部外圍。到此鄧瑞徵方如夢中初醒，倉促率殘部向信都、賀縣逃竄。當黃部攻進梧州市內之時，有沈軍收編不久的馮葆初旅早與粵軍暗通聲氣，至是乃布告市民，脫離沈軍而獨立，並願與黃紹竑合作，擁護大元帥孫中山。馮氏係一賭徒，善於鑽營交際，收編各地游離小部隊而歸附沈鴻英。馮因與紳商交游甚廣，係梧州的地頭蛇，自以為有恃無恐，然究難立足於革命陣營，旋被黃紹竑誘至花舫上生擒槍斃。當黃部佔領梧州時，粵軍先已攻陷肇慶。總指揮魏邦平即統率大軍分乘船艦上駛，當日下午蜂擁進入梧州。西江面上，旌旗蔽空，極一時之盛。據云，同來的有粵軍第一軍軍長梁鴻楷，第一師師長李濟深，第三師師長鄭潤琦，以及其他將官和中級幹部陳銘樞、陳濟棠、張發奎、鄧演達、蔡廷鍇、蔣光鼐、薛岳、嚴重、黃琪翔、錢大鈞、香翰屏、陳誠、李漢魂等數十人。這是兩粵革命軍人的初次聚會。

隨後，廣州大元帥府任命李濟深為「西江善後督辦」，駐節肇慶，設督辦行署於梧州。除粵軍第一師的一部留駐梧州外，其餘粵軍都退回廣東。李濟深是蒼梧縣人，陸軍大學畢業，一向在粵軍中任職。才高心細，渾厚忠誠。以桂人而在粵軍中久任要職，亦非偶然。李從此常駐梧州，頗能與黃紹竑精誠合作，粵桂雙方都賴其作介而融洽無間。

4

自沈鴻英敗退桂林，梧州底定，黃紹竑乃正式改編其所部，獨樹一幟，脫離和我的隸屬關係，自組其「廣西討賊軍總指揮部」。以白崇禧為參謀長；下轄三團，以俞作柏、伍廷颺、夏威分任團長，共有人槍三千餘。渠受有孫大元帥的委任，以討賊相號召，原可獨當一面，毋須再受我節制。所以黃紹竑此舉，頗得我的諒解，也可說是奉我的命令去幹的。此時兩廣情形極為複雜，粵軍、桂軍畛域之見也很深。前劉震寰受中山委為廣西善後督辦，桂人竟群起而攻之，稱他為「反骨仔」。自治軍的興起，就是以「客軍」和這批「反骨仔」為攻擊目標。民國十一年冬，滇軍楊希閔等奉大元帥之命，取道廣西東下討陳，廣西自治軍竟誤以為客軍入境，紛起向滇軍襲擊。我部當時不明真相，也曾派隊配合其他自治軍向桂平滇軍進攻，後經他們派人解釋，誤會才歸冰釋。由此可見自粵桂戰後，桂人銜恨客軍的一斑。現在黃紹竑以三千人槍，居然敢以「討賊」自命，和全體桂軍為敵，實因我屯大軍在玉林，互成犄角，做他的後盾。而我軍則仍保持廣西陸軍第五獨立旅的番號，保境安民，和粵軍全無關係。廣西當局和其他對我虎視眈眈的各地方軍首領，雖心懷疑忌，也無辭以脅我。同時我也可假紹竑出面和廣東大本營聯絡，一則可使兩粵革命軍人互通聲氣，有事彼此支援；再則可以減少對粵軍的顧慮，專心整頓轄區內的軍、民兩政。所以黃紹竑的獨樹一幟，實是與我互為表裡，收相輔相成之效。

然我們的部屬不明此理，有時竟妄圖非分，致惹起許多誤會。其中最錯誤的一位便是俞作柏。作柏是保定軍校三期畢業生，我在廣東護國第二軍任營長時，他在總司令部當副官，鬱鬱不得志，很想來我營做連長，但苦無缺額。後來林虎直屬的游擊隊蔣琦幫統的營內有連長出缺，我因和蔣琦交情很好，乃力保作柏充任連長，這是他帶兵的開始。後來蔣琦奉調到新興進剿李耀漢殘部時，作柏曾率其全連官兵作有計畫的擄掠。黃紹竑在其《五十回憶》內所說，林虎第二軍中，有鼓勵士兵「發洋財」的「某軍官」，便是指俞作柏。事為蔣琦所悉，大為震怒，要將俞氏撤職。作柏大恐，來向我求情，請向蔣氏緩頰，力陳他是有計畫地劫財歸公，勝於任由士兵擄掠的一套謬論。言下涕淚縱橫，狀極可憫。在他立誓改過自新後，我乃替他說項，得免撤職。

嗣後蔣琦陣亡，我保薦他升任營長。我率部退入六萬大山時，作柏也隨我入山。那時全軍絕糧，情形極為艱苦，作柏舊性復發，曾建議我派隊下山，向靈山縣一帶富戶，「去打一兩趟生意！」到了我們下山受編，他又想向當地富戶勒派巨款。他的建議雖以開玩笑的方式出之，然我若稍為所動，渠便可乘機去做了。

俞作柏為人野心勃勃，而性喜聚斂。我們自玉林移防貴縣時，路劫粵軍是作柏擅自決定的行動；在貴縣亂槍誤斃馬省長愛妾，也出自他的命令。總之，作柏是才過於德，偶可為用，而不可為友。此次他助黃紹竑進攻梧州，原是奉我的命令而去的。在開始進攻的前夕，他忽慫恿李石愚司令回玉林向我報告請示。李剛離新地墟防地不久，俞即專人送函來追李司令。請李回玉林後不必再回蒼梧，前方戰事他可代辦指揮云。原來作柏是調虎離山，李司令一去，那數營部隊勢將歸渠掌握。羽毛豐滿，大有可為，此間樂不思蜀矣。顯然是想和我脫離部屬關係。

這消息傳出後，我軍中憤怒之聲四起，眾人不直作柏所為，竟遷怒於紹竑。他們以為紹竑藉我們本錢起家，現在竟然誘出我的部將背叛本軍。

關於此事，我倒反能處之泰然。蓋我袍澤隨我轉戰數載，艱苦備嘗，大家原是患難與共的道義之交。值此省政無主之時，我為數縣人民的生命財產的安全，和本軍上下袍澤的福利，謬承推戴，忝總師干。我絕無封建時代要求部曲向我個人效忠的腐敗觀念。凡我同仁，合則留，不合則去，各人原可自作抉擇。這樣雖為軍紀所不容，然三軍可以奪帥，匹夫未可奪志，強人所不欲，亦我之所不欲。若處處為我一己打算，恐三軍上下早已離心了。由於我本人態度坦然，一時憤憤不平的部屬也漸趨寬恕，幸未釀成風波。終使紹竑二度服從節制，組織定桂討賊聯軍，奠立日後統一廣西的基礎。

【第15章】

定桂討賊軍之成立與陸榮廷政權之覆滅

1

黃紹竑既據有梧州，廣州大元帥府並畀予名義，我留在玉林五屬的部隊，也已久經整訓，可以隨時出動作戰。於是我和黃紹竑、白崇禧便開始計畫次一步的行動。這時盤據大河（桂人俗稱潯江曰大河）一帶四五百里之地的陸雲高就成為我們注意的對象。陸榮廷返桂時，陸雲高不願重受其節制，乃自南寧移駐於橫縣、賓陽、桂平、平南一帶，嗣又向我索去貴縣，因有地盤約六七縣。渠有基本部隊三團和若干游擊隊，並有山炮十餘尊，及鐵皮船「大鵬號炮艦」一艘；總共兵力約六千人，配備甚佳，故戰鬥力頗不弱。

民國十二年秋季，我遂與黃紹竑約定，自梧州、玉林出動，夾擊陸雲高。我軍出發在抵達橋墟前夕，宣布改稱「定桂軍」。十一月二十三日，未遭劇烈抵抗即佔領貴縣。二十五日復東進圍攻桂平，守將營長黃飛虎旋即接受改編為我軍營長。這時黃紹竑的討賊軍已自梧州、榕潭、藤縣、大安克平南、江口，與我軍會師於平南的鵬化。兩軍都未經劇烈戰鬥，歷時僅兩旬，陸雲高部便全部瓦解，陸本人率殘部千人，自鵬化竄入瑤山，往依桂林沈鴻英。從此，整條西江，自貴縣直至廣州，完全操於兩粵革命軍人之手，革命政府聲勢為之一振。

當我們打通西江之時，在孫總理領導下的國民黨，正進行改組，實行聯俄容共。俄顧問鮑羅廷（Michael Borodin）於是年十月初抵廣州，協助總理改組中國國民黨，並籌備召開第一次全國代表大會。全國黨員，包括前同盟會會員、國民黨及中華革命黨黨員，均須履行入黨手續。我在桂平時，廣州中央和革命軍駐梧州將領李濟深都派人來約我去梧州會議，並辦理入黨手續。我當時不明底細，因說我原是同盟會會員，何須再入黨呢？後經李濟深解釋，始知本黨此次改組後，一切作風將完全改變。為求本黨主義的實現，革命必須徹底，雖老同盟會會員也須重行介紹登記入黨。我因此便在梧州，經李濟深、陳銘樞二人的介紹，重行登記，加入正在改組中的中國國民黨。

在梧州之行後，我遂遷司令部於桂平。這時黃紹竑和我雖已統有整個西江上游，然我們的實力仍甚單薄，質雖優良，量究有限。而這時廣州大本營本身復受制於滇、桂諸軍，竟至號令不出士敏土廠。黃紹竑雖曾兩度去廣州，並謁見總理，陳訴我們孤軍作戰的艱苦，然大本營方面也無力支援我們。這時廣西的地方實力是陸榮廷、沈鴻英以及我和黃紹竑，儼然成鼎足之勢。然陸、沈二人各有一兩萬人槍，遠非我們的實力所能比擬。所以在我們羽毛未豐之前，我們只有虛與委蛇，以免遭受壓迫。惟紹竑既已旗幟鮮明，號稱「討賊軍」，公然與陸、沈為敵；我地據大河上流，便有緩衝的作用與義務。因此在陸雲高部被解決之後，我仍舊須掩護黃紹竑免其遭受陸榮廷的威脅。

陸榮廷雖然找不到攻擊我的藉口，但是對黃紹竑則口口聲聲要「討伐叛逆」。因為梧州扼西江通廣東的門戶，復為富庶之區，陸氏如能佔有梧州，打通自南寧至廣東的水路，一則可駕馭全省，二則可伺隙進攻廣州，三則可報答北京政府殷切的期望。有此三利，使陸氏向黃紹竑用兵的計畫，如箭在弦，勢所必發。陸氏遂想利用我做前驅，俾渠本人能坐收漁翁之利。

到民國十三年春初，陸氏果然派代表陳毅伯來桂平和我談判，要我擔任他的「前敵總指揮」，東下「討伐」黃紹竑，「收復」梧州。此時我應付陸氏的代表殊為不易。我如頓加拒絕，則陸氏可能以此為理由向我用兵，並可能聯絡沈鴻英向我們夾擊。而廣州方面，外有東江陳炯明的牽制，內部的滇、桂軍又離心離德，自無力助我。我忖度陸氏的策略，認為廣西決不可三雄並立，要統一廣西，則必擇沈鴻英與我先去其一。他見我力量較小，因選擇我和黃紹竑為第一個對象。我如與他決裂，陸氏必聯沈以制我，這正是沈鴻英朝夕以求的。所以我當前的抉擇，是不到必要時不與陸氏正式決裂。應付的方法，當以政略、戰略各項利害說服陸氏，轉移目標，以度此難關。

主意既定，我便告訴陸的代表說：「老師這項討黃的戰略，本人認為有縝密考慮的必要，並非有所愛於黃某，只是在戰略上分析，認為此舉是一下策。因梧州為廣西通廣東的門戶，如老師自信不但有力量收復梧州，且能直搗廣州，則應向下游用兵。如老師志不及此，僅欲收復梧州，則釁端殊未可輕開。一開則不易收拾，勢必形成膠著對峙之局。中山援桂的前車不遠，老師宜深思熟慮。再者，老師身受北京政府的委任，而至今和北京政府的陸路交通尚未溝通，一旦和廣東交兵失利，則北京政府縱欲援助，也問津無由！老師若有志於恢復舊日規模，則應謀定而後動，計出萬全方可。自古用兵，未聞後顧之憂未除，而能決勝於千里之外的。現老師的心腹勇將馬濟和他所率精兵，仍困在湖南，無法返桂，是則老師本身實力尚不能充分利用，與北方的通路也不能溝通，便想貿然對廣東用兵，竊以為不可，願老師三思之。」

陸氏的代表將我的意見拍電給陸氏。不久陸氏便回電，仍堅持原議，力促我勉為其難，擔任前驅。他並一再申明將韓彩鳳、陸福祥兩軍撥給我指揮，詞意非常堅決。我知其不可以利害動，也只好表示消極不合作的態度。要他的代表按我前議，再拍一電，並聲明陸老師如仍志在必行，則我寧願撤返玉林，讓開大河正面，請老師另簡賢能東征。然老師兵非義動，計從下策，我不忍桑梓遭劫，且為老師惋惜。此電去後，孰知回電立至。他電文中說，自前電發出後，曾熟思德鄰的建議，深覺籌謀允當，堪稱上策。本督辦決意往柳、桂一帶視察，暫罷東征之議云云。一場風波，至此始告平息。

不久，陸氏果然親率精銳數千人北上出巡。師次桂林城郊，沈鴻英因曾通電請陸下野，故頗覺尷尬，託病避免與陸晤面，而將所部撤離桂林七八十里，互不相犯。誰知陸氏入城後，加意綏撫商民，聲稱馬濟已領得大批械彈，不日即率部回桂林。這消息一出，沈氏極感不安。馬濟原為沈鴻英的死對頭，馬如回桂林，渠將無容身之地，乃揮軍星夜疾進，將桂林城合圍，竭力猛攻。陸氏部眾雖出擊數次，都未能得手，似有坐以待斃之勢。陸氏情急，只得檄調後方各軍前來桂林解圍，並乞援於湘軍趙恆惕。然沈鴻英向稱剽悍，陸氏自南寧、柳州一帶所調援軍，如陸福祥等又各為保存實力，不願力戰，都不能迫近桂林城區。趙恆惕所派的湘軍葉琪、李品仙兩旅只在黃沙河邊境佯作聲援。即馬濟所部三團，也只能進至興安，距桂林尚有七十里。因此，桂林被圍竟達三月之久而不能解。雙方鏖戰至為激烈，死傷慘重。沈軍曾一度將城牆炸裂，然為守將韓彩鳳擊退，不得入城。直至五月間，經北京政府派人調解，雙方乃開始媾和息兵。沈氏答應解圍，陸氏也答應率師西返，仍將桂林讓予鴻英。

這時黃紹竑和我，可說是坐山觀虎鬥。正當陸、沈相持的緊要關頭，忽聞雙方開始媾和。和議如成，則廣西仍是三分之局，說不定陸、沈還要合而謀我。我便電約黃紹竑來桂平密議，欲乘其和議未成之時，進行討伐。但是當時我們決不定應先討沈，還是討陸。就道義說，我們應先討沈，因沈氏為人反覆無常，久為兩粵人民所共棄，對他大張撻伐，定可一快人心。

至於陸榮廷，我們對他實諸多不忍。陸氏治桂十年，雖無功可言，也無大過。民國成立以來，舉國擾攘，而廣西得以粗安，實賴有他。至於陸的作風陳腐，思想落伍，這是時代進步使然，非渠個人之咎。再者，陸氏出身微賤，頗知民間疾苦。渠因未受正式教育，時萌自卑之感，故處世治民，反而有畏天命、畏人言的舊道德。這一點且非後來假革命之名，行殃民之實的新式官僚所能比擬。是以廣西一般人士，對陸氏尚無多大惡感。吾人如捨罪大惡極的沈鴻英不問，而向陸老帥興問罪之師，心頭難免不安。

然就政略和戰略來說，若我們籲請陸氏下野息兵，實是事易舉而勢易行。因陸氏在桂林被困三月，已氣息奄奄，後方空虛，部隊解體，他如下野，則其所部可以傳檄而定。陸氏一倒，三分廣西，我有其二，則沈鴻英便易對付。我輩此時如捨陸而討沈，其後果將不堪收拾。因沈氏的力量此時正如日中天，非可一擊即敗。且此時討沈，無異替陸榮廷解圍。縱令我們能將沈軍消滅，我軍犧牲必大，陸氏反可收拾殘部，起而謀我。因此，為兩粵乃至中國革命勢力前途著想，我們只有先行對付陸氏。

2

先陸後沈的決策既定，便部署進行定桂討賊。兩軍兵力合計約有一萬人，糧餉來源的根據地共有十五縣。在我治下的有玉林、北流、陸川、博白、興業、貴縣、桂平、武宣、來賓等九縣。紹竑分治的則有蒼梧、藤縣、容縣、岑溪、平南、信都等六縣。兩軍旗號則沿用舊軍方式，以主帥姓字書於旗幟之中。定桂軍用黑邊紅心方形旗幟，中書黑地「李」字；討賊軍則用白邊紅心方形旗幟，中書黑地「黃」字。

經黃、白和我三人詳細討論後，我們決定分兩路出兵討陸。這時陸氏部隊尚有一萬多人，分據數十縣，所幸群龍無首，各自為戰，我們可以集中力量個別擊破。部署既定，我們乃於民國十三年五月間將兩軍主力集中於桂平、貴縣附近，分兩路前進。一路由我親自指揮，包括定桂軍李石愚部和討賊軍伍廷颺、夏威、蔡振雲所部，乘船溯江而上，直迫南寧。另一路由白崇禧指揮，包括定桂軍何武、鍾祖培和討賊軍俞作柏各部，自貴縣出賓陽、上林一帶，轉向武鳴，最後往南寧會師。黃紹竑則統率其餘各部，留駐梧州，作為策應。

部署已定，師行在即，黃紹竑乃開始在梧州封船，以供軍運。南寧方面已有所聞。這時陸榮廷的南寧留守是林督辦俊廷。林氏得報後，即拍電來問我說，風聞大河下游軍運頻繁，似有圖攻南寧模樣。但他本人不相信此事，因為他一向認為我是好人，決不會乘人之危，進攻南寧。所以他想來貴縣和我一談，以息謠諑。我接電後頗覺為難。最後我還是覆他一電，歡迎他來一敘。同時去電梧州，通知黃紹竑。電出不久，林氏即率兵一連，乘輪至貴縣晤我。

林氏到後，我便招待他在縣署內住下。這是我初次和林氏見面。林為一忠厚長者，煙癮甚大。我便在他的煙榻上作竟夕談，頗為投機。這時黃紹竑的覆電亦到，他要我把林俊廷看管起來。我看過了，便塞進衣袋中；因為我覺得把這位老先生拘押起來是徒招惡名而於事無補的。我決定仍以禮待他，並於翌日送他上船回邕。

行前，林俊廷告訴我說：「外面人都說你們要攻打南寧，但我知道你是個忠厚人，決不會與陸老帥為難的。你看，我來了不是證明了謠言全是不可信的嗎？」他誠懇地說出這樣天真的話來，使我頗覺難過。

林氏去後，我們各路大軍隨即出動。我並於五月二十三日領銜發出通電，請陸榮廷下野。原電如後：

（銜略）我省人心厭亂，而陸、沈又起交訌，桂林一帶被兵之地，死亡枕藉，餓殍載道，重以河道梗塞，商業停滯，相持愈久，受禍愈深。以我省殘碎之餘，寧堪一摘再摘？刻柳州、平樂業為沈軍佔據，田南各屬亦曾相繼失陷，桂局已成瓦解之勢。竊思陸公干卿以勝國遺將之資，丁辛亥光復之會，因綿舊績，遂掌我省軍權，以此把持民政。民五以還，武力外張，地位益固，乃干公治桂十稔，成績毫無。以言軍政，則不事練兵；以言民政，則任用私人；以言財政，則濫發紙幣；餘如教育、實業諸政，無一不呈退化之象。日圖武力侵略，開罪鄰省，召客軍之憑陵，貽桑梓以浩劫。迨客軍已退，赧顏復出，謬膺善後督辦之職，既縱容部屬虐殺議員故吏，復攘奪政柄迫走林公莆田；倒行逆施，罔圖晚蓋。夫自民一至民十，實干公全盛時期，尚不能有所展布，乃欲於喪敗之後，收拾餘燼，藉整邊營私，恢復其前此之勢力，雖愛者亦知其不濟矣。自大妄為，於個人則有身敗名裂之虞，於省民則益水深火熱之痛，干公何心而忍出此？宗仁對於干公夙抱崇敬老成之見，然不敢姑息愛人以誤干公；尤不敢阿好徇私以負大局。除電懇干公克日下野外，特聯合友軍倡議出師，以掃除省政革新之障礙，奠定桂局。關於善後事宜及建設問題，當尊重全省人民之意志。謹電布臆，幸垂明教。定桂軍總指揮李宗仁叩。漾。

通電發出之後，聯軍遂分水陸兩路向邕寧所屬地區分進合擊。六月二十五日，我親自指揮的左翼軍兵不血刃即佔領南寧。由白崇禧指揮的右翼軍於掃蕩賓陽、遷江、上林之敵後，即向左回旋向武鳴進擊，也未遭遇激烈抵抗，遂會師南寧。此時桂林戰事在湘軍趙恆惕調解之下，沈軍已撤圍，陸氏見大勢已去，乃隻身入湘。直至九月間，左右兩江殘部和由桂林竄回柳、慶的譚浩明、韓彩鳳等殘部約五六千人也先後被我軍消滅，陸氏乃通電下野赴滬，結束了他在廣西十餘年的統治。

3

我軍會師南寧後，困難問題也接著發生，因廣西全省經歷兵燹，百廢待舉。掌握省政，正增加了我們的責任和義務。此外軍事方面也險象畢露，陸氏殘部的零星抵抗仍隨處皆是，雄踞東北半省的沈鴻英尤虎視眈眈；而我軍因勝利過速，難免驕縱，內部組織的弱點頓現。因為黃紹竑的部隊自脫離我自樹一幟之後，發展極速，此時已羽毛豐滿，不期然自成一系統。他的部曲都野心勃勃，大有使紹竑黃袍加身之概。傳說俞作柏曾向黃、白祕密建議，將「定桂軍」繳械，庶幾「討賊軍」能完全獨立。此訊一出，定桂軍各將領大憤，第二縱隊司令何武甚至主張和討賊軍火併。但我竭力掌握所部，不使有越軌行動，同時向來陳訴的部下解釋，絕無此事。我說：「我決不相信黃、白兩人會貿然出此下策。如果他們覺得有我在，他們不易做事，我可立刻引退，讓他們二人完全負責，成功不必在我。為廣西以及整個國族的前途著想，縱我不幹，我仍希望你們完全服從黃、白二人的指揮，也如服從我一樣，以完成統一廣西的任務。」我雖然苦口婆心地解說，而兩軍嫌隙已見，相互戒備，情勢頗為嚴重，黃氏那時尚在梧州，我遂發電催他克日來邕，共商善後之策。

紹竑來後，也覺情勢嚴重，值此敵人環伺之時，我們稍有不慎，必蹈昔日太平軍諸王內訌瓦解的覆轍。我因和黃氏議定統一軍令政令的全盤計畫。各事粗有眉目，黃氏乃在其指揮部內設宴，招待兩軍官長。席間，黃氏起立發言，聲明組織「定桂討賊聯軍總司令部」，統一指揮。他並說明他原是我的部將，前次自容縣開往梧州自成一軍，乃是有計畫的一時權宜之策，今番組織聯軍司令部，不過是歸還建制，重新服從我的領導。所以他以部屬資格推我為聯軍總指揮，他任副指揮，絕對服從我的命令。說畢，他舉杯率在席諸將領，全體起立向我敬酒，大家共乾一杯。飲畢，紹竑仍擎杯在手，向諸將宣誓說：「今後我們將領，誓當一心一德，服從李總指揮的領導，如有口是心非，三心兩意的，當如此杯！」說畢，他便將酒杯摔於地上，跌得粉碎。全場肅靜無譁，空氣頗為肅穆。

紹竑坐下後，我遂起立致簡短訓詞。以八桂人民乃至全國同胞，多少年來，均處於水深火熱之中，外有帝國主義的壓迫，內有軍閥的混戰。拯人民於倒懸，救國族於危亡，我輩青年革命軍人責無旁貸。現我袍澤既上下一心，當矢勤矢勇，以救國救民為職志。而復興國族，當自統一廣西始。革命大業，肇基於此。本人不揣德薄，願率諸君共赴之。言畢，闔座均極感動而興奮。大家酒酣耳熱盡歡而散。

次日，「定桂討賊聯軍總司令部」遂在南寧舊督軍署正式成立。當時的編制如後：

聯軍總指揮　李宗仁

副總指揮　黃紹竑

總參謀長兼前敵總指揮　白崇禧

定桂軍總指揮　李宗仁（兼）

參謀長　黃旭初
第一縱隊司令　李石愚
第二縱隊司令　何武
第三縱隊司令　鍾祖培
第四縱隊司令　劉權中
第五縱隊司令　何中權
第六縱隊司令　韋肇隆

討賊軍總指揮　黃紹竑（兼）
參謀長　白崇禧（兼）
第一縱隊司令　俞作柏
第二縱隊司令　伍廷颺
第三縱隊司令　夏威
第四縱隊司令　蔡振雲
第五縱隊司令　呂煥炎
第一游擊司令　馬夏軍

第二游擊司令 何正明
第三游擊司令 黃桂丹
第四游擊司令 陳智輝
第五游擊司令 封輔軍
第六游擊司令 盧文駒

軍事得到適當安排之後，我們一面派隊分途赴左右江的龍州、百色綏撫陸榮廷的舊部，同時籌畫政治的建設。當我軍進佔南寧時，北京政府所委的省長張其鍠（民國十二年六月二十二日到任）自然無形解職。張氏是我桂林小同鄉，進士出身。他們張府更是世代顯宦，在鄉間築有高樓大廈。我年幼時，看他們張家真是高高在上，顯赫之至。此時他見到我，便說：「你們來了也好。」不久，他就離開南寧回北京去報命。我前去送行，張說他希望沿途無事；我擔保他平安通過。張說：「馬省長不是半途被劫，幾乎喪命？」我說：「馬省長是匹夫懷璧，他遇到危險是因為他帶了一營衛隊的緣故。你現在出境，只一僕一擔，不會有人注意你的。」張氏始覺釋然，取道龍州、安南而去。

我們既佔有省會，即有統一全省政令的必要。廣西，也可說是全國，在民國元年以後，便在軍人統治之下。我們既是革命軍人，作風應有異於往昔。我因決定以廣西為全國倡，力行軍民分治。乃和黃紹竑、白崇禧會商軍民分治的辦法。我說：「省長一職，我決不自兼，我並希望你們兩位也不作此想。庶幾廣西可為全國首倡，軍民分治，使政治納入常軌。我們革命軍人，應有革命軍人的新作風。」

黃、白兩人也深以我言為然。但是隨即發生省長人選的問題。那時我曾想從廣西的國會議員中推舉一人來擔任，但黃、白二人都反對。因為他們前在保定讀書，對廣西的國會議員在北京的所作所為知之甚詳。他們對這批政客極其反感，此議遂寢。幾經磋商之後，我們乃決定推舉廣西省議會議長張一氣氏來擔任省長。我們尚在求學時代，即常從報上看到省議會和陸榮廷爭省預算的消息。陸氏當時是炙手可熱，而省議會居然能在張一氣領導之下為廣西人民爭取減輕負擔，實屬難能。所以我們覺得張氏眾望允孚，足以表率全省。

張氏這時正避居香港，我們因去電請其駕返南寧一敘。張氏旋即返抵邕寧。當我們說明請他回桂的用意後，張氏大為驚訝。他以舊時代的眼光來看，認為此事簡直不可思議。江山既是我們打的，哪有拱手讓他做省長之理？後來他見我們三人俱十分誠懇，才勉強答應下來。為使他安心整理省政起見，我們且擔保他從省級到縣級有全部人事任免之權，我們不薦任何人充當任何職位。

這一項新設施和新作風，不特為當時全國所未有，便是中國歷史上也少見。我們所以能毅然做到，實是青年人的一股向善之心和革命的熱忱使然。誰知「文章不與政事同」，一般人所嚮往的政治大道理，說來甚易，施行起來則有意想不到的困難。我前在玉林實行民選縣長時，已深深體驗到此，而張氏所遇困難，又為一例。按常理來說，張氏有我們全力支持，應可大膽從事興革，然他竟至一籌莫展。

原來張氏所委的縣長多為渠昔日省議會內的同事和教育界的朋友。這些人在縣長任內，有時因個人瀆職，須撤職查辦；有時因地方士紳與其為難，致政令無法推行，須調省另有任用。不意他們往往不聽調度，有的已經撤職，仍抗不交代，並指摘張氏不念過去同事之誼。此種情形，一月之內竟有數起，使得張氏捉襟見肘。到了民國十四年春，滇唐軍隊入桂，進駐南寧，張省長便杳然離去，廣西遂陷入無政府狀態。直到南寧收復後，九月間，才由黃紹竑組成民政公署恢復省政機構。

4

在軍政雙方的整理稍有頭緒之後，我們遂決定次一步統一廣西的戰略。這時陸系健將韓彩鳳仍屯兵柳、慶一帶，意圖伺機規復。右江方面，只自治軍劉日福部有人槍三千，已接受收編，仍令駐於百色。蒙仁潛、陸福祥各有人槍二千，盤據都安、那馬一帶，窺伺南寧。龍州方面有李紹英、譚浩清、譚浩澄三部，各有人槍千餘。都有待肅清。

為對付這些殘餘勢力，我將所部分為三路，分頭進剿。右路由我和白崇禧親自指揮夏威、伍廷颺、何武、鍾祖培、韋肇隆等部，並約沈鴻英軍夾擊韓彩鳳。中路令俞作柏和蔡振雲向武鳴進發，肅清那馬、都安的敵軍。左路令胡宗鐸總參議指揮呂煥炎、劉權中等，溯左江而上，直搗龍州。

當我軍進圍柳州時，我們便得到沈軍方面覆電，派參謀長鄧瑞徵前來離柳州九十里的大塘會晤，時在八月十一日或十二日。當我和白崇禧乘肩輿至大塘時，鄧氏已率衛士百餘人先到數小時，視察該地形勢。雙方會談數小時，白崇禧長於辭令，我遂讓白君和鄧君詳談，我則未多發言。最後，鄧君表示韓彩鳳是彼我的共同敵人，願派兵前來會剿。

會後，鄧氏返桂林沈軍防地，我和白氏即向柳州進發。柳州城垣雖堅，據以待援則可，孤軍死守則不可；韓彩鳳知不可守，早於八月十一日退出柳州。我軍即於同日進駐城垣，向北追擊。然韓軍主力譚占榮、黃日高、鄧定邦等有人槍三千餘，配備和訓練俱佳；加以韓氏又係本地人，所部都是他的子弟兵，地利人和，兩得其便。韓軍退出柳州後，據守上雷一帶，與我決戰。我軍乃由白崇禧指揮，於柳城、上雷之間正面進攻韓軍，我本人則率兩營，由柳州出發攻其側背。

韓彩鳳是當時廣西能戰之將，十分剽悍。我軍則因白崇禧初次指揮，部將不服調度，幾致發生意外。因我軍第二縱隊司令何武，原係學兵營出身，初充炮兵排長，以射擊準確，驍勇善戰，積功累遷至營長，曾隨我避入六萬大山。當我軍改編為粵桂邊防軍第三路時，他受任為第二支隊司令，直至此時。何君為人正直爽快，忠誠可靠，然畢竟學識有限，加以驕傲性成，有時難免不識大體。此次討韓之役，我調他受白崇禧指揮時，他便不大願意。因當時我國軍中風氣輕視參謀人員。何武以其本人身經百戰，功勞赫赫，自以為可獨當一面，今反受白崇禧指揮，便覺心有不甘。在部隊出發之前，何武來問我：「總指揮要我受白崇禧指揮嗎？」言下頗有憤憤不平之意。我正色告訴他說：「白崇禧是當今一位初露頭角的軍事家，你必須服從他的指揮，這是軍令！」

此次上雷之役，韓彩鳳親握大旗，號令全軍衝鋒肉搏，兩軍呼聲震天，戰況空前慘烈。我軍陣地幾次被其突破。白乃親赴前線督戰。當軍情緊急之時，白氏調總預備隊增援，但一部分由何武掌握的部隊卻不聽調遣。

幸而這時我所率的兩營正威脅敵人的側背，另有沈軍兩營前來觀戰。韓軍見腹背受敵，遂開始潰退，我軍乘勢追擊，敵人遂全線崩潰，我軍乃克復上雷、大浦、沙浦一帶。韓軍殘部分途退往慶遠、融縣，我軍跟蹤擊破，克慶遠城，守將韓彩鳳之兄韓彩龍巷戰時被擊斃。韓彩鳳率殘部數百人逃入湘黔邊境，我軍遂班師凱旋。

其後我們在柳州檢討此次戰役的得失，發現何武不聽調遣的事。我特地鄭重詢問白崇禧關於此事的始末。白以何武隨我有年，出生入死，忠心耿耿，不願使我為難，故不肯明言。經我一再追問，白君見我態度堅定，方吞吞吐吐說出。並說，畢竟我們已打了勝仗，此事也不算嚴重，不必追究了。我說：「在我看來，此事甚為嚴重。軍令如山，焉有大敵當前，而敢違令之理。何武不聽你的命令，就等於不聽我的命令。我如知而不辦，以後命令將無法貫徹，我一定要徹查重辦！」同時我也認為何武的軍職只能到此為止。其人思想落伍，愛好享受，仍是舊式軍人的一套作風。不能長進，將來難免不再僨事，故決心將其撤職，以肅軍紀。

我因而著人將何武找來，告訴他說：「這次作戰，我已查出你不聽命令。按照軍法，這種重大情節的過失是犯死罪的。現在我要撤你的職，希望你準備交代。」何武說：「總指揮，事情有這樣嚴重嗎？」他的意思是怪我不念他相從多年，遽忍出此！我說：「你看過《三國演義》，當知道『諸葛亮揮淚斬馬謖』的故事。我們的私交是私交，軍令是軍令。我如徇私不辦，將來無法維繫軍令。你這次必須撤職。」何武說：「那我就回家種田去！」我說：「我們革命軍人解甲歸農也是很正當的歸宿。以後仍希望你常常和我通訊。」

我隨即將何武明令撤職。何武辦了交代，便回昭平鄉間務農去了。此事傳出之後，全軍震動，上下將士均服我大公無私、賞罰嚴明的態度。

當韓彩鳳被擊潰之時，中路我軍進展也很迅速。除陸福祥在那馬附近一度頑抗之外，右江一帶旋即削平。劉日福所部兩團早已歸我軍收編，其本人則受委為定桂軍第一獨立旅旅長。林俊廷率所部三千人也已退入廣東欽州。陸福祥負傷逃入安南，所部兩團亦表示願意受編。蒙仁潛逃入黔桂邊境。我右、中兩路軍遂均班師回防。而將柳州地盤讓予沈鴻英，以免其向我搗亂。

左路我軍也於八月初進入龍州，二譚未作抵抗便遁往安南，左路戰事遂告結束。溯自我軍五月興師，未及半載，以區區八千子弟，竟將陸榮廷所部二萬餘人悉數消滅。陸氏在桂十餘年的經營，至是遂連根拔去，廣西境內乃形成我軍與沈鴻英兩雄對峙的局面。

【第16章】

拒唐和討沈

1

當我們在廣西將陸榮廷殘部解決時，混亂的北方政局，也起了新的變化。民國十三年直奉戰後，曹、吳勢力在華北瓦解。一向主張聯張制吳的孫中山先生也於十三年十一月北上入京。行前曾有電約我和黃紹竑赴廣州一行。同時並明令將「定桂討賊聯軍總指揮部」取消，改組為「廣西全省綏靖督辦公署」。委我為督辦，黃紹竑為會辦。下轄兩軍，第一軍軍長由我自兼，第二軍軍長由黃紹竑兼任，白崇禧則任督辦公署參謀長。兩軍的編制略如下：

廣西全省綏靖督辦公署督辦　李宗仁

會辦　黃紹竑
參謀長　白崇禧
　警衛第一團團長　郭鳳崗
　　第二團團長　陶鈞
第一軍軍長　李宗仁（兼）
　參謀長　黃旭初
　第一縱隊司令官　李石愚
　第二縱隊司令官　陸超
　第三縱隊司令官　鍾祖培
　第四縱隊司令官　劉權中
　第五縱隊司令官　何中權
　第六縱隊司令官　韋肇隆
　統領　封高英
　第一獨立旅旅長　劉日福
第二軍軍長　黃紹竑（兼）

參謀長　白崇禧（兼）
第一縱隊司令官　俞作柏
第二縱隊司令官　伍廷颺
第三縱隊司令官　夏威
第四縱隊司令官　蔡振雲
第五縱隊司令官　呂煥炎
第六縱隊司令官　羅浩忠
邊防第一司令　徐啓明
邊防第二司令　龍得雲
游擊司令　馬夏軍　何正明　陳秀華　盧文駒　余志芳　封輔軍　陳先覺
統領　黃桂丹　岑孟達
支隊司令　陳濟桓

此時西南局勢也極為不穩。在中山離粵之前，廣州已岌岌可危。陳炯明部虎踞東江，有隨時回師粵垣的可能。盤據羊城附郭一帶的滇軍楊希閔、桂軍劉震寰等則把持稅收，恣意搜括，對中山的命令陽奉陰違。其他擁護中山的湘軍、粵軍也都離理想甚遠。粵南欽、廉、高、雷一帶的鄧本殷和申葆藩早已垂涎廣州。即距離稍遠的軍閥如沈鴻英、唐繼堯也莫不有志於廣東。這些人都持中山革命大旗而舞之，時叛時服。而最為腹心之患的，便是駐在廣州的滇、桂兩軍及商團。所以中山雖名為大元帥而號令卻不出大元帥府所在的士敏土廠。

滇軍將領范石生曾經告訴我當時廣州的情形。范說，楊、劉稅收到手，向來不發給士兵。有時官兵鬧餉，他們便說：「你們有槍還怕沒有餉？」那時滇軍將領都有煙癖。范石生說：「有時我們正在煙榻上吸煙，忽然部屬來報告說『大元帥來了』。我們便放下煙槍，走出去迎接大元帥，回到煙榻房間坐下，請問大元帥來此有何指示。如果是譚延闓或胡漢民來訪，我們就從煙榻坐起，請他們坐下商談。有時蔣介石也來，我們在煙榻繼續抽鴉片，連坐也不坐起來的。」他說得津津有味，我聽到卻無限心酸。

范石生所說的，也係實情。大元帥府全部工作人員，因政府財源無著，有時甚至無米為炊。那時蔣先生在黃埔做軍官學校校長，艱難的情形也相同。因此中山一度有意放棄廣州，移大元帥府於韶關，以免受制於這些假革命的軍閥。所以我和黃紹竑的名義雖由大元帥所給予，但我們始終未獲一槍一彈或一分一毫的接濟。事實上，我們的督辦公署的實力和場面也非空虛的大元帥府所能比擬。

民國十三年冬中山離粵後，廣東情形更糟。因中山北上後不久即患癌症。消息傳來，西南各野心家都蠢蠢思動。原來中山先生雖無實力，然究為締造民國的元勳，聲威所及，猶足以懾服國人，至少在表面上尚為若干地方軍閥所擁戴。如果中山一旦溘然長逝，則群龍無首，野心家勢必競爭中山的衣缽，謀為南中國的首領。

先是，中山決定北上時，曾指派大元帥府祕書長胡漢民為「代帥」。然漢民先生一介書生，無拳無勇，聲望又不足以服眾，其處境的困難自不待述。在這種情況之下，唯一有資望有實力、足以承繼中山的名位的，便是雲南的唐繼堯。繼堯為雲南東川人，日本士官學校畢業。袁氏當國時，繼堯繼蔡鍔為雲南都督，後以雲南起義，反對帝制的首功，為國人所欽仰。嗣任軍務院撫軍長，代行總統職權，儼然是護國運動時期的中國元首。唐氏素來自命不凡，自刻圖章曰「東亞大陸主人」，志大言誇，雄心勃勃。護法之役，中山當選為軍政府大元帥，繼堯被選為元帥，名位僅次於中山。其後軍政府改為七總裁制，繼堯竟和中山並駕齊驅同為總裁。民國十二年春間，陳炯明被逐出穗，中山重組大元帥府時，曾請唐氏為副元帥，繼堯居然不就。在他想來，論名位渠原與中山並肩，論實力則渠遠在中山之上。他那時名義上擁有滇、黔、川三省地盤（實際只有滇、黔兩省），有精兵十餘萬，所以不願屈居中山之下。

如今中山病危，南中國一時無主，唐繼堯不禁食指大動。蓋中山如死，南方便無人再足以駕凌唐氏。論資望，論實力，孫死唐繼，實是天經地義。

所以正當中山病篤之時，唐氏忽然通電就副元帥之職，並擬自滇、黔兩省派三路大軍，假道廣西，前往廣州視事。

那時駐在廣州的滇、桂各軍，對唐氏都表示歡迎。桂軍總司令劉震寰且親往昆明促駕。其他的地方實力派如桂林的沈鴻英，東江的陳炯明，盤據欽、廉、高、雷一帶的鄧本殷、申葆藩都暗中向唐氏輸誠，表示一致擁戴。

不過唐氏大軍入粵，廣西的西江水路實為必經之途。然這條咽喉孔道則在我軍控制之下，我如果和他人一樣，輸誠擁唐，則號稱十萬的滇軍，不出一月便可越境抵達廣州。我們若和唐氏齟齬，則必首當其衝，遭受攻擊。因此我們如為個人利害著想，盱衡全局，似應和唐氏妥協。但我一再考慮，對唐氏的為人和作風，實感深惡痛絕。因唐氏封建思想極為濃厚，他的衛士號稱佽飛軍，著古羅馬的武士裝，手持長槍大戟。每逢唐氏接見重要僚屬或貴賓時，他的佽飛軍數百人，在五華山聯軍總司令部內排成層層的儀仗隊，旌旗招展，盔甲鮮明，傳帥令，開中門。唐氏本人則著戎裝大禮服，踞坐於大廳正中的高高矗起的黃緞椅上，威儀顯赫，侍衛如林。想古羅馬帝王接見大臣的儀式，恐亦不過如是。

如果這樣一位封建怪物，率大軍進入廣州當起大元帥來，恐怕正在改革中的國民黨，和正在滋長中的中國共產黨，以及一切工農運動，黃埔軍校，乃至蔣先生等一干人物和鮑羅廷、加侖（Galens, Vasily K. Blücher）等勢必被一鍋煮去；什麼革命，民眾運動，北伐等等，將全成畫餅無疑。

當時唯一足以為唐氏障礙的便是我們。但是我們在廣西的力量和唐氏比真是螳臂當車。所以唐氏也料定我們不敢說半個不字。為使我們平易就範，唐繼堯不惜威脅利誘一時俱來。早在民國十三年冬，唐氏即派一代表文俊逸前來南寧和我們接洽，可見唐氏的東來，早有預定計畫。文君為保定軍校畢業，和黃紹竑、白崇禧以及我們軍中若干將校都有同窗之誼。文君到南寧後，住在最華貴的「南寧酒店」，揮金如土，竟擺出令人作嘔的欽差大臣的氣派。並攜有大批名貴禮物，分贈熟識將領，與我方高級軍政人員酬應無虛夕，氣勢頗有咄咄逼人之概。

文君來拜訪我時，即傳述「聯帥」意旨。文君說聯帥不久即去廣東就任副元帥之職。聯帥抵穗後，當和西南各省軍政首要擬訂北伐大計。並已繕具委任狀交其帶來，委我和黃紹竑各任軍長之職。倘荷同意，唐氏允送雲南鴉片煙土四百萬兩（約值七百萬元）以為酬庸。一俟煙土運到南寧，希望我們便通電就職，以昭信守。聯帥並表示此次大軍取道廣西入粵，因為廣西是一貧瘠省分，渠無意干預省政；沈鴻英雖派使節表示竭誠擁護，但沈究係綠林出身，難當大任，故廣西省政設施，一切照舊等語。文君更以「四校同學」之誼勸我說，聯帥東來，勢在必行，我們如躊躇不決，或妄圖反抗，均屬無益。言下大有「有平西王的典例在，惟執事實利圖之」之概。

我聽了他這番話之後，覺得唐氏十分可鄙。唐平時的生活方式和封建作風，我早已有所聞，其滇軍以往在川、黔橫征暴斂的情形，路謗猶在。況且昔日中山先生委他為副席，居然不就，今乘中山抱病北上之際，忽然就職。用意所在，昭然若揭。倘一旦唐氏野心得遂，為禍之烈，將不知伊于胡底！因此我便告訴文君說，值此中山北上之際，唐總司令忽欲率大軍赴粵，恐難免不招致物議；況兩粵久苦兵燹，民困待蘇。唐總司令既有意北伐，何不逕在昆明召開軍事會議，然後分道北伐，又何必勞師遠戍，前往廣東？如此則北伐未成，內訌已起，為國為民，均屬下策，本人實不敢苟同。盼為覆電，代達鄙意。

文某見我辭色俱厲，不敢多言，只唯唯諾諾說，當遵督辦之意，拍電聯帥，俟有回音，再來謁見，遂索然告辭。

文某去後，我以此事關係重大，乃飛電梧州黃紹竑速來南寧會商大計，並先召集在南寧的高級幹部密議。會上，我首先痛斥唐繼堯的封建與腐化；繼述其乘中山北上，圖謀攫奪本黨領導權的不仁不義，我們斷難聽任其野心得逞。說了遂分請到會各人各抒己見，不必隱諱。

我首請參謀長白崇禧發表意見。白參謀長對我批評唐氏的話完全同意，至於如何應付唐氏，他感覺茲事體大，不願輕作主張。以下將官發言最多的是俞作柏。作柏主張縱令我們不受唐氏委任，可否先取得他的四百萬兩煙土，然後決裂。因為本軍餉糈支絀，七八百萬元的巨款，對我軍實有莫大的裨益。其他將領有贊同俞的意見的，也有反對的，莫衷一是，會議無結果而散。所幸黃紹竑已在來邕途中，我擬俟黃氏到後，再開會決定我們或迎或拒的大計。

不料剛過四天，這位文代表又來見我，說已奉到聯帥的覆電，接著就把唐繼堯的電報高聲朗誦給我聽。大意是「本帥大計已定，師行在途，未便中止，仰該代表即轉飭李宗仁、黃紹竑知照」等語。電文十分傲慢，似乎我們已經是他的囊中之物一般。而這位文代表更是神氣活現，說的一口極重的雲南土音，開口聯帥，閉口聯帥，力促我毋庸遲疑，迅速表示態度，擁戴「聯帥」，以免引起干戈，作無謂的犧牲。同時，他說四百萬兩煙土已在運桂途中，並將電報交我閱看。

這時我為正義感所驅使，深覺頭可斷，志不可辱。我如再和他敷衍，必然夜長夢多，足以動搖軍心而僨大事，不如以快刀斬亂麻的手段，立刻和他攤牌。當文某還在說他的聯帥、聯帥之時，我頓時把桌子一拍，罵道：「什麼聯帥、聯帥，唐繼堯這東西，乘中山北上，企圖趁火打劫，不仁不義，到了極點。一個封建軍閥，不自度德量力，不知悔過，居然想承繼做大元帥，還想拖我們革命軍人和他同流合污，實屬無恥之尤……」語畢，我立刻招呼副官，把這姓文的代表拘押起來。

這時，文代表已嚇得面如土色，渾身戰慄，跪到地下哀求說：「自古兩國用兵，不斬來使，還請督辦饒恕我吧。」我對他坦白地說：「我們誼屬四校同學，並且這事也非你之過，我決不加罪於你。不過你既是軍閥唐繼堯的代表，今後你在南寧是不能有行動自由的。」語畢，副官便帶了衛兵數名，把文某押回南寧酒店，看管起來。這一來，整個南寧都為之震動。因為文某初來之時，氣派十足，誰知昨日的座上客，今朝忽為階下囚，外界不知底細，街頭巷尾，議論紛紛。

文某被扣押的當日下午，總值日官忽來報告說：「廣州大元帥府胡代帥有代表來見。」我聞報便招呼「請進」，同時即自辦公室走到會客室的門口，以表示歡迎。那位代表正由總值日官陪同，向我迎面走來，距我尚有數丈之地。大概副官已告訴他我就是李督辦，所以他一見我便笑逐顏開，高舉雙手，大聲說：「李督辦，我這次來，不辱君命！不辱君命！」熱情洋溢，大有不勝雀躍之概。

這位代表名董福開，是江西人，攜有胡漢民給我的親筆信前來看我。他到南寧已有好幾天，也住在南寧酒店，但是只開了一間三等房間。他看到唐繼堯代表文某那一股僕從如雲，往來冠蓋不絕於途的「欽差大臣」氣派，以為我們已接受唐繼堯的委任，故爾不敢暴露身分。今晨忽然見到文某房前站著衛兵，被看管了起來，不免喜出望外，立刻到督辦署來看我。

據董君說，此次胡代帥原擬請林森（子超）先生為代表前來看我的，但是林子超先生殊覺為難。他告訴胡代帥說，此次去南寧的目的是要穩定李氏，使不受唐繼堯的誘惑。然欲李拒唐，無異以卵擊石，我們如要強人所難，至少應予李督辦等以相當接濟，才能要人家去犧牲。今日我們不特無一槍一彈的接濟，即少數犒賞款項也無法籌措。我一人空頭跑去，於情於理，俱有不合。因此子超先生不願擔這個任務。

胡代帥不得已，才改派董君。董君也是同盟會老同志，追隨總理有年。據董君說，那時大元帥府同人伙食都成問題，他動身前夕，旅費尚無著落，最後胡漢民向私人借了兩百元，才能讓他成行。然胡代帥以中央對我們無絲毫接濟，故不好意思明白地要求我們作「螳臂當車」式的犧牲。所以在胡氏致我的親筆長信中，只將當前局勢及總理的革命理論闡揚一番，並將宵小想趁火打劫的困難環境，作概括的訴苦，並徵詢我對時局的意見，希望有所條陳。

董先生到南寧後，原擬悄悄住下，如事不可為，他便打算潛返粵垣。誰知出其意料之外，他的使命竟然全部完成，其喜可知。

我們談話之間，董君對我的斷然拒絕唐氏，不計今後成敗的魄力與作風，佩服得五體投地。當時我所以斷然出此，多半是出於青年軍人的血性，尤其是受到中山先生革命理論的薰陶使然。一心只覺得唐繼堯作風下流，不仁不義，非和他拚一下不可，結果如何，卻未遑計及。嗣後事隔多年，回想當年情狀，也覺不寒而慄。

後來在民國三十八年，我從南京撤退，遷國府於廣州時，董福開先生也自江西故鄉避亂到粵，曾來看我。談及當年情形猶如昨日，而三十年來，國家變亂如斯，彼此相對有不勝欷歔之感。

在文代表被拘押的翌日，黃紹竑才由梧州趕到。他一見到我便說：「德公，你這次禍闖大了。」我便說明拘押文某的必要，以及騙其煙土再行決裂的危險性。黃說：「事已至此，我們只有決定如何對付唐繼堯吧。」

當晚我們便舉行了一個重要的軍事會議，討論今後軍事部署的問題。我們的判斷是縱使唐繼堯傾巢東犯，各項作戰準備和行軍所需時間至少尚有一兩個月，才能抵達南寧和柳州。乘這空隙，我們應當全力討伐沈鴻英，必要時，不妨將左右江地區和省會南寧放棄，以便集中兵力討沈，討平了沈氏，再回師用全力抵抗唐軍。

孰知事有巧合，在文某被拘一星期之內，沈鴻英忽然自桂林用「建國桂軍總司令」名義，向各縣政府暨各法團發出通電，大意是「本總司令不日出巡視察各地民情，仰各知照，不得誤會」等語。事實上，他就是以出巡為藉口，指揮大軍出發，向我們進攻。

沈氏固早與唐繼堯有聯絡，伺機謀我，但是他何以未等滇軍到達，便先期單獨向我用兵呢？其主因是在於他的輕敵。沈軍向稱剽悍，縱橫數省，未嘗鎩羽，自然對我們有輕視之心。再者，他希望在滇軍入境之前，將我軍擊破，「先入關者為王」，以免滇軍入境時反客為主，覬覦廣西的地盤。殊不知他傾巢而出，也正符合我們各個擊破的原則，我們實求之不得。

雙方既都已準備用兵，黃紹竑、白崇禧遂立即回梧，和西江善後督辦李濟深取得聯絡，計畫分進合擊沈軍。南寧方面，我令伍廷颺率兵兩營守城，如唐軍進迫，則撤出南寧以避其鋒。敵進我退，敵停我擾，勿與敵正面作戰，待我軍消滅了沈鴻英，再回師拒唐。

部署既定，我便將桂西可用的部隊悉數東調，我本人也於民國十四年一月中旬自南寧移駐桂平。

2

我移駐桂平不久，黃紹竑、白崇禧已和粵軍第一師師長兼西江善後督辦李濟深決定進攻沈鴻英計畫。一月二十九日，黃、白二人遂乘輪來到桂平向我報告他們的全部戰略計畫。

他們所決定的計畫，大致是以摧毀沈鴻英老巢為第一要務。據他們的判斷，沈的老巢是在賀縣、八步一帶。沈於該地設有大規模的修械廠和煉錫廠。沈軍精銳的一部，由其子沈榮光統率，也駐於該處。在他們三人的估計，沈氏此次用兵，必自其老巢南下，志在奪取梧州。因此我方的對策，當以梧州為軸心，調夏威縱隊聯合粵軍旅長陳濟棠所部，自信都攻擊賀縣、八步，直擣沈軍根據地。另一路則由白崇禧指揮蔡振雲、俞作柏、陸超、呂煥炎、鍾祖培等縱隊和郭鳳崗的第一獨立團，集中江口，自蒙江、平南向蒙山北上，攻擊平樂、荔浦，進窺桂林。至於大河上游，他們的計畫是只留少數兵力，固守桂平和南寧。

黃、白二人報告完後，我立即表示不贊成他們的計畫。我的看法是，沈氏之志不在奪取梧州。因梧州下通廣東，路線太長，沈氏縱能奪得梧州，也無力進攻廣東，況梧州四面受敵，得了不易守。故沈氏的意圖，當著重在大河中游，志在腰斬我軍，使我首尾不能相顧。不意紹竑性急，無心多聽我的辯論。他說他們三人已一致同意，只等我首肯，便立即開始攻擊；此時不能顧慮太多，且師行在途，若重行部署，殊非易事。他和白氏都要克日東返指揮部隊，已沒有時間再從長考慮。

我因此一計畫為他們三人所共同決定，如我堅持不可，可能引起分歧，翻使議論未定，兵已渡河；然如照他們的計畫而行，則敗亡立至。所以當日下午黃、白決定回航之時，我乃強留白氏多住一刻。因黃返梧州，航程較遠，白去平南，數小時可達。我們會議完畢已是晚上九時，白君返抵平南，將是半夜，所以我請他多盤桓幾小時，待午夜開船，在船上睡眠一宵，翌晨抵平南，便可揮師出發。因此，黃氏先行，白崇禧遂留下和我再談。

在這一段時間內，我便平心靜氣地將目前敵我態勢分析一番，並指出他們戰略上的嚴重錯誤。在我看來，沈氏乘我們和滇唐決裂時，對我先行用兵，其理由不外有二端：第一，沈氏斷定我有滇唐大敵當前，軍心必已動搖，不堪一擊。第二，沈氏深恐滇軍削平我軍之後，蟠踞不去，則為患更大，故藉滇軍的聲勢作呼應，一舉而滅我軍，唐繼堯遂失其蟠踞廣西的藉口，而沈鴻英則可囊括全省，南面稱孤。

因此據我的判斷，其主力必在柳江一帶，意在南下桂平，截斷大河，使我首尾不能相顧，渠便可左右開弓，借重東來的唐軍的聲勢，以疾風掃落葉的姿態，肅清大河上游，在滇軍入境之前，便可將我軍殘部悉數收編。然後順流東下，不特可以佔領梧州，甚至可以分兵直下廣東，報粵軍的舊怨。所以我軍應付的策略，在迅速捕捉其主力而殲滅之，不在爭一城、奪一地。我們如僅以搗沈氏的老巢為功，而聽任其主力入據大河，則我輩危亡立見。最後我強調說，值此千鈞一髮的關頭，我們的戰略不容有絲毫錯誤，否則必至前功盡棄。兵法云：「知己知彼，百戰百勝。」倘用兵而如盲人騎瞎馬，未有不僨事的。談到這裡，我主張立即將作戰計畫重新修正，以賀縣、平樂、柳州三處為第一期作戰目標，將我軍分成三路禦敵，使得首尾易於兼顧。得手之後，再會師進攻桂林，這樣部署，更可防止沈、唐兩軍合流，實為至上之策。白氏靜聽我分析之後，即鼓掌贊成我的計畫，並主張立即照此計畫重新部署，他悟性的敏捷，和果決的氣魄，實非常人所能及。白氏並問我說：「季寬在這裡時，你為何不詳細分析給他聽？」

我說：「你們三人決定的計畫，究係多數的意見，我未便以一己之意來否決。再者，季寬那時自信力很強，事又繁忙，心情已極煩躁，不可能平心靜氣地和我對事理作客觀的分析，我多說了必易引起辯論，愈辯論則其主觀愈強，而事理愈不明。所以我等宵深夜靜，和你煮茗而談，頭腦清醒，才可事半而功倍。」

白氏說：「事不宜遲，我們現在立即遵照你的計畫，全盤重行部署。季寬、任潮那面，由我負責去電說明。江口、平南方面各縱隊，即用電話改調至武宣集中……」因此，我們的一夕之談，竟把我們討沈的戰略全部變更。這一重大的改變，也只有白崇禧有這氣魄和才智可以做到。

當我們的命令發出之後，立將以平樂為目標的第二路改由俞作柏指揮。白前敵指揮官則兼第三路指揮以柳州為目標。部署既定，白氏即率衛士三四十人，和鍾縱隊司令官祖培率士兵一連，乘輪船循柳江上駛，於午夜向武宣進發。我也於翌日（三十日）率獨立營乘輪跟進。

白崇禧、鍾祖培一行官兵二百餘人於三十日正午到達武宣。此地有我部游擊統領朱為鈐率部四百人駐防，朱部為收編地方軍組成的，訓練和裝備都很差，毫無作戰能力。白崇禧等到武宣後，深恐大戰即將爆發，便往四郊偵察地形，擬憑險設防。

我們今日回想當年作戰情形，真如兒戲。敵我兩軍都無諜報人員，敵人行動全憑判斷或道路傳聞。我前夕向白崇禧說敵人主力在柳州一帶，也僅是個人臆斷，並無情報作根據，故白氏到武宣後，初亦不知是否真有大股敵人取此路南下。

孰知正當他們在察看地形時，忽然發現敵軍漫山遍野而來，人數有數千之眾。白氏知是沈軍進犯，乃急令士兵就原地臥下，並放列兩挺重機關槍向敵人射擊。沈軍也蜂擁而來，頓時展開一場血戰。雙方正堅持間，不料另一股敵軍約二三百人從柳江的左岸利用河邊蔭蔽地形，繞到白氏等的左側背，向我軍包圍，情勢危急達於極點。白氏乃命士兵邊打邊退，一挺重機槍座的三腳架在倉促中竟至不能帶走，為敵擄獲，狼狽情形，可見一斑。白氏因左腳不良於行，幾至被俘，幸官兵雖傷亡十餘名，尚能勇敢衝破敵人的包圍圈，撤入武宣城內，閉門堅守，以待援軍。此種危險情況，完全由於朱為鈐疏忽不負責任所致，當時我們如有正規部隊駐在武宣，當不致有此危急場面出現。

這時進犯敵軍為沈軍師長鄧瑞徵、鄧佑文兩師，共約一萬人左右。其作戰目標係奉沈鴻英之命，南下襲擊桂平。當他們發現白崇禧竟被圍於武宣城內，隨從不過一兩百人，原駐防部隊又不堪作戰，大喜過望，乃立刻將武宣城合圍。這時候敵軍如乘守軍立腳未穩，蟻附爬城，則白崇禧必被生擒無疑。然沈軍原即缺乏訓練，行軍竟日，疲憊不堪，同時認為白氏已成甕中之鼈，無處可逃，遂在城郊息下，埋鍋造飯。想候三軍飽餐後，一鼓作氣，爬城活捉白崇禧。

這時白崇禧正在城上率眾布置防務，忽聞城外雞鳴犬吠豬叫的聲音，亂作一團。白氏知道這是敵人正在捕捉牲畜，預備午餐的信號，因懸重賞，挑選敢死隊百餘人，待沈軍飯菜正熟，舉箸用膳時，突將東西兩門敞開，敢死隊鳴槍吶喊，分兩路奮勇衝出。沈軍丟下飯碗，慌忙應戰，混亂不堪，大軍數千人，竟被百餘名敢死隊衝得七零八落，後退了十里，才能立足。我軍俘獲敵人五十餘名，槍百餘枝，遂又退入城內固守待援。敵人受此挫折，當夜不敢反攻，白氏提心吊膽地度過一夜難關。

當白氏在武宣城郊和敵接仗時，我正率一獨立營乘輪自柳江上駛。是日下午五時，才到離武宣約三十里、位於柳江右岸的攔馬村，有村民數十人招手呼喊，我船乃靠向岸邊。這時我忽於岸上人叢中發現前陸小同學李瀾柱，乃招呼李君上船，詢問上游軍事情況。李瀾柱說，今天中午，武宣北門外五六里曾發生戰事。我軍旋即回城中固守，不久槍聲又大作，似曾發生巷戰。據傳沈軍已被擊退，這是鄉民的報告等語。我根據這一情報，判斷沈軍的行動，果如所料。其主力企圖沿柳江兩岸東進，攻我桂平，截斷大河交通的目的已甚顯明。幸而我軍已改變作戰計畫，否則全局不堪設想了。這時我預料武宣城兵力雖微不足道，然城垣必仍在我軍掌握之中。因武宣如果失陷，至少也有敗兵乘船順流東下。武宣既有白氏鎮守，我大可放心，此時前去也無多大作用。目下當務之急，莫過於迅速掌握西進的我軍，以便部署向敵人反擊。我估計由江口一帶向武宣西進各縱隊的先頭部隊，明日中午以前定可到達由東鄉通武宣的大道上，乃決心上岸向東鄉、武宣間的新墟進發（新墟離武宣城約四十里）。翌日拂曉前，我所率獨立營便抵達新墟。天亮後，由江口西進的鍾祖培等縱隊，果然如期陸續到達，此時並得探報，敵人已自武宣退至二塘，構築防禦工事，準備和我軍鏖戰。我遂和白崇禧取得聯絡，決定是日下午二時，向二塘之敵展開總攻擊。我將主力配備於右翼，以將敵人壓迫至柳江的左岸而殲滅之。此時我軍已有六千之眾，乃全線展開，向敵施行總攻擊。敵人也不甘示弱，全線躍出戰壕反撲。兩軍衝鋒肉搏，殺聲震天，戰鬥的激烈為前所未有。我和白崇禧都親冒炮火，在最前線指揮督戰，全軍見了，都奮不顧身，前仆後繼，和敵人搏鬥。雙方屢進屢退，形成拉鋸戰。正值難解難分之際，幸我軍李石愚縱隊由貴縣趕至二塘，威脅敵人的右翼，並隔河吹號吶喊射擊助戰。敵人見我有援軍趕到，恐被截斷歸路，頓時心虛，陣線開始動搖，彼怯我勇，全軍乘勢猛攻，敵人遂全線崩潰，自二塘竄往黃茅。我軍尾追不捨，敵人乃渡江退入石龍。我軍也追入石龍，敵人主力遂退守柳州。然兩鄧所部已潰不成軍，柳州旦夕可下。我因和白崇禧在黃茅商議，不如乘此時聲東擊西，使李石愚縱隊銜尾佯攻柳州，吸引敵人注意力。而將主力東調，全軍攜帶數日乾糧，由我和白氏親自統率，自象縣、修仁瑤山邊緣，越三排、四排，循崎嶇山路，直奔桂林的南鄉。這時沈軍正為我第一路軍陳濟棠部所敗，賀縣已為我軍佔領。第二路俞作柏所部也攻佔蒙山。沈軍前線失利，驚耗頻傳。不數日，忽聞我軍已迫近桂林，直似從天而降。沈氏初聞，尚不信我軍進攻有這樣迅速，乃著人「再探」，其情形恰似「空城計」中的諸葛亮。「三探」之後，消息證實我軍已越過良豐墟，離桂林僅三十里地。今非昔比，我人非但不像司馬懿被空城嚇退，反而揮軍向桂林急進，沈鴻英大懼，乃匆忙北遁。行前曾約集桂林紳商話別，沈說：「我沈鴻英十餘年來，帶兵數萬，橫行桂、湘、贛、粵四省，誰亦莫奈我何，初不料今日竟敗於幾個排長出身的小子之手。」言下大有「此天之亡我，非戰之罪也」的氣概。

沈氏既遁，我軍乃於二月二十三日夜克復桂林。

那時滇軍范石生部已自廣東抵桂平增援拒唐，我和白崇禧乃聯袂南旋準備和石生晤面，留呂煥炎縱隊留守桂林，並以侯礪霜為桂林善後辦事處處長。侯係我陸小同學，後在保定軍官學校畢業。孰知我們去後不久，二鄧竟收拾殘部三四千人，逆襲桂林，侯、呂兩人疏於防範，桂林再行淪陷。我聞報即派白崇禧到柳州抽調軍隊，趕赴桂林，進行兜剿以固根本。沈軍不敢戀戰，我軍乃於四月十日再度收復桂林，惟此時沈軍殘部仍有三四千人，退守西鄉的金竹坳（臨桂縣、古化縣交界處的山區。古化後改百壽），伺機和入境的滇軍相呼應，再行出擾。

白崇禧跟蹤追擊，見金竹坳為一系列的大山，道路崎嶇，進兵掃蕩不易，乃散布謠言，謂一俟滇軍入境，大軍即行南撤，並將我軍從山口墟前線向兩江墟方面撤退，而潛伏於兩翼間的丘陵地帶，以誘沈軍出擊。沈軍果然中計，下山渡河進駐兩江墟，正圖跟蹤追擊。而白崇禧已兵分三路向兩江墟突擊，圍而殲之。沈軍指揮官知已中計，倉皇撤退。適值山洪暴發，兩江河水驟漲，浮橋被洪水沖斷，沈軍無路可逃，被擊斃二百餘人，溺斃更多，被俘凡七百餘人。時為四月二十四日。自此役以後，這一路沈軍殘部一蹶不振。沈鴻英至是一敗塗地，個人四處藏匿，我軍畫影圖形，懸賞緝捕。然沈氏究係土匪出身的地頭蛇，躲藏甚密，我們遂也捨之不問。

事隔一年，正當我們準備北伐期間，西江有一客輪下駛，剛過三水，直航香港之時，船上人叢中，忽有一彪形大漢站起來，把胸脯一拍，大聲說道：「老子就是沈鴻英，誰人不知，哪個不曉。哼！不怕你李宗仁、黃紹竑如何凶狠，還有白崇禧會用計謀，畫影圖形捕捉老子，老子還是跑了！哈哈！」的確，全船數百乘客，哪個不知這位綠林大盜出身的沈總司令。全船哄然，一時傳為趣事。

後來我們猜測，沈鴻英大概藏匿在賀縣姑婆山，化裝從懷集經四會到三水，溜上輪船，躲入艙底，船過三水之後，便不再靠岸，直航香港。沈氏躲藏了一年，一旦重獲自由好不高興，情不自禁地顯出其綠林好漢的本色來。沈氏後來在香港置產甚豐，並建一巨宅，號曰「將軍第」，因北京政府曾給以「將軍」頭銜之故。民國十八年我在武漢失敗後，寓居香港，沈氏曾有意來拜會，我為避免時人誤會，婉辭卻之，所以我和沈氏終未晤面。

【第17章】

討唐兩大戰役——昆侖關和沙埔之戰

1

正當我們討伐沈鴻英軍情緊急之時，唐繼堯所部號稱「建國軍」的滇、黔兩省部隊約六萬餘人，浩蕩東下。唐軍侵桂計畫果不出我所料，係分三路而來。第一路由唐繼堯的胞弟唐繼虞任總指揮，自貴州的東南邊境侵入三江、融縣，以柳州為進攻目標。第二路由龍雲任總指揮，自滇東的廣南經百色東犯，以南寧為攻擊目標。第三路由胡若愚任總指揮，由滇南的富州侵入鎮邊、靖西，經養利、同正，會攻南寧。

這三路滇軍的總兵力超過我軍數倍。來勢的凶猛，真是上吞日月，下撼山河。他們的兵力和人事編制略如下表：

甲
第一路總指揮兼第一軍軍長　唐繼虞 第二十二、二十三混成兩旅兼第一梯團　李家勳 警衛第一混成團　張光宗 警衛二、三兩團　萬、張兩支隊 憲兵隊　袁嘉謀 隨扈隊　魏嘉猷 挺進軍司令　羅建 衛生隊、彈藥連、工兵營、軍樂隊 兵站監　林正森 近衛軍司令官　王潔修 第三混成旅　何世雄 第五團團長　何錯章 補充三團團長　譚宗敏 第二十混成旅　景世奎 獨立營 第二十四團 警衛營及機、炮、衛、彈各兵隊
計人數二萬五千，槍約一萬三千餘枝。

第一路前敵總指揮兼第十軍軍長 張汝翼
第四混成旅孫渡所屬第十七團團長 曹發高
第十七混成旅馬荃所屬第十六團
第十八混成旅林麗山所屬第二十團
第十九混成旅田鍾毅所屬第二十七團
第二十四混成旅
補充一團 歐陽好潔
獨立混成團 俞沛英
騎、炮、機、衛生、彈藥各隊
第一路前敵指揮官 吳學顯
第八混成旅楊友棠所屬第二十一團
第二十一混成旅禹發起所屬第二十八團
第二十二團 皮中和
第二十三團 錢秉珍
炮、機、衛、彈各隊
第七軍總司令官 劉顯潛
第一、二、三縱隊及邊防補充各團

	警衛營及機、炮、憲各兵隊	
乙	第二路總指揮兼第五軍軍長　龍雲 第一混成旅盧漢所屬一、二兩團 第十混成旅孟友聞所屬十三、十四兩團 第二混成旅朱旭所屬三、四兩團 第九混成旅張沖所屬七、八兩團 第十一混成旅張鳳香所屬補充二團及十九兩團 警衛營及機、炮、憲各兵隊	計人數二萬五千餘，槍約一萬五千餘枝。
丙	第三路總指揮兼第二軍軍長　胡若愚 第五混成旅楊瑞昌所屬九、十兩團 第六混成旅徐維光所屬十一、十二兩團 第七混成旅歐陽永昌所屬十五、十八兩團 警衛大隊　胡柳溪	計人數約萬餘，槍八千餘枝。

滇軍人數雖眾，然因滇、桂、黔三省邊區多屬崇山峻嶺，道路崎嶇，人煙稀少，數萬大軍一時俱發，殊難齊頭並進。加以滇軍餉糈多賴鴉片煙維持，沿途銷售鴉片，尤妨礙行軍速度。據說唐繼虞即有數百萬兩煙土，隨軍攜帶，因候滬、漢一帶商人前來販運，致耽擱行軍日程。

使我們有充分時間擊潰沈鴻英，復能從容部署內線作戰，各個擊破入侵的滇軍。

三路滇軍之中，以龍雲一路入桂最早。當我討沈軍進入桂林時，龍雲所部於同日佔領南寧。我守軍伍廷颺部按預定計畫於二月二十三日退出南寧，逐步背進，撤往賓陽，取不決戰的監視姿態。如敵進至賓陽，即向遷江撤退。敵如跟蹤至遷江，我軍即退守紅水河左岸。至此即不再撤退，以防龍雲與其第一路滇軍會合。

龍雲佔領南寧之後，前鋒於三月間越過昆侖關，佔領高田，逼近賓陽。這時我們討沈軍事已粗告結束，乃回師進攻龍雲。這時正是中山先生逝世之後，西南人心浮動。唐繼堯已於中山逝世後第六日（三月十八日）自昆明發出通電，以副元帥名義代行大元帥職權，號令西南。廣州大元帥府，也由胡代帥發出通電，申討唐繼堯。並已先遣駐粵滇軍范石生部入桂增援我軍。

范石生部萬餘人，原屬顧品珍系統。民國九年顧氏駐防川南時，四川實力派利用「川人治川」口號，逼顧氏回雲南。顧氏返滇後，竟將唐繼堯驅逐，自做其雲南王。翌年，中山號召西南各省出師北伐，顧氏為減輕雲南軍費負擔，遂撥兩個軍東下附義，就食廣東，石生所部即其中之一軍。民國十一年春，唐繼堯東山再起，顧品珍戰死。范石生始終反唐，乃乘唐氏東侵之際，請纓援桂，企圖和我軍合力擊敗龍雲，乘機返滇。

范軍於三月十一日自梧州開往貴縣。范氏所部滇軍約萬餘人，不為不多，惟全軍上下皆有煙癖，軍紀極壞，訓練毫無。沿途強買強賣，鬧得梧州、貴縣一帶雞犬不寧，商民甚至罷市相抗。

五月初我在桂平和范石生初次見面，范本人也是好人，豪爽可親。他的參謀長楊蓁甚為精明強幹。我一見面便很不客氣地規勸他們說：「你們這種軍隊，怎麼能打回雲南呢？」范說：「積習難除，以後要痛加改革。」楊蓁笑著說：「我們是土匪軍，范石生是大土匪頭，我就是二土匪頭！」

嗣後，楊蓁果然認真地改革滇軍，戒除鴉片，整飭軍紀。據說因操之過急，受部下之忌，竟為一旅長所槍殺。也有人說，是范石生恐其尾大不掉，授意部下殺的。不知何說為是，然凶手竟逍遙法外，則是事實。總之，楊氏之死，實為范部滇軍一大損失。

當我們在桂平聚晤時，范石生說：「我們對唐總應有一正式文件發出，以表明我們的立場。」我說：「你可草一通電，由我們會銜發出。」范喜文墨，自稱為范增的後裔，刻有「軍中一范」的圖章。此次通電由范親自執筆，由我領銜於五月九日發出。這時白崇禧適自桂林趕回，黃紹竑的名由白代簽。原電如次：

（銜略）去歲曹、吳未滅，我大元帥孫公以北伐討賊為職志，東撤惠、博之圍，予陳炯明以自新；西頒副元帥之命，予唐繼堯以振拔。陳既負固東江，不自悔悟；唐復按兵滇境，嚴拒寵命。及至曹、吳覆滅，我大元帥簡從北上，號召和平，為國憂勞，以致薨逝。正舉國地裂山崩，痛悼哀毀之際，唐繼堯乃敢妄冀非分，擅自稱尊，出兵邕、龍，圖佔桂、粵，希冀顛覆我革命政府，搗亂我西南和平。凡有人心，莫不髮指眥裂。本月九日，奉讀譚、楊、許、程諸公三日通電，殷殷於繼續大元帥遺志，努力革命工作，並力闢唐假借名義，禍國叛黨。足徵整飭紀綱，義正詞嚴，宗仁等不敏，誓當督飭滇、桂子弟，力從諸公之後，為擁護吾黨主義，先驅殺賊，海枯石爛，此志不渝。僅布區區，諸為亮詧。李宗仁、黃紹竑、白崇禧、范石生、楊蓁同叩。

這時的作戰部署是我軍擔任正面和右翼，范軍擔任左翼。五月九日的通電發出後，我軍遂循貴賓大道向高田進逼。預料敵人必退守昆侖關，據險頑抗。昆侖關號稱天險，宋將狄青即以昆侖關一戰而垂名史冊。范軍此時則自貴縣過橫縣，經甘棠墟向敵人右側背迂迴，以助我軍進攻昆侖關。

這時，我軍除伍廷颺部外，俱係自討沈戰場上急調來的。俞作柏縱隊係自平樂、荔浦回師，由平南、江口，集中於桂平一帶。劉權中、韋肇隆、鍾祖培、陸超四縱隊，係由桂、柳兩戰場調來的。各軍星夜赴援，銜枚疾走，喘息未定，遂於昆侖關前，面臨我軍在廣西省內作戰以來最強大的敵人。

這次戰役，不論地形對我如何不利，我軍也只能有進無退。因一戰而敗，則數萬滇軍，三路東進，勢必順流而下，直迫廣東，則革命根據地必被摧毀無遺。而我黨數十年來革命成果，勢將全付東流，中國前途將不可復問了。

心知此役關係重大，我乃親赴前線，日夜指揮。我軍參預此役的共六個縱隊，約七八千人。我首調鍾祖培、俞作柏兩個縱隊擔任正面攻擊；陸超、劉權中兩縱隊則向右翼延伸，以包抄敵軍左翼；伍廷颺、韋肇隆兩縱隊則留為總預備隊。我軍左翼則留待范部滇軍前來擔任。

部署既定，我軍遂於五月十六日向昆侖關進攻。我本人也親臨前線指揮。將士見主帥也在前線，都奮不顧身，爬山仰攻。惟此地岩壁聳峭，山高路險，易守難攻。我軍血戰一晝夜，死傷千餘人，仍不見左翼友軍加入戰鬥。我遂調韋、伍總預備隊加入戰鬥，向左翼延伸。全軍奮勇衝殺，滇軍不支，前敵總指揮盧漢棄關而逃。滇軍遺屍遍野，死傷二千餘人。我軍跟蹤尾追，滇軍復於八塘憑險頑抗。我軍又與之血戰一晝夜，敵人乃退守七塘，再退至五塘，仍圖頑抗，我軍再度將其擊破。所謂五塘、八塘，乃驛站的舊稱。往時商旅自南寧出發，每十里便有一驛站，可資休息。第一站叫么塘，第二站叫二塘，餘依次類推。故五塘、八塘，即是離南寧五十里及八十里的小鎮。敵人連敗之餘已不敢野戰，遂退入邕垣，閉門死守待援，我軍遂將南寧合圍。惟龍軍雖死傷數千，守軍仍有兩萬餘人，且南寧城牆堅實，我軍又無重炮，一時難以攻克。我遂下令將南寧重重包圍，以餓困滇軍。此役敵人抵抗的頑強，和我軍攻擊的勇猛，都為前所未見，戰場上死屍枕藉。

惟此次戰鬥延長至四五天之久，轉戰百餘里，始終未見范石生部前來左翼參戰。當時既沒有電話，更沒有無線電可資聯絡，軍中偵察也始終未見友軍，實令我萬分驚訝。

我在五塘整整等了兩天，至五月二十四日才見范石生和他的參謀長楊蓁各乘四人綠呢大轎一頂，姍姍而來。他們的轎子是在廣州定製的，極為華麗舒適。石生一見我，便露出很難為情的微笑，並滑稽地說：「敵人跑得太快了，我的爛部隊偏偏又走得太慢些。辛苦了貴軍，請即收隊休息，由我們來接替。」石生並要楊蓁立刻寫信給龍雲，勸龍率部投誠，大家一齊返滇，改革本省政治，而楊蓁要等鴉片抽足，才能動筆。

憶范石生當初誓師白馬，奉命入粵驅陳時，是何等的聲威赫赫，今番何以散漫幼稚到此程度呢？真使我百思不得其解。直至第二天，我們才見范軍的先遣部隊，零零落落，不成隊伍地經過五塘，向三塘、二塘集中；拖泥帶水，毫無蓬勃之氣。范軍受鴉片之害太大了。時人譏刺滇軍說，他們每個官兵，都帶著兩枝槍，一為鋼槍，另一則為煙槍。加以他們在廣東駐紮很久，搜括有力，囊中富足，這種貪婪怕死的部隊，自然就談不到作戰了。

2

范石生到五塘不久，黃紹竑也自梧州趕到，我們三人乃會商破敵之策。我們認為最有效的方法，莫外二端：一是攻堅，硬行爬城；另一是久困，將南寧重重包圍，使其彈盡糧絕，不戰自潰。

就在這時，我忽接到柳州方面告急的電報。原來唐繼虞率領的滇軍第一路，已由貴州侵入廣西，我邊境守軍蔡振雲縱隊因眾寡不敵，正逐漸南撤。敵人進據長安，有直搗柳州之勢，柳州守將李石愚遂來電告急。

我為布置柳州防衛戰，乃將南寧圍城工作交黃、范二人擔任。並將我軍各縱隊除伍廷颺縱隊外，悉數抽調，星夜開往柳州增援。同時自柳州調收編沈軍的鄧竹林、羅浩忠兩部約三千人至南寧，以補其不足。我本人則自五塘退往八塘，部署援柳戰事。

我軍大部分撤圍後，龍雲見有機可乘，乃懸重賞，遴選敢死隊，出城突擊我軍。廣西軍閥殘餘譚浩澄乃自告奮勇，請為前驅。浩澄為譚浩明之弟，原係我在將校講習所中教過的學生。那時他僅十八九歲，以一哨官頭銜，在將校講習所受訓。此次受命為敢死隊總指揮，率健卒千餘人，每人發煙土二十兩，飯飽煙足，一聲吶喊，從東、北兩門衝了出來。殺聲震天，彈如雨下。圍城的范軍措手不及，竟被衝得七零八落，倉皇後撤。我聞訊急調俞作柏部趕回救援，由黃紹竑親自指揮，和滇軍在城外大河兩岸，演了一陣捉迷藏，卒將譚浩澄擊斃，其敢死隊亦蒙重創。滇軍遂縮入城內，不再蠢動。這時黃紹竑忽然病倒，乘船返梧州就醫。我不得已，乃長駐八塘附近的思隴墟，一面策畫援柳的部署，一面指揮圍困南寧的戰事。胡若愚所率滇軍第三路也突入南寧和龍雲合股。我們為誘致滇軍出城野戰，曾將在東北方的圍城部隊撤去，使網開兩面，任其出甕，然滇軍卒不敢出，而與我軍膠著相持。這時柳州方面的戰事，已十分激烈，守將李石愚竟於前線指揮作戰時陣亡。石愚為廣西興業人，桂林幹部學堂畢業。初在林虎護國第六軍十三團任營長，護法之役，調充副官長。民國八年退休歸農。其後，隨我至六萬大山，任支隊司令。為人豪爽有俠氣，驍勇善戰。討陸、討沈，無役不與，威名赫赫，勞苦功高。不意於廣西將告統一之時，竟於柳州殉職。

柳州告急之時，我既分身不得，白崇禧、黃紹竑二人乃分別自桂林、梧州趕往前線指揮。圍攻柳州之敵，為唐繼虞的前敵指揮官吳學顯所部，約七八千人。紹竑抵柳後，乃親率新近趕到增援的鍾祖培、陸超、劉權中、韋肇隆、呂煥炎等縱隊，向滇軍出擊。滇軍不支後退，兩軍遂相持於沙埔。六月四日，白崇禧也率夏威縱隊、郭鳳崗第一警衛團各部，自桂林趕到增援，遂與敵展開激戰。此役雙方參戰的都在萬人以上，戰況十分激烈。敵軍背水為陣，退路浮橋為我炮兵轟斷。在我軍一再衝殺之後，敵軍被逼向河邊，泅渡不得，溺斃者凡六七百人。血戰一日，敵軍死傷二千餘人，被俘的也有二千餘；乃將唐繼虞入桂的主力一擊慘敗。敵膽已寒，唐繼虞和龍雲合股的希望遂徹底破滅，而滇軍被各個擊破的命運，遂不可避免了。茲將沙埔戰役之後，白崇禧向我報捷的電文附錄於後：

（銜略）長安方面之敵，被我軍在沙埔圍擊，繳獲步槍二千六百枝，大炮三門，水機關槍兩挺，俘虜二千二百餘名，溺水死者六七百人，其總指揮王潔修，旅長何世雄，團長何玉章均被溺死。其餘官長，自團、營以下，均完全俘虜，無一漏網者。現唐部所存部隊，只有警衛軍千餘人，及由柳敗潰之吳學顯部千餘人，合共沈鴻英部，最多不過四千餘人。查沙埔彼我兩軍戰鬥時，沈鴻英率殘部合吳學顯部已到太平，意欲前來沙埔救援，適沙埔之敵完全撲滅，遂連夜退竄大良、潭頭一帶。現時長安空虛，進退維谷，我軍日內即向長安方面攻擊前進，掃清殘敵。已經電令桂林徐司令啓明率領所部前來古化方面，協同梁華山、曾軍偉司令襲擊長安滇軍後方，以期一網打盡。徐司令到達古化後，梁、曾兩司令歸徐司令指揮。滇軍輜重煙土三百餘擔均在長安，無路可逃，奪獲甚易。白崇禧魚叩。

沙埔大捷之後，我軍復跟蹤追至慶遠。經數度激烈戰鬥，俘獲唐軍數千，器械無算。侵桂唐繼虞所部，至是已潰不成軍，於六月底經桂黔邊境退回雲南，沿途為廣西民團踞險截殺，殘部所剩不多。

是時龍雲在南寧尚不知唐繼虞已潰敗，仍株守孤城，妄圖和唐部會合，作最後的奮鬥。我們遂就俘虜中擇兩三百人送入南寧城，去告知龍雲滇軍在柳州一帶潰敗的情形，使龍雲知事不可為而自動撤退。傳龍雲性情殘暴，竟認為他們接受我方愚弄，意欲動搖軍心而悉數槍決。我們不得已，又從俘虜中選旅長二員和士兵五百餘名再送入南寧，至是龍雲才信唐繼虞確已慘敗。此時南寧城中，糧彈缺乏，疫病流行，且廣州方面響應唐繼堯入粵的劉震寰、楊希閔、蔣光亮等部隊，都在此時覆滅。龍氏知困守南寧無益，乃於七月七日夜間，放棄南寧，渡河向左江方面逃竄。

當龍軍渡左江支流黑水河時，我軍本可按原定計畫，乘其半渡擊之，孰知我追擊指揮官俞作柏於七月八日進入南寧之後，竟忙於委派稅收人員，耽擱兩天；龍、胡兩路滇軍遂得安全渡過，向靖西、鎮邊竄回富州。七月十日，范石生因急於回滇，乃自那龍、百色進入廣南。詎知俞作柏到雷平之後，即逕赴龍州，未能和范軍呼應，以致范軍孤軍深入，其部隊又不能作戰，竟被唐繼堯派出的援軍和龍、胡兩部殺得大敗，遂又撤回百色。其後北伐，范部改編為獨立師，東下入粵，駐防南雄。

廣西至七月二十二日，敵人潰退回滇後，終於完成統一的局面。

【第18章】統一後之廣西

1

民國十四年秋，廣西統一，陸、沈殘餘部隊除林俊廷二千餘人逃往欽、廉依附鄧本殷外，都已次第肅清。此時全省雖在大兵之後，瘡痍滿目，畢竟烽煙已息，盜賊日少，人民可以安居樂業，形成小康之局。

然此時廣東的局面則仍在風雨飄搖之中，外有東江陳炯明、南路鄧本殷和北路熊克武的窺伺，內有黨、政、軍派別各異的明爭暗鬥，情勢險危，岌岌不可終日。先是，民國十四年春初陳炯明乘中山病危之時，向廣州反攻，革命政府被迫誓師作第一次的東征；尚未順利完成任務，而中山已逝。那時盤據廣州的桂軍總司令劉震寰，滇軍總司令楊希閔、軍長蔣光亮等，竟公開表示歡迎唐繼堯入粵。劉氏並早祕密去滇，向唐氏促駕。革命政府明知楊、劉異動的企圖，然苦無力制裁。

當我們於五月九日在貴縣正式通電討唐之後，唐繼堯知我不為其威脅利誘所屈服，遂公然以副元帥名義於五月十二日任命劉震寰為廣西軍務督辦兼省長。這時楊希閔則潛赴香港，一面勾結帝國主義，一面暗中活動，唆使廣東商民團體電請段執政派渠為廣東軍務督辦，和劉震寰相頡頏，因此逆跡昭著，路人皆知。

當我們討沈拒唐戰事正在捷報頻傳之時，想著劉、楊盤據廣州，勾結唐氏，實為我中央政府腹心之患。慶父不除，魯難未已。我們乃一再密電中央諸領袖，要求翦除劉、楊，我並允於必要時抽調勁旅入粵助戰。這時廣東第一次東征已克復潮、汕。廣州中央各領袖胡漢民、廖仲愷等，迭獲我們的建議之後，朱培德、廖仲愷便去汕頭和粵軍總司令許崇智、參謀長兼黃埔軍校校長蔣中正開祕密會議，湘軍總司令譚延闓也都派代表參加。會中一致同意我們的主張，乃決意暫時放棄潮、汕，回師省垣，消滅楊、劉。六月十日戰事遂在廣州近郊發生，劉、楊所部二萬餘人悉數被繳械改編。心腹大患既除，中央所在地才稍得穩定。民國十四年七月一日，大元帥府乃正式改組為國民政府。採委員合議制，以汪兆銘、胡漢民、孫科、許崇智、伍朝樞、徐謙、張繼、譚延闓、戴傳賢、林森、張人傑、程潛、廖仲愷、古應芬、朱培德、于右任等十六人為委員。並推定汪兆銘為主席，許崇智為軍事部部長，胡漢民為外交部部長，廖仲愷為財政部部長。

國民政府成立之後，內部政潮的起伏和外圍敵人的窺伺初未稍息。八月二十日廖仲愷竟被奸徒行刺殞命，中央的有力領袖利用這慘案排除異己，株連極多。至九月底，前代帥胡漢民、前粵軍總司令許崇智都先後被迫離粵。於是東江陳炯明乘機再度進犯廣州，盤據粵南八屬的鄧本殷隨即響應，企圖東西夾攻廣州，聲勢洶洶，不可一世。自四川南來廣東就食的川軍熊克武部也進駐粵北的連山、陽山一帶，和陳炯明暗相勾結，圖謀不軌。中央既四面受敵，乃不得已而發動二次東征，以蔣中正為總指揮，進剿陳炯明；同時檄調我軍赴湘粵邊境截擊熊克武部川軍。

熊克武，四川人，也是同盟會中的老革命黨員，曾任四川軍務督辦，擁眾數萬人。民國十三年熊氏在川政爭失敗被逐出省，東下就食湘西，原隸中山麾下，繼續為革命效力。民國十四年夏季熊乃率師進駐粵北，渠本人並親往粵垣和大本營商洽，我軍也以友軍待他，未與為難。詎知熊氏曾暗通陳炯明，至粵後事發，被扣留。時熊部川軍尚有萬餘人，中央應付力量不足，乃電調我軍出省解決熊部，遂由白崇禧任總指揮，率師分三路出省：蔡振雲縱隊由桂林出連山；鍾祖培、夏威兩縱隊由龍虎關出江華；白崇禧親率郭鳳崗、陶鈞兩警衛團由全州出馬頭，斷其北竄之路。激戰月餘，熊軍不支北竄，我軍乃於十一月十六日大破之於全州之八十山。熊軍總指揮羅覲光被擊斃，部下兩旅長一死一傷，我軍擄獲槍械不少。熊軍潰不成軍，流散部隊遂為湘軍所收編。中央政府西部的一大威脅遂從此解除。

當我軍攻擊熊軍之時，南路的鄧本殷和申葆藩也已蠢動，乘廣州中央二次東征及熊軍叛亂時，進窺粵垣。鄧、申俱係粵人，原隸陸、譚部下，民國九年第一次粵桂之戰時，二人叛離陸、譚，改投陳炯明。民國十二年陳炯明敗往東江，鄧本殷乃接受北方段祺瑞政府的委派，任粵南八屬督辦；有人槍二萬，自任總指揮，而以申葆藩為副。在廣西無法立足的陸、譚殘部如林俊廷等，也紛紛來歸。九月間，鄧部遂乘廣州空虛，分三路進犯西江。鄧自任左路，以部將陳德春為中路，蘇廷有為右路，分頭東進，聲勢浩大。粵南的陽江、羅定、雲浮各縣，相繼失守，廣州動搖。

中央乃任命第一師師長李濟深為南路總指揮，南征鄧本殷。惟李總指揮以鄧逆聲勢凶猛，自身兵力又嫌薄弱，乃於十月十二日親來南寧乞援，希望我軍自西、北兩方夾擊鄧軍以毀其老巢，當得我方同意。粵、桂雙方乃分四路而下，夾擊鄧軍。第一路由陳章甫指揮，自肇慶向三羅進攻；第二路由陳銘樞指揮，向兩陽進攻；第三路由俞作柏指揮，由陸川向高雷進攻；第四路由胡宗鐸指揮，由上思向欽、廉進攻（以上第一、二兩路為粵軍，第三、四兩路為桂軍）。四路大軍一時俱下，鄧逆疲於奔命，始知末日之將至。

惟當三路大軍順利前進之時，第二路陳銘樞部忽被突破，逆軍迫近四邑，威脅廣州。這時我軍呂煥炎縱隊正奉命經大烏至玉林出高州，向俞作柏增援。到了東線告急，我遂急調呂煥炎回師向陳銘樞增援，將敵軍堵住，廣州人心始定。

我軍三、四兩路在數度血戰後，已迫近欽、廉。十二月五日胡宗鐸部已達石船，黃旭初部到達陸屋，俞作柏部到達合浦，黃玉書部佔領防城。鄧本殷、申葆藩知大勢已去，乃通電下野；林俊廷也隻身逃往安南。殘部由楊騰輝率領於十二月七日向我投誠。南路遂平。

這時廣州二次東征之師也已凱旋。陳炯明所部除劉志陸、陳修爵率殘部三千逃竄閩南外，完全覆滅。一時烽煙俱息，革命策源地的兩廣，乃完全統一於國民政府之下。今日反觀史實，固知我們消滅陸、沈，統一廣西，力拒唐軍東下，並出師討伐鄧、申和截擊熊克武，實為助成國民政府統一廣東的不可或缺的先決條件。

2

廣西既告統一，軍、民、財、建、教各政在我們積極整頓之下，漸上軌道。

在統一廣西各戰役中，我軍除少數訓練有素的基本部隊外，其餘多係收編而來，良莠不齊。因此縱在作戰期間，我們便已開始整訓。尚足以應用的部隊則進行改編、改造；其不堪使用的部隊，便繳械、遣散。這工作說來容易，但是做起來也時有驚險場面出現。

例如我軍肅清陸、譚殘部時，陸榮廷悍將之一的陸福祥被擊傷，所部陸得標、許輝生兩團乃向我投誠，請求改編。許輝生為講武堂出身，治軍尚粗有法度，其為人也還知時勢、識大體。所以收編後，我乃以許氏為團長，僅整訓其所部。

陸得標卻是行伍出身，初任陸福祥的馬弁、副官等職，為人粗野，毫無現代觀念和軍事學識。渠所部都是陸榮廷的心腹，器械精良而驕橫成性，官兵已不堪造就。然而我如下令遣散，全團必定譁變而流散為匪，收拾不易。因此我在收編後，未加任何整理工作，只調其前來南寧郊外駐紮。駐防月餘，我乃調該團來南寧督辦署側的箭道內點驗。陸得標即問要否帶武器。我說：「帶。」陸才放心。在他想來，既帶武器，誰也奈何他不得。陸乃率其全團荷槍實彈至箭道集合。所謂箭道，是一長方形的操場，可容數連人同時出操，為前清時試箭的所在，故名。

陸團集合之後，我便出去訓話。訓話畢，我便喊「立正」，再喊「架槍」。全團架槍之後，我又喊「退後三步」。接著我便叫一名副官宣讀我的命令，略謂：「廣西兵燹經年，民生凋敝已極，人民實負擔不起偌大的軍費。本團官兵轉戰經年，亦應休息，本督辦現命令全團官兵解甲歸農。」副官宣讀命令之時，我事先布置的軍隊遂在操場四周出現，以示該團不可抗命。

命令下達之後，我便命令陸得標隨我到督辦署去領取遣散費，並令其副團長率領全隊徒手官兵返回營房，以便分發遣散費。於是，草木不驚，陸得標全團便悉數被繳械、遣散。

當我作繳械計畫之時，幕僚都認為太危險，勸我不必親去訓話。我則認為我如不親自出馬，反易發生危險，因我親自去發布命令，事出倉卒，使他們沒有商量的餘地，只有遵命繳械。當全團繳械之時，旁觀的官兵都目瞪口呆，而我則絲毫未改平時的從容態度。

北伐龍潭戰役之後，我曾用同樣方法，在南京大校場將不聽調度的王普的第二十七軍全軍繳械。此是後話。

廣西對部隊的整頓極為迅速而有效，冗兵汰盡，則所餘的全係勁旅。我更竭力革除我國軍人派系分歧的惡習，嚴禁軍官因出身的不同而劃分派系。信賞必罰，大公無私。所以全軍上下一心，進攻退守，足可收指臂之效。

再者，我們在廣西嚴禁軍人干政，因軍隊自有其軍令系統，與地方行政部門各有專責。平時駐防，除訓練之外，便協同地方團隊清除盜匪。按昔日兩廣甚至全國通行的剿撫兼施政策的舊例，凡官兵剿匪無功，便以官爵誘股匪投誠。行之日久，使狡黠之徒視結夥搶劫為升官發財的捷徑。此風不除，則匪患此起彼伏，永無寧日。所以我們的剿匪政策是清剿、消滅而不招撫。投誠之匪只准悔過自新，由其族長、父兄或鄉黨親友擔保永不為匪，准其歸農為良，不予究治而已。在此雷厲風行之下，號稱多匪的廣西，竟日趨太平。

軍政之外，我們對民政也大加整理。當時廣州國民政府初成立，自顧不暇，對省政尚無劃一辦法，而「省長」一辭，又係北洋政府所用的名稱。不得已，我們乃自創一名稱曰「廣西民政長」，由黃紹竑擔任。黃氏於民國十四年九月十五日宣布就職。當時的組織，最高級「民政公署」，署內設「政務會議」，為本省最高的政務機關。下設內務、財政、教育、建設四廳，由粟威、蘇紹章、甘浩澤、盤珠祁分任廳長。

當時我們雖竭誠擁護國民政府，然事實上國民政府自顧不暇，更無心過問廣西的軍政事宜。因此廣西在此全國政局動蕩之時，竟形成一獨立割據的局面。一切法令、規章悉由我們自行擬定。直到民國十五年夏，國民政府正式頒布省政府組織法後，民政長制度才取消，黃紹竑才由國民政府明令特任為廣西省政府委員兼主席之職。

在此過渡期間，關於縣長的遴選，官吏的委派，我們全以三個大原則為根據：一曰廉潔，二曰能幹，三曰守法。因我國官吏往往廉潔的未必能幹，能幹的又未必守法，守法的又未必能幹。所以我們遴選官吏的標準，一定要三者兼備，缺一不可。

再者，我國舊官場往往派系分歧，門戶畛域之見極深，相互擯斥。我們的新作風則是決不任用私人，嚴禁派別。我自己以身作則，深幸黃、白二人也頗能體會斯旨，與我一致。我們更利用每週的總理紀念週，和經常舉行的黨政軍聯席會議，不時告誡部曲。身正則令行，所以全省上下，風氣煥然一新。

廣西的財政，在全省統一之前，制度頗為分歧。我在玉林五屬時，一切稅收都由我委派專人徵收。這種方式在政治未上軌道時，弊端極大。因舊式的下級稅收人員，在前清多為世代相傳的，其最低級的估價員叫做「簽手」，都屬斗筲小人，其子孫照例不許參加考試。其上則有稽查、書記、文案、局長之流。向例以多報少，視為應得的利潤。經他們層層剝削之後，國家稅收多入私囊，政府所得僅他們的唾餘而已。我在玉林時，深知其中弊竇，故力改此陋規，雖不無成效，但已費盡了九牛二虎之力。

紹竑在梧州時，戎馬倥傯，未暇計及改革，渠仍循廣東革命政府的舊例，招商投標，包辦稅務。其辦法即由行政高級機關，估計某地每年約可徵收稅款若干，規定一稅收總額，公開招商投標，出價最高的得標，並預先繳兩個月稅款。至於徵稅細則，雖有明文規定，也等於具文而已。因商人志在謀利，因而百般勒索商民，政府為增加收入，竟亦漠然置之。

統一後的廣西，全省稅務改由財政廳劃一辦法，精選廉潔幹練的稅務人員，公平徵收。一時商民稱便，貪污之風頓戢，政府收入也因之大增。

統稅之外，我們對田賦也大加整頓。因我國田畝已多年未經丈量，漏稅極多，納稅人既感不均，國家的損失也大。廣西統一後，我們遂設立清理田賦總局，重行丈量土地，改訂稅額。這種工作雖一時不易完成，但在進行期中，全省田賦收入已大有增加。

綜計廣西在統一之後，因積極興利除弊，使生產和消費兩者日有增加，更因稅收機關的改善和貪污的澄清，使全省稅收逐年增加。計民國十五年的收入約在一千八百萬至二千萬元小洋左右。至於軍政公務人員，在節衣縮食、努力奉公之下，也粗可維持。

我們對於整頓廣西的教育也不遺餘力。民國十五年冬間，黃紹竑即在梧州籌辦省立廣西大學，勘定校址在梧州三角嘴蝴蝶山，新建校舍，聘請前省長馬君武為校長，以盤珠祁副之。民國十六年九月十三日正式開學。後來遷往桂林，為西南重要學府之一。

至於中學教育和國民教育，我們也全力以赴。不過我國教育界以前有一種惡習氣，就是門戶之見。各立派別，互不相讓。這種情形，廣西也不能免。當時有三大派：桂林省立師範派，廣東省立師範派，及國立北京師範大學派。中學校長和教員多為這三校出身。三派暗鬥傾軋很烈，一派得勢，則凡屬本派的賢與不肖一概任用，真是「劉公得道，雞犬升天」；至於他派中的分子，不論其道德、學問如何可欽，一概在擯斥排擠之列。這三派你爭我奪，把廣西教育界弄得烏煙瘴氣。

廣西統一之後，我們任命甘浩澤（沛霖）為教育廳廳長。甘君為留日學生，人尚老成，惟不久因事去職。我們遂於民國十四年二月另委黃華表為教育廳廳長。黃氏是藤縣人，廣東師範出身，後留學於美國哥倫比亞大學師範學院。照理，以黃君的學歷任教育廳廳長，應無問題，孰知他胸襟狹隘，派系之見極深。就職後，竟將北京師大及廣西師範出身的校長，不分皂白，逐一撤換，而代以廣東師範出身的。其任免人員毫無標準，悉以派系為依歸。於是全省教育界輿論大譁，經我們調查屬實，乃把他撤職。當時不僅教育界，甚至西醫也分派別，德日派和英美派也互不相讓。自黃君為此撤職後，此風稍斂。

關於建設方面的工作，我們首先致力的為公路。陸榮廷時代，廣西僅有自南寧至武鳴的公路一百二十華里，此路事實上為陸氏私用，和國計民生無涉。到馬君武為省長時，用盡九牛二虎之力興修南寧通柳州的公路，然動工經年，只修了五里多路，即行擱置。廣西統一後，建設廳乃正式興修公路網，計有南寧經柳州至桂林、黃沙河線；南寧至龍州線；賓陽經玉林至蒼梧戎墟線；玉林經陸川至石角通廣州灣線；荔浦經平樂至賀縣、八步線。此外水利建設、植樹、開墾、開礦等也著手興辦。至於兵工方面，我們也著手改良，並擴建原有的修械廠。原先我在玉林、黃紹竑在梧州都有小型的兵工廠可以翻造子彈，修理各種槍械。至是，乃將原廠擴充，或遷往他處成立兵工廠，試造無煙藥、輕重機槍、步槍和手榴彈。另設專廠自製硝酸、硫酸，實行兵工自給，都頗有成績。

3

廣西經我們艱苦卓絕整頓之後，頗有一番新氣象。這時廣東方面也已逐漸統一，在國民政府領導之下，黨、政、軍各方面都顯出一種蓬勃的朝氣，和廣西的新局面頗能相得益彰。瞻望全國大勢，我們革命勢力定鼎中原，只是時間問題而已。在這日夜辛勞，百廢待舉的情況下，我們少數領袖人物責任之大，自不待言。而正當此時，我忽然發現黃紹竑的私生活竟相當浪漫和頹廢，甚至瞞著我們偷吸鴉片。黃氏身為民政長，並兼軍長，在軍、政兩方面的地位，僅次於我。此種生活，不特影響官箴，抑且對革命風氣和他本人的健康都有極大的損害。

我覺得黃氏此種頹廢浪漫的生涯，終非了局。加以他自戕過度，身體日見消瘦。當時我們於開會或晚飯後，每好作非正式的談話，藉以檢討軍、民兩政進展的得失，用資改正。而黃氏則常借故溜走，因此我更以為憂。因我們的革命事業正在邁進之時，他竟如此委靡不振，焉能任此新時代的艱巨，而為全省軍民的模範。我覺得於公於私都有規勸他的必要。首先，我就勸他戒煙，但是戒煙並非易事。他給我的回答總是：「德公，我怎麼能戒煙呢？生活太苦悶啦！」

我每次勸誡他，他都是如此回答我，使我深深感到，他的生活所以浪漫，主要是因為他沒有正常的家庭生活。鄉間的妻子既不能適應今日的場面，別戀的妓女又不能露面。所以欲求其生活正常，必先助其恢復正常的家庭生活，這樣才使我想到為他物色一個適當的配偶，以改正他的生活。

一次，我在辦公室，無心聽到隔壁有人在閒談以前南寧的趣事。這兩位對話人原來是黃紹竑的族兄黃劍鳴和討賊軍副官長、現尚在台灣任國大代表的呂競存。呂氏久居南寧，對地方情形甚為熟悉。他說：「前數年凡有慶祝遊行或歡迎廣東軍事首腦等場合，南寧男女學校都整隊前往參加。是時馬草街省立第二兩等女子學校的隊伍中擔任掌校旗的便是該校的校花蔡鳳珍。她年方十五六歲，美豔無比。那時我和幾位同學還想『癩蛤蟆吃天鵝肉』去追求一下呢！」

他二人言之無心，我卻聽之有意。事後我便向他們問及此事，並向黃說：「為何不替你季寬老弟設法介紹呢？事成了還可挽救你老弟的腐化生活！」他二人在我鼓勵之下，都深表同意。呂君說，此姝住在東門大街，其父開一照相館，自我軍進駐南寧以來，未嘗見其芳蹤，不知是否已名花有主。此事可託紅十字會田會長次廉撮合，如聲明做平妻，則成功的希望可有七成。後來果然如願以償。

消息傳來，督辦署高級同人皆大為歡喜，準備著吃紹竑的喜酒了。這時紹竑不待我再問，便把幾套極精緻名貴的鴉片煙具，當我的面搗毀，從此戒絕鴉片，重新做人。

一般人戒煙都要吃三四個月西藥才可戒除，而紹竑居然硬著頭皮，不用藥品，一舉戒絕。最初兩星期，雖然全身癱軟，涕淚橫流，痛苦不堪，渠也甘之如飴，不到一月，便恢復健康了。

在戒煙期中，黃、蔡兩家，報聘納采，一按舊俗辦理。黃君原娶的妻子韋氏則按「平妻制」辦理，也即是兩房夫人並不同居，彼此在名位上毫無軒輊。這習俗在當時的廣西是認為合理的。

廣西統一之後，全省歡騰，而我個人卻感受到一項終身之戚，蓋先父培英公適於此時棄養。

先是，廣西內戰最劇之時，培英公曾偕吾母往上海避亂。到了廣西統一，地方恢復安定，培英公即決定返桂。在離滬前夕，培英公因久聞蘇州之名，以未往一遊為憾，乃與三數友好，結伴赴蘇觀光。不料此時蘇州霍亂正在流行，培英公竟受傳染，回滬後，吐瀉不止。時適值星期天，延醫困難，經一晝夜的吐瀉，遂至不起。噩耗傳來，我緬念「子欲養而親不待」的古語，哀痛欲絕。先父靈柩旋由海道經港、穗運返南寧開弔，再運至桂林原籍祖塋安葬。沿途黨政機關均設路祭，備極哀榮，足令為人子者沒齒難忘耳。

第五編

從鎮南關到山海關——北伐回憶

【第19章】

兩廣統一與湖南之內訌

1

我們以少擊眾，消滅陸、沈的部隊，打退唐繼堯東侵之師，在短時期內統一廣西之後，全國莫不另眼相看。因三數年前，我李某、黃某、白某，位均不過中下級軍官，名不見經傳，且都是三十歲左右的青年。而我們的對手，如陸榮廷、沈鴻英、譚浩明、唐繼堯等，都是轟轟烈烈中外聞名的老前輩，得勢享名凡十餘年，然不出三年，竟被我們一一翦除。統一後的廣西，軍事、政治都顯出一股空前未有的朝氣，為全國各地所無。而我們三人始終合作如一，彼此為建國、建省而奮鬥，毫無芥蒂存乎其間。以之和其他各省當軸的互相水火，如皖、直系的分裂，國民黨內胡、汪、蔣三人之間的鬥爭，雲南唐繼堯和顧品珍的火併，貴州劉顯世和外甥王電輪的骨肉相殘，以及湖南和北方各省的內訌等相比，我們似確有人所不及之處。而廣西也因此薄負時譽。那時聯省自治，保境安民之風正熾，於是，川、湘、黔等鄰省，都紛紛派員來桂觀摩。

這些代表中，最受我們注目的，便是湖南省長趙恆惕的代表葉琪。葉君那時在湘軍劉鉶第二師任旅長。他是廣西容縣人，陸小第二期畢業，後入保定軍校，與黃紹竑、白崇禧及廣西許多高級將領都有先後同學之誼。當時更有所謂「四校同學會」的組織，由陸軍小學、預備中學、保定軍校、陸軍大學四校畢業生所組成。因四校同學都和葉氏有相當學誼，趙恆惕即利用這種關係，派他來和我們就政治立場有所商洽。

葉琪於民國十四年冬季，銜趙省長之命，取道桂林來南寧和我們會晤。葉君既是我陸小同學，為人又豪放不羈，所以和我們無話不談。他此次回桂，所負使命約有三端。湖南當局鑒於廣西新近統一，生氣蓬勃，故盼湘、桂兩省能採取同一政治立場，實行聯省自治，人不犯我，我不犯人；如能守望相助，攻守同盟，自然更為理想，此其一。如我們廣西當局有野心，想恢復以前陸榮廷囊括兩廣的舊局面，湖南當局願意出兵協助，同下廣東；但湖南當局之意僅在消滅廣東境內譚延闓和程潛所部的湘軍，不是想和桂軍分割廣東地盤，湘軍一滅，他們便班師回省，此其二。如以上兩項我們都做不到，則湖南當局希望我們不要為廣東方面所利用，至少在湘、粵發生戰爭時，採取中立態度，此其三。

總之，葉琪實負著說客的任務，他的注意力尤集中於廣東方面。因那時廣州中央實行聯俄容共政策，聘請俄國顧問等事，招致全國的注目，而湖南當局疑慮更甚。他們認為廣東方面聯俄容共的結果，必將幫助被逐的湘軍回湘。如是，則趙恆惕、唐生智便首當其衝。為防患於未然，所以派一位廣西人葉琪和我們聯絡。葉君來時所攜除趙省長親筆函件之外，還有湘軍其他師長「四校同學」唐生智、賀耀組等的聯絡函件。

葉君已多年未回省，對省內情形頗為隔膜。他在湖南時聽說我們忠誠擁護廣州國民政府，便很不以為然。因此時外界謠傳廣東已經赤化，實行共產公妻制度。葉琪到南寧後，便責問我，為何和廣州方面的共產黨合作？我說：「我們國民黨自有我們的三民主義，我們為什麼要實行共產主義呢？」

還有，葉君在湖南久聞我軍紀律森嚴，戰鬥力堅強，而十分景仰。不意回桂後見我們的軍隊都是衣著不整的「叫化軍」。因為廣西當時財政困難，我軍的制服都是最粗的土製灰布製成，既易褪色，又易破爛，士兵著久之後，難免襤褸不堪。因之，葉琪覺得十分詫異，為什麼這一窩爛軍隊能打勝仗呢？但是他對我軍戰鬥力的堅強，體驗最深。先是，當陸、沈交兵之時，趙恆惕曾派葉琪、李品仙、馬濟等部入桂援陸。馬濟入廣西稍一交綏，便被沈鴻英打得棄甲曳兵而退。葉琪、李品仙則率師在黃沙河觀望一番，未敢前進。而沈鴻英後來和我軍交戰，不數星期，大軍二萬餘人便一敗塗地。兩相比較，便知我軍和湘軍的戰鬥力是怎樣的了。這位葉將軍讚歎之餘，實百思不得其解。

葉琪對我們的新作風中，最感新穎的便是群眾運動。因為在國民黨改組之後，我們仿效蘇聯，發動群眾運動。各縣都組織有農民協會、工會、學生會等。群眾大會經常舉行，情緒極為熱烈，軍民打成一片，如水乳的交融。這些，都不是華北和長江流域各省可比。有時我們也請葉將軍在群眾大會給我們講演，並請他指導，群眾輒報以歡呼和熱烈的掌聲。葉琪係初次見到這種熱烈的革命運動的場面，頗為感動。我告訴他說：「這就是革命運動啊！北方的軍閥遲早要被我們革命勢力所打倒，我希望你們湖南也能加入到我們革命陣營裡來！」葉琪聽了頗為嚮往，但和他所負使命又極相矛盾。看準葉琪這種矛盾心情，我便乘機責以大義。針對他的三項使命，我也以「三不可」說服他。

我說，聯省自治在中國不可行，因聯省自治，事實上是否認中央政府，助長地方割據，為軍閥製造佔據地盤的藉口。現在中國所急需的，乃一強有力的中央政府，而非地方割據，這是一不可。我輩如為私心所嗾使而妄圖併吞廣東，勢必蹈陸榮廷的覆轍；粵桂相爭，也將永無已時，讓唐繼堯等軍閥坐收漁利，破壞革命，這是二不可。至於湘、粵戰爭，我守中立一點，也不易辦到。因我們已在廣東成立國民政府，以前的湘軍，現在同為革命軍的一部。以後沒有戰爭便罷，如有戰爭，斷非湘粵地方主義之爭，而為革命和反革命之爭，湖南將首當其衝而已。我們既已許身革命，斷難置身事外，這是三不可。我於是乘機勸葉琪加入革命。

葉琪初來之時，似頗自信三項使命必可完成其一。誰知他住久了，不覺為我們所感化，不但不圖離間我們和廣州國民政府的關係，反而對我們兩粵合作表示同情，頗有接受我們的勸告，加入革命的可能。我因而問他：「你看趙炎午❶會不會加入革命？」

葉琪搖搖頭說：「趙省長老了，只求保境安民，談不到革命了！」

我說：「那麼唐孟瀟❷呢？」

葉琪若有所悟地說：「唐鬍子倒很有野心！」

我說：「有野心就得啦！我們一定要把他拉入我們的革命陣營！」

自此以後，我們遂發動所有的報館、通訊社，一致宣傳葉琪是唐生智的代表，特來和兩粵革命當局會商湘、粵、桂合作的步驟。消息一出，不脛而走。港、穗、滬、漢各報競相轉載，弄得葉琪有口難辯，曾數度要求我更正。我說：「更正什麼啊？就做唐孟瀟的代表又何妨！」

這樣一來，不但葉琪來桂的三項使命一無所成，結果反而變成我們離間吳佩孚、趙恆惕、唐生智的工具了。

同時，我們也將葉琪奉命來桂的企圖，詳細密告中央各領袖，以免引起誤會。

2

就當葉琪訪桂的高潮期間，我們忽然接到廣州國民政府主席汪兆銘來電，說他將偕中央委員譚延闓、甘乃光到廣西來慰勞我們廣西軍民。因這時正是廣東方面二次東征之後，全省粗告統一，一月間國民黨第二次全國代表大會時，黃紹竑和我當選為候補中央監察委員。然兩廣表面上雖然合作無間，實際上仍系統各異。汪、譚此行的目的，顯欲以聯絡感情方式，圖進一步謀取兩廣統一的具體計畫，也可能因葉琪的到桂，不無有些疑慮而有此一行。我們當然覆電表示歡迎。廣東方面因到南寧費時太多，希望我順流而下，他們溯江而上，到梧州會晤。我們也答應了。會晤的時間便決定在民國十五年一月二十六日。

時期將屆，我和黃紹竑便約葉琪一同去梧州，葉琪頗為躊躇。他原為圖謀對付廣東而來向我們疏通的，現在不但任務沒有達成，反要和我們一道去見廣州方面的代表，絕非其始料所及。還有，葉琪對譚延闓很瞧不起。譚氏的部隊便是在葉等追擊之下潰往廣州的。加以譚以前在湖南，老謀深算，八面玲瓏，周旋於湖南各派系之間的作風，也不是血氣方剛、豪爽痛快的青年軍人如葉琪等所習見，所以葉琪不願見他們。

我說：「你願不願見他們是另外一回事。現在我們都到梧州去了，你一人住在南寧也寂寞，不如和我們一道去梧州玩玩。」葉琪執拗我不過，就跟我們一道乘輪去梧州。汪、譚一行也於一月二十六日，由我方派往迎接的代表白崇禧陪同西上，到了梧州。我們既然是主人，少不了要發動群眾來一幕「盛大歡迎」。好在汪兆銘自刺攝政王以來便享盛名，誰不想一瞻丰采，所以汪、譚等抵梧之時，軍民齊集江邊，真是萬頭攢動，歡呼之聲震動山岳，盛況空前。葉琪雖未去歡迎，但也頗為此場面所感動。他嗣後曾說，想不到在他心目中需要打倒的人，在此地卻有如此的號召力。

這是我和廣東方面中央的領導人物第一次晤面。汪、譚二人都一表堂堂，口角春風，對我們在廣西方面的成就稱讚備至。他們二人在我當學生期間便已全國聞名，都是我們所企慕的允文允武的英雄人物。今朝一見之下，他們滿口「救國」、「革命」，更說得順理成章，足開茅塞。所以此時我們對他們，尤其汪兆銘，真佩服得五體投地。

不過，我們對汪兆銘的革命理論多少也有點迷惘。如汪氏談起革命時，總是口口聲聲「革命的向左走」。一次在梧州郊外參觀，汪氏誤向左邊走去，我招呼他向右走。汪笑著說：「革命家哪有向右走之理？」我說：「向左去走不通啊！」說得大家都大笑起來。但是我們當時便有些不解，本黨自有其革命程序，何必又一定要向左呢？所以我們對他的一套革命理論也只是姑妄言之，姑妄聽之而已。

在汪、譚初抵梧州之時，葉琪仍不願去見他們，但是譚延闓對葉琪反而頗為讚賞。當我向譚氏提及趙恆惕的代表葉琪現在梧州時，譚氏倒很想一晤。譚說：「葉琪年輕能幹，當年在湖南時，他居然把我們的部隊打得落花流水。」言下似頗有長者風度，和「不念舊惡」的器宇。我因而把汪、譚的誇讚之辭轉述給葉琪聽，並勸他參加我們歡迎汪、譚的宴會。葉琪聽了這番「高帽子」，頗為高興，也就答應參加宴會。我告訴他，宴會上恐怕要請他發言。葉說，如要他公開發言，他就不去。但是最後他還是參加了。

歡迎汪、譚的宴會極為熱烈。我致歡迎詞後，便請汪、譚兩先生訓話。汪、譚兩氏除竭力稱讚我們統一廣西的成就外，對葉琪也順便誇獎了一番。隨後，我便請葉琪講話。葉琪在此場合下，也只有勉強應酬，投桃報李，對汪、譚恭維一番，引起熱烈掌聲，全場皆大歡喜。打破湘、粵多少年來的宿怨，奠立湖南唐生智等日後加入革命的初步契機。

這時我想一不做二不休，索性勸葉琪赴廣州一行，作初步的聯絡。葉琪聽了大驚。他返鄉的目的原係聯桂謀粵，如赴廣東觀光，豈非背道而馳！他堅持不去，並開玩笑地說道：「廣州他們在搞共產，我如到廣州去，吳大帥知道了豈不要殺我的頭？」

我說：「吳佩孚能管你們湖南的事？縱使廣東方面在搞共產公妻，你去看看也無妨。相反地，你看到了其中內幕情形，回到湖南去報告一些真情實況，說不定吳佩孚還會嘉獎你有膽有識呢！總之，去看看不算是壞事。」

經我們再三勸告之後，葉琪終於答應到廣州去看看。我便派白崇禧、夏威二人和葉琪同去，因他二人對廣州各界相當熟悉，是最合適的嚮導。白、夏、葉一行，於一月下旬隨汪、譚前往廣州，在廣州受到極盛大的歡迎。我們對葉琪此行的對外宣傳，自然仍說他是湖南唐生智的代表，前來兩廣聯絡的。此事在外埠各報已哄傳一時，葉琪如果是位謹小慎微的人，可能就有所顧忌而不敢去廣東，幸而他是個陽分人，痛快豪爽，不拘小節。他又係湘軍中的實力派，對本身行動有相當自由，不怕人家誤會。所以他在廣州酬酢一番之後，便取道香港、上海、武漢，回湖南去了。

3

汪、譚梧州之行，外間不明真相，稱之為「梧州會議」。其實，我們並未舉行任何會議。汪、譚西行的目的只在聯絡感情，他們也聲稱為「慰勞」而來。不過我們彼此間雖未提出具體統一的辦法付之討論，然此行的影響，倒確實增強了兩粵團結的基礎。因汪、譚兩氏確曾順便道及兩廣黨、政、軍統一的必要，這和我們的期望正不謀而合。

我方遂於汪、譚返航時，派白崇禧為代表，前往報聘。白氏抵粵後，見廣東自統一以後，氣象一新，兩粵如能統一，則不難問鼎中原。乃根據我們的意見，正式提出確實統一兩廣的方案，以便將廣西軍、民、財、教等大政完全統一於中央政府之下，劃一辦理。中央也特設「特別委員會」來處理兩廣統一問題。經數度會談之後，二月十九日白崇禧遂以皓電向我們報告。原電如次：

（銜略）吾省軍政前途，今後亟須上革命軌道，前電經已略陳，素為鈞座所明悉。欲負擔革命工作，完成革命任務，在理論與事實上，均非將軍、民、財三政與廣東鎔成一片，直受中央支配不為功。政治關係省內，抑亦關係全國，自成風氣，實不可能。軍隊更改編制，尤與財政關係密切。即以軍隊而論，廣東革命軍確實注重改良士兵生活，月餉十元至十二元。吾省若將財政自理，則於士兵生活問題必難解決。結果必有貌合神離之象。而於政治建設方面，結果亦將演成閉門造車之情境，將來必為革命之阻礙，而吾國家之命運，亦必因而延滯。連日與中央諸公磋商，若吾省能將軍隊依照廣東編制，政治能接受中央策略，財政交中央支配，則一切問題當能與中央合轍，由中央統同籌畫，互相調劑。此後對於革命任務，因屬共同負擔，而於補助接濟方面，亦已痛癢相關，不能秦越相視矣。禧知兩公對於革命重要，已有深刻認識；對於革命工作，已有堅確決心，歷年奮鬥，其目的在救中國，非救區區之廣西也。禧抵粵以來，見中央對廣西僅抱聯合的態度，一切設施規模大小，目光在粵省，不似統一全國機關，於將來革命政府之發展，諸多妨礙。已對汪、蔣、譚諸公自動提出先將兩廣確實統一，此種主張，駐粵各方極端讚許，想兩公必然贊同。現因體念上級官長，以圖節省電報來往時間起見，由汪先生發議組織一中央特別委員會，討論兩廣統一辦法，先將軍事、財政統一，次再及其他各件。議決案由禧帶回南寧，交兩公核奪認可後，交中央軍事政治委員會議決，由國民政府執行。巧日開始討論，兩公有何意見，請速電示為禱。白崇禧叩。皓。印。

我們覆電同意後，白崇禧復和中央洽談很久，然兩廣統一，仍有許多困難。例如軍隊改編問題，當時我們廣西部隊有兩個系統，實力和人數，相當兩個軍而有餘。民國十三年總理北上前，曾委我和黃紹竑為第一、第二軍軍長。此時中央想改編為一軍，事實上不無困難。其次即為軍費和財政上的困難。廣西為一窮省，一向不能自給，在清末即依賴湘、粵兩省協餉。此次如由中央統一辦理，中央便須彌補廣西費用的不足，這點中央顯然感覺困難。而我軍如按中央各軍標準，由中央財政部發餉，則中央「虧本」尤大。其實，中央可以要我們裁減兵額，我們當然可以照辦。不過此事中央頗難開口，因值此戎馬倥傯時期，練兵之不暇，斷然不能裁軍。因此項問題無法解決，白崇禧遂未得要領而返。

三月間，我們又派黃紹竑為代表，和白崇禧再度赴粵會商。歷時很久，才將問題解決。

第一，我方自動放棄改編為兩個軍的要求。將廣西兩軍合編為國民革命軍第七軍，由我擔任軍長，黃紹竑擔任黨代表，全軍共轄九旅二十一團及炮兵、工兵等營。茲將第七軍的編制列於下：

軍長　李宗仁

黨代表　黃紹竑

參謀長　白崇禧

第一旅旅長　白崇禧（兼）

第一團團長　陶鈞

第二團團長　呂演新

第二旅旅長　俞作柏

第三團團長　李明瑞

第四團團長　李朝芳

第三旅旅長　劉日福

第五團團長　張國柱

第六團團長　龔壽儀

第四旅旅長　黃旭初

第七團團長　許宗武

第八團團長　林暢茂

第五旅旅長　伍廷颺

第八團團長　陸受祺
第十團團長　梁朝璣
第六旅旅長　夏威
第十一團團長　韋雲淞
第十二團團長　葉叢華
第七旅旅長　胡宗鐸
第十三團團長（缺）❸
第十四團團長　楊騰輝
第八旅旅長　鍾祖培
第十五團團長　尹承綱
第十六團團長　周祖晃
第九旅旅長　呂煥炎
第十七團團長　楊義
第十八團團長　蒙志
獨立第一團團長　陳濟桓

獨立第二團團長　羅浩忠
入伍生團團長　呂競存
炮兵營營長　羅傳英
工兵營營長　馬典符

當時廣東方面的編制，採用蘇聯式的「三三制」，自班、排，至師、軍的編制，都以「三」為遞進：三班一排，三排一連，依此類推。我軍的編制卻稍異，詳下章。

至於財政，仍由廣西自理，第七軍軍餉也由廣西自籌，中央暫不過問。軍、財兩政既由廣西自理，黨務自然也由廣西當局斟酌地方情形，呈請中央核辦。誰知這一黨務獨立，日後竟獲致意想不到的善果。廣東當時國共糾紛已日漸顯著，嗣後國共紛爭擴大，我們廣西能夠維持一片清白，就因為此。

到此，統一會議中各項問題，才粗告解決，兩廣總算正式統一於國民政府號令之下。到民國十五年六月，中央正式頒布省政府組織法，民政長公署才遵命結束，改設廣西省政府，黃紹竑被任為省主席。

廣西為廣東以外由中央直接管轄的第一個省分。我們經數年的血戰，才把全省統一；復以全力將軍、財、民、教各政整理就緒之後，赤膽忠心將全省毫無保留地雙手捧獻中央。不幸當局目光短小，氣度狹隘，滿腹生意經，竟認為統籌辦理廣西省務為「蝕本生意」，而不願接收，硬性責令我們「自理」，使廣西形成半自治狀態。此例一開，國家法度全失。其後，中央本可「賺錢」的省分，如湖南等，在我軍克復之後也循例「自理」，鬧出各省割據之局。而始作俑者，厥為中央政府的負責人，豈不可歎！

4

當我們兩廣軍政統一逐漸完成之時，湖南內部趙、唐的分裂也日益顯著。此時兩湖一帶的政局，最高執政者表面上仍是吳佩孚。吳自稱討賊聯軍總司令。趙恆惕是湖南省長，名義上是受吳佩孚管束的。況岳州重鎮，自民國八年以來即為吳氏親信部隊的防地，湘省當局常受其監視。趙省長之下，有省防軍四師，師長是賀耀組、劉鉶、葉開鑫和唐生智。唐生智又兼「湘南督辦」和「水口山礦務督辦」，控制湘南最富的水口山鋅礦，所以他的第四師是湖南省防軍中訓練和配備最佳、人數最多的一師。

然而唐、趙、吳之間，表面上雖有隸屬關係，事實上卻是各不相能的。吳佩孚為圖著實控制湘省，暗中拉攏唐生智以制趙，以收分化統治之功。因湖南自譚延闓、程潛被逐出境之後，儼然成為趙家天下。且直、奉第二次戰爭，吳氏慘敗，直系在長江流域的勢力驟減。孫傳芳於曹錕賄選時，對吳的態度已是陽奉陰違，使吳有尾大不掉之感。吳佩孚乃玩弄手法，以分化趙恆惕的部下。當時唐生智業已桀驁不馴，得吳大帥接濟械彈，遂更無忌憚。

此次葉琪事件，吳幕內親趙小官僚乃利用兩廣的宣傳而中傷唐氏。吳佩孚也因唐的坐大可慮，再慫恿趙恆惕抑制唐氏。趙得吳大帥為後盾，遂有收回水口山礦務和提高省長職權的行動。然吳佩孚卻又暗中示意唐生智叛趙。唐生智本已有「彼可取而代也」的野心，至是乃正式有囊括全省，驅趙出湘的舉動。

為求計出萬全，唐生智並請蔣百里在吳大帥前代為說項，庶幾在渠出兵驅趙時，不致受吳大帥的阻梗。蔣百里是我國軍界的老前輩，又是首屈一指的軍事理論家；日本士官學校畢業後，復到德國陸軍大學深造。民國初年，任保定軍官學校校長，唐生智便是他的得意門生，往還極密。此時蔣氏正在吳佩孚幕內任總參謀長，頗得吳的敬重，吳以「先生」稱蔣，見必立迎。

唐生智因利用蔣百里的關係，向吳佩孚疏通驅趙，以霸佔整個湖南。而吳佩孚此時的用心也極為陰險，想在唐生智驅趙之後，加唐氏以犯上罪名而討伐他，一石打二鳥，收復湖南如探囊取物了。所以在唐生智有犯趙行跡時，吳大帥即表示不作左右袒。吳的唯唯否否，自增加了唐生智驅趙的勇氣。

唐生智惟恐力有不逮，乃打電報給我，請我在他出兵驅趙時，「派一旅之眾，在黃沙河遙為應援」。據說，唐生智擬此電稿時，劉文島曾從旁建議道：「『一旅之眾』，未免太少，『在黃沙河遙為應援』，也未免太遠。因黃沙河還在廣西境內，恐應援不及吧！」

唐生智說：「你話雖有理，但是把廣西部隊請進來容易，恐怕送出去不容易。」所以唐生智此時天大的野心，不過是取趙恆惕而代之，佔領整個湖南而已。如果吳大帥對他的驅趙行為不加干涉，唐孟瀟也就安心做他的湖南省長，保持一個北洋軍閥附庸的地位，無心參加革命了。

但是我的看法和唐生智不同。我認為吳佩孚見趙恆惕坐大，尚且不能忍受，他怎能坐視唐生智驅趙。在我看來，吳佩孚必定是等唐、趙鷸蚌相爭到白熱化時，再派兵入湘，把唐生智、趙恆惕一鍋熟。這樣，吳大帥的兩湖巡閱使的名義才名副其實，同時已經垮台的直系勢力才可復振，以便進一步窺伺兩廣，征服西南，實現其武力統一中國的迷夢。

所以我當時的判斷是：唐生智驅趙必然成功，但是在趙氏被逐之後，吳軍必定南下。以吳討唐，正是師出有名，名正言順。然以唐敵吳，則無異螳臂當車，以卵擊石，唐生智必然一敗塗地無疑。這樣則唐生智必將向兩廣乞援，加入革命；我們兩廣也正可藉此機會，以唐生智為前鋒，出師北伐。

我接到唐生智的電報之後，立刻回電照辦。我知道唐師一出，暴風雨便會隨之而來。因此，我立刻下令，要桂林方面部隊鍾祖培等向黃沙河進發。同時命令全省動員，各地部隊都向桂林集中，準備入湘，實行北伐。同時我也拍電報給廣州中央汪、譚、蔣等軍政首領，申述此時乘機援唐北伐，正是千載一時的機會。因為直系的勢力在北方受挫不久，元氣尚未恢復，吳佩孚正想利用統一兩湖的機會，復振直系。現在直系討馮的戰爭正在進行，精銳部隊被吸收在華北，湖北全境空虛，我們如利用唐生智為前驅，乘機北伐，擊吳佩孚於立足未穩之時，我們可以一鼓而下武漢。順流而東，便可師洪楊的故智，直搗滬、寧，統一長江流域，則全國不難定了。我們如不能把握時機北伐，待吳佩孚北方消滅了國民軍，南方統一了兩湖，直系勢力完全恢復之後，那我們問鼎中原的機會，便一逝永不再來。

所以我在致中央的電報中便說，我第七軍援湘之師已經出發，北伐勢成騎虎，希望中央速定大計，我本人即當東來向諸公就教。我的電報發出後不久，便收到汪兆銘、譚延闓等聯銜的覆電，電內對我出師援湘的義舉深為佩服，至於速定北伐大計一項，都說「俟兄來廣州之後，再行商酌可也」。

就當我和廣州中央電報往返之時，唐生智便已出兵驅趙。唐軍於三月初向長沙進發，趙恆惕自知勢有不敵，吳大帥也態度曖昧，便通電辭職，並薦唐生智為代理省長。趙本人則於三月中旬離長沙避往上海。唐生智遂於三月十七日佔領長沙。

趙氏在赴滬途中過漢口時，吳佩孚曾約其一晤。趙恆惕顯然認為唐生智的稱兵犯上是吳佩孚慫恿所致，竟拒絕和吳氏晤面。

唐生智入長沙後，也因吳佩孚態度不明，不敢遽以代理省長自居。仍以師長身分，請趙氏回湘主持大政。嗣後因見吳佩孚無聲討表示，而我方援師已在途，才於三月二十五日就「代理省長」職，誘捕湘軍第二師師長劉鉶，並進攻趙軍殘部，於三月三十日佔領岳州。

湘事發展至此，吳佩孚見時機已至，乃立刻調兵南下，循粵漢路向唐軍出擊。吳軍久經訓練，精銳無比，遠非唐生智所能敵。一經接觸，唐軍立刻潰敗。吳軍於四月三日攻入岳州，同月二十四日復將唐軍逐出長沙，南向進迫衡陽。唐生智至此幾已潰不成軍，復擬自衡陽向廣西邊境撤退，並急電向我求援。

我方接電後，即令鍾祖培旅兼程前進，向衡陽唐軍增援，全省援軍也向湘邊進發。五月初旬，當唐軍正預備自衡陽西撤時，我軍適趕至衡陽，和吳佩孚追軍發生激戰。我軍轉戰多年，驍勇無比，全軍奮勇衝鋒，喊殺連天，遂將吳軍攻勢阻遏。吳軍聞我軍喊殺之聲是兩廣口音，知是生力軍，也不敢戀戰，紛紛後撤，衡陽才轉危為安。唐生智新敗之餘，也收拾殘部，和我軍合力反攻，雙方遂於衡山、衡陽間和漣水一帶相持，進入膠著狀態。戰事詳情，於第二十二章中當再詳敘。

注釋

❶即趙恆惕，號炎午。——編者注

❷即唐生智，字孟瀟。——編者注

❸第十三團團長羅浩忠，因習俗相傳「第十三號數不祥」，辭不就職，故缺。——作者注

【第20章】

親赴廣州，促成北伐

1

和廣東方面電報往還之後，我便決定親赴廣州策動北伐。當廣西各界知道我此項意圖時，南寧、梧州等地均舉行盛大的歡送會，情況極為熱烈，令人感動。但是廣西內部，此時對北伐計畫的反應極不一致。大部分民眾團體，乃至少數黨政軍機關負責人對我策動北伐的努力，都持保守的態度。他們認為廣西統一不久，瘡痍滿目，百廢待興，我們應當與民休息。待生聚教訓有相當成績時，再圖北伐，為時未晚。我則以為不然，因北伐與否，實受兩種因素所支配，我們兩廣本身的生聚教訓固屬重要，北方時局的變化尤為要緊。現在我們如不乘北方軍閥自行分裂向我乞援之時北伐，等待北方變亂解決，局勢恢復安定，到那時再行北伐，則以彼之逸，待我之勞，絕無僥倖成功的希望。再有，廣東為富庶之區，軍隊久駐該地未有不腐化的，我們如不乘時用兵，曠日持久，必至師老兵疲，不堪再用。因此我於五月初自南寧東下，沿途都以此義遍曉大眾，然言者諄諄，而聽者仍難免將信將疑。

我行抵梧州，廣州方面乃派專艦來接，我遂改乘該艦東駛，於五月十日下午二時抵達廣州長堤天字碼頭。碼頭上歡迎的群眾，人山人海。國民政府以及黨政各機關首長如譚延闓、張人傑等和各民眾團體代表等都到碼頭之上佇立歡迎，軍樂悠揚，人聲鼎沸。在這歡迎行列中首先上船的便是第四軍軍長李濟深（任潮）和廣西駐穗代表白崇禧、陳雄等人。任潮和我是老友，相見甚歡。他為我一一介紹各歡迎人士。還有黃埔軍校蔣校長所派的代表、時任該校教育長的方鼎英。方告訴我說，蔣校長今天太忙，未能親自來歡迎，明日當專程來拜訪云云。

在碼頭應酬一番之後，遂由李任潮陪同到第四軍軍部休息。第四軍軍部設在新廣西會館之內，這會館是莫榮新督粵時所建，十分富麗堂皇。當晚便由任潮設宴洗塵，由該軍各高級長官作陪。餐後我曾和任潮談北伐大計，他極同情我的主張。只以其時國民黨內部明爭暗鬥尚未完全平息，北伐恐一時難於實現。因廣州於三月二十日曾發生中山艦事變。蔣、汪為爭奪黨的領導權，鬥爭已至白熱化。加以黨內左右派系之爭，復有共產黨依違其間，推波助瀾，情勢甚為惡劣。汪兆銘因自覺對黨政無力控制，一怒之下，稱病不視事。方從蘇聯回國的胡漢民，以環境惡劣，無法立足。兩位均在我到穗前夕，祕密赴港。黨內人心惶惶，大有不可終日之勢。我專程來粵策動北伐，顯非其時。這些黨內糾紛，我在抵穗之前，都不知其詳。到此才知廣州黨政軍各首腦部都像「泥馬渡江，自身難保」，何能奢言北伐？我一旦目睹此種情況，真冷了半截。然既來之，則安之，仍須盡我最大的努力，促成此一盛舉；何況我軍已入湘作戰，騎虎難下，欲罷不能呢。

翌日上午，蔣先生自黃埔專程來看我。他原來在黨內地位並不重要，在粵軍中的位子也不過是粵軍總司令許崇智的參謀長。民國十二年秋季，奉中山之命赴蘇俄報聘考察。十三年春，蘇俄派顧問協助蔣氏籌辦黃埔軍校，遂受任為校長。在校內勵精圖治，氣象一新。其後得蘇聯軍事顧問的支持，獲大批械彈的接濟，先後成立第一、第二教導團，並以參謀長的地位，從事整頓粵軍。那時粵軍總司令許崇智生活浪漫，辦事因循，整軍大計一任蔣氏所為，於是大部分粵軍的領導權，遂漸入蔣氏之手。渠乃以黃埔軍校學生和教導團為基礎，將所掌握的粵軍徹底改造，成為其個人的軍隊。蔣氏並於民國十四年，得各友軍的協助，兩次東征，擊破陳炯明殘部。在第一次東征克復汕頭時，回師消滅盤據廣州城郊勾結唐繼堯的劉（震寰）、楊（希閔）反動軍隊。這些都使我們遠道得聞，深致敬佩。民國十四年九月二十日晨，蔣氏憑藉蘇聯顧問的聲勢，突率衛士數十人，包圍其長官許崇智的住宅，逼許氏立刻離開廣州。申言許氏不去，渠便無法整頓部隊，待渠將部隊整理就緒，三個月後，再請許氏回粵主持大政云云。當時我們在廣西，便聞蔣氏向許氏挾持迫害而頗不以為然。不過我們都知道許總司令處在革命高潮之下，生活還這樣腐化，故對蔣氏此一行動，也頗諒解他的苦衷。

那時白崇禧時常往來粵、桂間，對蔣校長和黃埔軍校的革命作風頗多好評，更增加我們對蔣氏的欽佩。到民國十五年三月二十日中山艦事變時，我們也不知黨中內爭的底蘊，只覺當時廣州有崇俄的風氣，一般黨人對俄國顧問敬若神明，蔣氏竟敢公然將俄顧問逮捕，遣送出境。這種行為雖跡近越權亂紀，但和阿諛外籍顧問的風氣相對照，自獲得我們乃至多數國人的同情心。

所以我們此次到廣州，對蔣先生極具好感，加以當時黨政中樞的領導人汪兆銘已離職去國，蔣氏成為廣州的中心人物，促成北伐大計，第一須說服蔣氏才行。

蔣先生於上午來訪，下午我即往黃埔回拜，並參觀軍校一切設備。當我自黃埔碼頭上岸時，全校教職員、學生數千人在校門前列隊歡迎。該校高級官長、教員都由蔣校長一一介紹握手。何應欽、周恩來、鄧演達等，那時都是第一次和我見面，但人數太多，未能一一記憶。

黃埔軍校的校址原為前清廣東虎門陸軍速成學堂所在地，清末時此地也曾辦過海軍學堂。校舍經歷年擴充，現在已能容納數千人。校內井然有序，到處貼滿了革命標語，革命的空氣，十分濃厚。惟就技術觀點說，軍事教育的水準卻不甚理想。因為學生入學程度既不齊（有許多係老同志保送，未經考試而入學的），而受訓時期也太短。第一、二、三各期連入伍期在內，為時只有六個月。加以政治和黨務課程又佔據時間很多，所以軍事教育在這短時期中，實學不出什麼來。

蔣先生親自導我參觀全校。這時第三期已結業，第四期學生正在上課。我每到一處，蔣先生都為我略事介紹，不論在操場或講堂，值日官都喊「立正」致敬。

2

參觀完後，蔣先生留我在校晚餐。進膳時，只有我和蔣氏兩人，所以可以暢談。首先，我便向蔣氏陳述我策動唐生智加入革命的經過。我認為北伐時機稍縱即逝，故力主從速敦促中央決定大計。我向蔣氏陳述的內容有三點：

第一，我分析北方各軍閥的形勢。我說當今盤據黃河、長江兩流域實力最強的，首推曹錕、吳佩孚的直系軍閥。然自民國十三年第二次直奉戰爭，由於馮玉祥倒戈，曹錕賄選總統的政府跟著倒台，吳佩孚倉皇由海道逃回漢臯以後，直系已一蹶不振。加以長江下游的孫傳芳已企圖獨樹一幟，對吳氏陽奉陰違，直系內部貌合神離，已有解體之勢。惟近來吳佩孚乘張作霖、馮玉祥互爭於天津一帶，遂東山再起，自稱討賊聯軍總司令，整訓所部，又成勁旅，虎踞武漢，正聯絡奉張，揮軍北上進擊馮玉祥的國民軍。國民軍一旦瓦解，吳的勢力也必復振。既振之後，必乘勝戰的餘威，增兵入湘掃蕩唐生智所部，從而南窺兩粵。我們現在如不乘國民軍尚在南口抵抗，吳軍主力尚在華北，首尾不能相顧之時，予以雷霆萬鈞的一擊，到吳氏坐大，在南北兩戰場獲得全勝，鞏固三湘之後，孫傳芳也不敢不和吳氏一致行動，那我們北伐的時機，將一去永不復返，以後只有坐困兩粵，以待吳、孫的南征了。

第二，我再分析兩粵的政情。我說我們兩廣近十年來都處在龍濟光、陸榮廷等軍閥統治之下，革命勢力終未真正抬頭。其後總理正將殘局收拾，又遭陳炯明的叛變，各小軍閥的割據，地方狐鼠橫行，一片糜爛。近兩年來，總算天興漢室，兩廣統一。現在我們如不乘時北伐，難免師老兵疲，不堪再用。尤其廣東是紙醉金迷的富庶之區，往日軍隊駐粵，不數年間便會墮落腐化，兵驕將惰，必至天然淘汰，失敗消滅而後已。龍濟光、莫榮新，乃至陳炯明、楊希閔、劉震寰、許崇智各軍的瓦解，前後如出一轍。現在我們若不乘兩廣統一之後，民心士氣極盛之時，另找目標發展，以避免偷安腐化，則若輩前車不遠，足為殷鑒。

第三，我又分析湘局，和我們的第七軍已成騎虎難下的形勢。我說我雖已策動唐生智起義，驅逐趙恆惕，惟唐氏態度頗不堅定，他一面電請廣西派「一旅之眾」到湘桂邊境聲援，一面又派代表見吳佩孚，陳明去趙的苦衷，祈求吳氏諒解。其志只在作湖南的主人翁，已甚明顯。至於吳氏則久已蓄意確實掌握三湘，作為侵略兩粵的基地，如今師出有名，以援趙為口實，驅軍南下，協助趙部葉開鑫等擊破唐部於湘北。唐氏見事態嚴重，才請我第七軍越界入湘赴援。現在我們如不藉援唐之名實行北伐，唐氏一敗，後患豈堪設想？更有一點，設吳氏一旦警覺，變更政略，去趙恆惕而容納唐生智的請求，則我革命軍以後欲取道湖南，問鼎中原，實非易事。所以我告訴蔣先生說，根據上述三點理由，我們非即時北伐不可。我更強調，當湘亂初起之時，唐氏乞援，我之所以未向中央徵求同意，便毅然決然出師援湘，就因時機稍縱即逝，不容我們蹉跎之故。語云：「畏首畏尾，身其餘幾。」所幸時機未失，戰事在湘南漣水兩岸進入相持狀態，所以我火速來穗，請求中央早定北伐大計。希望他能同情我的主張，促其早日實現。

當我滔滔不絕陳述北伐利害之時，蔣先生在一旁靜聽，未多發言。我反覆地說了很久之後，他才說：「你初到廣州，不知道廣州的情形太複雜……現在如何能談到北伐呢？」

蔣氏說時，似有無限的感慨，但是他這回答，卻完全出乎我意料之外，潑了我一頭的冷水。

那時我到廣州尚不足兩天，的確不知廣東中央方面黨政軍內部的情形。汪、蔣、胡之間的暗鬥，國共兩黨之間的摩擦等等，也確實是很複雜，不像我們廣西方面的單純和團結。這時汪兆銘方負氣而去，中樞無主。鮑羅廷為中山艦的事，新自海參崴趕回廣州。中央黨政軍內部，都在醞釀新危機，他們哪裡有心緒去談北伐呢？經過這一段的觀察和談話，我才知道廣州方面對北伐毫無準備。所謂北伐，在廣州真連影子也看不到。而我軍卻早已入湘，在衡陽一帶，打得炮火連天。我們廣西全省軍民都勒纏以待，只等中央一聲號令。而中央方面對我們請求的反應，卻太使我傷心了。

因此，我繼續向蔣先生辯白說：「正因為我們內部問題複雜，大家情緒不穩，才應該北伐，好讓大家有一個新目標，一致去奮鬥，以減少內部的摩擦。」

我和蔣先生反覆辯論很久，蔣先生的態度仍是十分躊躇，說起話來唯唯否否。他同意我的見解，但是卻強調事實上的困難。最後他執拗我不過，才說：「你和他們說說看。」他的意思是要我向中央方面其他同志解釋一下北伐的計畫再說。

我和蔣先生詳談了數小時，終於未得要領而返。這是民國十五年五月十一日，我和蔣先生第一次的會面。我對他的印象是「嚴肅」、「勁氣內斂」和「狠」。其後我在廣州珠江的頤養園和白崇禧聊天，白氏問我對蔣先生的印象。我說：「古人有句話，叫做『共患難易，共安樂難』，像蔣先生這樣的人，恐怕共患難也不易！」白氏對我這評語也有同感。

3

我和蔣先生談後，便連日分訪中央各要人，酬酢幾無虛日。惟其對中央黨派暗訌餘波未息，更無人對北伐發生興趣。三月二十日中山艦事變後，國共兩黨裂痕亦漸暴露。俄國顧問對北伐問題的態度極為謹慎，既不贊成，也不公然反對。中國共產黨雖未公開反對北伐，但陳獨秀所辦的機關報《嚮導》週刊社論卻說北伐的時機尚未成熟。所以我在廣州，頗有吾道甚孤之感。

我第二個拜會的中央要人便是張人傑，張氏於汪兆銘離國後任中央政治會議的代理主席。

身材瘦弱，並患癱瘓病，不能行動，平時總坐在扶手椅上，由傭人提挈以行。張氏口吃，並帶濃厚的浙江口音。他既是黨國元老，我對他自然十分尊敬，而張氏對我則更是恭維備至。他說：「總理去世之後，唐繼堯居然用兩省兵力，想來廣州篡位，要不是你們在廣西把他擋住，中央就糟了。」我說：「現在回想起來也很覺可怕，以我們區區不足萬人的基本部隊來抵抗唐繼堯號稱十萬之師，並有沈鴻英作內應，實在是以卵擊石，想不到竟憑一股革命精神把他打退了，但也是中央領導有方！」張說，那時他還在上海，所有同志均為我們此一戰役擔憂，想不到最後居然擊退唐軍。這種戰役不特現代所無，歷史上也很少見。他又繼續稱讚我們以少擊眾，統一廣西，然不自居功，願受中央領導，使兩廣統一，一掃舊式軍人私心自用的習氣，尤為難得云云。張氏的態度極為誠懇，真使我有受寵若驚之感。

接著，我便向張氏力陳北伐的重要。張也和蔣先生一樣，態度模稜兩可。他說汪先生已出國，中樞政情極為複雜，出師北伐問題，宜從長考慮。我乃把我向蔣先生所說的北伐三大理由反覆分析、陳述，務必請中央速定大計，否則恐有緩不濟急之虞。張氏傾聽良久，仍不願表示他的主張。最後，他要我「再去和介石說說看」。張氏嗣後曾回拜我兩次，但那只是禮貌上的往還，對北伐並無表示。

拜訪張氏之後，我便去看譚延闓和程潛。譚、程二人都是湖南軍政界的老前輩，後因和趙恆惕發生內訌，被逐出湘，率師來粵就食。所以他們對湖南的將領，尤其是唐生智銜恨極深。

我向譚氏陳述我策動唐生智加入革命的經過。我說，唐氏現受吳佩孚部的進攻，我已履行諾言出兵援助，惟恐獨力難支，故有前電懇請中央諸公速定北伐大計，此番東下，志在促其實現。可是譚氏對北伐並不起勁。他是翰林出身，久歷官場，為人極端圓滑。他聽我提到唐生智，只微微一笑，說：「你要唐生智加入革命？他恐怕靠不住吧！」言談之間，他顯然是反對援唐北伐的。

程潛卻沒有譚氏那樣含蓄和渾厚。他的個性直爽，有話即說，一副老氣橫秋的樣子，大有恃才傲物之概。他說：「你想唐生智那小子能加入革命？他以前倚靠北洋軍閥打我們；現在吳佩孚打他，你要我們去救他？且讓吳佩孚把他打敗了，我們好去收編他的部隊。然後，我們再定計北伐不遲。」程潛說時悻悻然，似乎對唐生智餘怒猶存。

總之，這兩位湘籍的軍事首領都反對援唐北伐，他二人都不相信唐生智真能誠心誠意參加國民革命。他們是惟恐湘局不糟，唐生智不敗。但是我說，我的第七軍已在湘作戰，而且勝利可期。我們革命軍人應以革命前途為念，捐棄前嫌，予唐以加入革命自新的機會。同時，我又把北伐的重要性和時機的不可失，詳詳細細地分析給他們聽。我一再強調，千載良機，稍縱即逝。我希望兩位先生同情我的主張，促成此事。他二人雖也同意我的分析，但是始終吞吞吐吐，對北伐不表示興趣。

嗣後，我又去訪俄顧問鮑羅廷，鮑氏方自華北趕回廣東。此時國民黨二屆二中全會正在籌備開會，蔣、鮑二人都忙於彌補國共之間因中山艦事件引起的裂痕，更無暇討論北伐。

鮑氏給我的印象是精明強幹，口若懸河。我們見面寒暄之後，他便向我談一套革命的大道理，什麼無產階級革命，工農運動等等，大體都能言之成理。接著，他又解釋蘇聯的對華政策，說蘇聯如何地以平等的原則扶助弱小民族，廢棄不平等條約。蘇聯幫助中國革命，完全是站在反對帝國主義的立場，是發乎道義的、真理的等等一套理論，都很動聽。

我即以他所說的話恭維他一番，同時向他陳述北伐時機的重要性，並反覆申述以前我和蔣氏所說的三大理由。鮑氏聞言默然，只說茲事體大，應從長考慮。其實，俄顧問和中國共產黨此時都不贊成北伐，其原因，在我猜測，可能有兩種：善意的，他們可能認為我們力量太少，此時不能和北洋軍閥抗衡於戰場之上，應多多休養生息，到有把握時而後動。惡意的，他們可能因為中共在國民黨內部發展的力量還不夠，在軍、政兩方面，他們滲透的根基尚薄弱，民眾運動除廣州外，尚未普遍，一旦國民黨勢力大張，奄有全國，對彼等的工作，自屬不利。所以鮑羅廷此時對北伐的態度非常冷淡。

我此次東下廣州，係專為策動北伐而來，除民眾團體熱心同情外，各友軍，乃至黨政首腦、蘇聯顧問的反應，實是我意料所不及。幾乎使我有乘興而來，敗興而返的感覺。幸好李任潮對我的呼籲表示十二萬分的贊成和熱心，使我感到無限的安慰，故仍竭誠奔走疏通，最後卒使北伐成為事實。此一內幕，錯綜複雜，其中重大關鍵及轉捩點，實為當時全國人民，甚至國民黨一般同志所未能洞悉的。

4

李濟深原是在他到梧州以後我才認識的朋友，也是我入黨的介紹人。他原籍蒼梧縣，陸大畢業。初入北京陸軍部服務，後參加革命，到粵工作，任職於粵軍第一師，原師長便是忠於孫中山被奸人狙擊而殉職的鄧鏗將軍。該師幹部多係保定軍校出身，軍紀嚴肅，訓練裝備俱佳，為粵軍中的勁旅。

沈鴻英在西江被擊潰後，中山遂委李氏（時任第一師師長）為西江善後督辦。駐節肇慶，設行署於梧州。李氏豁達大度，忠實淳樸，和黃紹竑合作，二人頗能相得益彰。粵、桂兩方賴以融洽無間，奠定後來兩廣統一的基礎。

此次我來廣州，和李氏朝夕過從，都能開誠相見，所以無話不談。我既覺中央尤其是多數軍事首腦，對於出師北伐反應冷淡，頗為失望。而李氏則一再鼓勵，勸我再接再厲，不可功虧一簣。他這種忠忱熱情，使我感激涕零。

某一晚，我和他促膝掬誠作竟夕之談，偶爾觸動靈機，半正經半玩笑地向他建議道：「你第四軍可否自告奮勇，抽調兩個師先行北上，待穩定湘南、湘東防線之後，我們便可有充裕時間，催促中央決定北伐大計。按照常理及當時地方習慣，第四軍乃廣東的主人翁，主人且自告奮勇，出省效命疆場，駐粵其他友軍係屬客人地位，實無不參加北伐而在廣東戀棧的道理。因就好的方面看，如第四軍出師勝利，他們固可樂觀其成，即使不幸失敗消滅，他們也可瓜分第四軍的地盤。鼓勵四軍北伐，何樂而不為呢？不過我相信以四、七兩軍的能征慣戰，一定可以把敵人打敗，甚至可以收復長沙，造成有利形勢，使中央不得不贊成我們的主張。」他聽完我分析之後，毅然不加考慮，脫口而出，連聲說贊成此一辦法。我繼續說：「明天中央政治會議開會，我已接得通知書請我列席。屆時我當重新提出北伐時機成熟的重要性，你即起立發言，附和我的主張，並請政治會議決議，准許第四軍先派部隊兩師，立刻動員北上入湘，截擊南下敵人。但是第四軍主力遠戍西江、高州、雷州、瓊崖等處，集中需時，而葉挺獨立團駐防廣州，朝發命令，夕可開拔，應使葉團先行，以壯前方士氣（此即葉獨立團先到安仁、祿田拒敵的由來）。」

我二人計畫既定，當政治會議開會時，我便起立發言，仍將我前向各首長游說的三大理由反覆陳述，並強調我軍已在前方作戰，且已挽救了衡陽陷落的危機，刻正節節推進，長沙在望，勝利已見端倪，決不可中途而廢。倘仍躊躇不決，吳佩孚必得抽調鄂、贛勁旅增援進攻，我方孤軍苦戰，勢難持久，一有差池，粵桂邊境立受威脅，而雲南唐繼堯和福建周蔭人也必伺隙蠢動謀我，若兩廣四面受敵，前途將不堪設想了。故請中央速定大計，克日北伐。我發言既畢，李濟深隨即起立發言，大意是說他聽德鄰同志所分析各點，都極中肯。今日北伐實是千載一時的機會，何況唐生智已聲明附義，我第七軍正在前方作戰，並已節節推進。今日北伐已勢成騎虎，中央斷不可坐視我第七軍和唐軍孤軍作戰而猶豫不決。他更自動提議說，為免第七軍和唐氏部隊孤立無援，他願將駐瓊州、高州第四軍的張發奎、陳銘樞兩師北調赴湘增援，現駐廣州城郊的葉挺獨立團且可立即出發。李氏呼籲說，戎機不可坐失，第七軍已在浴血作戰，第四軍也已準備犧牲，希望其他各軍袍澤一致響應，共襄盛舉；中樞更宜速定北伐大計，以解中原人民的倒懸，以慰海內外愛國人士的喁喁之望。

李氏這樣突如其來的慷慨陳詞，說得全場空氣陡然肅穆，軍政首領都為之動容。今粵軍既然自告奮勇，願為先驅，其他駐粵各軍原係「客軍」，實無任何反對北伐的藉口。中央上自主席乃至文武大員，在原則上也已一致同意北伐的主張，會場情勢遂急轉直下，我的北伐建議遂在中央政治會議中正式通過。政治會議並同時通過任命唐生智為國民革命軍第八軍軍長，並嘉獎李濟深自動請纓的義舉。並決定推選北伐軍總司令，組織北伐軍總司令部。北伐至此，才進入具體計畫階段。

到五月二十一日二中全會之後，軍委會遂發表時局宣言（不用國民政府而用軍事委員會名義，使我當時甚感迷惘），表示願意接受海內外請願，決定北伐，但是縱至此時，中央仍只是原則上的決定，各方籌備工作俱極滯緩。這種情形顯然表示中央尚在觀望，看我們入湘作戰部隊的戰績如何，再相機而行。我看此情形，不盡樂觀，所以經常去黃埔，面促蔣先生，早日請中央定期誓師北伐。蔣先生對我的催促卻頗有不耐煩的表示。據說他在他的五月二十九日的日記上曾埋怨我「不識內情，徒怪出師延緩」，他「深致惋慨」云云。這都可說明他們那時是如何地躊躇不決，而抱著觀望的態度，而我那時對出師北伐是何等地急切和企盼！為了減少蔣先生的顧慮，我和李任潮曾私相約定，擬明告蔣先生，北伐正式出師時，我們自當推舉他擔任「總司令」。任潮後來曾委婉地將我們私下所交換的意見告訴了蔣先生。

政治會議既已通過北伐，唐生智的第八軍軍長職也明令發表。唐生智此時的駐粵代表是劉文島。劉和唐是保定軍校同期同學，後又赴法研究政治，足跡遍中外，見多識廣。我在未見面以前，已久聞其活躍於湘、鄂之間，甚是羨慕。此番初次見面，卻發現他對人談吐跡近誇大，華而不實，語云「耳聞不如一見」，實有至理。劉此次來粵，偕有隨員七八人，也住在第四軍軍部。劉頗好阿諛，他對我和李任潮極盡奉承的能事，但對他的隨員卻動輒無理呵斥，聲色俱厲，仍欲藉以顯示其身分地位。其隨員中有一少將劉高參，也是保定軍校學生，和唐生智私交甚厚，就不賣他的帳，某次因不堪辱罵，竟反唇相稽。劉文島在眾目昭昭之下，弄得無法下台，此亦「人必自侮，而後人侮之」之謂歟？寧漢分裂時，聽說劉氏曾於某次紀念週中演說，要求唐氏部下「孝順」唐總指揮，像兒子孝順父親一樣，惹得台下文武官員二千餘人哄堂大笑。而唐氏全副戎裝，正襟危坐於演說台上，猶怡然自得。會後，何鍵、李品仙等高級將領故意揶揄劉文島道：「你要做兒子儘管去做，我們可沒有資格領受這個榮銜呀！」一時成為革命軍官場中的笑柄。在武漢時代，據說劉文島反蔣比誰都激烈，等到武漢局勢解體，唐氏已成孤立，劉乃搖身一變，輸誠投到蔣先生的懷抱，又對蔣先生「孝順」起來了。旋即榮膺立法院委員。後來希特勒崛起，納粹瘋狂時代，又被派為中國駐義大使。竟以善拍馬屁，而官運亨通了。

這次在廣州，我們業已看出劉氏是個上諂下驕的人。當唐氏的第八軍軍長職發表後，第八軍的黨代表和政治部主任之缺猶虛，劉氏便一心一意想抓到手。一次在政治會議席上，劉以唐生智代表身分列席。會議中，他起立發言，首先代唐生智誇耀一番，說唐氏如何雄才大略，如何獻身革命，不愧國民革命的股肱。繼說第八軍黨代表一席猶虛，中央似應早遴大員充任。接著便介紹他自己說是保定軍校出身，又留學法國，實在文武兼資，做黨代表一職似最為合適。這一席毛遂自薦的講演，說得口沫橫飛，惹得全場相視竊笑，主席張靜江❶又未便阻止他。只見譚組庵（延闓）以手帕掩口笑個不停，程潛眼如銅鈴，怒脈僨張，大有起立申斥之勢。我和劉氏座位相連，看此情勢，殊為他感到尷尬，而劉尚不自覺，我連連踢了他幾腳，劉文島才停止講演，坐了下來，忙將手帕拉出，頻頻向額角、頸項抹汗不休。主席遂說第八軍黨代表事，以後再談吧，才收拾了這場不愉快的局面。

散會後，劉氏和我們同車回四軍軍部。在車上，李任潮和我都埋怨他說，今天會場局面弄得很僵，你如想做黨代表，為什麼不先和我們說明，我們可替你疏通一下，安可不顧一切，自吹自擂起來。劉聞言，故作大驚道：「我這樣幹錯了嗎？德公，你是老前輩，以後務必請你隨時指教！」說得我和李任潮都為之失笑。

過了幾天，唐生智特電中央保薦劉文島任第八軍黨代表兼政治部主任，中央隨即發表了。劉氏欣喜之餘，屢次天真地問我，黨代表究係什麼階級。我說，可能是上將，即中將也不小啊！他又問我，黃紹竑是什麼階級，我答：「上將。」他才心安。一次在政治會議席上，劉氏又故態復萌，大放厥詞，大意仍是他才兼文武那一套。最後說，唐生智自保定畢業後，便一直在湖南，未出省境一步，現在竟位至上將。弦外之音，如我劉某是法國留學生，其官階斷不可在唐某之下。這一場演說鬧得比上次還要僵。我再度踢他，才把他的話堵住了。後來在車子裡，我和李任潮又把他教訓一頓說，我們革命不是為階級而來，足下何以如此熱中呢？劉氏聞言，把眼一瞪，天真地道：「德公，我這次又講錯了嗎？」

其實，黨代表在當時是沒有官階的。劉氏後來的官階是中將政治部主任，階級並不算低，但他卻以官階在唐氏之下為恥，平時竟不肯穿軍衣，這也是促成北伐過程中的小趣事。

5

當我在廣州策動北伐漸有頭緒之時，湖南戰事因我軍加入戰鬥也逐日好轉。到六月初，黨二屆二中臨時全體會議乃共推蔣中正任國民革命軍總司令，並授權蔣氏組織北伐軍總司令部。這時湖南方面戰事既在急劇發展之中，北伐軍勢必設立一「前敵總指揮」以擔任第一線指揮作戰的責任。關於這一席，政治會議一致通過要我擔任，而我卻推薦唐生智擔任。理由是湖南戰場上第八軍地位的重要性。第七軍援湘時，我曾電告唐氏，請其直接指揮。並說：「我兄應視我軍和貴軍為一體。請不必客氣，直接指揮。」

我軍入湘作戰，原是師以義動，今番我如擔任「前敵總指揮」，入湘指揮唐氏，易使唐氏和其他湖南將領誤會我以義始而以利終。所以我在政治會議上說：「我們革命軍應開放門戶，以廣招徠。唐生智以區區師長，一旦加入革命，便位居前敵總指揮，足徵我革命政府大公無私，革命人人有分。如是則全國附義者勢必風起雲湧。何況我軍入湘時，我已命令所屬聽唐指揮，這是既成事實，不必再行變動。我們革命軍人不可斤斤於小的名位而忘忽大體。」

但是我這一席話，全場均不以為然。他們總以為唐生智加入革命歷史太短，其原有的職位只是一名師長，實力也很有限，驟畀以大任，恐他負擔不起。其中反對最烈的為程潛，他向我說：「德鄰同志，難道你要我回湖南時聽唐生智指揮嗎？我看你無論如何勉為其難吧！」我仍舊堅持讓唐生智，會議乃無結果而散。事後，我向李任潮一再剖析此事。任潮最初仍堅持非我擔任不可，後來他見我態度堅決，遂不再勉強。第二次政治會議開會時，我一再勸告程潛勿念舊惡，並堅持以唐生智為「前敵總指揮」，政治會議才正式通過了唐的新委任。會後，唐生智的代表劉文島曾來我處，代唐道謝，並連聲說我薦賢任能的「偉大」！劉氏此時也有詳細報告給唐生智，唐氏後來對我很表感激。

唐生智新職發表後，湘局已完全穩定。唐氏遂於六月二日在衡州正式宣布就國民革命軍第八軍軍長及前敵總指揮職。這時第四軍的陳銘樞（第十師）、張發奎（第十二師）兩師已自南路和瓊崖北調；葉挺獨立團也已於六月初離穗北上入湘。六月五日，國民政府正式任命蔣中正為國民革命軍總司令。一時中外哄傳，中國歷史上偉大的北伐，就這樣三湊六合地發動起來了。

注釋

❶即張人傑，字靜江。——編者注

【第21章】

北伐前夕的革命陣容

1

我在廣州策動北伐的時候，和廣州方面黨政軍各層幹部同志以及各種民眾團體也有聯繫，因有機會對我方革命陣營作一番更深入的觀察。

開頭給我印象最深的為革命的群眾運動。我初抵天字碼頭時，各民眾團體代表歡迎的為數甚眾，旌旗飛舞，鼓樂喧天。群眾高呼「歡迎革命領袖」、「打倒軍閥」、「打倒帝國主義」等口號，聲震天地，情緒十分熱烈。

在廣州期間，曾參加過無數次民眾團體的歡迎會，接受他們的慰問和獻旗。這些民眾團體都是在黨的領導之下組織的，計有工會、學生會、商會、店員工會，乃至攤販工會、人力車夫工會、海員工會以及各地前來廣州開會或受訓的農民協會的代表。他們都是活潑、熱忱、充滿革命熱血的青年，對廣西方面拚死力拒唐繼堯東下篡奪革命根據地的血戰，都讚揚備至。同時他們對我們在廣西統一的艱苦情形，以及助成廣東統一的功勞，都有深刻的認識。深使我感覺知音遍海內，而受到莫大的鼓勵。

不過在這革命空氣之中，我也漸漸看出了一種潛伏的危機，那便是國共兩黨，乃至本黨領袖之間的暗訌。國民黨是個老大的政黨，黨員極眾，可說是少長咸集，良莠不齊。其中青年的黨員們和一部分少壯派的領袖們都熱情洋溢，堅苦卓絕地為革命而奮鬥。其革命熱情有時竟發展到「革命狂」的程度。但是另一部分老黨員裡面，卻雜有官僚、政客和腐敗的軍人，思想陳舊，生活腐化，對革命意義一無所知。而他們也混在革命陣營內高喊革命，掛羊頭賣狗肉。因此在國民黨內已劃分成兩個集團，彼此迥然有別，暗潮起伏，互相嫉忌，長此以往，難保沒有差池。

另有一部青年的黨員和少壯派的領袖卻是「跨黨分子」。他們是國民黨內的共產黨員，信仰不同，背景各異。他們和國民黨的結合是暫時性的，日久必然分道揚鑣。不過他們多半是青年分子，對革命狂熱奔放，極少腐敗分子參雜其間。他們平時雖打著國民黨的旗號，但是暗地卻發展其共產黨的組織。只顧目的，不擇手段，因而勾結熱情的國民黨中少壯分子，互相標榜，於是國民黨本身裡面，暗鬥愈烈。

再有，本黨中央領導機構也極不健全。總理逝世後，獨樹一幟的西山會議派固不消說，在廣州中央方面，汪、蔣等各為私利的明爭暗鬥，也不足以表率群倫。當時集黨政軍大權於一身的蔣介石先生，縱橫捭闔，予智自雄的作風也很欠正派。

國民黨改組之初，蔣先生尚非中央委員，但是在總理北上後兩年之內，一躍而為黨內最有權力的領袖。其權力增漲的過程，實得力於權詐的多，得於資望功勳的少。論蔣的手腕，起初聯絡汪兆銘、廖仲愷、俄顧問鮑羅廷，和中國共產黨等，以打擊西山會議派的元老集團，並排擠胡漢民、許崇智等。胡氏和西山會議派的勢力既除，蔣氏又利用黨內一部分反共情緒和西山會議派等取得默契，發動三月二十日中山艦事變，拘押俄國顧問，並逼汪兆銘去國。汪氏既去，蔣又施展手段，將其政變越軌行為嫁禍於人，將反共甚力的所謂右派軍官如十七師師長兼廣州警衛軍司令吳鐵城及其他反共領袖等拘押，通電痛斥西山會議派，以取悅於俄國顧問及中國共產黨以自固。這種種都足以說明蔣氏的才過於德，不能服人之心。

所幸此時我們在廣西原是獨立發展，然後和廣東方面合作的。雖然我們對廣東的政潮起伏，引為隱憂，但是我們實際上尚未被波及。我們只希望和廣州中央精誠合作，以完成北伐，實行主義。並希望用革命及北伐大前提來消弭廣州中央方面的內訌。所以對中央各領袖，都無分軒輊，同樣尊崇，以期北伐能早日出師。

2

在廣州時，我對共產黨也有更深一層的認識。許多共產黨的領袖們和他們重要的同路人，這時我們都是第一次會晤。當時廣州共產黨第一號領袖譚平山曾來拜訪我。譚是共產黨員，卻是我黨中央組織部部長。他是廣東人，為人極老實厚道，頗為可親。周恩來這時也見過，大家握握手而已，印象不深。林祖涵也來看過我，他給我的印象極好，為人老成練達，是一位勤勤懇懇的人物。葉挺此時任第四軍獨立團團長，時到軍部，故常常見面。葉氏短小精悍，有熱情，有朝氣。將兵、任事各方面都可說是頭一等的人物，可愛可敬。我和毛澤東第一次見面是在國民黨二中全會的會議席上。毛氏那時任國民黨中央黨部所辦的農民講習所所長，並曾擔任短時期的國民黨中央宣傳部代理部長。毛氏時常穿一件藍布大褂，長得身材高大，肥頭大耳。在議會席上發言不多，但每逢發言，總是斬釘截鐵，有條不紊，給我印象很深，覺得這位共產黨很不平凡。

在廣州的共產黨同路人中給我印象最深的要算鄧演達（擇生）了。鄧為廣東人，保定軍校畢業後，回到粵軍中服務。討伐沈鴻英時，渠在粵軍第一師中任團長。嗣後赴蘇聯和德國留學，回國後遂服膺社會主義。此時在軍委會中任職，專司軍中政治工作。鄧氏生活刻苦，精力過人，每日工作十餘小時無倦容。他對革命工作的狂熱，幾乎到失常的程度。然鄧氏為人極正派，是非之心極為強烈，他任事和待人實是可欽可敬的。當時郭沫若也隨鄧氏來拜訪過我兩次。郭氏愛說愛笑，是一位斯斯文文的人物。

大體說來，我當時對廣州方面的所謂跨黨分子印象大致都不壞。他們都勤勞刻苦，熱情洋溢。雖然和我們因信仰不同，難免格格不入，但是我對他們的任事作風是很佩服的。不過廣州當時的崇俄風氣卻使我感覺不滿。俄國顧問們在廣州真被敬若神明，尤其是鮑羅廷的公館，大家都以一進為榮。一般幹部如能和鮑某有片語交談或同席共餐，都引為殊榮；大有一識荊州，便足驕人之概。這種心理其實和洋行大班無異，甚是可鄙，我為此事頗感不懌。所以我對共產黨人看重之餘，這一點卻引為遺憾。

我到廣州後約兩星期，俄顧問鮑羅廷特地為我舉行一盛大宴會，到中央黨政軍首長和各團體代表凡百餘人。席間，主人鮑羅廷講了一大套革命理論，並著實把我恭維一番，然後請我發言。我起立道謝，先就鮑氏的話，恭維俄國一番，說俄人仗義援華，首先廢除不平等條約，奠立今後中、蘇的友好，並為解放全世界弱小民族的先聲。接著，我便說當今我們革命根據地有一極不好的現象，各級幹部和人民團體負責人都以出入俄顧問之門為榮，稍受青睞便沾沾自喜，四處驕人。其實俄國顧問來華助我，實在是發乎道義，出乎至誠，他們並不希望我們的阿諛諂媚。如果我們不了解俄國顧問同志來華助我的初衷，而以洋行大班奉承經理的態度來取媚於俄顧問，反使我們俄國友人助我的一片真誠無法表達。所以我一再強調說：「我們革命同志不可忘記我們的革命天職。我們尤其不要把俄顧問當成主人，我們自己當成客人。我們要以主人的態度來敬客，不要學洋行大班的習氣來奉承上司。這樣，我們才對得起我們遠道而來的友邦顧問！」

我演說的前半段引得掌聲四起，賓主均眉飛色舞。但當我說到後半段時，全場便顯得沉寂了。那時鮑羅廷的翻譯似乎是張太雷，也停止了翻譯；場面顯然有點僵，但是我仍暢所欲言。主人和其他賓客都知道我是遠道而來，並不依賴任何方面的援助，所以對我的逆耳忠言也只有笑而納之，未發生其他的反響，嗣後，胡派和接近右派的同志曾向我鼓掌，稱讚，說我所指摘的都切中時弊云云。其實我所說的都是平心之論，對任何方面俱無成見。

鮑羅廷之外，俄顧問中和我往來最多的便是加侖將軍。加侖將軍身軀修長，為人沉默寡言。關於戰略戰術，渠都有獨到之處，不愧為一卓越的軍事家。凡渠所發言，都從純軍事觀點立論，極少涉及中國的政治問題，確是一難得的人才。聽說後來張古峰事件時，他因力主對日作戰，被史達林槍斃，實甚可惜。

然而俄國顧問團最初派往第七軍的顧問馬邁耶夫（I. K. Mamaev）卻是一外行。馬氏是工人出身，對軍事並無所知，因他稍諳華語，遂被派到第七軍做顧問，濫竽充數而已。後來北伐軍到江西，馬氏去職，代他的名西干，卻是軍校出身，曾任軍長，在軍事上比馬氏高明多了。

大體說來，當時俄國來華的顧問品質都很優良，誠實刻苦，不大說話。日常生活規規矩矩，稍有不慎，立刻便奉調回國。所以他們謹言慎行，較一般中國人更守規矩，故頗受中國人的歡迎。蘇聯顧問這種作風適和美國顧問成一對照。美國顧問因管束較鬆，平時言行俱不若俄國人的謹慎，加以他們大半有優越感，言行極為驕縱，一般中國人對他們都有敬而遠之的感覺。美國顧問之所以不能深入群眾，此實為主要原因之一。

3

在廣州時，我和其他方面的同志也經常保持接觸。一般說來，印象都不算壞。當時的風雲人物如徐謙，也曾來拜訪我，我也去回拜過。徐是前清進士出身，這時已五十許人，高高瘦瘦的身材，背部微駝。說起話來，滿口革命的大道理，也頗能使人折服。聽其言而信其行，還以為他是個有操守的革命領袖，後來聽說他在司法部部長任內，濫用私人，一塌糊塗的情形，才知道孔子說的「聽其言而觀其行」的重要。

陳公博此時任軍委會政治訓練部部長，和我也常有往還。陳氏生得一表人才，能說會講，在廣州鋒頭甚健。我和顧孟餘也曾晤談數次，顧氏沉默寡言，有翩翩學者之風，辦事也極幹練。一次，我們自黃埔同輪回廣州，顧氏力述土地革命，打倒地主等政策的重要。我便和他辯論，我說北方的軍閥現在割據一方，魚肉人民；東西帝國主義仍在臥榻之側，伺機破壞革命，如此內外大患不除，而奢言打倒地主，恐反增加革命的困難。我們各執一詞，無結果而罷。

吳稚暉❶和我在廣州也是第一次見面。他已是六十左右的老前輩，說話時議論風生，詼諧之至。陳友仁此時任國民政府外交部部長，渠係海外生長，不諳華語，和我談話須用翻譯。陳氏為人嚴肅而毫無官僚習氣，他的極度平民化的生活和作風，極令我佩服。此外，我還見到革命元老古應芬和廖夫人何香凝女士。何女士一見到我便號啕大哭，痛罵反革命派謀殺廖先生。她對我們在廣西的統一工作和拒唐戰爭都稱讚備至。她說：「沒有你們在廣西，廣東早完了，廖先生死了，以後革命任務都在你們身上了。」說了仍啜泣不已，使我心中無限悽惻。

在這些黨國要人中，給我印象最特別的為孫科。孫氏性好應酬，生活腐化。他在廣州市長任內，補發房契，弄得人言嘖嘖。覺得他只是一位自美國留學回來，學洋派，愛享受的人物。

4

在廣州時，我於一般公私事務之外，也曾留心觀察廣東方面黨、政、軍、財的一切設施。當時廣東方面，最活躍的中下級黨人多為左傾分子和共產黨徒。而在廣西，除梧州市黨部為少數共產黨滲透外，其他各級黨部極少共產黨分子參雜其間。廣西省黨部中雖有幾位委員以左傾自命，然尚無真正共產黨人滲透。且黃紹竑自兼廣西省黨部主任委員，開誠布公，不作左右袒，所以共產黨在廣西，不能發生多大作用。而中央方面，自五月中旬黨務整理案在二中全會通過後，國共兩黨的權限表面上雖已逐漸劃清，可以苟安一時，然前途的荊棘卻正在滋長中。

政治方面，自汪兆銘被迫離粵以後，由譚延闓、張人傑分別代理國民政府中政會主席，而實權則操諸蔣介石先生一人之手。蔣先生驟攬大權於一身，既眾望難孚，又私心用事，中央政局的破裂，實伏線於斯。

至於軍事方面，廣東原有的粵軍和各地來粵的客軍，自劉、楊消滅之後，共編成六個軍。第一軍的基礎為前許崇智的粵軍第二軍。許去後，蔣自任軍長。旋改編為國民革命軍第一軍，初由蔣自任軍長，到民國十五年初，由何應欽繼任，下轄五個師，共計十九個團，駐防廣州和東江一帶；譚延闓原來率領來粵就食的湘軍則改編為第二軍，以譚為軍長，駐防於北江一帶，共轄四師十二團；原由朱培德所統率，輾轉流離的滇軍則改編為第三軍，朱仍為軍長，轄三師，共有八團二營，駐於廣州和四邑一帶；李濟深所率的第四軍原為粵軍第一軍，轄四師，共有十三團二營，駐西江和瓊崖一帶；李福林所轄的前福軍，則改編為第五軍，轄二師，共八團一營，原駐番禺、南海和廣州的河南一帶；程潛所率的第六軍，係就他原來所率的湘軍改編的，轄三師，共九團二營，駐廣州附近和北江一帶。

所以名義上廣東六個軍共七十一團，實際兵力約有七八萬人，和飛機數架。其編制是「三三制」，亦即一師三團，一團三營，一營三連，一連三排，一排三班。薪餉發給的標準大致是：士兵每名每月十元，班長十二元，少尉排長三十二元，中尉排長四十元，連長六十元（另公費二十元），營長一百二十元（公費一百元），團長三百元（公費二百元）。按當時的生活程度，士兵每名每月伙食費約二元，作戰時食米且由公家供給。所以一個士兵的薪餉可以養二口之家。

以前軍隊都就所駐之地籌餉。後來朱培德、程潛、譚延闓等率客軍入駐廣東，仍是畫疆而治，就地籌餉。到民國十四年八月，各軍劃一改編為國民革命軍，餉項才由國民政府財政部統籌辦理。

當時軍餉的來源，一般統稅和錢糧之外，最大的收入卻是「禁煙特別捐」和「防務經費」兩種。所謂「禁煙特別捐」實即鴉片稅。我國原為國際禁煙簽約國之一，未便明徵鴉片稅，故以「寓禁於徵」之意，課以重稅，所以名為「禁煙特別捐」。在廣東每兩煙土課稅在一元以上，所以收入很大。所謂「防務經費」實即賭捐。兩廣人民嗜賭成習，官府禁之無效，乃課以重稅。這兩種稅收都由政府招商投標，組織公司承包稅收。大公司再招較小公司投標承包。這種煙捐、賭捐在任何政體內原都是犯法的，但在我國當時卻是政府經費的主要來源之一。現在想來，這種制度實在是秕政害民，跡近荒唐，但在內亂頻仍，干戈擾攘之際，都是不得已的挖肉補瘡的辦法。

當時廣東六軍之中，作戰能力最強的當推第四軍。第四軍的老底子原是粵軍中訓練裝備最佳的第一師。帶兵官俱為一時之選。軍長李濟深固是人中之龍，其中師長張發奎、陳銘樞、陳濟棠、徐景唐，團長葉挺、蔡廷鍇、黃琪翔等也都是能戰之將。該軍並自辦講武堂於肇慶，培養下級幹部。第四軍之外，第一軍也是勁旅。黃埔軍校每期訓練時間雖不過數月，實際上只是一些軍士教育，距軍官教育相差尚遠，然全軍受革命風氣的薰陶，頗有朝氣，尚可作戰。至於其他各軍，則自鄶以下不足論矣。第二軍軍長譚延闓原為一政客，治軍非其所長。第三軍即朱培德的滇軍，拖曳經年，久經風霜，全軍盡為雲南人，補充時也以滇人為主，不拘體格年齡，加以朱培德又貪婪成性，不顧官兵死活，故作戰能力甚弱。第五軍軍長李福林則係一地方主義者，久駐廣州的河南，士氣極低，戰鬥力更說不上了。第六軍軍長程潛雖是一名將，惟所部為地方軍雜湊收編而來，成軍不久，既無戰鬥意志，也無作戰能力，打起仗來自然就弱點畢露了。

5

我們第七軍的編制和廣東方面所採的蘇聯軍制略有出入。我們是沿用民國成立後陸軍部頒發的編制：三班一排，三排一連，四連一營，三營一團，二團一旅。旅以上我們暫時不設師，作戰時則視實際情形設「路軍指揮官」，其職位雖略同於師長，然運用則比較靈活。一位第幾路軍指揮官作戰時可以指揮兩個旅乃至幾個旅，按實際需要，各團可以隨指揮官之意調動，不受建制及軍隊系統的牽制。這些都是廣東各軍所不易做到的。

我第七軍當時的編制分九旅十八團，另加二獨立團，一入伍生團，另有炮兵營、工兵營，以及軍校第一分校的學生隊。共有戰鬥兵員約四萬餘人，步槍三萬餘枝，山炮廿餘門，重機槍八十餘挺。第七軍編制表和統兵長官姓名已見第十九章。

本軍士兵幾全部在廣西招募，但也有鄰省接壤縣分前來投效的。至中下級軍官則外省籍的亦復不少。如第七旅旅長胡宗鐸便是湖北人。至於出身，旅團長中，有保定軍校的，如俞作柏、夏威、呂煥炎、胡宗鐸、周祖晃、尹承綱、陸受祺、李朝芳、呂夢熊等；也有廣西幹部學堂的，如伍廷颺；也有廣西陸軍速成學校以及其他各種軍事學校出身的。然本軍官兵都身經數十戰，上下團結一心，縱令是高級指揮官也無不身先士卒，所以每個戰鬥兵都能勇往直前，有進無退。在統一廣西各大小戰役中，無一而非以少擊眾，士氣極為旺盛；加以本軍經濟公開，所有各級官長俱能與士卒共甘苦，再施以嚴格訓練，曉以革命軍人救民的大義，因此本軍所到之處，南自鎮南關，北至山海關，可說是戰無不摧，攻無不克，紀律嚴明，秋毫無犯。北伐期中，本軍所過之處，當地居民的口碑都可為本軍紀律嚴明作佐證。

但是北伐開始時，本軍的餉糈卻遠不及其他各友軍的優裕。在統一廣西期中，我軍因戰費浩繁，有時未能按月發放薪餉。士兵每名每日只有伙食費小洋二角，官長不論高低，一律發伙食費四角。各單位主官除另發少數「公費」之外，別無其他津貼。所幸我們經濟公開，雖患貧而不患不均，因此官兵都能甘之如飴，而無怨尤。

民國十五年春初，白崇禧、黃紹竑曾和中央交涉兩廣軍民兩政統一問題，未得圓滿結果。

此次我到廣州策動北伐，又向中央重提結束此地方半獨立狀態的局面，請中央從速劃一整理。因將來北伐，其他各省將陸續歸入中央治下，則此種各自為政的局面，斷不應繼續維持。為今後國家大計設想，我廣西省當局願為天下先，將軍、民兩政交由中央統一辦理，然中央仍舊不願接受。

我為奔走兩廣統一事宜，數度和宋子文詳談。宋氏時任國民政府財政部部長。廣東全省稅收由他統籌徵收，各軍軍餉也由他統籌核發。所以我就要求宋氏對廣西照例辦理。宋部長坦白地說：「你們廣西稅收太少了，軍隊太多了，收支不能相抵，中央統一了，財政部是要吃虧的。」

我說：「宋部長，這是國家百年大計啊！中央如對窮的省分就不統一，對富的省分就統一，這還成個什麼體統呢？為國家長治久安計，中央也應該有個通盤的打算，不應畏首畏尾。何況第七軍是我國民革命軍的一部分，出師北伐要由地方單獨籌餉，一切和其他各軍有軒輊之分，也不成個體制。再者，湖南是個富庶省分，將來萬一唐軍長引第七軍和廣西為例而不讓中央統一湖南，中央將何辭以對呢？」宋氏聞言為之語塞，但是他不願接管廣西財政的決心，並未因之稍改。我們的辯論也就不了了之。

宋子文當時也確有其困難，他在廣東的理財政策本是竭澤而漁。為著替政府和各軍籌經費，他簡直是不顧一切地「橫征暴斂」。我在談話之中，也批評他那種幹法把老百姓搞得太苦了。宋說：「不這樣幹，哪裡有錢來革命呢？」事實上，當時廣東的經濟來源，也虧著他用這麼狠心的幹法，否則真不易維持。為革命而行苛政，其功過是非實無法定論了。

到六月初旬，北伐出師大計已定，民眾情緒極為熱烈。蔣總司令這時正在考慮組織「國民革命軍總司令部」。一日，他特地來問我關於國民革命軍參謀長人選的問題。我說，鈕永建（惕生）先生應該最適當了。按資望，惕老是辛亥革命的元勳，總理的老友。論才幹，惕老在護國、護法諸役中俱膺要職，以幹練聞名國內。再從革命歷史來說，他和西南革命領袖都有極深厚的友誼，在革命青年之間有至高的德望；而他本人又是長江流域的人，當我軍師次長江時，他的聲望可能有極大的號召力。所以我說北伐軍參謀長一職，實以惕老最為相宜。

蔣先生聽了，沉默片刻，然後說：「鈕先生我另有借重。」

我說：「你心目中認為何人適當呢？」

蔣說：「我正為此事來問你。我看白崇禧比較適宜。」

我說：「恐怕健生資望太淺，年齡太輕，不能負此重任！」

蔣說：「我看還是他好，還是他好！」

蔣去後，我仔細分析他提議白崇禧當參謀長的用意，大約不外以下三點。第一，白崇禧確實幹練精明，可以肩負此重任，此為蔣氏所深知。第二，以白崇禧與我和黃紹竑的公誼私交，蔣如能得白氏為輔佐，在他看來，他對我第七軍便可指揮自如，毫不費力。第三，革命軍的中堅將校多半是白的保定軍校同學，蔣可利用白以聯繫一般保定出身的軍官，出力效命疆場。因此，白氏出任參謀長，對於統御和指揮，自可事半而功倍。白氏既和各方都有深切的關係，蔣氏又可用以作「告朔之餼羊」，如對各軍有所舉動，可以白氏之名出之，必要時，並可使白氏代他受過。所以逾格擢白崇禧為參謀長，正是蔣先生厲害的地方。

後來蔣先生正式邀請白氏擔任此項要職，白氏乃問我意見如何。我坦白地告訴他說：「我怕你幹不了。」接著，我便分析蔣先生的為人，和他請白的原意所在。白氏聽後，大有所悟，說：「我看這責任我確實負不了，我還是不幹吧！」於是，白氏真的把蔣先生第一次的邀請辭謝了。

我到穗後不久，蔣介石校長曾告訴我說，俄國接濟革命軍的械彈已運抵黃埔港，約有步槍萬餘枝，重機槍百餘挺，無線電收發報機數十座，彼自動表示將撥一部槍械接濟第七軍。我當即代表全軍，面致謝意。旋各軍均已領取了一部分俄械，獨第七軍猶付闕如。我數次著駐粵辦事處主任陳雄向軍委會洽領，都以未奉蔣總司令條諭為辭，不允發給。我覺得很詫異，何以蔣先生親口對我說的話仍不算數呢？乃藉赴黃埔辭行之便，再一提槍械的事。蔣氏聞言，故作驚訝，含糊其辭。我就忍不住說：「總司令，我領了這些武器，是去打敵人啊！」蔣才說，他去查查有關部門，何以尚未撥給。照我推測，可能有人向蔣氏進言，認為第七軍繳獲陸、沈、唐等軍隊的械彈甚多，似不必再給予俄械。可是，蔣先生忘了「一言既出，駟馬難追」的古訓，他不該自食其言啊！後來，總算由駐粵辦事處領到了俄製七七口徑步槍一千枝，重機槍四挺，無線電收發報機二座，乃火速運往湖南前線。孰知當我們把木箱打開檢驗時，始發現並不如想像的滿意。原來這批俄械也是第一次世界大戰用過的舊武器，和本軍所用的德製七九雙筒步槍（亦屬一次大戰後，協約國將德軍解除武裝，由商人私運至中國出售的）不相上下。然總算中央政府體念我第七軍頻年征戰，不無微勞，而作首次最大的賞賜，於士氣上不無鼓勵的作用罷了。

這時已是六月中旬，湘中戰事正捷報頻傳，我第七軍北上部隊正有待我的親自指揮，所以我便於六月十八日辭別中央各首長，離粵回桂，轉赴前線指揮。廣東方面聞我將去，各界曾舉行盛大歡送會。中央各政要及蔣總司令率各機關團體代表，親自送我至石圍塘而別。

壯士長歌出漢關，歷史上有名的北伐戰役現在便正式揭幕了。

注釋

❶即吳敬恆，字稚暉。——編者注

【第22章】

向長沙前進——北伐的序幕戰

1

我於民國十五年六月十八日離粵返桂。此次赴穗策動北伐，在廣東住了將近五十天，雖辛勞備嘗，然終將北伐發動起來，歸途中頗感興奮。六月十九日下午，我由三水河口所乘的專輪遂抵達梧州。梧州各界聞我策動北伐歸來，舉行盛大的歡迎會，到江邊碼頭來歡迎的各機關代表暨民眾團體簡直是人山人海，這時梧州駐軍為伍廷颺（展空）旅，伍氏在隨我自碼頭回其司令部途中，便問我說：「德公，我們真要北伐了嗎？」

「為什麼不要？」我說：「我們的部隊不是已經開到湖南去了嗎？」

伍說：「德公，你覺得北伐有把握嗎？」

我說：「我覺得佔領武漢沒有大問題。」

伍說：「要是敗回來就糟了。……唐繼堯還在伺機蠢動啦！」

我說：「我保證不會敗回來。再者這次北伐，我們只預備出去一半部隊，留半數在廣西對付雲南也足夠了。」伍展空雖不再說什麼，但是他心中仍覺得沒有把握似的。這時我的直屬部下尚且如此，也就難怪廣東那批首腦們的疑慮和躊躇了。

我在梧州住了兩天，參加了各界歡送出師北伐大會。六月二十一日遂自梧州乘電船到陽朔，再登岸步行。於六月二十四日抵桂林。在桂林，不用說，又是連續不斷地舉行歡送北伐出師大會。更有各機關學校紛請訓話講演，應接不暇。這時家母仍住在桂林鄉下兩江墟榔頭村故宅。我們母子已久未見面，她老人家聽說我返抵桂林，派人來叫我返鄉小住。但此時正值北伐出師之時，軍書旁午，日不暇給，實在沒有工夫回家省親。不得已，只好派人接慈母進城承歡數日，稍盡人子之情。

我到桂林不久，忽然接到廣州的電報，說白崇禧已就任總司令部參謀長了。此一電訊很使我驚詫。

白崇禧原是我第七軍參謀長，今番升遷，使我頓失臂助，我乃電商於黃紹竑。紹竑自南寧覆電，推薦其同窗舊友王應榆氏接充七軍參謀長。王為廣東東莞人，保定軍官學校第一期畢業。其後似曾在李濟深處做幕僚。當李、黃在梧州合作時期，王氏轉到黃紹竑的「討賊軍」中任職。王氏雖出身軍校，然對治軍作戰並無太大興趣，卻將全副精神用在國計民生方面的生產事業。為人淡泊，向不介入黨爭。黃紹竑因渠長於企業管理，乃請他整理賀縣八步一帶的錫礦。渠任礦務局局長年餘，對興利除弊成績頗有可觀。此時第七軍參謀長出缺，紹竑乃推薦其擔任。王因事出倉卒，趕辦移交，我軍到武昌後，他才自賀縣趕來就職。王未到職前，由胡宗鐸兼代。

當時各軍中除黨代表外，都有政治部的設立。北伐開始時，總政治部主任為鄧演達，副主任為郭沫若。鄧極左傾，其左右也悉為左傾或共產分子，第七軍政治部初成立時，中央派來的政治部主任黃日葵，便是一名共產黨。黃少年任事，幹勁十足，為人又能說會講，吃苦耐勞，全軍上下都極敬重佩服他。但是這時廣東，上自黨政軍各級機構，下至農、工、學生運動，國共間的裂痕已日趨明顯。我深恐黃氏在我們部隊中發展共產黨組織而招致分裂，影響作戰精神。所以當我返抵桂林準備出湘時，密向黃紹竑建議，將黃日葵留在後方，為第七軍後方留守部隊的政治部主任，另行推薦麥煥章為第七軍前方部隊的政治部主任。麥為留法學生，和吳稚暉、張靜江、李石曾❶等都有私誼，為人忠實坦白。但是我推薦上去後，總政治部卻拒絕加委，鬧出許多誤會。後因我態度堅定，麥氏才得就職。這件事在當時雖引起了小風波，然在民國十六年清黨時，各友軍多為共產黨所滲透，惟我第七軍能保持一貫純潔無染的作風，未始不是我們未雨綢繆之功呢。

此次北伐，我第七軍的動員計畫是抽調十二個團，由我親自指揮入湘作戰。其餘八個團則留守後方，由黨代表黃紹竑指揮。如我前線兵力不夠，則隨時可抽調開往增援。誰知出師後，所向披靡，後方留守部隊並未動用，我們已打到南京。此是後話。

茲將我軍參加北伐部隊番號及編制列如次：

第七軍軍長　李宗仁
黨代表　黃紹竑
參謀長　王應榆
政治部主任　麥煥章
第一路軍指揮官　夏威
第二路軍指揮官　胡宗鐸
第一旅旅長　李明瑞
第一團團長　陶鈞
第二團團長　呂演新
第二旅旅長　夏威（兼）
第三團團長　俞作豫

第四團團長 李朝芳
第七旅旅長 胡宗鐸（兼）
第九團團長 陸受祺
第十四團團長 楊騰輝
第八旅旅長 鍾祖培
第十五團團長 尹承綱
第十六團團長 周祖晃
獨立第一營營長 李少傑
炮兵營（轄三連）營長 羅傳英
工兵營（轄三連）營長 馬典符
兵站分監 曾其新
通訊大隊（轄三連）大隊長 覃連芳

我第七軍中編制的第一路、第二路，實即其他各軍中的師長。所不同的，師長僅能指揮其本師官兵，我們的兩路指揮官則視環境的需要，指揮或多或少的部隊，不受建制的約束。

綜計北伐初期，我軍參加戰鬥的官兵約二萬餘人。七生的五德國克魯伯廠製管退炮四門，七生的五日製架退炮兩門。此種山炮尚係清末張鳴岐任兩廣總督時所購，原有二十四門。辛亥革命時，王芝祥帶十二門到南京，兩廣尚存十二門。民國五年討龍之役，林虎奪得數門，嗣後輾轉為我軍所有，也已歷盡滄桑了。

我軍每團有一機槍連，每連有德製水涼重機槍四至六挺，故八個機槍連共有重機槍四十餘挺。通訊大隊共有三連人。一連隨軍部，兩路指揮部各有一連。軍中各單位間的通訊全憑電話。這時被覆線極為有限，一般通訊全憑舶來品的鐵絲線，軍和軍間的通訊卻利用無線電。總司令部發下的無線電收發報機一台，原是第一次世界大戰時的俄國舊品，笨重不堪，隨軍移動時，需十六人分兩班抬運。機件故障時常發生，實不堪使用，然又棄之可惜，成為行軍時的一大累贅。

我第七軍除戰士之外，尚有由廣西省黨部號召青年女學生百餘人組織的「廣西學生女子北伐工作隊」，隨軍擔任宣傳、看護、慰勞等事務。時余妻郭德潔女士適任廣西省黨部監察委員，遂由黨部推為女子工作隊隊長，隨軍北伐。她們都是二十歲上下的青年女子，然在革命空氣薰陶之下，均拋卻脂粉，換上戎裝，在槍林彈雨中，登山涉水，不讓鬚眉。當我軍在前線喊殺連天，所向披靡之際，戰場上忽然出現這一支小隊。各界不知底細，以為她們也是衝鋒陷陣，出生入死的戰鬥人員，敵人為之咋舌，我軍士氣也隨之高漲。一洗數千年來我國女子弱不禁風的舊面目，為我革命陣容生色不少。

那時各友軍政治部雖也有女子工作人員，然以女子單獨組成一隊在前線工作的，我第七軍實開風氣之先。其時去清季不遠，民間習俗，仍極保守，男女有別，授受不親的觀念，牢不可破。我廣西女子，所以能毅然挺身而出，參加北伐，實是革命風氣感召使然。

2

我在桂林，為著部署本軍入湘事，住了十四天。在這十四天中，我軍後續部隊已次第入湘，我本人乃於七月六日離桂林，取道黃沙河下衡陽。這時前線我軍已捷報頻傳，正向長沙挺進中。

鍾祖培旅的尹承綱團五月中旬已加入唐生智部作戰，唐調尹團赴醴陵協防。不久，唐自衡山退守衡陽，鍾祖培旅長乃親率周祖晃團，於五月二十八日開抵衡陽增援。尹承綱團也返抵衡陽，歸還建制。

當此之時，吳佩孚在南口向馮玉祥部國民軍進攻甚急。北軍精銳尚在京漢線北段，湖南攻唐之師係趙恆惕部的湘軍。吳佩孚委葉開鑫為討賊聯軍湘軍總司令，指揮對唐戰事。另調北軍余蔭森師受其節制，自衡山向唐生智軍作正面攻擊，並令贛軍唐福山師與駐贛粵軍謝文炳師由萍鄉出醴陵，向唐生智軍右翼進逼。另以湘軍劉鉶、賀耀組兩師進逼唐生智的左翼。大軍三路而下，氣勢極旺，衡陽岌岌可危。唐生智見情勢阽危，乃一面派員向葉開鑫詭提和議，以緩敵待援；一面將輜重和重要軍需物品向祁陽、永州移動，擬於必要時退入廣西。另一面則預備且戰且走，以李品仙、周斕、劉興三師布防於萱州、樟木至店門之線；以何鍵師沿蒸水南岸布防於洪羅廟、金蘭寺之線。五月二十九日，敵軍賀耀組部猛攻何師，情勢危急。唐生智乃調我軍鍾旅向洪羅廟增援，鍾旅於六月一日到達洪羅廟，當晚乘夜出擊，將敵人攻勢阻截。翌日再約同何師強渡蒸水，將敵人攻擊部隊一舉擊破，斬獲極眾。敵軍聞風喪膽，急退漣水北岸據守，唐軍左路的威脅才告解除。

這時唐軍中路在敵人猛攻之下也已動搖，潰敗在即，忽聞左翼大捷，軍心一振。敵人誤以為兩廣援軍大至，乃不敢再攻，戰況膠著。我第四軍葉挺獨立團適在此時趕到攸縣，將右翼穩定。唐生智見事有可為，乃於六月二日我軍大捷之後，正式宣布就革命軍第八軍軍長之職。又三日後，中央才正式發表蔣中正為北伐軍總司令，宣言出師北伐。換句話說，便是我們自動入湘作戰的部隊已取得決定性的初期勝利之後，中央諸公才決意北伐。然蔣氏於六月五日發表為總司令後，又遲至七月九日才正式就職，其中曲折迂緩的原委，此地也不煩贅了。

六月中旬，吳佩孚確知兩廣派兵援湘，遂重行部署。六月十八日吳下令以北軍宋大霈為第一路司令，協助葉、余等擔任正面作戰。王都慶為第二路司令，擔任右翼臨澧、常德一帶防務。唐福山為第三路司令，仍率謝文炳師擔任左翼作戰。以鄂軍夏斗寅旅加入賀耀組、劉鉶等部進入湘西。董政國為第四路司令，率閻日仁、唐之道兩旅為總預備隊。一時大軍雲集，大戰迫在眉睫。

幸而援湘部隊我軍第二路軍指揮官胡宗鐸率李明瑞旅和楊騰輝、陶鈞等團及時趕到，開往永豐集中。我第四軍陳銘樞、張發奎兩師自瓊崖北上，也於七月初行抵湖南攸縣、安仁一帶。七月四日我三路大軍遂同時發動攻擊。北軍不支向後潰退，我軍三路皆捷。葉開鑫部乃放棄長沙，據守汨羅江北岸待援。我軍遂於七月十一日克復長沙。北伐軍因此一舉成名，全國震動。

我於七月十五日抵衡陽，時我軍前鋒胡宗鐸部已追過長沙，在汨羅江南岸布防待命。第四軍的一部也已越過醴陵和北軍對峙中。在我軍進攻期中，前敵總指揮唐生智已隨軍至長沙。渠聞我到達衡陽，乃自長沙乘電船來衡陽和我會晤。

這是我和唐孟瀟第一次見面。大家在捷報聲中把晤，自然都有無限興奮。唐氏身材高大，留了一撮八字鬍子，和我握手言歡，談笑風生。他對我仗義援湘，促成北伐，並推薦他任前敵總指揮各點十分感激，一再誠懇地問我，需要何種報答。我說：「你現在已經棄暗投明，加入革命，革命勝利，就是對我的報答了。」唐意猶未已，自動地提議說，現在克復地區有幾個收入極豐的稅局，問我可否推薦數人去擔任局長。唐氏此時加入革命不久，頭腦裡還充滿了舊式軍閥的想法，他以為我如推薦幾個私人去當稅局局長，我便可乘機分肥，以飽私囊，這樣也可以算是他對我報答的一法了。我當時便鄭重地告訴他說：「我們第七軍裡的人才已感奇絀，哪裡有人介紹給你呢？」唐氏還以為我不好意思直說，嗣後，他又間接地派人來問。我回答說，請孟瀟不必如此，我們革命軍人是不應該有這種念頭的。唐氏才息了心。

我和唐氏會晤時，曾好奇地問他，此次從湘南撤退，為何不打算撤往廣東，而偏欲撤往廣西，我說：「廣西貧瘠，什麼也沒有，只有一些石山，你們退到廣西，難道想吃石頭嗎？」

唐說：「我退往廣東去讓譚延闓、程潛繳械收編嗎？」我們相對大笑。

我們在衡陽晤談之後，翌日唐生智和我遂同乘電船自衡州駛往長沙。這次勝利是我們革命軍小試牛刀。士氣旺盛達於極點。民眾情緒尤為熱烈，真有「東面而征西夷怨，南面而征北狄怨」之概。不久，余妻所率的百餘名「女子北伐工作隊」也行抵長沙，並立刻展開慰問傷兵、訪問民眾等工作。簪纓巾幗，相映成輝，對民心士氣都發生極大的鼓勵作用。

在長沙，除計畫次一步戰略部署和參與歡迎大會之外，我對唐生智的第八軍也作了一番仔細的觀察。唐生智是最近加入革命陣營的，軍中作風有許多地方仍未脫軍閥的窠臼。官、兵界限分明，不共甘苦，不像我軍官長士兵打成一片。我軍縱是高級指揮官出門，隨行衛士也很少。短途便步行，稍遠才騎馬，極少坐轎。而唐軍縱係連長官階也威風凜凜，不可親近。一日，我在長沙街上步行，忽然又碰到劉文島。他坐了一乘華麗的四人大轎，前呼後擁而來。那時長沙尚未築有馬路，街狹人多，摩肩接踵，擁擠非常。我們徒步的人見到這乘大轎，不期然都向兩旁讓開，駐足側目而視。誰知我卻給轎子裡的劉文島一眼看到，他連忙彎身向前，大拍其轎杆，要轎夫停下，然後匆忙下轎，向我立正敬禮並寒暄一番，問我到何處去，為何不坐轎子。

我說，只是出來散步，用不著坐轎。劉文島當時在長沙是十分顯赫的人物，經他這樣卑躬屈節一來，街上圍觀的市民才知道我便是第七軍的李軍長。我並非故意表示我的平民化，這只是說明兩軍作風之不同而已。我們第七軍自始便是一支平民化的軍隊，雖然我們紀律嚴明，軍令如山，但是平時官長士兵則生活在一起，大家如兄如弟，不拘形式。正如漢將李廣的部隊，「隨水草而安」，不務繁文縟節。但是當時的第八軍，乃至所有的北方部隊，都愛講排場，擺門面。至於作戰能力如何，則又當別論了。

注釋

❶即李煜瀛，字石曾。——編者注

【第23章】

長沙會議

1

在我軍佔領長沙之前，全國各地認為我們的北伐不過和中山先生昔日的北伐大同小異，最多又是一次湘粵邊境的小戰事罷了。不僅北方軍閥如此看法，即廣州中央不少軍政大員對勝利也殊覺渺茫而一再遲疑觀望。但是當我七、四兩軍入湘援唐的部隊迭克名城之後，全國的觀感便不一樣了。首先，中央軍政首腦對勝利增加了信心，蔣總司令於七月九日轟轟烈烈地在廣州舉行就職典禮，正式誓師北伐，公告中外。七月二十七日蔣總司令也率其第一軍一、二兩師（當時戰鬥序列為總預備隊）自廣州出發北上。到此，全國各界才知我們是傾全力北進，決心和軍閥作殊死戰，與昔日中山先生北伐的形勢已不可同日而語。吳佩孚、張作霖、張宗昌、孫傳芳等軍閥巨頭，開始對我們這一新興勢力刮目相看，而再重新估計和部署，以求自全之道。其他左右依違的地方勢力，也開始和我們通款曲，冀圖加入革命陣營。首先來歸的，便是貴州的袁祖銘。他聲稱願將他的兩軍改隸於國民革命軍，參加北伐。到七月中旬，經軍委會核准，遂委袁部師長彭漢章為第九軍軍長，王天培為第十軍軍長，令率所部自貴州出湘西，直搗常德；袁祖銘本人並受委為北伐軍的左翼軍總指揮。

第九、十兩軍於七月中旬，由黔東向湘西前進，使我軍無西顧之憂。不久，第一、三、六各軍也抵達湘贛邊境，自攸縣至醴陵之線，東向警戒湘贛邊境。中路我軍則和敵相持於汨羅江兩岸。戰況膠著，雙方都在作第二期作戰準備。

這時唐生智和我經常交換關於第二期作戰計畫的意見。我二人不約而同主張一鼓而下武漢。當時正傳廣州中央有人主張克復長沙之後，對鄂採取守勢，將主力轉向江西進攻。唐生智得報，焦灼異常。遂約我聯名函陳蔣總司令，詳細分析利害得失，堅決主張直搗武漢，截斷長江中游。我也完全同意唐氏的主張。因先鄂後贛，為湖南當局切身利害著想，固為必須；而為北伐整個戰略前途計，也極為順理成章。我二人乃根據此種論斷，擬具意見書，派人專程送往正在前進中的總司令部；並決定親往衡陽歡迎蔣總司令，當面解釋我們的意見。

我們於八月九日晨抵衡陽，同行的還有各機關和民眾團體代表數十人。蔣總司令偕白崇禧、加侖等一行旋亦抵衡，握手相談，甚為歡暢，唐生智因前線事忙，稍談即折回長沙，我卻和蔣氏詳談。惟此時歡迎代表甚多，旅途匆匆，未談出什麼結果。

當晚我又到白崇禧處坐談甚久。白氏這時才詳細告訴我，他出任參謀長的原委。他說，最初他是堅決不幹的。但是當我們前方已打得炮火連天之時，而廣州總司令部還遲遲沒有組織。他深恐拖延日久，我七、八兩軍在前線孤立無援，一旦吳佩孚大軍南下，豈非前功盡棄？所以他不斷地向軍委會和李任潮催促，但是他們眾口一聲地說，現在無人可負組織總司令部的責任，除非白氏答應為參謀長，才可著手組織云云。中央各政要和蔣總司令、李任潮等不時赴頤養園白氏寓所力勸，川流不息，急如星火。白氏推脫不得，最後才提出折衷辦法，他要求將「總司令部參謀長」職銜之上加一「總」字，變成「總參謀長」，由李任潮擔任此一頭銜，而白氏則以「副總參謀長」名義，代行總參謀長職權。蔣總司令立即同意此一辦法，白氏才就副總參謀長之職，著手組織總司令部。這便是白崇禧出任副總參謀長的內幕情形，也即北伐期中，軍中仍呼白氏為「參謀長」的由來。

接著，我便問他一個多月來做參謀長的經驗和觀感如何。白說，事情非常難做。他說他以前做我的參謀長時，凡事他認為應當做的，他都可以當機立斷，放手做去，所以工作效率高，事情也容易做得好。但是他現在做蔣總司令的參謀長，情形便完全不同了。因為廣東方面各軍人事極為複雜，系統各異。蔣總司令原為第一軍軍長，現在他雖然是總司令，但對第一軍難免有些偏愛，使其他各軍感到不平。軍中耳語、煩言極多，他身為參謀長遇到這類事件，簡直無法應付。加以蔣總司令又耳明眼快、事必躬親，使參謀長益不易發揮辦事效率。所以白說他坐在參謀長的位子上，實在是如臨深淵，如履薄冰，小心之至，遇事總要請示總司令親身處理云云。

後來在長沙，我遇見了二、三、四、六各軍的高級官員，他們向我詢問前線戰況，同時也告訴我一些出發途中情況，以及總司令部中許多內幕情形。他們聽到我軍在前方所向披靡的戰績，都覺得戰事前途極為樂觀。但一提到補給的情形，不免異口同聲地怨言四起。他們舉個明顯的例子說，各軍出發以來，例須按期發放草鞋。然蔣總司令卻吩咐，他的第一軍每一士兵發給兩雙；其他二、三、四、六各軍，卻平均每一士兵連一雙草鞋還領不到。

他們同時又抱怨蔣總司令治軍無法度，遇事不論軍法而好市私恩。例如有時第一軍中黃埔出身的中下級軍官鬧虧空，發不出薪餉來。其上級無法解決時，照例只有報告總司令。蔣總是說：「把他叫進來！」這營長或連長被叫到總司令辦公室後，蔣便責問他為什麼鬧虧空。此人往往坦白地說：「報告校長！我一時行為失檢，把餉銀賭輸了，發不出餉來。」蔣聞言大怒，頓時罵得他狗血淋頭。但是罵過之後，還寫一張便條手諭，叫他拿去向軍需處領錢，將這軍官的虧空補發了事。他對這個犯法的軍官不特不加處罰，甚至認為他誠實，頗可嘉許呢。

據他們說，諸如此類的滑稽劇，當時在軍中時有所聞。黃埔學生都知道蔣總司令這一套作風，因而都喜歡單獨求見「校長」。他們對「校長」的處理辦法，亦從不諱言，並津津樂道，以誇耀於人。故全軍上下，皆耳熟能詳。因而所謂層層節制，按級服從的制度，可謂蕩然無存。蔣氏不但不以為慮，還以黃埔學生忠於他個人為得計。

告訴我的人，說到這類故事，都感覺十分憤懣。所幸我第七軍的給養，由於中央不肯統籌，而單獨成立一軍需系統，沒有捲入這一漩渦。所以我聽到這些怨言，未便多作評論，以增加軍中內部的困難。然而我心中卻感到一種隱憂。我覺得我們北伐的勝利，一定可操左券，但是我們的內部問題，可能亦隨勝利而擴大至不可收拾。

2

八月十日午夜，我和總司令部一行遂同乘小輪北上，在株洲換乘火車。十一日夜半抵長沙。此時北伐軍重要將領多在該處。蔣總司令之外，計有參謀長白崇禧、政治部主任鄧演達、俄國顧問加侖、戰地政務委員會主任委員陳公博、前敵總指揮唐生智、第四軍副軍長陳可鈺和我。此外還有各軍參謀長、師長等多人，濟濟一堂。十二日晚遂由蔣總司令召開軍事會議於長沙前藩台衙門，討論北伐第二期作戰的戰略計畫。

長沙會議是北伐途中在前方所召集的第一個戰略會議。此一會議所要決定的便是打倒軍閥統一中國的初步戰略。但是我們北伐軍的實力實極有限。除原有的八個軍外，另有袁祖銘部兩軍的附義。八月初，江西方本仁聲稱加入革命，暗中受編為國民革命軍第十一軍。所以長沙會議時，我們總共有十一個軍，不到二十萬人。其中除一、四、七、八各軍戰鬥力稍強之外，其他各軍戰鬥力俱屬有限。至於祕密附義各軍是否可靠，更有待於考驗。

然我們所面臨的敵人的實力則數倍於我軍。正面的敵人是吳佩孚，所部駐於京漢路沿線，號稱二十萬。吳氏自民國十四年冬和張作霖取得諒解後，化敵為友，於十五年春雙方聯合夾擊馮玉祥的國民軍於南口。馮軍敗績西潰。吳佩孚乃將北路精兵南調，欲於瀟湘之間，和我們革命軍一決雌雄。

長江下游的敵人為孫傳芳。孫氏擁有五省地盤，自稱蘇、浙、皖、閩、贛五省聯軍總司令，兵力也號稱二十萬。孫氏治軍素稱能手，又據有全國富庶之區，所部訓練有素，餉糈充足，向稱能戰。

至於奉軍張作霖所部，則較吳、孫的部隊更為精銳。民國十五年春，張氏擊潰馮玉祥入關，佔領天津、北京，儼然中國之主，其兵力合奉、吉、黑、直、魯、熱、察，號稱三十五萬人。戰將如雲，聲勢極為烜赫。

此外，窺伺我後方的雲南唐繼堯也有三四萬人之眾，隨時有入侵廣西的可能。

綜計此時和我革命軍為敵的全國大小軍閥，實力約在一百萬人以上。以我革命軍區區十餘萬人的基本部隊，若欲掃蕩軍閥，統一全國，則必須運用機動戰術，出奇制勝，掌握有利時機，對敵人各個擊破。

在長沙會議時，蔣總司令首先發言，略謂，他首途入湘之前，有人主張對鄂暫時取守勢，將主力移向江西採取攻勢，旨在鞏固廣州革命根據地，各位同志對此建議有何意見？我即起立發言，竭力主張乘吳軍南北疲於奔命之時，用速戰速決的戰術，將敵援軍各個擊破，直搗武漢。然後以大別山、桐柏山為屏蔽，扼守武勝關。北則可進窺中原，直取幽燕。若沿長江順流東進，則孫傳芳五省地盤，已為我革命軍三面包圍，底定東南，也非難事。且當總司令誓師北伐之時，我中央已決定對孫傳芳採取懷柔政策，派人聯絡，希望與其合作，使其不作左右袒。故當我軍主力進入湘東時，孫傳芳即通電保境安民，表示中立。我中央運用政略、戰略，雙管齊下，已成功大半。雖然孫氏的中立固不可靠，其志欲我軍和吳軍鷸蚌相爭，而彼收漁翁之利。然我人正可利用此點，達成各個擊破的目的。今若轉移目標，進攻江西，不僅逼使孫傳芳和吳佩孚相結合，抗拒革命軍，抑且使吳部得到喘息的機會，重整旗鼓以謀我。得失利弊，洞若觀火。再者，贛境交通不便，補給困難，如果戰事偶有差池，新附義的友軍可能逡巡不前，影響民心士氣更大。根據上列各點來說，我軍攻贛實甚危險，盼總司令、加侖顧問暨各同志加以深思熟慮。

唐生智也起立補充說，如果中央一定要先圖江西，則不妨左右開弓，對鄂、贛同時進攻。此建議原只是唐氏的激將法而已。以我們區區兵力，進攻一面已感吃力，「左右開弓」，實無可能。

中央方面某一部分人士所以有此先贛後鄂的建議，實係受地域環境的影響。正如我們討伐沈鴻英時，李濟深、黃紹竑等主張以梧州為中心，而忽略上游的重要性一樣的心理。同時，中央也可能在暗防唐生智的反側。恐他得志於武漢之後，形成尾大不掉之局。今番如對武漢取守勢，全師東移，則吳佩孚主力南下，和他作消耗戰的，將為唐氏。待其兩敗俱傷，我主力肅清江西後，再北取武漢，便無虞唐生智的割據稱王了。在政治上說，此議原未可厚非，惟純就軍事觀點來說，實犯了兵家的大忌。

再者，我軍精銳的第四、七、八各軍，都已在汨羅江前線，滯留湘贛東線的，為作戰能力較差的第一、二、三、六各軍，用來監視江西或可勝任，以之進攻則斷難制勝。因此反覆討論後，蔣總司令和俄顧問加侖都同意我和唐生智的原來提案，也就是先攻武漢，對贛採監視態度。我們第二期的進攻部署遂按此原則進行，長沙會議也就圓滿結束。

開會時，加侖將軍因見我主張攻鄂最力，且主用速戰速決戰術，會後閒談，他便問我說：「李將軍，你主張進攻武漢最力，你估計要多少天我們革命軍才可打到武漢呢？」我約略對路程遠近估計了一下，便回答說：「我看有十四天的工夫，便可打到武漢。」

「噢！」加侖感到無限驚訝地說：「你憑什麼計算只要十四天呢？」

我說：「我以我軍以往作戰的經驗來計算。我們由攻擊開始，連帶追擊，強行軍，每天平均約可前進五十里。汨羅江距武昌約七百華里，所以我估計要十四天。」

加侖說：「你就不計算敵人的固守和反攻嗎？我看十四天到不了武漢！」

我說：「那麼你看要多少天呢？」

加侖說：「我看要四十天。」

我說：「絕對不要這樣長的時間！」

加侖將軍見我十分自信，因而說：「咱們打賭！」於是我們真的打起賭來，賭注是兩打白蘭地。因為那時的風氣以喝白蘭地為闊綽。我們賭定，如果在我軍正式發動攻擊後，二十天內打到武漢便是我贏，否則便是我輸。

誰知我們後來竟以十二天的工夫打到武漢。在武昌城下，我又碰見了加侖。我笑著對他說：「加侖將軍，我們只用了十二天便打到此地，你快拿酒來！」加侖也笑著指指武昌城牆說：「還有這個東西你沒有打下啊！」說得大家大笑。我們這個小小的有趣的打賭，算是變成「和局」。如今事隔三十餘年，仍恍如昨日，而加侖被史達林殺害了，現在應該是墓木已拱。我今日回憶起他的聲音笑貌，對那位傑出的軍事家仍有無限的悼念。

3

長沙會議結束後，各軍遂待命出發。十四日，蔣總司令召集第七、八兩軍在長沙的部隊舉行檢閱。閱兵典禮是在長沙東門外大校場舉行的。我第七軍參加檢閱的部隊共有兩旅四團，約七千餘人；第八軍參加的卻有兩師四旅八個團，約一萬五千人。第八軍此時的編制和七軍相仿，係按我國舊制，和廣東各軍的「三三制」略有不同。

八月十四日是個天朗氣清的日子，參加檢閱的兩萬餘人，均屬戰勝之師，人強馬壯，在陽光普照下，更顯得旌旗鮮明，器械整齊，軍容極盛。

當總司令部一行分乘駿馬十餘匹，在檢閱場出現時，全場軍樂大作。蔣總司令騎著一匹高大的棗紅色戰馬，緩緩地進入主帥的位置，聽取各單位報告檢閱人數。三軍主帥，春秋正富，馬上英姿，更顯得器宇軒昂，威儀萬千！

人數報告完畢，隨即舉行閱兵式。七、八兩軍排成橫列。蔣總司令自右向左，按轡徐行，各高級將領則分乘戰馬十餘匹，緊隨其後。我位居第二，唐生智則緊隨我後。按序列，首先便檢閱第七軍。我七軍因頻年征戰，戰場經驗雖然豐富，而操場上的連營制式教練卻極為陌生，閱兵式更少舉行。加以廣西士兵多自龍州、百色、左右江一帶招募而來，該地人民身材特別瘦小。土製軍服，久歷風霜，顏色也已敗褪，不堪入目。至於軍樂隊、儀仗隊等，我們都無暇多加注意，且未隨軍出發，所以檢閱起來，不夠壯觀和整齊。第八軍卻不然。他們和北方軍隊一樣，極注重門面的裝飾。戰場上實際經驗雖少，操場上卻訓練有素。士兵身材，一般說來，也比較高大，服裝整齊，旗幟鮮明，軍樂隊尤其聲光奪人，殊為整齊美觀。

當總司令的坐騎自第七軍前頭緩緩前進時，我緊隨其後，但見他時時緩緩舉手答禮，認真檢閱，態度從容肅穆，頗有大將風度。七軍檢閱完畢，第八軍排頭的軍樂隊立時奏樂。各樂器金光閃閃，樂聲大作，我在後看見總司令的坐騎，已有點不聽調度的樣子。軍樂隊後面便是號兵十餘人，當總司令的坐騎剛走過軍樂隊的行列，號兵隊長一聲口令，十餘號兵立即舉號吹奏。動作十分整齊，但見金光一閃，耀眼欲盲，接著號聲大作，尖銳刺耳。蔣總司令的坐馬受此一驚，忽然大嘶一聲，前蹄高舉，立即向校場中心狂奔。大約蔣總司令平素不習騎馬，故勒繮不住，瞬息之間便失掉重心，只見手足朝天，頓時翻鞍墮地。但是他的右腳仍套在腳踏鐙裡，被倒拖於地下。我在後睹狀，為之大驚失色，不知所措。所幸蔣氏穿的不是皮鞋而是馬靴，且很鬆動，經馬一拖，便從腳上脫落下來。總司令被拖了兩丈遠，便和馬脫離，臥在地上。我們都連忙下馬，將他扶起，問其受傷沒有。但見總司令驚魂未定，氣喘吁吁，一身嗶嘰軍服上沾滿了污泥，帽脫靴落，白手套上也全是泥土，狼狽不堪。這時，第八軍的號兵已停止吹奏，總司令部的副官也趕來把蔣氏身上泥土稍微拍落一些。蔣總司令乃率領我們徒步閱兵，一顛一跛，勉強將閱兵式舉行完畢。

大家回到檢閱台下，再檢閱分列式。我七軍因素少是項訓練，分列式經過閱兵台下，步法「踢他踢達」，頗不雅觀。第八軍當然操得十分整齊美觀。分列式完畢，總司令對官兵演說，訓勉有加，才馬虎結束了這一場大典。

蔣總司令閱兵墮馬的情形，確實很狼狽。但是我所感到的不過是軍人不應該不會騎馬罷了，誰知唐生智竟想入非非。唐氏雖為一現代軍人，卻迷信很深，軍中時有星相、巫師一類的人出入，唐氏本人也常常持齋禮佛，相信陰陽讖緯之學。

據說，唐氏幕中豢養了一位顧姓巫師，能知過去未來，十分靈驗，遍收男女信徒。唐氏及其高級將領皆拜顧為師，軍中因尊稱之為「顧老師」，市民和官兵背地裡卻呼他為「顧和尚」。此人其時不過四十來歲，吃、喝、嫖、賭樣樣俱全，是一個十足的「酒肉和尚」。但據唐氏部將李品仙等告訴我，說他有時確很靈驗。唐氏家中閫閾之私，顧老師巨細皆知。這或許可說顧某是一能幹的偵探，然唐生智等則以其為活佛。我在長沙時，曾要求唐生智介紹其「顧老師」和我一見；唐氏知我不信，笑而不答。

蔣總司令閱兵墮馬，自然是替「顧老師」製造機會了。據說他便向唐生智說，蔣氏此次北伐凶多吉少，最重要的便是蔣氏爬不過第八軍這一關，將來必為第八軍所克服。唐君應好自為之，將來蔣氏失敗，繼起的或是唐孟瀟吧！我以後曾也時常聽到第八軍中人竊竊私語，說「蔣總司令將爬不過第八軍這一關」云云，像煞有介事。據說，蔣氏本人也很迷信，他對墮馬一事諱莫如深，認為這是凶兆。我國古代常有大將出師，被大風吹折纛旗，而認為是不祥之兆一類的事。不意二十世紀的今日，仍有類似情事發生，這也是北伐途中的一件有趣小插曲。唐氏後來在武漢企圖異動，其心理可能是深受這墮馬事件的影響。

在長沙時，還有一趣事值得一提的，便是蔣總司令和我「桃園結義」的故事。蔣氏到長沙後，我時常在總司令部出入，有時是有公事接洽，有時卻是閒談。我去見蔣總司令也毋須預先約定。一日，我在蔣先生的辦公室內閒話，他坐在他的辦公桌椅子上，我卻坐在他的桌子旁邊一張木椅上。蔣親切地問我說：「你今年幾歲了？」我說：「三十七歲。」蔣說：「我大你四歲，我要和你換帖。」所謂換帖，便是互換蘭譜，結為異姓兄弟。我念頭一轉，心想蔣先生為什麼來這一套封建的玩意兒呢？令我不解。

我說：「我是你的部下，我不敢當啊！同時我們革命也不應該再講舊的那一套啊！」

蔣說：「沒關係，沒關係，你不必客氣。我們革命，和中國舊傳統並不衝突。換帖子後，使我們更能親如骨肉。」

他說著便打開抽屜，取出一份紅紙寫的蘭譜來，原來他已經事先填寫好了要我收下。我站起來說：「我慚愧得很，實在不敢當。」堅決不收。蔣先生也站起來說：「你不要客氣，你人好，你很能幹……」我一面回話，一面向後退，表示不敢接受他的蘭譜。他搶上兩步，硬把他的蘭譜塞入我的軍服口袋裡。並一再叮囑我也寫一份給他，弄得我非常尷尬。

辭出之後，我拿蔣先生所寫的蘭譜看看。那上面除一般蘭譜上所共有的生辰八字和一般如兄如弟的一類例有的文字之外，還有蔣先生自己所撰的四句誓詞，文曰：

誼屬同志　情切同胞　同心一德　生死繫之

誓詞之後除「蔣中正」三字的簽名之外，還附有「妻陳潔如」四字。看後我便想到，蔣先生搞這一套封建時代的玩意兒，其真正目的只不過是拉攏私人關係，希望我向他個人效忠而已，其動機極不光明。我想當時南北雙方的要人，相互拜把，或結為親家的正不知有多少，但是往往今朝結為兄弟，明日又互相砍殺，事例之多不勝枚舉。反觀我們廣西的李、黃、白三人，並未金蘭結盟，而我們意氣相投，大公無私的合作，國內一時無兩。相形之下，益覺以封建手腕作政治結合的方式有欠正派。蔣總司令在當時是炙手可熱的領袖，能和蔣氏結拜兄弟，任何人都必然要受寵若驚。然而我的心裡卻老大地不高興，所以除內子一人知道之外，我未向外間任何人提及此事。

在蔣先生給我蘭譜後某日，他又向我說：「你要寫個帖子給我啊！」我把他的要求支吾過去。又過些時，他又問我：「帖子寫好了沒有？」逼得我好難為情。推託不了，我就說我不知道如何寫法才好。蔣說，就照他給我的那種方式寫吧。我就依樣畫葫蘆，將蔣先生給我的帖子上那一套四言誓詞，照抄上去，下署「李宗仁，妻郭德潔」，送給蔣先生。他笑容可掬，鄭重地說，我們從今以後更加上一層親切的關係，誓必同生共死，為完成國民革命而奮鬥。說著，表示非常愉快的模樣。

蔣先生給我的蘭譜，後來在民國十八年他向武漢進兵，我身陷滬上，因軍中無主，致全軍瓦解，連我的行李也一道遺失了。蘭譜中所謂親如兄弟，同生共死的話，轉瞬間，竟變成兵戎相見你死我活了。毋怪有深見的人曾說，政治是最污濁的東西啊！

【第24章】

汨羅江、汀泗橋、賀勝橋的攻擊戰

1

長沙會議之後，北伐第二期作戰計畫大體是分為三路向北推進。以第四、第七、第八三軍為中央軍，循武長路直搗武漢。第一軍的第二師和第六軍為中央軍的總預備隊。第二、第三兩軍為右翼軍，集結於攸縣、醴陵一帶以監視江西，並掩護中央軍右側背的安全。黔軍總司令袁祖銘所部的第九軍、第十軍和第八軍的教導師為左翼軍，出常德、澧縣，北窺荊、沙以掩護中央軍的左側。惟黔軍此時尚滯留於湘黔邊境，態度曖昧，頗有看風使舵的意向。

然左右兩翼的實際任務不過是掩護和策應而已，二期北伐的主要戰場仍在中央軍的武長路上。中央軍的作戰序列仍以唐生智為前敵總指揮，其下分為左右兩縱隊。唐氏指揮其第八軍為左縱隊，並自兼左縱隊指揮官；我則指揮第四、第七兩軍為右縱隊指揮官。

這時我們的中央軍和敵相持於汨羅江南北兩岸。為強渡汨羅江，直搗武漢，我們第四、七、八三軍乃計畫分三路齊頭猛進。我們戰略上的進攻路線預定如後：

第四軍攻擊平江之敵，然後循通城、崇陽一線向武昌推進，右翼警戒贛北，左翼與第七軍聯絡。

第七軍於浯口南岸附近搶渡汨羅江，攻擊平江以西的敵軍，然後循北港、蒲圻、咸寧、賀勝橋向武昌前進。右與第四軍，左與第八軍取得聯絡。

第八軍攻擊浯口市以西、營田以東一帶之敵，取道岳州向武昌前進。並以一部相機自嘉魚或金口渡過長江，向漢陽、漢口攻擊，截斷敵人退路，將敵人聚而殲之。右與第七軍聯絡，左方警戒長江及湘江江面。

第一軍第二師為總預備隊，自長沙隨第八軍後推進。第六軍則集中瀏陽，隨第四軍後向北推進。

我們預定的總攻擊日期是八月十八日。在總攻擊前，各軍奉命向指定地區集中。為集中兵力計，第七軍並將汨羅江南岸分水嶺以東防地讓出，由第四軍接替。

正當我們作攻勢部署時，敵人也在迅速地作其守勢的部署以待援軍。這一期我們作戰的主要對象是吳佩孚。吳是直系軍閥的首腦，他的部隊是當時北方軍隊中作戰能力最強的一支。吳氏治軍甚嚴，訓練有方。自護法戰爭後，吳氏便橫行華中、華北，戰無不摧，攻無不克，聲威的顯赫，真是一時無兩。吳氏直系部隊和受他指揮的雜色部隊共有二十餘萬人，實力既若是的雄厚，所以他對我們兩廣區區數萬的革命軍一向不曾放在眼裡。直至我軍攻克長沙，威脅武漢時，吳氏才感事態嚴重，對我軍也另眼相看，乃決心傾巢南下，親自指揮。不過此時吳佩孚和張作霖在南口夾攻馮玉祥的國民軍的戰事尚未完全結束，吳軍精銳尚滯留在京漢路北段，未及南下。所以湘鄂邊境仍由原鄂軍、湘軍防守，由湖北軍務督理兼中央第二十五師師長陳嘉謨和代理湘鄂邊防督辦李濟臣（號倬章）二人負責指揮。吳佩孚的直系部隊參戰的約有槍三萬餘枝，加上湘軍總司令葉開鑫所部的湘軍三師，另有贛軍和陳炯明殘部的粵軍，以及韓彩鳳等前桂軍殘部，為數也有三四萬人。

敵人在武長路正面的防禦部署係沿汨羅江設防。在汨羅江北岸的長樂街、浯口市、張家碑等地構築強固工事，由湘鄂邊防軍第五路總司令兼湖北暫編陸軍第一師師長宋大霈、第十七混成旅旅長余蔭森所部和部分湘軍擔任防守。汨羅鐵橋兩旁長樂街、南渡河、夾塘之線，則由湘鄂邊防軍第八路總司令董政國率第六混成旅旅長王夢弼、第七混成旅旅長李樂賓和湘軍總司令葉開鑫所部師長鄒鵬振等部擔任防守。平江方面則由平通防禦司令兼暫編第五十混成旅旅長陸雲所部防守，構築強固工事並鋪設地雷及電網，以逸待勞。

2

我軍在汨羅江南岸沿線部署既定，各單位乃於十八日相繼進入攻擊位置。十九日我第四、七兩軍乃開始進攻。我第七軍第一路由夏威指揮，於是日拂曉向沿河配備的敵軍孫建業第二混成旅進攻，將軍山一帶之敵旋即肅清，第一、二兩旅遂開始強渡汨羅江。惟江中船舶已早為敵人擄去，無船可渡。所幸時值初秋，江水甚淺，深處亦僅及胸，我軍官兵乃徒涉而過。當日即佔領浯口市。

我軍第二路第七、第八兩旅由胡宗鐸指揮，也同時由滑石灘強渡佔領張家碑。敵軍萬餘人初尚頑抗，經我軍數度衝殺後遂潰不成軍，向北部山區逃竄。我軍奪獲山炮兩門、機槍四挺、步槍五百餘枝、俘虜六百餘名。我第七軍也死傷二百餘人。

敵軍被擊敗後已不堪再戰，各部只是分頭逃竄而已。為使其沒有收容整頓的機會，我於十九日晚即下令銜尾窮追。第一路循岑川、長安橋，第二路循立師橋、談家坊齊頭並進。戰事至此已進入山地戰，沿途都是崇山峻嶺，所行多係羊腸小道，人煙稀少，林木陰森，不要說作戰了，便是旅次行軍也很感艱難。據當地居民說，此地區原係世外桃源，向無大兵經過，縱是洪楊太平軍過湘北伐時，也不曾涉足此地。所幸我軍官兵多來自西南山區，登山涉水如履平地，不以為苦。加以老百姓處處為我們設茶水，送粥飯，探消息，指迷路，親如家人，為我們作戰提供了有利條件。

此時逃竄的敵軍卻適得其反。他們的官兵多半係直、魯、豫一帶平原地區生長的，許多士兵甚至連山嶺也未見過，此次入湘係乘火車而來。一旦潰敗入山，則恍如進入八陣圖，不辨東西。湖南歷年來受北軍的禍很大，人民銜恨。每逢北軍過境，居民便逃避一空。加以北人食麵，南人食米，生活習慣、容貌身軀、言語行動和當地人民都有顯著的不同；平時紀律又壞，所以一旦潰敗，便遍地都是敵人。凡潰兵所到之處，人民都到革命軍內來報信，並領路去包圍繳械。

所以我軍追擊北進時，左右山林內甚或後方都有敵人的潰兵四處流竄，有待肅清。更有北軍重機槍三連，攜帶十七八挺重機槍向我投誠。我接受他們的投降後，即集合訓話一番，然後編入我軍戰鬥序列，隨軍北伐。但這批北軍加入我軍後，生活語言多感不慣。我七軍官兵多說粵語，使這些北方士兵如置身異國。言語既不通，習俗也不同。這三連北軍後來竟於我軍在德安會戰後撤退時，乘黑夜潛逃，不知去向。

我軍自山區追擊前進，到八月二十三日第一、二兩路才在北港會師。翌日本擬直趨蒲圻、汀泗橋、咸寧一帶以切斷武長路，使岳州前線的敵軍無路可退。誰知第七軍抵達大沙坪附近時，忽然發現第四軍先頭部隊已超過我軍，向左翼前進。

因第四軍自八月十九日克平江後，敵軍守將旅長陸雲自殺，殘部向馬鞍山、通城一線潰退。第四軍乃銜尾窮追，八月二十三日夜四軍前鋒隨敵潰兵之後進入大沙坪。敵軍再退往汀泗橋一帶，四軍尾追不捨，乃越入我七軍原定追擊路線之內。七軍既和四軍相遇於大沙坪，四軍向西北追擊前進；七軍遂將錯就錯，捨棄原定路線而向東北方向追擊前進，和第四軍前進路線交叉而過。因此我除派遣第一路一小部分部隊仍循原路北上蒲圻，協助第四軍攻擊汀泗橋外，七軍主力乃東進，越崇陽，直趨咸寧，向賀勝橋方向前進。

按當時的部署，第四軍原屬我指揮，然自八月十九日攻勢發動後，我偕第七軍軍部前進，和第四軍便無法聯絡。因當時軍事進展極速，我們軍部雖都有無線電通訊設備，但因電機陳舊，隨修隨壞，故各軍聯絡時時中斷。我們在汨羅江以北山區追擊前進時，事實上是各自為戰，按既定計畫和戰術原則分進合擊，苦打窮追，因而發生兩軍互易作戰地區的趣事。

當我第四軍在八月二十六日於汀泗橋佔領陣地時，第八軍也已攻克岳州、羊樓司，和我七軍的一部會師於蒲圻。因八軍原在浯口以西長樂街一帶伺機渡汨羅江，然船隻已全為北軍擄去，長樂街一帶江深水急，無法徒涉，所以八軍在四、七兩軍已在上游取得決定性的勝利，下游敵軍自動撤守後，才於八月二十日渡過汨羅江，較四、七兩軍渡江遲了一日。

嗣後第八軍遂循鐵路前進。二十三日佔領岳州，二十四日佔領羊樓司，二十五日和我七軍一部會師蒲圻。由於我四、七兩軍進展極速，已在蒲圻、汀泗橋一帶將敵軍退路切斷，大批敵軍見無路可逃，乃自動向追來的第八軍投降。所以在武長路追擊戰中，第八軍遭遇的抵抗最微，而繳獲的敵軍武器彈藥卻最多。因此唐生智到武漢後，乘中央政潮鬥爭劇烈時，竟將其第八軍擴充為四個軍，李品仙、何鍵、劉興、葉琪等師長都升為軍長，實力大增。從吳佩孚部所繳來的軍火便是他後來在寧漢分立時的本錢。這是後話，暫不多贅。

當第四軍於八月二十五日夜向汀泗橋迫近時，敵軍宋大霈、董政國等已收集從前線各地潰退的殘部萬餘人，據汀泗橋死守。原在武昌坐鎮的湖北軍務督理兼第二十五師師長陳嘉謨也率所部精兵萬餘人來援。

汀泗橋為武長路上三大著名鐵橋之一。附近為一湖沼地區，位於長江南岸，水深港闊。陳嘉謨陳重兵於鐵橋兩端和附近高地，所以我軍和敵激戰終日，頗有死傷而並未奏效。二十六日江水突然暴漲，進攻益發無望。我軍在橋的南端雖稍有進展，然望橋興歎，大有天塹難飛之歎。因此，橋北守軍也休息度夜，不以我軍為意。這時我第四軍第十二師第三十六團團長黃琪翔忽然自告奮勇，乘夜於附近港灣覓得漁船數十隻，一夜之間將該團渡過河去。此時敵方守橋各軍都在酣睡中，黃團長乃親率該團精銳於晨光曦微中，自敵後向橋北守軍作拂曉攻擊。一時喊殺連天，守軍自睡夢中驚醒，不知敵從何來，頓時秩序大亂，奪路逃跑，潰不成軍。我軍其他各部遂乘勢猛攻，一舉而克汀泗橋。

敵人望風逃竄，我軍乘勢追擊，二十八日遂克咸寧。敵殘部乃退守賀勝橋。適此時吳佩孚率精兵數萬人自北京南下，抵達賀勝橋；我第七軍主力也於是時自崇陽一帶趕到。因而敵我兩軍決定性的主力戰遂在賀勝橋前展開。

3

在吳佩孚和張作霖合作，於八月中旬將馮玉祥的國民軍擊潰於南口後，直系勢力已無北顧之憂。惟因吳和張後有小齟齬，致稽延南下日期。到八月二十日左右，忽聞湘中大敗，武漢震動，吳氏才覺革命勢力不可侮，乃親率精銳劉玉春、陳德麟、張占鰲、靳雲鶚等部數萬人於八月二十二日晨自保定乘京漢車兼程南下。二十五日到漢口召開緊急會議，擬先守汀泗橋。會汀泗橋敗訊至，吳氏席不暇暖，即自武漢率師南下，親自指揮固守賀勝橋。同時檄邀孫傳芳自江西襲我後方，並圖誘致袁祖銘部叛離革命集團以擾我左翼。

吳氏於八月二十八日親到賀勝橋部署一切。其兵力在賀勝橋設防的，計有吳氏親率的第十三混成旅、陳嘉謨的第二十五師、劉玉春的第八師等，都是吳氏的精銳，從來是所向披靡，號稱無敵。此外還有自汀泗橋退下的前武衛軍馬濟，以及宋大霈、董政國等殘部萬餘人，合計不下十萬人。並附有鐵甲車和山炮、野戰炮數十門，重機槍二百餘挺。全部實力較我前方作戰的四、七兩軍總數多出數倍。

在吳氏親自指揮之下，敵軍在賀勝橋前以縱深配備構築臨時工事。其大部兵力集結於賀勝橋附近，主要陣地設於橋前高地楊林壋、王本立之線。

當敵軍正在作防禦部署時，我前方高級指揮官齊集於咸寧縣商討進攻賀勝橋的計畫。到會的計有蔣中正、白崇禧、唐生智、陳可鈺、張發奎、陳銘樞、夏威、胡宗鐸和我。會中決定由我直接指揮進攻賀勝橋，直搗武漢；唐生智則率其第八軍為總預備隊，並調第八軍的何鍵師自嘉魚渡江，繞攻漢口、漢陽，以拊吳軍之背。

計畫既定，我遂於二十九日令第四軍仍沿鐵路前進，進逼賀勝橋正面；第七軍則出咸寧東北，自王本立攻擊賀勝橋以東地區。令夏威率第一、第八兩旅任右翼，胡宗鐸率第二、第七兩旅任左翼，與第四軍並肩前進。當日第八旅即在王本立之南和敵軍警戒部隊遭遇，發生激戰，將敵人逐回賀勝橋前陣地。我四、七兩軍遂向橋前迫近。

賀勝橋的守軍是當時中國最享盛名的直系部隊的精華，督戰者又係直系的主帥──能攻善守的吳佩孚。我方進攻的也是北伐軍的中堅。雙方都以其最大的本錢作孤注的一擲。我們以連戰皆捷的旺盛士氣，雖然自覺甚有把握，而後方的唐生智卻頗為我們擔憂。他在蒲圻得報說，吳佩孚大軍因西面阻湖不能展開，現已大部向東方運動。渠深恐右翼第七軍獨力難支，乃遣參謀長龔浩來前線和我商討增援計畫。而我則覺得全軍士氣極旺，可以獨力撐持，故要龔參謀長回報唐總指揮放心，靜聽捷報可也。

三十日拂曉我遂下令四、七兩軍同時出擊。我親率陳可鈺、張發奎、陳銘樞、夏威、胡宗鐸到前線督戰。我全線官兵宛如萬條毒蛇向敵人同時進襲。而敵人也恃險頑抗。斯時敵軍重機槍、山野炮同時向我軍盲目射擊，戰場上簡直是一片火海。

賀勝橋一帶都是波狀地和可徒涉的小湖沼，地形起伏不大，而遍地都是茅草和小叢樹，障礙視線，不利於守勢陣地，即高級指揮官的視界也不出三數百尺。敵軍的移動固然不易察出，就是我們自己各單位的行動也不易掌握。所以戰鬥的進行，幾乎是各營、各連，甚至各排、各班自行判斷，按著戰鬥原則，各自為戰。幸我軍士氣旺盛，全軍有進無退，向敵人接合部隙縫襲擊猛衝。

此時敵軍也顧不得目標，只是集中火力向我軍射擊，槍炮之聲震耳欲聾，機槍聲的緊密尤為各次戰役中所未有。其火力之猛，北伐途中除德安、龍潭兩役外，鮮有可比擬的。我們高級指揮官也都浴身於火海之中，流彈橫飛，炮彈時在前後左右爆炸。

這時第四軍黃琪翔團在鐵路正面左側的小高地叢林中，為敵軍的鐵甲車和排炮所轟擊，無法立足而後退。敵軍復向我四、七兩軍陣地的接合部襲擊，情勢危殆。我遂急令七軍第四團向左延伸增援，才將陣地穩定。這時敵又向我右翼移動，我七軍第三團被圍，情勢甚危。我遂令第十四團向右翼延伸，而敵援軍也到，再度對十四團作大迂迴，包抄我右翼。當敵人正和十四團廝殺得難解難分之際，我再調第二團趕到，自第十四團、第三團之間衝出，將敵陣截為兩段，一部向右蹴敵側背，敵陣才見動搖。我軍正面乃乘勢衝鋒，敵遂全線崩潰，紛紛逃往余花坪、賀勝橋一帶陣地。其退往余花坪的，因得金牛來援之敵，復起向我反撲；然我第一路跟隨尾追不捨，敵人立足未穩，又被擊潰。夏威乃銜尾窮追，敵軍宋大霈殘部幾全部繳械，夏威遂進佔鄂城。

這時四軍第十、第十二兩師暨七軍第七、第八兩旅傾全力向賀勝橋敵軍正面衝鋒前進，敵人仍圖頑抗，然因我軍衝殺甚猛，無法立足。吳佩孚見情勢危急，除令陳嘉謨、劉玉春各率隊壓陣外，並親率衛隊、憲兵隊、軍官團、學生隊到賀勝橋頭督戰，以壯聲勢。復排列機關槍、大刀隊於橋上，凡畏葸退卻的，立被射殺。吳並手刃退卻旅、團長十數人，懸其頭於電線杆上，以示有進無退。所以敵軍的抵抗極為頑強，機關槍向我盲目掃射，疾如飆風驟雨。所幸我軍士氣極旺，喊殺連天，前進官兵竟以敵人的機槍聲所在地為目標，群向槍聲最密處抄襲，敵軍不支乃棄槍而遁。敵將陳嘉謨、劉玉春阻止不住，吳佩孚乃以大刀隊阻遏。敵軍潰兵因後退無路，被迫向大刀隊作反衝鋒，數萬人一哄而過，奪路逃命。據說陳嘉謨見大勢已去，又不願退卻，竟滾在地上大哭。因其受恩深重，今日兵敗若是之慘，實無面目以見吳大帥也。這時我追兵已近，馬濟在一旁大叫：「你再不走，就要被俘了！」陳氏衛士乃將其架起，奪路而逃。此事我後來聞之於馬濟部下投降的軍官，當非虛語。

吳軍全線潰敗時，已近黃昏。其潰兵和我追兵混成一團，不分先後向武昌城前進。我軍中的炊事兵、運輸兵等也各挑其雜物炊具，雜在戰鬥兵行列中前進。夜深之後，我追兵已過賀勝橋數十里，敵人也已去遠，我乃令各部停止追擊，就地休息。因我軍搏鬥一晝夜，到此已疲憊不堪，亟待休息整頓。誰知我軍有炊事兵數名和大隊失去聯絡，竟挑了炊具，一夜未停，跟隨敵人潰兵，進入武昌城。嗣後吳軍閉門守城，這幾名伙夫竟被關在城裡，當了四十幾天的俘虜。後來武昌克復，他們才被釋放。四、八軍攻城的指揮部因為他們隸屬第七軍，而我第七軍又已遠去江西，所以要送他們回廣西後方服務。這幾名伙夫卻不願回去，又趕到江西前線來歸隊。這事一時傳為軍中趣談。然也可想見賀勝橋之役，我軍士氣是何等的旺盛了。

【第25章】

武昌之圍

1

吳軍在賀勝橋大敗後，殘部退入武昌城據守，我追兵於八月三十日夜間在途中稍事休息，翌日拂曉遂以急行軍向武昌城追擊前進。三十一日黃昏，四、七兩軍主力均抵達武昌城下。我擬乘敵軍喘息未定時一舉而下武昌，因於四、七兩軍大部到達後，立刻下令爬城。士兵遂向民間徵發木梯數百架，吶喊衝向城腳，援梯而上。誰知武昌城垣甚高，堅實無比，牆外並有護城壕溝，水深沒頂。我軍所徵發的木梯又太短，距城牆上端甚遠，縱然攀上梯端，仍無法登城。而敵人守城部隊似已早有準備，城上燈炬通明，使爬城我軍毫無隱蔽，一接近城垣，城上機關槍、手榴彈便一時俱發。我方官兵前有堅壁，後有城壕，在敵人機槍瞰射之下，傷亡極大。於是我軍第一次攻城無功而罷。

九月一日晚，四、七兩軍已全部抵達城下。劉峙率領的總預備隊第一軍第二師也已奉命前來增援，旦夕可到。我軍乃重行部署，仍由我任攻城總指揮；陳副軍長可鈺任副總指揮，準備作第二次攻城。

此次攻城任務的分配是：第七軍胡宗鐸部任中和門、保安門、望山門的攻擊。右與第四軍聯絡，左則警戒長江江面。

第四軍任忠孝門、賓陽門、通湘門的攻擊。左與第七軍聯絡，右則警戒沙湖方面。

第一軍劉峙師到達時，應由洪山、徐家棚向武勝門前進，並接替第四軍忠孝門防地。

炮兵則佔領洪山陣地，俾步兵爬城時，轟擊城上守軍。

攻城主要工具則責令工兵和政治部購集大批粗大的毛竹竿，每枝長約二丈，重百餘斤，用兩根接起，紮成一長約三四丈的竹梯，攻城時以奮勇隊先進。奮勇隊以每十二人組成的小隊為單位，每小隊抬長梯一具。

第二次大規模攻城於九月三日晨三時開始。先由炮兵以猛烈炮火轟射城上守軍，然後奮勇隊攜竹梯蟻附而上，不料城內敵人並楚望台、蛇山、龜山上所設置的敵軍山、野炮和江中敵艦槍炮一時俱發，火力猛烈之至。我軍傷亡甚大而奏功甚小，加以竹梯笨重，牆高水深，我攻城官兵雖奮勇異常，然有的竹梯尚未架牢，官兵已全部犧牲。我親自督戰所得經驗，知以我軍目前的攻城器材，絕難奏效，徒招無謂犧牲。好在我軍在下游已攻佔鄂城；第八軍自嘉魚渡江後，也已逼近漢口、漢陽；駐漢口的鄂軍第二師師長劉佐龍正和我暗通款曲，願意投誠。如是則吳軍久守孤城，內無糧草，外無救兵，日久必然發生內變。我軍與其作不可能的攻堅戰，反不若坐困的有效。因此，三日晨八時我軍停止攻擊後，我遂不再作硬攻的打算。

吳佩孚此時也另作固守武漢三鎮的準備。派第八師師長劉玉春為守備軍總司令、陳嘉謨為武漢防禦總司令，二人同駐武昌城內，據城固守待援。吳本人則坐鎮漢口，調度由北南下的援軍。

九月三日晚蔣總司令偕白崇禧、加倫、唐生智一行抵達武昌城南的余家灣車站，翌日召集緊急攻城會議。開會時，蔣氏並未分析敵情便說：「武昌限於四十八小時內攻下。乘敵人立足未穩，一定要攻下！」他說話的態度非常嚴厲，哪裡像在開會，簡直就是總司令下令攻城罷了。在場的高級將領皆面面相覷，未發一言。我也未便陳述不宜硬攻的理由。大家因而皆接受命令，再作第三次攻城的部署。

胡宗鐸私下問我道：「武昌這樣的堅城，限期之內如何攻得下？」

我說：「這是總司令的命令，攻不下我們也得應付應付！」武昌城我們已兩度硬攻不下，蔣先生還說「敵人立足未穩」呢！不過我知道蔣先生的個性極強，遇事往往知其不可為而為之。面析無益，我們也只有應付罷了。蔣先生總喜歡遇事蠻幹，一味執拗，不顧現實。武昌第三次攻城之舉，把他個性的弱點暴露無遺。蔣先生這種個性可說是他個人成功的因素，也可說是國事糟亂的種子。嗣後他親自指揮南昌攻城失敗，與武昌之敗如出一轍。

第三次武昌攻城，仍由我任攻城司令，陳可鈺任副司令。一切部署仍按第二次攻城計畫實行。蔣總司令另調第一軍劉峙師接替第四軍在忠孝門的防務。並懸賞登上城垣的，官長二百元，士兵一百元，最先登上的部隊三萬元。登城的準備完畢時，號兵吹集合號，士兵齊呼「革命萬歲」。奮勇隊的編制如前。前鋒部隊在奮勇隊後，取五十米至百米距離齊頭並進。前鋒都攜帶短槍、手榴彈以便爬城。這些都是蔣總司令明令所規定。

第三次攻城於九月五日晨三時開始。我軍逼近城垣時，敵槍炮齊發，較前尤為猛烈。第七軍奮勇隊撲攻保安門，該處城垣較高，竹梯甫架，傷亡隨之。後緣附郭民房而上，敵軍乃以火藥包、手榴彈、爆發罐等引火物，自城上擲於已注射煤油的民房，頓時烈燄熊熊，火光燭天。同時敵軍機槍野炮火力自空而下，我軍傷亡枕藉，仍然無法爬城。

第四軍在通湘門一帶的遭遇也約略相同。四軍獨立團曾潛至城腳，掛梯數具，官兵相繼攀登，然敵方機槍彈如雨下，登梯官兵悉被擊斃，無一倖免。犧牲的慘烈，達於極點。此時軍中忽然謠傳劉峙師已攻入忠孝門，四、七兩軍聞訊大為振奮，益發奮勇爭先，死傷輒至整連整排，仍無入城之望。

正當前線戰況最激烈時，蔣總司令忽然約我一道赴城郭視察，我因為蔣氏未嘗做過下級軍官，沒有親上前線一嘗炮火轟擊的機會，深恐其在槍林彈雨下感到畏葸膽怯。我二人走到了城邊，戰火正烈，流彈在我們左右簌簌橫飛，我默察蔣氏極為鎮定，態度從容，頗具主帥風度，很使我佩服。

這時蔣氏也感到硬攻無望，我隨即下達命令停止攻擊，各軍暫退安全地區待命。這樣遂結束了我們第三度激烈的武昌攻城之戰。

所幸我第八軍何鍵、夏斗寅兩師在嘉魚渡江後，此時已迫近漢陽。九月五日，原與我通聲氣的劉佐龍鄂軍第二師正式聲明附義，加入革命。劉氏就任國民革命軍第十五軍軍長之職，自漢陽炮擊查家墩吳佩孚的司令部。吳氏倉皇乘車北逃。自河南向武漢增援的吳軍也為劉所扼，於漢水中淹斃甚眾，不敢渡河。劉部遂於九月六日佔領漢陽，七日進佔漢口。吳軍悉數北撤，江面敵艦也順流下駛，武昌之敵遂成甕中之鼈，俯首就擒只是時間問題了。

【第26章】

進軍江西

1

當我軍自汨羅江向武漢疾進時，吳佩孚曾檄請「五省聯軍總司令」孫傳芳前來湘、鄂應援，以便夾擊我軍。孰知孫氏此時卻作坐山觀虎鬥的打算。意圖等待我軍和吳軍兩敗俱傷後，一石二鳥，取吳氏而代為華中之主。至於我軍，因素為孫氏所輕視，渠如能取吳而代之，則區區華南便不難定了。

不意我軍長驅北進，直如疾風掃落葉，一舉而囊括武漢。孫傳芳到此才知革命軍不可侮，急謀應敵之策。那時我國當代第一流的戰略家蔣百里適在孫氏幕中，據說，蔣氏於我軍轉戰汨羅之初，即向孫氏獻援吳三策。

蔣氏的第一策是乘革命軍北進和吳軍鏖戰時，孫氏突出奇兵，自江西全力西進，腰擊我軍，佔領長沙，以斷我軍歸路。

第二策是待我軍進圍武漢時，孫氏揮海、陸大軍溯江西上，解武漢之圍，使吳我兩軍相持於武漢以南，相互消耗戰鬥力，然後孫軍待機而動。然此二策都未被孫氏採納。

其第三策則係將孫氏五省聯軍的主力向江西集中布防，以逸待勞，以俟我軍。此策或係蔣氏三策中之最下者。然吳氏既失武漢，革命軍底定湘、鄂，聲威大震，孫傳芳也不得不採此下策，急速將原駐蘇、浙、皖各軍集中江西，以待我軍來襲。因此當我軍方合圍武昌，右翼我軍擔任向江西警戒的第一、二、三、六各軍已和孫軍前鋒發生遭遇戰。武昌既經合圍，孫軍大部也已入贛，敵我江西之戰便迫在眉睫了。

孫傳芳虎踞長江下游有年，餉裕財豐，彈械充足，其實力較之吳佩孚有過之無不及。現將孫軍實力及其向江西集中前各部駐地，列於下：

一、江蘇之部

衛隊二團　駐南京

陳儀師八千人　駐徐州

孟昭月旅六千人　駐南京

鄭俊彥師八千人　駐清淮
謝鴻勳師一萬二千人　駐津浦、滬寧線各站
周鳳岐師六千人　駐南京
白寶山師三千人　駐海州
馮紹閔師四千人　駐泗陽、邳縣

二、浙江之部

盧香亭師二萬人　駐浙江
夏超部一萬五千人　駐浙江

三、安徽之部

陳調元師一萬六千人　駐蚌埠
倪朝榮旅一千五百人　駐蚌埠
馬祥斌旅一千五百人　駐南宿
王普旅三千人　駐蕪湖
畢化東旅二千人　駐壽州、霍邱
楊光和旅二千人　駐邳縣

彭德銓旅二千人　駐皖境
楊鎮東旅一千餘人　駐皖境
顏景宗旅三千人
張中立旅二千人
張國威炮團一團山、野炮十門

四、江西之部

鄧如琢師七千人　駐南昌、九江
唐福山師五千人　駐萍鄉
蔣鎮臣師五千人、迫擊炮四門　駐吉安
劉室題旅二千人　駐鄱陽
賴世璜師四千人　駐粵贛邊境
楊如軒師二千人　駐贛州
楊池生師二千人　駐三南
張鳳岐旅三千人　駐萬載
陳修爵部一千餘人　駐寧山崗

五、福建之部

周蔭人師　駐福州

李生春旅三千人　駐福州至延平

劉俊旅三千人　駐延汀

炮兵團一千餘人　駐延汀

孔昭同旅四千餘人　駐漳泉

蘇埏旅三千餘人　駐延建

蔣啓鳳旅二千餘人　駐泉州

衛隊旅三千人　駐福建延平

吳大洪旅　駐泉屬

張毅師六千人　駐漳、龍（漳州、龍岩）

李鳳翔師三千人　駐汀、龍（汀州、龍岩）

張慶昶旅三千餘人　駐汀州

林忠陸戰隊三千餘人　駐馬尾、廈門、東山

王麒旅二千餘人　駐雲浦

何麓昆部一千餘人　駐建甌

上列各部隊中以盧香亭的第二師、謝鴻勳的第四師、鄭俊彥的第十師戰鬥力最強，為孫軍的中堅部隊。

孫傳芳既決定對我軍作戰，乃將所部二十餘萬人分為五方面軍。除在閩的周蔭人為第四方面軍外，餘均在贛（此項部署係我軍於箬溪大破孫軍後，自擄獲的敵人祕密文件中所獲悉的）。

孫軍第一方面軍以原駐江西部隊編成，任鄧如琢為總司令。所部第一軍為唐福山、張鳳岐部，在樟樹。第二軍為蔣鎮臣、謝文炳部，在新淦。第三軍為鄧部第一師，在南昌。第四軍為原滇軍楊池生、楊如軒所部，在永豐。

第二方面軍以鄭俊彥為總司令。自南潯路南段集中，向湘贛邊境萍鄉一帶前進。

第三方面軍為盧香亭部，在南潯路中段。其主力數萬人在德安、涂家鋪、武寧一帶。

第五方面軍總司令為陳調元。所部有王普、劉鳳圖等旅，在武穴、富池口、石灰窯等處。

全軍號令森嚴，聲威殊盛，各軍戰鬥力也都不在吳佩孚各軍之下。

2

我方進攻江西的戰略部署分三路東進。以第一、二、三各軍為右翼，由蔣總司令親自指揮。第二軍由贛南的吉安循贛江北進，第三軍由萍鄉出高安，第一軍的第二師由銅鼓經奉新東進，均以南昌為目標。贛南之敵楊池生、楊如軒所部，因實力較弱，故由新近附義的贛軍賴世璜部加以解決。

我軍中路由第一軍第一師和第六軍擔任，由程潛指揮。出修水、武寧，直搗德安，以截斷南潯鐵路。

我第七軍則擔任左翼，自鄂城、大冶一線入贛。沿長江南岸東進，經陽新、武穴、瑞昌，直搗九江孫傳芳的總司令部，並向左警戒長江江面和北岸敵軍陳調元所部。

我軍入贛部署既定，蔣總司令乃於九月十日前後，親至南湖七軍軍部告我，並頒發命令調第七軍克日入贛，將武昌圍城任務交第四軍接替。但此時我軍餉糈、被服等接濟俱由廣西徵發而來，現已屆秋末冬初，後方接濟尚未送到，行軍殊有困難。我遂將此情況報告蔣氏，蔣說：「我叫俞飛鵬立刻送十萬元『五省通用券』給你暫時使用。」俞飛鵬是北伐軍的兵站總監。不久，他果然送來數大箱「五省通用券」。這是我七軍在北伐途中第一次收到的中央方面的接濟。不過我當時尚不知「五省通用券」為何物，中央財政部也未明令通用。既來之則安之，我們也只得暫時收下。到我軍進入江西後開箱使用時，才發現全是五十元和百元大票。我們既未使用過，人民也聞所未聞。當時物價很低，縱使人民願意，也無法接受此百元大票。所幸沿途人民簞食壺漿，十分合作，各地商民團體都自動集合為我軍兌換使用，糧餉才不虞匱乏。

我軍在南湖接到命令後，遂立刻向大冶集中，兼程入贛。九月十三日全軍抵達大冶。過此東進便是江西邊界。大冶城東郊便係一大湖沼，大軍東去須乘渡船，如自湖邊繞道東進，勢非三五日不為功。我們不得已，乃徵調船隻東渡，經一晝夜不停擺渡，兩萬大軍才抵達湖東，進駐陽新。後方兵站則駐於鄂城、黃石港和石灰窯一帶長江南岸的小市鎮。

自陽新東進，又有小河兩道不能徒涉；大軍通過，勢須架設浮橋。工程也相當浩大，勢非三五日不能竣工，我便命令全軍在陽新暫息。同時派出「差遣」三組，化裝平民，偕土人向武寧方面偵探，以便和第六軍取得聯絡。因我在大冶時已接得總司令部「通報」，知程潛的中路軍已佔領修水、銅鼓，現計時應已佔領武寧了。

三組聯絡員派出不久，便有兩組相繼回報說，武寧有敵人盤據城內，他們不敢入城；至於第六軍卻「不知所終」。我得報至為詫異。然那時我們的無線電又失靈，普通電話更是鞭長莫及，各方聯絡全失。友軍何往，以及全盤戰況若何，直使我如墮五里霧中。

就在此時，我忽然接到武漢方面前敵總指揮唐生智、總司令部武漢行營主任鄧演達和武漢政務委員會主任委員陳公博三人的聯銜急電。大意是說，據報敵海軍已溯江而上，將在黃石港登陸佔領大冶，企圖解武昌之圍，情況緊急之至；要我克日回師大冶，以對付該地之敵，而減少武漢的危險。當軍部尚在研究這電報時，我軍留駐黃石港的兵站分監曾其新忽打緊急電話來報告說，敵人已在黃石港登陸，顯係陳調元軍的王普、馬登瀛兩部。這時電話內已微聞槍炮聲。曾其新說：「……我們將向鄂城撤退！」話未說完，電話便斷了。敵人顯然已在黃石港登陸，向大冶進攻；我軍後路已斷。

我乃在陽新召集緊急軍事會議，商討應付之策。我計算全軍繞湖回援大冶非四五日不能到達。有此四五日時間，已足夠進抵九江。雖然是孤軍深入，所幸士氣極旺，不難一鼓而下九江。我軍如攻佔九江，則敵人不但不敢攻武漢，贛局也必急轉直下。兵貴神速，事不宜遲；自古出奇兵制勝，未有不冒險而能克敵致果的。當時夏、胡兩指揮官均表贊成，各級將士也表示聽命。當夜浮橋搭成，全軍遂於拂曉渡河，向九江挺進。當天便進抵横港，更奮夜前進。不久，前鋒鍾祖培旅便與敵軍約千餘人發生遭遇戰，敵人稍戰即潰，我軍乃繼續前進。

是夜十時，我在陽新所派的第三組探報人員也自武寧回來報告說，武寧城內確有敵軍一二千人；程潛第六軍不知去向。如是則我右後方已受敵人威脅，後方歸路已斷，欲退不能。我再查閱九江附近的地圖，知該地全屬湖沼區。我軍三面受敵，北阻長江，且江邊也有敵人，我們如進入該區為敵人重重包圍，正如魚入笮籠，虎落深阱，終必彈盡援絕為敵人所消滅。在此進退維谷之時，將如何是好？

熟思片刻，我自覺要改變戰略，捨棄九江，全軍向右靠攏，翻越羊腸山，以尋找第六軍。如第六軍被圍，我正可前往解救。主意既定，便立刻請俄顧問馬邁耶夫和參謀長王應榆前來商議。

馬邁耶夫聽說我要改變戰略，便立刻咆哮起來。他說：「捨九江不攻是違背既定戰略和統帥部的命令。在蘇聯，指揮官如擅改作戰計畫或不聽命令，是犯死罪的。在蘇聯便要槍斃；在你們中國就是要殺頭的！」

「馬顧問，」我說：「在通常情況下擅改作戰計畫是犯罪的，但是目前情形不同。我們右翼的友軍不知去向，後路又被敵人截斷，我們彈械、糧草已極其有限，一旦進入死地，四面受敵，前途將不堪設想。再者，我們在陽新時，武漢有電報要我向大冶撤退。（其實蔣總司令於九月十七日有一電報給我，要我暫駐大冶，監視武穴、富池口一帶之敵，不過我未能收到該電報。）向大冶撤退尚且不犯軍令，何況是向右靠攏以支援友軍呢？」

但是馬邁耶夫仍不以我言為然，喋喋不休。這時我軍已有一團正向九江前進，胡、夏二指揮官也在前進中。我顧不得馬氏的抗議，當即派人追向前去，命令他務必於拂曉前找到胡、夏，囑其停止前進，就地待命。馬顧問仍期期以為不可，竟和我大鬧起來。但是他終究是顧問，無權命令我主官。他見奈何我不得，不覺性氣大發，嘰嘰咕咕似乎罵了起來。那俄文譯員也不敢再譯，想必馬氏把不堪入耳的穢詞都罵了出來。我也管不得許多了。

拂曉時，胡、夏二指揮官和我會於中途。我便將我的新決定告訴他們，他們也絕口稱頌我判斷的正確。一聲號令，大軍兩萬餘人便捨東而南，改途向羊腸山前進了。

【第27章】

箬溪、德安、王家鋪之血戰

1

羊腸山是陽新縣南部和武寧縣交界區域的一系列石山。山雖不大，卻十分險峻。山上草木不生，亂石如林。易守難攻。此時敵軍約千餘人據守該山，堵住我軍南向去路。翌日清晨我遂下令攻山。敵並不固守，稍戰即退。我軍窮一日一夜之力才越過該山。過山約五十里便是箬溪，盤據該地有敵軍精銳謝鴻勳部約兩萬餘人，構築工事，圖死守箬溪。

箬溪為武寧縣北一小鎮，有商民約二三百戶。該鎮西傍修水河，東北則有小崗巒曰盤龍嶺，綿延數里，敵軍即沿此崗巒構築工事。陣地之前有一小溪，可助防守，在高處敵軍炮火瞰射之下，這道小溪也可說是天塹難渡。

我軍於二十九日晚抵達箬溪敵陣前小溪北岸的高地。因天色已晚，未便進攻，乃在陣前過夜。三十日拂曉，我便下令全軍出擊。我與夏、胡二指揮官都親臨陣前督戰。敵軍頑強抵抗。我軍數度衝達小溪邊，都被對岸高地敵軍炮火壓迫後退，傷亡數百人，仍無法強渡。自清晨至下午三時，並無進展，戰況成為膠著。

這時我軍士氣極旺，在小溪後方作預備隊的李明瑞旅因整日未得參戰，上下官兵都躍躍欲試。下午三時我乃調李旅自左翼蔭蔽地帶向敵軍右翼作大迂迴。我命令李明瑞說，迂迴愈遠愈好。同時我更面告夏、胡二指揮官，限日落前一定要攻下箬溪，全軍乃再度衝鋒。炮火正密之時，我李旅忽自敵人右翼後方出現。全旅如一隻鐵臂，以疾風暴雨的姿態，壓向敵人後方自右而左。此時敵人發現已遲，陣線立即動搖。正面我軍聞敵後有槍炮聲，知李旅已達成任務，乃全線吶喊衝殺，敵人遂全面崩潰，奪路竄逃。謝鴻勳的指揮部原設於敵陣後數間茅屋內。當李旅衝入時，其中鴉片煙燈猶明，文電狼藉，官佐或斃或俘，極少漏網。謝軍兩萬人無路可逃，多數圖泅渡修水，浪急人多，河中人頭滾滾，逐波而逝，蔚成奇觀。

一度混戰後，敵軍遺屍遍野。俘虜萬人，我軍因無法收容，只得任其四處流散。擄獲的戰利品計有：大炮八尊、水機關槍十餘挺、手機關槍百餘挺、步槍二千餘枝。我軍傷兵暨擄獲器械，便責令俘虜挑擔。後來據當地居民報告，當時敵軍參謀長、旅長等都雜在俘虜中擔任夫役。我們因俘虜太多，無法清查，多為其乘間逸去。敵軍主將謝鴻勳因負重傷，為我軍所俘，然當時無人認識，遂為其衛士偷抬逃去。謝氏後至上海，卒因傷重而死。

箬溪一役，我軍以少擊眾，竟將謝鴻勳所部全部解決，極少漏網，為我國民革命軍入贛後一個空前的勝利。謝鴻勳部向稱剽悍，為孫傳芳軍中的精華，孰知和我軍鏖戰一日便全軍覆沒。孫氏全軍為之膽寒。斯時我尚不知南路我軍已為敵軍所敗。

箬溪戰後，我們清查擄獲文件，才知敵軍入贛分為四個方面軍，如上所述。而其主力固在南潯中段。箬溪戰前一日，敵將謝鴻勳聞我軍迫近，曾急電南昌敵第三方面軍總司令盧香亭乞援。原電大意說，查來犯之敵係李某所部的第七軍，該敵素稱剽悍。今我軍既已於南路獲勝，可否速調勁旅前來應援云云。盧氏覆電大意是：來電奉悉，本軍正計畫向潰退之敵跟蹤追擊，直搗長沙。貴處情形雖然嚴重，務盼竭力支持三日，救兵必至。

根據這些敵人的密電，我才知道我一、六兩軍曾於九月十九日乘虛攻入南昌，然為敵軍回師所破。程潛狼狽而逃，第一軍第一師師長王柏齡竟不知下落。我友軍整理未竣，又為敵人跟蹤擊破。孫軍忙於追擊，故盧香亭要謝鴻勳支持三日。誰知他支持尚不及一日，竟全師為我消滅，這是謝鴻勳的不幸。

2

箬溪戰後，我軍在陣地休息一天，彈械也於戰利品中得到充分的補充，士氣益旺。然此時友軍的消息仍如石沉大海，本軍今後將何去何從呢？轉念之間，我靈機一動，認為還是不顧一切，向前推進，自德安一帶切斷南潯鐵路，以解救南昌前線被壓迫的我軍。箬溪距德安約一百二十華里，均係山間小道，敵人如處處設防，步步為營，則不利於速戰的我軍，困難將不堪設想。但是我也顧慮不得許多，好在敵膽已寒，我軍聲威正盛，足堪一戰。

我軍全師乃於十月二日自箬溪東進。沿途僅有零星敵軍，並無強烈抵抗。行軍一日一夜，於十月三日拂曉抵德安郊外。德安城位於南潯路的中段，東濱鄱陽湖，南潯鐵路自城西外郊繞過。城南有九仙嶺、金雞山遙相拱衛；城西北島石門、箬山壟一帶也有一列崗巒，足資防守。此地敵守軍為自九江、南昌兩地新來增援的勁旅段承澤、陳光祖、李俊義等部，約四旅，共有三四萬人，由盧香亭親自指揮。盧氏早知我軍來犯，乃於城外鐵路西側高地構築工事。另有鐵甲車數輛，載野炮十餘尊往來梭巡。全軍居高臨下，以逸待勞，等候我軍來襲。

三日晨，我軍行距德安約十里時，即與敵遭遇。我當即下令全線展開向敵猛攻。惟敵陣構築甚為堅固，安置於高地上的山炮十餘門、機槍數十挺，以及鐵甲車上的野炮一齊向我軍射擊；槍聲的密集，炮火的猛烈，有過於賀勝橋之役。我親至最前線督戰，但見我軍兩萬餘人，前仆後繼，如潮湧前進。而敵方機槍交織瞰射，直如一片火海，我前線官兵看來恍似雷電交加中的山林樹木，一陣陣地倒下，死傷遍地。然自晨至午後，我軍攻勢並未稍歇，敵人也數度試圖反撲，並於我右翼作大迂迴，均為我堵截，不能前進。激戰至下午三時，預備隊已全部使用，仍無攻克跡象。這時全軍官兵已至瘋狂程度，只知猛勇前衝，不知己身何在；高級指揮官且忘記指揮炮兵作戰。我在前線只見敵炮密如連珠，未見我炮還擊，經查始知胡、夏二指揮官忘記使用炮兵。我乃急調炮兵向前還擊。誰知我炮火力太小，偶一發炮，即變成敵軍排炮目標，立被其優越火力所壓制。

直至黃昏時分，我內心忖度，決不可和敵人在德安城外膠著，今日非攻下德安不可。乃再度嚴令夏、胡二指揮官，限定今晚必克德安。所幸夏、胡二人也均年輕氣盛，再率全軍猛撲。激戰至下午六時，我左翼陶鈞團和敵軍肉搏，才將其右翼突破，佔據南潯路鐵橋；復自鐵橋南下衝擊，敵陣始亂。正面我軍也奮勇衝鋒，敵人遂全線潰敗，奪路逃竄。炮兵陣地上遺山炮一列十餘門、機槍數十挺，步槍、彈藥俯拾即是，敵軍潰兵更是漫山遍野。當晚我軍遂入德安城，將南潯路截為兩段。盧香亭、李俊義兩個方面軍的精銳，經德安一戰俱告覆滅。是役敵軍遺屍千餘具，其無法逃竄為我軍壓迫墮河溺斃的也達數百人，浮屍蔽江，慘烈之至。

德安之役，我軍死傷亦達兩千餘人，第九團團長陸受祺陣亡，為我第七軍北伐以來，戰鬥最激烈、死傷最大的一役。嗣後我曾接奉蔣總司令電報，備加慰勉。原電如次：

奉新、安義第六軍部速轉德安縣李軍長勳鑒：刻接支電，欣悉德安克復，逆敵擊潰。此次孫逆全力來犯，主力皆在德安、九江一帶，今為貴部完全擊破，以後敵必聞風膽落，贛局指日可定。吾兄及諸將士不避艱難，達成任務，其勳勞非可言喻。請先為我獎勉慰藉，再請政府特別獎敘也。

德安戰後，敵軍懾於我軍聲威，簡直有望風披靡，草木皆兵之概。當時南路友軍如亦得手，則贛局便可一舉而定，無煩再戰了。惜我在德安所獲消息，殊令人失望。至是我才知我方全局作戰梗概。當我軍屢戰皆捷之時，南路我軍因指揮失靈，第一軍為敵各個擊破，竟數度挫敗。所幸十月三日第三軍於萬壽宮打一勝仗，稍挽頹勢，大局未受太大影響。

我軍在德安駐守二日，無法再進。蓋孤軍作戰，後援不繼，我如北上九江，則南昌之敵必躡我後；如南下洪都，則九江之敵亦必尾隨，我孤軍兩面受敵，實不能持久。是時惟望南路我軍早克南昌，好與我軍連成一氣。我因一再設法與總司令部聯絡，以解決南潯路之敵。總司令部接到我軍箬溪捷報之後，也下令向南潯線總攻，並派第一師代師長王俊率精銳兩團自奉新來向我增援。惟此時南路我軍新敗之餘，雖奉命向南昌進攻，而敵人絕未動搖。是以我軍仍時在兩面威脅之中。

當我在德安休息兩天待援之時，我軍留守箬溪人員及一部分輕傷兵忽來德安報告說，箬溪北三十里的王家鋪新到敵軍甚眾，有向我進犯模樣，該部敵軍顯係自江北渡江來的。我得此情報後，自忖如不將王家鋪之敵迅速解決，則我軍勢將陷入重圍。因決定自德安迅即撤退，先消滅王家鋪之敵，再回攻德安。

然此時德安之南仍有大批敵軍俟機向我進襲。我遂派鍾祖培旅於九仙嶺一帶警戒該敵，囑其當我主力撤退時，該敵如來尾追，應與之周旋，且戰且走。斯時夏、胡兩指揮官且發出豪語，料定該敵不敢來追。夏威說：「他們如果來追，我們來一個左轉身，一把便把它壓下鄱陽湖裡去！」

十月五日晚八時，我全師向箬溪撤退。惟所獲敵人器械太多，無法攜帶。尤其是敵人的山、野炮十多尊，十分笨重，山路崎嶇，運輸不易。我們乃決定掘一個大坑，一齊埋起，以便下次再來發掘。然炮身太大，掩埋殊為不易，只得草草了事。今日思之，殊覺幼稚可笑。我們既帶不走，為什麼不把它燒毀呢？卻偏要掩耳盜鈴地埋起來，好讓敵人掘出再用！

我軍五日晚撤退時，各部先行西撤，我和軍部殿後。離德安剛四五里時，晚風拂面，繁星在天，全軍銜枚疾走，寂靜無聲。我忽聞德安城南劈啪一聲。我傾耳一聽，接著便劈劈啪啪地在九仙嶺一帶響了起來。顯然是敵軍來追，與我鍾旅警戒部隊發生了遭遇戰。這時部隊停止前進，夏、胡兩指揮官也騎馬趕回。他們主張「向左回師，一把就把敵人壓下湖裡去」！但是我告誡他們不必逞小勇，我們的主要任務是消滅王家鋪方面的敵人，不必與這批追兵較一日的短長。再者，作戰究竟不是畫地圖，不能一筆就把敵人畫到湖裡去；萬一和他膠著起來，反墮入其計中，誤我大事。所以我叫他們繼續前進，不必回顧。同時告誡鍾祖培不必戀戰，待我主力去遠，渠當且戰且走，趕快脫離現戰場，回箬溪和主力會合。命令既畢，我軍遂繼續前進。十月六日中午全師返抵箬溪。不久，鍾旅也到，遂暫在箬溪休息，以監視王家鋪方面敵人的行動。

3

王家鋪方面之敵，據探報是敵第五方面軍陳調元部。陳已渡江，駐於瑞昌，所部約有三師之眾。到王家鋪之敵僅係其先頭部隊。渠大隊既未來犯，我也在箬溪休息，擬與友軍確實聯絡，再圖進攻。惟我軍入贛以來，屢挫強敵，銳氣雖強，傷亡實大，官兵也極疲憊。在箬溪休息時，全軍缺糧，竟吃粥一星期。時值十月，北風凌厲，而全軍仍係單衣，艱難情形，實難盡述。

然此時王家鋪方面之敵已逐漸增多，據十一日夜半一時探報，來敵係陳調元部第二軍劉鳳圖、第三軍畢化東，各率三團之眾和騎兵一團由瑞昌前來，於十一日晚抵達王家鋪，冀圖圍攻箬溪。當夜我便下令全軍向王家鋪進發，僅留第九團警戒箬溪。

拂曉我軍遂和敵軍在王家鋪南約十里地展開激戰。敵不支後退，我軍尾追至王家鋪。敵乃踞守鋪南一列高地曰梅山、昆侖山、覆盆山和雙溪之線頑抗。我軍全線向各山仰攻，都不能得手。十二日晨我親赴前方視察，才知其地形正如昔日粵桂戰時的蓮塘口，除在梅山、覆盆山之間有一缺口之外，餘均係峻峭石壁，猴子也不易攀上，仰攻實不可能。唯一破敵之道，只有用蓮塘口時的同一戰術，實行中央突破，然後反撲兩側。是日午後，我乃調第四團擔任正面突破。下午二時各軍同時出擊，第四團乃自兩山間的隘路衝出，將敵截為兩段；我第十四團即乘機佔領覆盆山。敵仍分途頑抗。迄午後五時，我第八旅和第十四團擊潰左翼之敵，右翼之敵猶據昆侖山死力抗拒。時我第一軍第一師的兩團援軍由代師長王俊率領趕到，自白水繞出昆侖山側背。經我第一旅和第三團雙方壓迫，才於午後七時將該敵完全擊潰，向瑞昌逃去。是役戰鬥至為激烈，我軍傷亡凡兩千餘人，敵軍傷亡更多，被我俘獲數百人，步槍數百枝、大炮一門、迫擊炮數門、水機關槍四挺，軍用品無數。

第一師援軍雖趕到較遲，也擄獲步槍不少。第一師的北來原為策應我據守德安的。因蔣總司令得到德安捷報後，恐我軍獨力難支，故派王俊率兩團自奉新赴德安策應。王在途次聞我已放棄德安，撤往箬溪，及渠到箬溪，知我軍已在王家鋪血戰一晝夜，乃趕來參戰。時戰局已成尾聲，然亦小有斬獲。

王俊所部第一師在南昌時為孫軍所敗，嗣後集結於高安一帶向孫軍反攻，又為盧香亭所挫。兩戰兩北，頗喪銳氣。蔣總司令曾為此大發雷霆，罵茂如（王柏齡）、達夫（王俊）非「帶兵人才」。王俊此來王家鋪，我見其部隊亂糟糟，殊乏戰勝之師的氣概。王代師長曾在陣地和我一晤，時適我軍一部缺彈，蒙他慨贈七九子彈數萬發。之後，他便逕自引兵往奉新原防去了。

我軍自入贛以來，雖三戰三捷，穩定贛局，然本軍傷亡之大亦前所未有。全軍兩萬人，死傷竟達四千以上，下級幹部傷亡約三分之一，元氣為之大損。德安之役，折第九團團長陸受祺一員；王家鋪之役，又折第二團團長呂演新一員和機關槍大隊長吳鐵英一員。此三人俱是身經百戰，勇冠三軍的能戰之將，倚畀有年，遽爾殉職，痛悼實深。其中呂團長演新的死，使我尤多餘痛。因為其中還有一段迷信的小故事：

當我軍在桂林誓師北伐時，呂團長一日偶和同僚數人遊桂林名勝風洞山。山中有一相士綽號叫「羅大仙」，據說靈驗無比。呂乃請渠推算八字。「羅大仙」略一推算便告訴演新說，他命中今年是沖剋之年，北方不利，如北行則「十有九死」云云。呂君素好星相之說，聞言鬱鬱不樂，遂對同僚說，想不參加北伐。同伴們見他神志頹喪，便勸他如不願北伐，請調他職好了。但是演新說：「這種迷信上的事，如何能對老總說呢？」那時他們私下都稱我為「老總」，而不稱「軍長」。

可是他最後還是來向我說了。因為我們在公雖為長官部屬，在私卻如兄如弟；演新為我陸小同學，又為多年袍澤，原可無話不談。但是這次他和我提起這件迷信來，卻把我說惱了。我說：「你是個革命軍人，如何迷信起來！什麼羅大仙，羅小仙，敢在我們誓師北伐之時妖言惑眾，動搖軍心，我要把他抓起來！你請調，我決不准。你如離職，我當軍法從事。我們革命軍人怎能因一句迷信的話就阻止我們去革命了呢？我如為此事准你調職，豈不是軍中的大笑話？」

演新被我一頓訓誡，說得啞口無言，怏怏而去。其後北伐途中，他在戰場上雖驍勇如昔，然平時居恆抑鬱，總有點神魂顛倒似的。此次竟在王家鋪殉職。回念我強迫他參加北伐的往事，歷歷在目，往時迷信，今日竟成讖語。我雖不殺伯仁，伯仁因我而死，因之不免有餘痛耳。

【第28章】

肅清江西

1

王家鋪血戰後，我軍傷亡雖大，然全軍因連戰皆捷，銳氣正盛，稍事補充，盡可再戰。因此，在敵人潰兵猶在四處放槍掩護撤退之時，我料其新遭慘敗，斷難向我反攻，乃電知第六軍程軍長，約定翌日在桂堂一晤。此時程潛奉命協助七軍作戰，方駐節柘林，而桂堂則位於箬溪、柘林的中間。

斯時我的計畫係與第六軍切實聯絡，再向南潯路進攻，以策應向南昌進攻中的第二、三兩軍。南潯路一帶的攻擊，或以六、七兩軍分別攻擊永修、德安之敵，或以七軍進攻瑞昌，使敵人在德安無法立足。我與程潛聯絡剛完，忽奉高安方面總司令部命令，囑「各軍就地整頓補充，待命進攻」。我們聯合進攻計畫乃暫時擱置。

總司令部並於此時檄調攻克武昌的第四軍張發奎部，取道大冶入贛增援，另調新近收編的湘軍賀耀組獨立第二師星夜入贛作戰。這兩個增援部隊，均歸我指揮。

獨立第二師的劉旅於十八日到達王家鋪。第七軍第二路指揮官胡宗鐸遂率第二旅和第十團於同日由王家鋪開回箬溪。第一路指揮官夏威則率第一、第八兩旅和新編陳良佐第十九團仍在白水對瑞昌警戒。我的軍部則駐於箬溪，補充待命。

不久，武漢方面我七軍後方兵站送到新兵二千餘人以補充缺額。這批新兵均係未經訓練的徒手兵，無戰場經驗，制式教練更差。所幸廣西歷年征戰，鄉民多習於戰鬥，平時參加民團剿匪，故對持槍作戰並不太陌生，以之參雜於老兵之間也可以作戰。全軍得了此次補充，實力恢復不少；加以被服、彈藥源源而來，全軍作戰條件大為改善。

我在箬溪駐了約一個多星期，白參謀長崇禧忽自高安率兵一連攜大批彈械和現款前來箬溪慰勞。陣前把晤，十分歡愉。暢談之下，我才知贛局戰事屢進屢退的梗概。因九月中旬程潛第六軍進佔修水，忽得探報，知敵軍主力已自南昌南下樟樹、高安一帶布防，以抵禦我軍右翼的第二、三兩軍；省城附近極為空虛。程氏乃擅自變更原定戰略的攻擊目標（德安、涂家埠），銜枚兼程暗襲南昌，以期奪得攻克江西省會的首功，而置第七軍於不顧。

程氏於九月十九日親率第六軍和王柏齡指揮的第一軍第一師，自奉新直取南昌，入據省垣。前線敵軍總司令鄧如琢聞報，即由豐城回師反攻；南潯路的敵軍鄭俊彥部也馳赴增援夾擊。程潛知孤軍難守，乃棄城向南撤退。在南昌城南郊蓮塘市一帶為敵軍重重包圍，程軍長剪掉鬍鬚，易上便服，奪路逃生，全軍潰不成軍。白崇禧說程潛當時狼狽的情形，恰似「曹孟德潼關遇馬超」，「割鬚棄袍」而逃。而此次敗仗中最荒唐的要算第一軍代軍長王柏齡。王氏性好漁色，佔領南昌之後，得意忘形，以為天下事大定矣，潛入妓寮尋歡。孰知敵軍驟至，該師因軍中無主，於牛行車站被敵人衝得七零八落，倉皇亂竄。王柏齡脫險後，自知軍法難容，匿跡後方，不敢露面，遂被宣告「失蹤」。直至我軍底定南京，王氏才於上海露面。

一、六兩軍於九月二十日在南昌敗績後，至奉新集結，再圖反攻，不意指揮失靈，竟又為敵軍所敗。敵軍忙於追擊，這就是我們在箬溪激戰之時，敵第二方面軍總司令盧香亭答復謝鴻勳乞援電報說「已將敵人兩度挫敗，正在追擊中」，並要謝「支持三日，便有援軍來救」一故事的原委。

嗣後我軍殲滅謝部主力於箬溪，並攻克德安，適第三軍也在萬壽宮打一勝仗，總司令部接獲捷報，才由蔣總司令在高安親自指揮，再度向南昌反攻。十月十一日，二、三兩軍和第一軍第二師強渡贛江，對南昌合圍。蔣總司令為鼓勵士氣，曾於十月十二日親至南昌南門外指揮攻城。南昌城垣甚為堅實，我軍屯兵堅壁之下，背水作戰，實犯兵家之大忌。據白崇禧說，渠當時極不贊成圍攻南昌，因武昌的攻城戰，殷鑒不遠。無奈蔣總司令個性倔強，堅主爬城硬攻。

白氏知無可挽回，乃密令工兵於贛江上游搭浮橋二座，以便軍運。

是夜正當我軍作攻城準備之時，敵軍敢死隊忽自南昌城下水閘中破關而出。黑夜混戰，喊殺連天，秩序大亂。我軍攻城的第六團被敵包圍，幾至全團覆沒。我軍不得已倉皇後撤。蔣、白二人雖均在前線，但黑夜之中指揮困難，情勢危急。蔣氏數度執白氏之手，連問：「怎麼辦？怎麼辦？」白氏此時尚能鎮定，遂命令全軍沿贛江東岸南撤，至上游由浮橋渡江。第一浮橋迅即擠滿潰兵，乃派兵沿途通知撤退部隊長官，告以上游另有一橋可渡，軍心始定。大軍卒於黑夜安全退往贛江西岸。全軍雖敗而損失不大，還算僥倖。

2

總司令進攻南昌既失敗，乃下令全軍自南昌前線撤圍後退，暫行休息，以檢討第一期攻贛戰事的得失。適此時我軍王家鋪的捷報又到。此進彼退，呼應不靈，戰事遂有重新計畫的必要。因此，在王家鋪戰後十餘日，江西戰事遂入休戰的狀態，雙方都在作第二期攻守的部署。我方檢討攻贛無功的最大原因，厥為通訊不靈，各軍彼此不能相顧，各自為戰。所以在南昌戰役之後，總司令部於高安擬定「肅清江西計畫」，由白崇禧攜來箬溪與我會商新戰略。

根據這個新「計畫」，第一項要事便是通訊。除由總司令部趕購新式無線電機和在各地建築臨時飛機場外，並自箬溪經奉新、高安至樟樹一帶架設有線電話，以便各軍切實聯絡，以除呼應不靈之弊。

其次，便是各軍兵員彈械的補充。因我軍在贛血戰匝月，兵員、彈械損失均大，亟須補充始可再戰。

至於指揮方面也應重新部署，使職權統一，指揮靈活。總司令部根據新計畫所擬二期戰事指揮系統略如下表：

- 肅清江西總指揮　蔣中正
  - 左翼軍　指揮官　李宗仁
    - 第四軍
      - 第十二師師長　張發奎
    - 第七軍
      - 第一路　指揮官　夏威
        - 第一旅
        - 第二旅
      - 第二路　指揮官　胡宗鐸
        - 第七旅
        - 第八旅
      - 第十旅陳良佐部第十九團
      - 獨立第二師師長　賀耀組

- 右翼軍
  - 指揮官　朱培德
  - 左縱隊
    - 指揮官　朱培德（兼）
    - 第三軍
      - 第七師
      - 第八師
      - 第九師第二十六團
  - 右縱隊
    - 指揮官　魯滌平
    - 第二軍
      - 第四師
      - 第五師
      - 第六師
    - 第十四軍
      - 第一師
      - 第二師
    - 第五軍第四十六團
- 中央軍
  - 指揮官　程潛
  - 第六軍
    - 第十七師
    - 第十九師

總預備隊	指揮官 劉峙	
	第一軍	第一師
		第二師
	炮兵團	
航空隊	戰鬥機三架	

我軍作戰部署係以左翼軍肅清贛北。進攻時，以一部牽制建昌、涂家埠之敵；以主力攻擊德安，截斷南潯路。佔領德安後，主力即轉向建昌、涂家埠之敵進攻。同時以一部警戒九江方面，阻止敵方援兵，並相機攻佔馬回嶺，使主力容易進攻。

中央軍自奉新、安義向南潯路進攻，以樂化車站為攻擊目標，然後北向與左翼軍夾攻涂家埠之敵。

右翼軍左縱隊自萬壽宮攻擊前進，目標為南潯路的蛟橋、牛行兩站，南下包圍南昌。右縱隊除以主力第二軍自樟樹、豐城一線北向協攻南昌之外，並以一部協同第十四軍攻擊撫州方面之敵，截斷南昌、撫州的交通。第十四軍並堵截敵人南竄入閩之路。

總預備隊駐於奉新、安義地區，隨作戰進程參加決戰。航空隊擔任偵察並轟炸敵軍，並於前線各基地趕築機場。

我軍總攻擊日期定於十一月一日。

當我軍正作二期攻擊準備時，敵軍也調整其守勢部署以迎擊我軍。敵軍兵力的分配如下：

第二方面軍鄭俊彥部在南昌、牛行一帶。

第三方面軍盧香亭部和彭德銓、李俊義兩旅在涂家埠。

第四方面軍鄧如琢、蔣鎮臣、張鳳岐、楊如軒、楊池生、陳修爵、謝文炳等在撫州一帶。

第五方面軍陳調元部王普、劉鳳圖、畢化東在瑞昌、武穴一帶。

第六方面軍顏景宗、上官雲相兩旅、馬登瀛四營和浙軍周鳳岐部在德安、馬回嶺、九江一帶。

這五個方面軍合計有十餘萬人，勢力仍極雄厚。惟敵軍內部已軍心渙散，各自為謀。在閩敵軍周蔭人部也已為我東路軍所敗，其後方已不穩。十月十八日孫傳芳所屬浙江省長夏超突宣布附義，就我軍第十八軍軍長之職，並向滬、寧一帶進攻。在蘇浙軍均圖響應。白寶山在鎮江獨立，滬寧鐵路遂被暫時切斷。駐於九江、德安一帶的浙軍周鳳岐也暗派代表前來接洽投誠，俟我攻德安時在九江響應。陳調元在新敗之後也與我暗通款曲，準備附義。所以我軍二期攻勢發動前，不戰已屈人之兵。敵軍在江西的覆滅，自不待著龜了。

3

我左翼軍基於既定「肅清江西計畫」，乃於總攻擊日期到達之前向攻擊地點集中。二十八日第四軍第十二師張師長發奎率所部四團到達箬溪，即轉赴白水街接防。三十日獨立第二師由王家鋪集中楊村附近。十一月一日各軍乃向南潯路發動攻勢。第七軍向德安，第四軍的第十師和獨立第二師向馬回嶺前進。二日第七軍進抵德安市郊。時德安守軍為孫軍陳光祖的一部，午後剛和第七軍先頭部隊接觸，便向東退走。下午四時張師長見七軍已克德安，乃親率三團向馬回嶺急進，轉助賀師攻擊馬回嶺。此地孫軍守軍甚多，築有強固工事，憑險頑強抵抗，戰鬥至為激烈。我在德安聽得該地炮火極為熾烈，知戰況嚴重，乃調七軍第一旅星夜馳援，歸張師長指揮。三日晨，張、賀兩師長以新得援軍，乃下令於拂曉全線總攻。馬回嶺之敵不支，向九江後退，我軍乘勝猛擊，張師奪得山炮八門、步槍千餘枝，停止待命。賀師也奪得機槍十餘挺，步槍、迫擊炮很多，仍按原命令向南康、九江追擊。

我軍既破馬回嶺，我遂按原計畫和白參謀長親率第七軍自德安南下，擬向涂家埠前進，應援第六軍。大軍待發，忽聞九仙嶺一帶有槍炮聲。上午十一時，忽有我軍偵察機在德安城上空投下通信筒報告說：「刻自涂家埠開來的孫軍約二師在南詩車站下車，向九仙嶺前進中。」我當時判斷孫軍二師不下兩萬餘人，實力較我優越，決集結兵力先迎頭痛擊。乃調德安附近部隊先行進入九仙嶺一帶高地，並急調在馬回嶺陣地待命的第一旅和張師回援。惟自午至暮未見敵軍來犯。因敵軍此時已聞各方敗耗，故不敢繼續前進。

翌日拂曉，我軍第一、二兩旅遂奉命出擊。惟敵軍火力優越，人數眾多，我軍頗有動搖現象。時白參謀長親率第四軍的兩團在九仙嶺北麓第一旅後方作預備隊，見戰況激烈，故意遲遲不進。到了敵我雙方的拉鋸戰已呈疲憊狀態，白氏才率生力軍出擊，孫軍立呈動搖狀況，我即下令全線出擊，孫軍乃全線潰退。我軍分途追擊到駙南車站，擄獲人馬器械無數，遂於陣地徹夜露營。

原先我軍進攻德安時，幾乎未遭敵人抵抗，而德安為南潯路的中間樞紐，何以敵軍輕易放棄，當時殊為不解。至九仙嶺一役之後，自擄獲敵人祕密文件中始悉箇中玄祕。因敵軍已預料我軍必以主力攻德安，乃故意以少數部隊駐守，誘我入甕，擬於我軍攻入德安後，即以優勢兵力由南詩車站和馬回嶺南北夾擊我軍，以完成一大包圍殲滅戰。詎知我軍進攻德安時，卻派有賀師同時攻擊馬回嶺，復有第四軍臨時協助。到孫軍由南詩車站向我軍進攻時，其北路馬回嶺一帶的敵軍已被我張、賀兩師所殲滅。於是我軍復得用主力再破南詩的強敵。孫軍夾擊之計因此失敗，反為我各個擊破，敵人可謂弄巧成拙了。

南詩之敵既破，北路我軍賀師也於同時進入九江城。五日晨得報，知建昌、涂家埠方面敵軍已星夜乘船退往吳城、星子。我便令張師向星子追擊，同時自率第七軍赴涂家埠，和第一師及第六軍會師。當程潛、王俊各率所部抵涂時，適南昌方面孫軍主力正南下向我軍反撲，我軍幾被包圍，情勢危急。總司令乃急調第六軍南下救援。程潛以所部損失甚大，本人又患瘧疾，乃商請白參謀長崇禧率第六軍的四團往援。白氏以第七軍為渠素來所指揮，作戰可以得心應手，乃商之於我，調第七軍的第一、二兩團同往，赴援南昌。至王俊的第一師和七軍的第七旅則向吳城追擊。

六日午後到達南昌郊外時，敵已先行撤去，我軍遂克復南昌。同時第七軍亦克吳城。吳城三面環水，敵人無路可逃，除少數乘船漏網外，全數繳械。其第四旅旅長崔景貴以下官佐十餘人俱被俘虜。

九江、南昌相繼克復之前，孫傳芳知大勢無可挽回，已先行逃回南京。其自南昌退出的殘部則繞出進賢、餘江向浙江潰退。白崇禧奉命追擊。七日到達馬口，適內河水漲，孫軍不能渡，遂悉數被俘。是役白崇禧俘獲孫部軍長楊賡和、梁鴻恩等以下官兵三萬餘人，繳獲步槍三萬餘枝，及其他器械、彈藥不計其數。江西之敵至是遂完全肅清。

【第29章】

勝利聲中的政治暗礁

1

當民國十五年十一月初旬，我軍肅清江西之敵以後，革命軍的聲威可以說震撼全國，中外側目。此時實際歸於國民政府統轄之下的地區，計有粵、桂、湘、贛、鄂、閩、黔七省，西北的馮、閻都已聲明加入革命；川、滇地方政要也紛紛派員來通款曲；安徽的陳調元早已暗中接洽反正；中國最跋扈強橫的兩大軍閥──吳佩孚、孫傳芳的主力已被徹底擊破。革命軍掃蕩東南和中原，直指顧問事耳。國民政府的統一全國，簡直有傳檄而定的趨勢。

誰知正當革命勢力如日中天，三民主義建設前程似錦之時，我革命陣營內的弱點也逐漸暴露，勝利浪潮中所潛伏的各種暗礁，現在都要露出水面了。

就軍事方面來說，最難克服的一項困難，便是蔣總司令本身上無可補救的缺點。蔣氏的個性，可說是偏私狹隘，剛愎黠傲，猜忌嫉妒，無不具備。渠身為國民革命軍的統帥，然其意念中總是以第一軍為主體。軍中一切彈械補充、給養調劑、編制擴展等等，第一軍常比他軍為優厚。例如江西肅清後，嚴霜如雪，嶺南子弟不慣於寒冷氣候，多已瑟縮難耐，然後方軍毯運到時，蔣總司令即面諭兵站總監俞飛鵬，就第一軍傷兵醫院優先發給，此外賞賜慰勞銀元也照此辦理。俞謂，每一醫院中都有各軍的傷兵，當如何應付。蔣說：「不管，不管，他們自有他們自己的軍長！」蔣氏此話，顯然忘卻其主帥的地位，而仍以第一軍軍長自居。他這種作風，可能故意使第一軍待遇特殊化，而使其他各軍官兵對第一軍發生嚮往羨慕之心。然事實上，他所得的結果反而是友軍懷怨不平，部曲離心。

又如馬口之役，白參謀長將所獲戰利品運返牛行車站，堆積如山，蔣總司令和我們各軍長都曾親往視察，欣慰無比。時白崇禧因為一、二、三、六各軍損失很大，故面請蔣總司令將該項戰利品酌量分發一部給各該軍補充。蔣氏未置可否，白氏誤以為總司令已默許，遂通知各軍前來領取。各軍將士聞訊，無不歡天喜地，手舞足蹈，而身為主帥的蔣氏卻反露出滿面不愉之色，大不以白崇禧專命為然。然事已至此，只好任各軍分別領去。但是總司令的原意何在，三軍將士均非孩提，焉有不知。是以軍中偶語，嘖有煩言，皆以蔣總司令的作風，不特不足以服人之心，且亦不足以鉗人之口。所以就這點說來，蔣氏最多只可說是偏將之才，位居主帥之尊，其智慧、德性，涵養俱不逮遠甚。

抑有進者，在北伐各戰役中，蔣氏所認為嫡系的第一軍，在戰場上的表現卻微不足道。何應欽的東路軍入閩雖節節勝利，然浙、閩地區固非敵人主力所在，福建周蔭人部原不堪一擊，而北路作戰，自第二師在武昌圍城參戰之後，亦無赫赫之功。嗣後南昌一役，第一師棄甲曳兵而逃，第一軍代軍長王柏齡竟於九月二十一日「失蹤」，不知去向。所以在北伐期中，就戰功言，第一軍不特較之四、七兩軍瞠乎其後，即與二、三、六、八各軍亦難相等。然蔣氏仍故意將第一軍特殊化，豈能服人之心？

再者，當時黃埔出身的中下級幹部和見習官習氣極壞。王家鋪戰後，總司令部曾送黃埔軍校第四期畢業生一百五十餘人到第七軍隨軍見習。我軍當即遵奉總司令部訓令，將該批學生分發到營、連內任見習官。誰知這批學生十分驕縱，不聽營、連長的約束。每屆行軍或宿營時，均任意脫離隊伍，不聽命令。忽而爭先恐後前進，忽而自由停止休息。並覓取舒適民房居住，不受紀律的約束。諸如此類的行為，不一而足，頗有不屑與所屬部隊的營、連官長共同生活的模樣。也許他們自以為在校時朝夕與共的將級教官，尚且所在多有，對這些中下級軍官何能放在眼內。何況蔣校長今已位居最高統帥，這批學生以天子門生自居，自然更目空一切了。

我當時目擊這種情形，便引為隱憂。因為他們在校時期太短，所受的教育已極膚淺，而在見習期中，又未能養成恪守軍紀、吃苦耐勞的習慣，將來如何能與士卒共甘苦，而為國家的干城？

北伐軍既底定江西，駐節南昌的蔣總司令也已深知此輩「天子門生」的種種劣跡，因曾一度集合駐地的黃埔學生，痛加訓斥。所言至為沉痛而切要。事後並將該項訓詞油印分發在各軍中見習的黃埔畢業生。我見這訓詞，曾大為讚賞。因黃埔學生的驕縱，如不加抑制，小則將貽害此輩青年的本身，大則足以禍國殃民，實在不可不預為之計。

民國十五年十二月我和蔣氏在九江牯嶺閒談時，曾言及革命軍中的缺點，彼此均有同感。蔣提及上項訓話，我說我已拜讀。他問我意見如何，我便乘機向他建議，略謂今日總司令的地位，實際上已負荷了黨、政、軍的領導重任，日理萬機。他聽了這兩句話後，立刻現出怡然自得的神情。我又繼續陳述道：「總司令責任重大，遠在前方，對黃埔軍校一切事務，自然鞭長莫及，難於兼顧，倒不如另物色一位品學兼優，並熱心致力軍事教育的人才，擔任黃埔校長的職位，假以事權，責以成效，必可訓練出腳踏實地的優秀幹部為國家服務。中央如決心以身作則，必能掃除中國軍隊傳統以個人為中心的惡習，使全國軍隊一元化，使革命軍成為單純的黨的軍隊，庶幾將來可蛻變為國家的軍隊，為三民主義建國而奮鬥。」我力勸他不要再兼軍校校長，以免學生有「天子門生」的觀念，自我特殊化。我說，革命軍中一有部隊特殊化，它必然自外於人，故步自封，因而引起與其他部隊對立的現象。如是，革命陣營便無法相容並包，將致後患無窮。蔣氏傾聽之下，默不作聲，態度也頓時變為嚴肅。我當然也只有言盡而退。

後來總司令部在廬山召開軍事會議，我和鄧演達、陳公博、陳銘樞三人某次閒談，我便說我曾勸總司令不要再兼軍校校長，以避免軍中加深門戶之見。鄧演達聽了，不覺失笑，問道：「你和總司令說了嗎？」

我說：「當然說啦！」因為我覺得沒有什麼不可說的，而且是應該說的。我是忠心耿耿為國家前途著想，為蔣總司令練兵減少困難。

鄧笑著說：「糟了！糟了！你所要避免的，正是他所要製造的。他故意把軍隊系統化，造成他個人的軍隊。你要他不兼校長，不是與虎謀皮嗎？」

陳銘樞、陳公博二人知蔣也較深，他們也認為我為蔣氏謀，卻偏與蔣氏原意相反。我們檢討之下，都有不勝欷歔之感。

由於蔣總司令的私心自用，革命軍上行下效的結果，唐生智首先便發生問題了。唐的第八軍，先於武長路，繳獲由岳州一帶潰退敵軍的大批武器。後自嘉魚渡江，漢陽、漢口之敵，因劉佐龍反正而倉皇撤退，所遺械彈又為該軍所得。唐生智更於漢陽取得規模極大的漢陽兵工廠管理權，所獲尤豐。唐氏乃乘機招兵買馬，擴充所部實力。在我軍破武昌後，唐氏遂囊括武漢三鎮，聲威不可一世。

我軍肅清了江西，總司令部移駐南昌。不久，遂接唐生智來電，呈請將所部擴編為四個軍，由唐部原有師長李品仙、葉琪、何鍵、劉興升任軍長。時我適在總司令部，見到唐氏電報，我便力陳我國民革命軍的擴充編制，應由總司令部統籌辦理，決不可由各軍長恣意自為。我對蔣總司令說，此風決不可長，唐生智的電報應予批駁，以儆效尤。無奈此時第一軍也在擴編之中，因廣州新到一批俄械，蔣總司令以之悉數撥歸第一軍，該軍已在湘、粵兩地擴編，故總司令部實無辭以駁唐氏。再者，此時粵、漢兩地正在醞釀反蔣，武漢方面的黨政首腦皆非蔣的心腹，蔣氏深恐激唐成變，使唐氏為該批政客所利用，所以就准了唐的請求。因此，唐生智一軍轉瞬間竟變成了四軍，頓成尾大不掉之勢，革命軍的制度和體系遂被破壞無遺。嗣後，唐生智來南昌開軍事會議，我鄭重地告訴他說：「孟瀟，你是始作俑者啊！我們國民革命軍怎麼可以任意要求擴充部隊，這還成什麼體統呢？」

唐生智苦笑說：「德鄰兄，我沒有辦法啊！部下都有戰功，大家都應該升一升才好啊！」我說：「若論戰功，我們四、七兩軍遠在八軍之上。假若論功行賞，我們都要升起官來，哪有許多官可升呢？」唐氏聞言語塞，支吾其詞了事。

第八軍既開其端，接著第四軍也依樣畫葫蘆，要求擴編，經該軍自行協議，呈請總司令批准。第十二師擴充為國民革命軍第四軍，張師長發奎晉升軍長，轄第十二、第二十五兩師。第三十六團團長黃琪翔晉升副軍長兼第十二師師長。朱暉日任第二十五師師長。原第十師則擴編為第十一軍，由師長陳銘樞晉升軍長，蔣光鼐為副軍長，轄第十、第二十四及第二十六三師，由蔡廷鍇、戴戟、楊其昌分任師長。其留守廣東的第四軍李軍長濟深所轄的陳濟棠、徐景唐兩師，則改稱為第八路軍，由李濟深任總指揮。於是，武漢方面的駐軍頓時由一個半軍擴充至七個軍。而江西方面的二、三、六各軍因待遇不公，內心憤懣，反蔣情緒正在逐漸醞釀中。凡此種種的發展，都伏下了日後寧漢分裂的禍苗。

此時各軍除任意擴充外，各軍首長復紛紛涉足政、財兩界以擴充其個人的影響力。湖南攻勢發動之初，唐生智即受任為湖南省政府主席；八軍到武漢，唐氏的勢力也隨之向外延伸。江西肅清後的首任主席為李烈鈞，但旋即改由第三軍軍長朱培德擔任，隱然以江西主人自命。此外，各軍、師長復紛紛薦舉心腹股肱出任收復地區的縣長和稅局局長等職。中央領導人物既已徇私，影響所及，下級政治遂「治絲益棼」，無法收拾了。

際此軍政擾攘爭奪之際，我第七軍奉命陳師鄂東，卻絲毫未改舊觀。論戰功，無論在湘在贛均首屈一指，論將士傷亡的比率，也是各軍中最高的。但是我們絕沒有乘機要挾擴編。自衡陽而後，我軍累克名城要隘，然既克之後，我軍便迅速推進，將地方行政交予戰地政務委員會負責處理，我軍不參預絲毫。自湘而鄂而贛，我軍終未推薦一人出任縣長，更未保舉一人助徵稅捐，凡此史籍均有可考，未可虛構。雖當時我們頗為清議所嘉許，而官方別無獎勵之辭。然我軍終能於北伐史上長留清白的一頁，今日回想，也很覺自慰。

2

軍事之外，當時政治上所潛伏的暗礁尤為嚴重。此種暗礁所來有自，初非一朝一夕所形成。其根基早伏於國民黨左右兩派的內訌，再加以共產黨的挑撥離間，而蔣先生本人於民國十三年本黨改組後，或左或右，縱橫捭闔，以培植其個人地位權力的作風，更如火上加油，必至自焚而後已。

本黨於民國十三年改組之初，黨內領袖即因對容共意見的不同，隱然形成左右兩派。此時如中央領導分子目光遠大，氣度寬宏，此種意見的分歧未始不可逐漸化除，使全黨同志和衷共濟，為三民主義革命而奮鬥。無奈總理死後，汪、蔣二人一味左傾，借重共產國際的援助，逐漸奪取黨、政、軍的領導權，致迫使黨內一部領袖脫離中央。至於中山艦事變的內幕情形如何，固不得而知，而蔣氏發動政變，以打擊共產黨始，以排擠汪兆銘終，則為不易的史實。汪氏既除，蔣氏重表示左傾，與共產黨、俄顧問攜手以打擊正在為其反共政變喝采的西山派，斥之為反革命。蔣氏如此亦左亦右的手法，並非由於其政治觀點的改變，事實上只是其個人的權術，以虛虛實實的姿態排除異己，以達其個人獨裁的目的。當時本黨左、右派的領袖都不直其所為，只因其權勢炙手可熱，對渠無可奈何而已。然蔣氏獨裁的跡象已見，故左右兩派一有機緣，都想對蔣加以抑制。

至於共產黨則自始至終與蔣氏即係互相利用。中山艦事變時，蔣氏幾已公開反共，而共產黨和俄顧問卻一再忍讓。因他們那時如公開反蔣，則共產國際在中國便無可利用的人，而蔣反可挾「右派」以自重，頓時成為中國的反共英雄。在共產黨看來，蔣氏四面皆敵，到共產黨發展至相當程度，不愁蔣不就範。共產黨之所以公開反對北伐，其主要原因似亦在此。而蔣則利用共產國際的支持，虛與委蛇，以取得國民黨內的實際黨權和軍權。故蔣、共雙方自中山艦事變後，鬥法已久。今番北伐軍進展勢如破竹，席捲全國之勢已成，一旦天下大定，蔣氏軍權在握，其個人獨裁，將為必然的後果。因此在我軍擊潰吳、孫主力，取得基本勝利之後，此種顧慮，遂氾濫於國共兩黨之內。國民黨方面領袖想在革命軍事尚未完成勝利之前，從速提高黨權，以免蔣氏獨裁。而共產黨方面，卻利用國民黨領袖原有的反蔣情緒，推波助瀾，發動一大規模反蔣運動，以收漁利。以故十一月中旬，廣州乃有所謂「海內外黨部聯席會議」的產生。一面發動迎汪之議，想使汪重立黨政而抑蔣，另一面則想修改總司令部組織法，以削減總司令兼管革命軍克復地區民、財兩政的大權。

由於軍事和黨政上這兩大暗礁的逐漸暴露，到民國十五年底，反蔣運動已有山雨欲來之勢。至所謂「遷都」問題發生，這一運動便正式爆發了。

【第30章】

中央北遷問題與反蔣運動

1

所謂「中央北遷問題」實係由蔣總司令堅持要國民政府和中央黨部遷往總司令部所在地的南昌所引起的。先是，我軍肅清鄂、贛之敵後，廣州國民政府便決定北遷，以配合北向進展的軍事。就形勢說，中央北遷，應以武漢最為適宜。南昌，斷沒有成為臨時首都的資格。

蔣總司令所以堅持南昌的原因，自然是私心自用。因那時中央方面防蔣軍事獨裁的空氣正日見濃厚，武漢方面的四、八兩軍，在蔣看來，又非其嫡系。萬一國府和中央黨部遷往武漢，蔣必然失去控制力，所以他堅持中央應設在南昌。但是蔣氏的理由卻十分薄弱，他無法否定武漢在地形上的重要性。他反對遷武漢的理由是政治應與軍事配合，黨政中央應與總司令部在一起。但是總司令部為何不遷往武漢，反要中央政府移樽就教呢？蔣的理由是總司令部應設在前方，以便親自督師。但是，總司令部如設在武漢，不是更接近前方嗎？北上可指揮京漢線，東下可指揮長江下游，南昌反無此方便。因此蔣的理由實不成其為理由，說出來真是詞窮理屈。但是蔣氏個性倔強，硬幹到底，決不表示讓步。

我們克復南昌後不久，一部分中央委員、國府委員及俄顧問鮑羅廷遂取道江西北上。十二月初旬宋慶齡、徐謙、陳友仁、吳玉章、王法勤、鮑羅廷等一行十餘人抵達南昌，由總司令親自招待。十二月七日乃在廬山開會。我因係候補中央監察委員，且未在國民政府及政治會議中擔任職位，所以只是列席旁聽而已。會議未議出什麼具體方案來，各委員便下山逕往武漢去了。他們這一去，顯然是對蔣氏留中央於南昌的計畫一大打擊。不過，此時分任國民政府及中央政治會議主席的譚延闓、張人傑兩氏尚滯留廣東，蔣擬繼續請譚、張二主席留在南昌。

然去漢各委員也不示弱。十二月十三日中央執行委員和國民政府委員在武昌開會決議組織所謂「聯席會議」，在政府未正式遷來武漢之前，執行最高職權。「聯席會議」委員，計有孫科、徐謙、蔣作賓、柏文蔚、吳玉章、宋慶齡、陳友仁、王法勤等，鮑羅廷也列席。公推徐謙為主席，葉楚傖為祕書長。反蔣的陣營遂具雛形。在漢軍人，唐生智、鄧演達、張發奎等，都表示服從「聯席會議」，武漢、南昌遂隱然對立。

此時總司令部在南昌正在擬定東征計畫，蔣總司令急於打下江、浙，我為此事也時去南昌參加會議，見蔣氏態度非常堅決，對武漢決不讓步。我惟恐事態擴大，影響軍事進展，乃力勸蔣氏不必和武漢各走極端，應聽國民政府遷往武漢。我說：「中央遷往武漢是大勢所趨，人心所歸。你既無法阻止國府委員去武漢，不如乾脆讓他遷去算了，但軍隊調遣，繼續北伐，則應絕對服從總司令的指揮。」蔣說：「你看他們肯聽我的命令嗎？」我說：「大敵當前，不聽指揮即等於自殺，此事我願負責斡旋疏通。」蔣才無話。其後果然，反蔣甚烈的二、六兩軍仍聽調度東下，終於克復南京，可見他們也還顧全大局，並非不可理喻。十二月底，譚延闓、張人傑抵南昌，住了幾個星期，譚往武漢，張卻去上海。

我在南昌總司令部見到新客極多。最引我注意的是黃郛、張群二人，都是政學系重要人物。張已做了總司令部裡的總參議。渠何時就職，從何而來，我都不知道。黃郛是初從上海來的。黃也是浙江人，蔣的同鄉，浙江武備學堂畢業後，往日本振武學堂留學。民國二年，二次革命倒袁之役，進攻上海，任陳其美的參謀長，和蔣也曾「換帖」。黃氏後來迭任北洋政府要職，民國十三年曾一度出任內閣總理。這次在南昌，我是第一次和他見面，但見其風度翩翩，能說會講，而舉止從容，一望而知為一十分幹練的官僚。他來贛何事，我們也不得而知。惟當時漢、潯一帶黨報對黃氏攻擊不遺餘力，罵他是政學系北洋舊官僚，軍閥的走狗，不應讓他混跡於我們革命陣營之內。蔣總司令為此曾在紀念週上大發雷霆，說黃膺白（黃郛字）是他私人的好朋友，難道我們革命，連朋友也不要了嗎？但是黃郛究為何事來南昌訪蔣，我們終不知其底蘊。

2

就在潯、漢對立的情形逐日惡化之際，我們東征軍的部署也逐漸就緒，計畫迅速肅清長江下游之敵，然後揮軍北上，統一全國。當時我軍整個北伐計畫的部署是對北面（河南）採取守勢，對東面（東南）採取攻勢。部隊區分係分為東路軍、中路軍和西路軍。而中路軍又分為江右軍、江左軍，向我附義的敵軍周鳳岐、劉佐龍等部也都編入戰鬥序列，參加作戰。當時指揮系統如下：

東路軍總指揮　何應欽
東路軍前敵總指揮　白崇禧
　第一縱隊指揮官　周鳳岐
　　第十九軍　陳儀
　　第二十六軍　周鳳岐（兼）
　第二縱隊指揮官　王俊
　　第一軍第一師　薛岳

第二十二師　陳繼承
第三縱隊指揮官　白崇禧（兼）
第二十一師　嚴重
第二師　劉峙
先遣隊　李明揚
第四縱隊指揮官　馮軼裴
第一軍第三師　譚曙卿
第一軍第十四師　馮軼裴（兼）
第二十師第五十八團　王文翰
第五縱隊指揮官　賴世璜
第十四軍　賴世璜（兼）
第六縱隊指揮官　曹萬順
第十七軍　曹萬順（兼）
中路軍總指揮　蔣中正（兼）
江右軍總指揮　程潛

第一縱隊指揮官　程潛（兼）
第六軍　程潛（兼）
第二縱隊指揮官　魯滌平
第二軍　魯滌平（兼）
第三縱隊指揮官　賀耀組
獨立第二師　賀耀組（兼）
江左軍總指揮　李宗仁
第一縱隊指揮官　李宗仁（兼）
第七軍　李宗仁（兼）
第二縱隊指揮官　王天培
第十軍　王天培（兼）
第三縱隊指揮官　劉佐龍
第十五軍　劉佐龍（兼）
西路軍總指揮　唐生智
第一縱隊指揮官　唐生智（兼）

第八軍　李品仙
第十八軍　葉琪
第三十五軍　何鍵
第三十六軍　劉興
鄂軍第一師　夏斗寅
第二縱隊指揮官　張發奎
第四軍　張發奎（兼）
第三縱隊指揮官　陳銘樞
第十一軍　陳銘樞（兼）
第四縱隊指揮官　彭漢章
第九軍　彭漢章（兼）
總預備隊指揮官　朱培德
第三軍　朱培德（兼）

各路部署即定，東路軍遂於民國十六年一月中旬，自閩、贛兩省分途入浙。因何應欽已先期發表為東路軍總指揮，白崇禧遂另用東路軍前敵總指揮名義，率師由贛東進入浙境。中央軍的江右軍沿長江南岸地區東進，我的江左軍則自鄂東沿長江北岸區域東進，以安慶為目標。

我軍奉到新的作戰計畫後，全軍乃在鄂東一帶布防，待命東征；軍部則遷往漢口。我回到武漢，發現武漢三鎮已面目全非。群眾運動簡直如火如荼。一月初旬，漢口群眾和英水兵衝突，乘勢衝入英租界，英人見革命群眾的聲勢太大，不得已，答應將英租界交還中國；不久，九江英租界也收回，軍心民心均大為振奮。

不過，武漢的群眾運動，已發生越軌現象。工會組織遍地皆是，罷工日有所聞，但是這種罷工多數為不合理的聚眾要挾。工人要求增加工資已致資方完全不能負擔的程度。然各工會的要求仍是有加無已，以致武漢工廠、商鋪很多被迫歇業。連挑水、賣菜的都有工會組織，時時罷工以圖增加收入。武漢三鎮克復不到數月，竟至市況蕭條，百業倒閉，市上甚至有時連蔬菜也不易買到。而工人店員等則在各級黨部指導之下，終日開會遊行，無所事事。呈現出一種狂熱奔放，但是卻十分不合理的怪現象。農村的群眾運動尤為幼稚。大地主不消說了，就是小地主、自耕農的財產，也被籍沒充公，本人甚或被槍殺。鄉村農會的權力，大得嚇人。譚延闓告訴我說，他茶陵家裡的佃農，也難逃此劫運。當時兩湖的工農運動的幼稚和過火，確是實情，真是一言難盡。總之，當時武漢和兩湖地區的社會秩序，被國共兩黨內幼稚的黨務人員，鬧得烏煙瘴氣。政府和黨部，初未加以絲毫約束，也是事實。我回抵武漢，便認為這是極大的隱憂。

此時黨政軍高級人員的反蔣空氣也已逐漸明朗化。「聯席會議」中人，為了遷都問題和蔣氏已短兵相接自不消說，軍人之中也醞釀反蔣甚烈。唐生智、張發奎等都已公開表示態度，只第十一軍軍長兼武漢衛戍司令陳銘樞表示袒蔣，然陳氏僅有一個軍，實力究屬有限。民國十六年一月中旬，蔣總司令曾親赴武漢觀察，渠見武漢風色不對，恐發生意外，稍留即去。蔣去後，親蔣的陳銘樞旋即被排擠去職，所遺武漢衛戍司令一職由唐生智自兼；第十一軍軍長一職，則由張發奎兼代。武漢方面至此，除我一人之外，已全是蔣的政敵了。

3

在武漢當時的環境下，我的態度卻十分持重，我認為無論怎樣，我們國民黨斷不能蹈洪楊太平軍的覆轍，而同室操戈，致功敗垂成。黨內糾紛，應以合理的方式和平解決，各方都應顧全大局，盡量忍讓。正因我這種顧全大局，不偏不倚的態度，我的處境遂十分困難與痛苦。武漢反蔣人士，認為我的態度有點中間偏蔣，足以維持蔣的地位於不墜，乃紛起包圍我，企圖以說服和利誘的方式來爭取我參加他們的反蔣運動。此時，跨黨分子和共產黨員為避免嫌疑，反而十分緘默，並未來我處游說，只在一旁坐觀虎鬥。

常來我處喋喋不休的，都是黨、政、軍三界的重要領袖人物，如徐謙、顧孟餘、唐生智、鄧演達、張發奎、郭沫若、鮑羅廷，乃至向以溫和圓滑見稱的老政客譚延闓。他們反蔣的理由不外數端：一是說，蔣在製造軍事獨裁。他在廣東已極盡縱橫捭闔的能事，如今北伐期中，又集黨政軍大權於一身，現在已成為一新軍閥，本黨如不及早加以抑制，袁世凱必將重見於中國。再則說，蔣氏個性偏私狹隘，北伐各軍待遇懸殊。蔣氏一意培植其私人勢力，於德於法，均不足以為全軍主帥。還有就是說，蔣氏想以軍力挾持黨和政府於南昌，破壞黨紀和政府威信。另外最重要的一點，即是蔣脫離群眾，走向反革命途徑，和舊軍閥、官僚相勾結等等。總之，蔣氏必須打倒，或撤換。至少總司令部組織法應大加修改，以減少蔣的權力，而防止獨裁的傾向。

在他們苦苦糾纏之下，我實在疲於應付，有時也覺無辭以對，因為他們對蔣的指責和批評都極中肯，可說是一針見血。不過，我所申述的理由，也是句句有力，使他們無法辯駁。我一再引太平天国為例，洪楊同室操戈，以致功敗垂成，殷鑒不遠。蔣的缺點是大家所明白的，公認的。但是他也有他的長處，黨以前也加意扶植過他，今天我們也可以善意地去幫助他，糾正他。斷不可鬧到決裂的程度，非打倒他不可。臨陣易帥，原是兵家的大忌，在今天的情況，尤其會動搖軍心民心，乃至影響國際地位，為親者所痛，仇者所快！

我更鄭重地說，蔣總司令固有缺點，我們黨政軍各界也有嚴重的錯誤。試看我們幼稚和過火的群眾運動，如今鬧得市面蕭條，人民居處不安；軍隊裡的政工人員則處處挑撥士兵和官長的感情，以圖漁利。凡此種種都於革命有損無益，而我政府和黨部卻充耳不聞。我問鄧演達說

：「你說工人罷工就叫做革命，為什麼同志們不到敵人的後方去策動罷工呢？為什麼偏要在我們革命軍後方越軌鬧事，鬧得我們菜也沒得吃呢？」

鄧說：「這是革命時期的幼稚病，終歸無法避免的，將來必能逐步改正。」

我說：「你們何不在這方面多致點力，而偏要搞打倒主帥的大題目呢？」

同時，我也告訴唐生智說，目前黨政內部過火的運動是「紙包火」。因為此時唐的中下級軍官已經嘖有煩言，對所謂「群眾運動」感到十分不滿，唐固知之甚詳。我說：「你如不及早設法排解，消弭於無形，將來軍隊會不聽你指揮的。」唐則一再地說：「我有辦法！我有辦法！」

見到張發奎時，我也以同樣理由，向他解說。我說：「你們第四軍裡，共產黨最多，高級將領如葉挺等都是著名的共產黨，你如對他們不加約束，將來軍隊會不聽你指揮的。」張說葉挺和他是廣東北江的小同鄉，從小便在一起，可以說是如兄如弟，以他和葉的「私人關係」，他認為葉挺決不會和他為難的。我說：「共產黨還談什麼私人關係，他們只知道第三國際的命令，你別做夢了。」張說：「不會的，決不會的。」

葉挺的確是個有趣的人物。他是位著名的共產黨，思想激烈，一切都以共產黨教條為依歸。這時共產黨主張打倒舊禮教，解放婦女，並破壞貞操觀念，因此共產黨男女之間的關係也隨便之至。葉挺雖也隨聲附和，但是他對他自己的年輕貌美的妻子，卻金屋藏嬌，防範極嚴，決不輕易介紹給「同志」們一見。這也是四軍中盡人皆知的趣事。張發奎即舉此事為例，向我說葉挺不是那樣荒謬不念舊交的共產黨。

大致就在一月中旬蔣氏離漢之後，反蔣的說客到我第七軍軍部來訪的絡繹不絕。我們互相駁難的內容大體如上所述。其中最具體的，要算是鮑羅廷約我「酒敘」的一次了。

在蔣氏離漢後約一星期，鮑羅廷忽然專柬來約我小敘。我應約而往。我們首先寒暄一番，鮑氏也著實誇獎我的戰功。嗣後，他便慢慢地引入正題，鮑說：「李將軍，北伐是你一手促成的啊！當日援湘也是你們廣西首先出兵的。今日北伐一帆風順，革命不久便可成功，你總不希望革命流產的吧?!」

「當然不希望它流產，」我說：「相反地，我正希望革命戰爭早日勝利，軍事時期早日結束，好讓和平建設早日開始！」

「那麼，你看蔣介石近日作風是個什麼樣子呢？我看他已經完全脫離群眾，眼看就要變成一個新軍閥。李將軍，你是革命元勳，北伐的發動者，我想你不應該跟著一個軍閥走！」鮑羅廷說時面色十分嚴肅。

我說：「鮑先生，蔣總司令缺點是有的，但是無論怎樣，我不主張打倒他。我主張以和平的、善意的方式去幫助他，糾正他……」接著，我便列舉臨陣易帥的危險，和洪楊內訌覆滅的故事。對他們所發動的反蔣運動，期期以為不可。

鮑說：「我看你們決不能再讓蔣介石繼續當總司令了。再當下去，中國必然又要出現一個獨裁者，革命就會前功盡棄……」他沉思片刻，繼續說道：「你看蔣介石如果失敗了，誰能繼承他呢？……據我看，李將軍，論黨齡，論功勳，論將才，還是你最適當。我希望你能考慮一下這問題！」鮑氏說著，露出很誠摯的面色來等待我的回答。我心想鮑羅廷今番竟欲置我於爐火之上，以總司令的位子來誘惑我。我因而正色地告訴他說：

「鮑顧問，你還沒有認識我！你不了解我的思想，我的願望，乃至我的個性。我們革命軍人唯一的願望是革命早日勝利，國家可以偃武修文，息兵建設，我們也可以解甲歸農。革命不成，馬革裹屍就是我們唯一的歸宿。既參加革命，我就未考慮到我自己的前途。鮑顧問，你是親自在場的，你看我力辭前敵總指揮，並保薦唐生智擔任，即是一個明顯的例子。我希望以唐為例，對外號召赴義，以廣招徠。你看我考慮到自己的名位沒有？鮑顧問，你並沒有認識我的為人！」

鮑羅廷被我一番大道理說得閉口結舌，一聲不響。其實，他可能確是一番誠意。他們一心一意要打倒蔣介石，但是蔣介石打倒了，就必然要另有一人來當總司令呀！以當時軍功、資望來說，他們考慮到我，原也是順理成章的事。不過，我反對臨陣易帥，並且認為鮑氏是以名位誘惑我加入反蔣陣營，所以我就未免唐突西施了。如今事隔數十年，在這幾十年中滄桑幾變，蔣氏及其左右每每認為我要取他而代之。其實，要推翻他，在民國十六年二月應該是最好的機會了。那時我拒絕了鮑羅廷的誘惑，絲毫未為名利所動搖，而後來等到蔣氏羽毛豐滿，權力如日中天之時，反而要來推倒他，也未免太笨拙了吧！

當時鮑氏被我說得啞口無言，我接著又說：「鮑顧問，我們國民革命至今日已是為山九仞，然而現在卻發生了困難。你是我們的顧問，你要負重大責任啊……」我便一項一項地數給他聽，例如：群眾運動的越軌，鬧得人人恐慌，社會嘖有煩言，妨礙革命進展等等。

「鮑顧問，」我說：「這種幼稚行動是否有人故意製造來和我們革命軍為難呢？……再說打倒禮教，解放婦女吧，也應該緩緩地進行，怎麼可以軍閥還沒有打倒，我們已進步到男女同浴的程度呢？」

「這些都是群眾的幼稚病，革命過程中所不可避免的現象。舉個例子來說吧，你說婦女們想不想生兒女？」鮑說時頗有得意之色。

「生產是婦女的天職！」我說：「既是女人，就要生兒育女。」

「請問，婦女生產痛苦不痛苦呢？」鮑說。

「豈但痛苦，」我說：「有時還有生命危險！」

「這就是你們的革命了。」鮑笑著說：「婦女知道生產痛苦，還是想生產，正如你們知道革命困難，還是要革命一樣。你們今日革命，由於幼稚病所引起的困難，也就是婦女生產時的痛苦——是避免不了的。」

鮑羅廷本是一個有高度辯才的人，往往說得對方啞口無言。他這次回答我的問難，例子也舉得頗為切當。這時，我忽然靈機一動，立刻回答他說：

「顧問先生，你是相信科學的啦！今日的產科醫生和各種醫藥設備，無不盡量減少產婦的痛苦，和保障生命的安全。絕沒有產科醫生任由產婦受苦，甚至聽憑她死亡之理。今日我們的國民革命，正如醫生對產婦一樣，不獨不設法減輕革命過程中的痛苦和損害，反而有意無意地任由他挫敗覆亡，這種道理說得通嗎？」

鮑氏聞言大笑，舉起酒杯說：「李將軍，你會說話，你會說話，……哈哈！……咱們喝酒！」他把酒杯向我的酒杯叮噹一碰，一飲而盡，結束了我們的一場小辯論。

鮑羅廷是有名的口若懸河的人，而我則一向不長於辭令。這一次不知哪裡來了一股靈感，居然把鮑羅廷說得無辭以對。這或者是「理直氣壯」的緣故吧！

事後，我反覆思考這個問題，一班左派先生們和鮑羅廷的智慧、眼光是比我高出一籌的。他們深知蔣總司令軍事獨裁一旦得逞，是無法制服的，必將貽患於無窮。而我只是個存心忠厚，富於妥協性、忍讓性，具有婦人之仁的人，何補於國民革命。不過當時我也有兩個現實大問題橫梗在腦海中。其一就是大敵當前，孫傳芳敗回南京之後，即刻北上，投入張作霖的懷抱，張立刻補充他的軍實；奉軍並已沿京漢、津浦兩路源源南下，聲勢赫赫，實不容輕視。我軍萬一挫敗，退回兩廣，豈非前功盡棄。其次，即使蔣倒之後，仍能支撐現有局面，佔有湘、鄂、贛地區，黨政責任誰來負責領導？當時共產黨操縱工、農、學生團體組織，國民黨則早已分崩離析，絕非共產黨的敵手，處此震撼環境之中，故愈益增加我的妥協性罷了。

【第31章】

順流而下，底定東南

1

當武漢方面反蔣運動尚在繼續醞釀之中，我國民革命軍東下滬杭的戰事便已開始。我方肅清東南的戰略是分兩期執行的。第一期以東路軍單獨向浙江發動攻勢，以便將敵軍主力吸引到滬、杭、寧三角地帶。待戰事進展到相當程度時，我軍便發動第二期攻勢，使江左、江右兩軍同時齊頭並進，以雷霆萬鈞之力，一舉而截斷滬寧、津浦兩線的交通，佔領南京，如是，江南之敵便成甕中之鼈了。

惟敵軍此時也在通盤調整，重新部署。孫傳芳自江西敗退，便已感覺到獨力難支，不得已乃決定向奉方輸誠乞援，並親往天津謁見張作霖，且行跪拜之禮，更和張學良結八拜之交，認張作霖為義父。張也捐棄孫氏昔日反奉的前嫌，予孫軍以補充接濟，使孫氏能重整旗鼓，捲土重來。張、孫兩氏復決定聯合組織「安國軍」，張作霖任總司令，以孫傳芳和直魯軍總司令張宗昌分任副總司令。且擬疏通敗往河南的吳佩孚，作北洋軍閥的大聯合，以與革命軍相對抗。孫氏南旋後，遂將蘇、皖北部讓予直魯軍駐防。自率其精銳在滬、杭一帶，和我東路軍的主力相鏖戰。奉軍和直魯軍則僕僕於津浦線上，準備渡過長江，南下增援。

不過，浙江戰事剛開始，孫軍便已處於不利地位。先是，當江西戰事正在緊張階段，敵方浙江省長夏超突於十月十六日就國民革命軍第十八軍軍長之職，並親率浙省保安隊八營，向上海進攻。雖終以眾寡不敵，為孫軍所敗，夏氏藏匿鄉間民房，被捕殉職。然東南人士的反孫情緒，初未稍減。孫傳芳為收拾東南人心，乃調原駐徐州的浙軍陳儀第一師和周鳳岐第三師回浙。惟斯時浙軍已暗中和革命軍通聲氣，到了孫傳芳自江西全部潰退，周鳳岐遂於十二月中旬在衢州防次宣布就國民革命軍第二十六軍軍長之職。陳儀則因事洩，在杭州被拘，其原駐紹興、寧波一帶的部隊，也正式受編為國民革命軍第十九軍，沿錢塘江南岸布防，和在杭孫軍夾江對峙。據守富陽一帶的二十六軍一部，也和十九軍聯成一線對抗錢塘江北岸的孫軍。所以在我東路戰事尚未發動之前，孫傳芳已喪失浙江將半了。

民國十六年一月中旬，我東路軍——前敵總指揮所部，由佔領江西各軍抽調組成，集中完畢，遂在白崇禧指揮之下，自遂安、蘭谿、湯溪向浙江出擊。是時，我第十九、第二十六兩軍曾小有挫折。旋與東路軍前敵總指揮所部主力會合，向敵反攻，遂次第肅清浙南，二月十八日我軍乃進佔杭州。斯時，我東路何應欽部也自福建趕來增援。何部自民國十五年秋入閩以後，未遇激烈抵抗，實力毫無損失，至是全師入浙和白崇禧會合。白氏親率東路軍第一、二、三縱隊東攻淞滬；何氏則率第四、五、六縱隊北上長興，進攻鎮江。

東路戰事發展至此，我軍已獲決定性勝利。北軍為確保滬、寧計，乃兼程南下，向孫傳芳增援。張宗昌本人也於二月二十三日至南京，並於二月二十七日偕孫傳芳至上海布防，擬與我東路軍決戰。張學良也率奉軍到徐州，以為策應。

戰局發展至此，我第一期作戰計畫已順利完成，我江左、江右兩軍乃按原計畫，於二月下旬同時東進。程潛的江右軍自江西循彭澤、馬當之線東進；我則指揮江左軍自鄂東的黃梅、廣濟、羅田，向安徽的宿松、太湖、潛山一帶進迫安慶。敵安徽省長陳調元固早已祕密向我輸誠，渠所部二萬人分駐安慶、蕪湖一帶，我軍一旦東下，陳部便立刻反正，三月四日在蕪湖正式宣布附義，並就任國民革命軍第三十七軍軍長之職。皖軍王普部也受編為第二十七軍，王受委為軍長。安徽革命元勳柏文蔚收集北軍殘部於鄂皖邊境的英山、霍山一帶，成立國民革命軍第三十三軍，柏任軍長。皖軍馬祥斌部則受編為獨立第五師，佔領合肥。安徽至此，可說真正是「傳檄而定」。

時敵人後方津浦路既受威脅，滬、寧一帶的直魯軍都不敢戀戰，紛紛後撤。我東路軍白崇禧部第一縱隊遂於三月二十一日進駐上海。三月二十二日東路軍何應欽部第四、六兩縱隊佔領鎮江。三月二十三日，程潛的江右軍佔領南京。殘敵渡江北竄，江南遂悉為我有。北政府海軍的長江艦隊也在楊樹莊等率領之下，背叛北政府，加入革命陣營。整個長江流域，至是均入於革命政府管轄之下了。

2

當我江左軍於三月初旬進駐安慶時，我遂率總指揮部自武漢乘輪東下，於三月十八日抵安慶。此時革命軍捷報頻傳，革命勢力如日中天，而黨、政、軍內部的鬥爭，也隨之表面化了。

先是，中國國民黨第二屆中央執行委員會於三月十日在漢口召開第三次全體會議，由譚延闓主席，出席中委凡三十三人。此三中全會實係一不折不扣的反蔣會議，不特原來反蔣的分子如徐謙等均有激烈的反蔣演說，縱使少數號稱袒蔣的溫和派如譚延闓等，此時都一反常態，在會議席上詆毀蔣氏不遺餘力。三中全會隨即通過一系列的議案，如「統一黨的領導機關案」、「中央執行委員會軍事委員會組織大綱」、「國民革命軍總司令部組織條例」、「統一財政及外交案」等，要旨均在抑制蔣總司令，削減其在黨、政、軍、財各要政上的控制力，使其變成一單純的受黨領導的軍事領袖。

平心而論，黨中央此種抑制軍事獨裁的議案，實未可厚非。當時蔣氏身兼中央各要職，培植私人勢力，軍事獨裁的趨勢已極明顯。北伐勝利進行中，總司令部兼理克復地區民、財兩政，權力也實在太大，亟須抑制。不幸共產黨即乘機挑撥，以增長其在國民黨內的勢力。三中全會時，共產黨人利用中央各委員的反蔣情緒，大肆活動，竟使已越軌過火的群眾運動，變本加厲。國民黨中央也竟議決與中共開聯席會議，推行今後的革命運動，並通過議案，助長幼稚的群眾運動。中共更圖利用國民黨的分裂以自肥，進而取代之。此種陰謀自招致國民黨全黨的反感，全國人士由於反共而牽涉到容共的武漢中央政府，認其為共產黨所利用。於是蔣氏由一反軍事獨裁運動下的逋逃者，一變而為領導反共的英雄人物了。其契機的微妙，實難盡述。

三中全會同時議決，黨政中央俱行改組。三月十一日全會選出國府委員二十八人，軍事委員會委員十六人，我均當選為其中的一員。三月十九日，即我到達安慶的翌日，武漢國民政府突派郭沫若、朱克靖二人前來看我，並攜來委任狀與大印一顆，特派我兼任「安徽省政府主席」。郭氏時任國民革命軍總政治部副主任，朱氏則係第三軍黨代表兼政治部主任，為一知名的共產黨。朱氏稍談即去，郭氏因係老友，晤談甚久。

郭氏把委任狀和黃布包著的一顆大印，放在我桌上，要我接受中央委任為安徽省主席。我說，我是個統兵的人，政治非我所長，實在不能兼顧安徽省政，希代轉請中央另簡賢能充任。

郭氏可能誤會我不滿意武漢的作風而故意推辭，所以喋喋糾纏不休。我一再解釋說，我在軍書旁午，戎馬倥傯之時，哪有工夫來處理省政呢？郭說：「你可擇一人暫時代拆代行！」我說：「這樣掛名不做事，豈不是兒戲政事？再者，本黨中央人才濟濟，又豈非我莫屬呢？」

郭氏還是喋喋不已，無論如何要我把委任狀和大印收下。他是下午二時來看我的，一直談到傍晚，我便留他晚餐，並以白蘭地酒饗客。郭氏既健談，又善飲，兩人且談且飲。郭君還和我猜拳，他的技術比我高明，酒量也比我大。平均起來，他飲一杯，我要喝下四五杯之多，把我喝得酩酊大醉，倒在客室的沙發上，便熟睡了。等我醒來，已是第二日清晨。我忙問左右，郭副主任哪裡去了。副官們說：「你醉了之後，睡在沙發上，他再三推你不醒，便帶著委任狀和大印，回武漢去了。」

就在郭氏離去第二天，蔣總司令忽自九江乘軍艦到安慶，並親來江左軍總指揮部找我。蔣氏已聽到郭沫若攜來委任狀和大印，為我所謝卻的故事。蔣笑著說：「你不高興他們的作風，不接受武漢政府的委任，我現在來委你做安徽省主席吧！」說著，他便從衣袋裡取出一紙已經寫好的「手令」，特派我為安徽省主席。我也同樣謝絕他的委派說：「不是不願就，是做不了，做不好。……論統兵作戰，我尚有幾分經驗。論地方行政，則我既無經驗，也無興趣，更沒工夫，如何能做省主席呢？你不是要我帶兵到前線打仗嗎？」

蔣說：「做安徽省主席你最適當，你最適當。你現在不能分身，可以隨便找一個人暫時代理！」

我說：「你看我能找什麼人呢？我總指揮部裡的人已嫌不夠用。再者，我也不希望只掛個名，讓別人去代拆代行，因為我還是要負責任的。」

但是，蔣無論如何非我做不可，而我則無論如何不肯接受。僵持到最後，蔣說：「你看什麼人最好呢？」他要我推薦一人來做。我想了一想便說：「如果總司令夾袋中無適當的人選，倒不如暫時委派陳調元做。他原是安徽省長起義來歸，省政府的班底還在，他做起來實是輕而易舉。」蔣也點頭稱是。這樣，就把這個政治禮物送到陳氏的身上。果然，後來陳調元竟以我一言的推轂，當了三年安徽省主席。

【第32章】

清黨與寧漢分裂

1

蔣總司令在離開安慶東下時曾告訴我說，他現在是直下上海，希望我將部隊暫交夏、胡二指揮官全權指揮，自己也往上海一行。在蔣去後約三四日，我便電令夏、胡二人各率所部沿長江北岸向東推進，我自己則乘輪東下，於三月二十七日抵南京。

我在南京，已深知共產黨為心腹大患。因南京此時由第六軍和第一軍的一部駐守。一、六兩軍都為共產黨所滲透，軍心很為動搖。第六軍黨代表林祖涵係知名的共產黨首領。當第六軍入駐南京時，一部分士兵曾襲擊南京外僑，劫掠英、美、日領事署及住宅。英領事受傷，金陵大學美籍副校長和震旦大學美籍預科校長都被殺。因而惹起泊在下關江面的英、美軍艦向南京城內開炮，死傷無辜平民甚眾，是為「南京事件」。

此一事件，顯係共產黨所故意製造。因我軍席捲東南後，軍威極盛，東南又是富庶之區，入我治下，簡直是如虎添翼。惟此時國共裂痕已日益明顯，清黨空氣正在醞釀之中，共黨為先發制人計，乃陰謀借刀殺人，在東南地區挑起外釁，擬利用外人與我軍為難，而彼輩則坐收漁利，因而製造此一南京事件❶。

所幸外人的情報甚為靈通，判斷也頗正確，南京事件發生時，一向號稱蠻橫的日本海軍竟奉命不許開炮。當時駐下關江面的日本海軍指揮官於駛抵上海後自裁殞命，遺書說，他奉命不許開炮，致海軍護僑不周，無面目以見國人云云。足見日本人深知此一事件的內幕，故沒有被共產國際所利用。英、美軍艦開炮後，並曾向我方抗議，然旋亦不了了之，似均已探悉箇中隱祕，未墮第三國際共黨的術中。

我在南京稍留，便改乘滬寧車於三月二十八日抵上海。時白崇禧正以東路軍前敵總指揮兼淞滬衛戍司令，駐節龍華。我到上海時，發現上海情形極為嚴重，全市群眾運動悉為共產黨所操縱。工會擁有武裝糾察隊千餘人，終日遊行示威，全市騷然，稍不如意，便聚眾要挾，動輒數萬人，情勢洶洶，不可終日。我抵滬後，即乘車往龍華東路軍前敵總指揮部，適值駐軍因小事與工會齟齬，工會聚眾萬人，往龍華要求白崇禧解釋。滿街全是工人，途為之塞，我只得下車步行，自人叢中蛇行擠至總指揮部。所幸我們均未佩領章，無人認識，故未遭阻礙。

白氏和我相見雖甚歡愉，然面對上海一團糟的情形，也殊感沮喪，白氏告我，此時不特上海工人行動越軌，就是第一軍也已不穩。共產黨正在暗中積極活動，顯然有一舉取國民黨而代之的野心。此種發展，如不加抑制，前途不堪設想。

嗣後，我便往見蔣總司令。蔣氏住於一較為僻靜的所在，戒備森嚴。和我見面時面色沮喪，聲音嘶啞，他認為上海情形已無法收拾。口口聲聲說：「我不幹了，我不幹了。」

我說：「在這種情況下，你不幹，責任就能了嗎？」

「我怎麼能幹下去，你看……」他說著便把抽屜打開，取出一張何應欽的辭職電報給我看，說：「何應欽也辭職了，他已無法掌握第一軍，你看我怎麼能幹得下去?!」

其後，我問白崇禧：「總司令的聲音為什麼這樣沙啞？」

白說：「說話說得太多了。」原來第一軍此時駐在滬杭、滬寧路上，各師的各級幹部均已自由行動，不聽約束。第一師師長薛岳、第二十一師師長嚴重，俱有左傾跡象。駐南京的第二師師長劉峙為一篤實忠厚的人，而武漢、京、滬一帶的左傾分子則抨擊劉氏為西山會議派人物，故其中下級軍官，均已動搖。各師黃埔畢業的軍官都紛紛自由行動，成群結隊到上海來向「校長」質詢。質詢主要內容便是蔣校長昔日在黃埔曾一再強調「服從第三國際領導」，「反共便是反革命」，「反農工便是替帝國主義服務」等等，如今國共關係惡化了，這批學生感覺到彷徨，所以紛紛來上海向校長要求解釋。蔣為此事終日舌敝唇焦地剖白、責罵、勸慰，無片刻寧暇，卒至聲音喑啞，面色蒼白。

這時我也見到留在上海的黨政要人：吳敬恆、張人傑、鈕永建、蔡元培、古應芬、李煜瀛、王伯群等。大家相對欷歔，束手無策。而武漢方面則積極活動，派宋子文來滬總理江、浙一帶的財政和稅收；派郭沫若來滬組織總政治部，推動軍中黨務工作。共產黨領袖陳獨秀、周恩來、汪壽華等均在上海大肆活動。上海工會氣燄熏天，已完全脫離了國民黨的掌握。

蔣總司令在絕望之餘，一再問我：「你看怎麼辦？」

我說：「我看只有以快刀斬亂麻的方式清黨，把越軌的左傾幼稚分子鎮壓下去。」

蔣說：「現在如何能談清黨呢？我的軍隊已經靠不住了。」

我說：「那只有一步一步地來。我看先把我第七軍調一部到南京附近，監視滬寧路上不穩的部隊，使其不敢異動；然後大刀闊斧地把第一軍第二師中不穩的軍官全部調職。等第二師整理就緒，便把第二師調至滬杭線上，監視其他各師，如法炮製。必要時將薛岳、嚴重兩師長撤換，以固軍心。等軍事部署就緒，共產黨只是釜底游魂而已。」

蔣說：「我看暫時只有這樣做了。你先把第七軍調到南京再說。」

我們議畢，我遂立電夏、胡二師長（夏、胡二人此時已改為師長），即將第七軍主力自蕪湖向南京前進，作初期清黨的部署。此時蔣總司令只是一意傾聽我和白崇禧的策畫，自己未說出任何主張來。這可能是他的確感到束手無策，所以對我們言聽計從；也可能是他故布疑陣，以試探我李、白二人對武漢和清黨的態度。因為事實上，他自己也已在部署清黨，並已急電黃紹竑、李濟深二人速來上海，共籌對策。李、黃二人果然應召於四月二日聯袂到滬。他二人既來，我們對清黨的籌畫便更具信心了。

2

正當我們對清黨作積極部署之時，四月二日滬上各界忽然哄傳汪主席已於昨日祕密抵滬。我們乍聞之下，俱高興之至。因為我們雖然在作清黨準備，然究竟認為是事非得已，北伐勝利尚未全部完成，革命陣營內同室操戈，終非上策。再者，武漢方面主持人仍係本黨同志，共產黨究屬有限。如本黨能團結更新，共產黨實非大患。而今日聲望能力，可使本黨恢復團結的，實捨汪莫屬。所以我們都誠心誠意地希望他回來領導，以為他一旦歸來，黨內禍患便可消滅於無形。

當時不但我們如此，即使蔣總司令也口口聲聲說希望汪主席重行領導全黨奮鬥革命。蔣氏此言是否由衷，其言行表裡是否一致，他人固不可知，但是汪精衛當時的德望，和黨員的歸心，可說一時無兩。

探得汪氏住處之後，我和白崇禧等一行遂興高采烈地去拜訪他。汪氏的言談風采，在梧州時給我第一次的印象太好了，那時我對他簡直崇拜到五體投地，此時也認為他一旦恢復領導，則黨內糾紛，立刻便會煙消雲散。

這次在上海見到汪氏，我看他有點心神不定的樣子。我們便向他陳述共產黨最近在武漢跋扈的情形，以及在上海把持工會、學生會，擾亂治安，妨礙軍事進展，若不加以抑制，前途實不堪設想。我們都誠心誠意地希望汪能恢復領導，謀求解決。這時中央黨、政、軍各負責人群集汪寓，大家一致抱怨共產黨，誠懇地希望汪先生重負領導的責任。起先，汪總是默默地靜聽各方的控訴，未作表示。最後他才鄭重地說：「我是站在工農方面的呀！誰要殘害工農，誰就是我的敵人！」

我一聽汪氏此言，立刻便感覺到糟了，黨內勢將從此多事。汪是此時唯一可以彌縫黨中裂痕的人，現在他不但不想彌縫，反而促其擴大，則本黨的分裂將不可避免。我當時便對汪解釋說：「有誰主張殘害農工呢？大家的意思，不過以為工農運動不可太越軌，影響革命軍的進展，只希望工農運動能與軍事配合，不要在後方胡鬧就是了。」但是汪氏言辭總是閃閃爍爍，充滿了疑慮。

嗣後，留滬中央執監委，暨駐滬軍政負責首領曾和汪氏開會兩次，出席者計有吳敬恆、蔡元培、李煜瀛、鈕永建、汪兆銘、蔣中正、宋子文、鄧澤如、古應芬、張人傑、李濟深、黃紹竑等和我。會中一致要求汪氏留滬領導，並裁抑共產黨的越軌行動。而汪氏則始終袒共，一再申述總理的容共聯俄及工農政策不可擅變，同時為武漢中央的行動辯護。是時為武漢中央派來接收東南財政的大員宋子文沉默不發一言，其他與會人士則與汪氏激烈辯論。辯論至最高潮時，吳敬恆十分激動，竟向汪氏下跪，求其改變態度，並留滬領導。會場空氣，至為激蕩。吳氏下跪，汪則逃避，退上樓梯，口中連說：「稚老，您是老前輩，這樣來我受不了，我受不了！」全場人都為之啼笑皆非。緊張的場面，也充滿了滑稽成分。

四月五日，當我們仍在繼續開會的時候，報上忽然登出「國共兩黨領袖汪兆銘、陳獨秀的聯合宣言」。該宣言指出國共兩黨將為中國革命攜手合作到底，決不受人離間中傷云云。「聯合宣言」一出，與會人士為之大譁。大家皆不以汪氏的行為為然。吳敬恆尤為氣憤，當眾諷刺汪氏說，陳獨秀是共產黨的黨魁，是他們的「家長」，他在共產黨裡的領袖身分是無可懷疑的。但是我們國民黨內是否有這樣一個黨魁或「家長」呢？吳說：「現在有人以國民黨黨魁自居，……恐怕也不見得吧?!」說得汪氏十分難堪，大家不歡而散。當晚汪氏遂祕密乘船到漢口去了。汪氏一去，國民黨的分裂遂無法避免，而分共清黨也就勢在必行。

後來我見到蔣總司令，便問他說，汪先生為什麼一定要赴漢口。蔣說：「我早已料到留他不住，留他不住。」蔣氏此話，頗能得到我們的同情。

其實，汪氏堅持赴漢的是非問題，頗難定論。汪氏此去，顯然是有嫌於蔣氏而出此。他二人彼此了解甚深，絕非我輩外人所可臆測。中山逝世後，汪、蔣曾親如手足，合力排除中央其他領袖，如胡漢民、許崇智等，迨胡、許既去，汪、蔣二人又復勾心鬥角。「中山艦事變」之後，汪氏被蔣氏所迫，竟不能在廣州立足，只好拋開一手總攬的黨政軍大權而避往海外。今幸北伐勝利，武漢中央請他回國復職，正是千載良機，他自當速去武漢。他和蔣氏鬥法很久，吃虧已多，現在在上海一無憑藉，自然不敢和蔣氏盤桓。俗語說：「給蛇咬過的人，看到草繩也害怕。」正是汪氏這時的心理。汪氏武漢之行，既有其箇中玄妙，不足為外人道。所苦的是我們這批赤膽忠心，希望黨內團結，完成革命的同志。我們誠心誠意地希望汪氏出來領導，而他卻澆了我們一頭冷水，未免太失望了。

上海方面至此，清黨已勢在必行了。本來四月二日吳敬恆已領銜由中央監察委員會發出彈劾共產黨呈文，現在便根據此呈文，由監察委員會授權國民革命軍監督各地共產黨的活動。同時並根據我上次向蔣氏的建議，次第將不穩的各師調離上海，另以未經中共滲透的部隊接防。

清黨之議既決，李濟深、黃紹竑即分電粵、桂留守人員，告以「清黨」的決策，各囑所部防範共產黨的暴動。其實，廣西當時共產黨甚少，省黨部委員之中，只有少數左傾分子，沒有真正的共產黨。誰知電到之後，廣西留守人員竟將這些左傾的省委槍殺了，同時各縣黨部中的極少數共黨也被捕殺。在桂林縣黨部中，我的一位年輕的表弟李珍鳳也被殺。珍鳳是我外婆外家的姪孫，其父為有名的廩生，住居兩江墟西嶺村，也是個世代書香之家。珍鳳短小精悍，能說會講，幹勁十足，可說是個有為的青年。北伐前曾隨我去廣州，大概就在那時加入了共產黨。他對我從不諱言其為共產黨。有一次，他竟大膽地頑皮地對我說：「表哥，中國二十年後便是我們共產黨的天下！」我回答說：「不要胡說！」這樣活生生的一個青年，也在清黨運動中被殺了。其胞兄李血淚，早年曾任梧州市黨部執行委員，抗戰末期在重慶，以共產黨嫌疑被特務頭目戴笠所囚，後來還是我把他保了出來。

兩廣既已清黨，東南各省也同時發動。上海方面，也在白崇禧策畫指揮之下，由楊虎、陳群兩人執行，於四月十二日將上海總工會工人糾察隊解除武裝。各地方政府及各部隊中的共產黨員也紛紛褫職。氣燄熏天的共產黨和左傾國民黨分子，一經鎮壓，不出數天，便煙消雲散，於此也可見其基礎的脆弱。從此之後，共產黨在東南一帶即轉入地下活動。

東南和兩廣既已進行清黨，武漢中央方面乃通電申飭。京、滬方面的同志也一不做二不休，開會議決否認武漢中央，決定在南京成立國民政府，以與武漢政權相對抗。四月中旬，留滬各委員齊集南京。四月十八日南京國民政府及中央政治會議正式宣告成立，遂形成寧漢分立的局面！

注釋

❶當北伐軍迫近上海、南京時，帝國主義積極部署兵力，聲言全力「保護」上海，加緊了干涉和鎮壓中國革命的步伐。當時糾集在上海的帝國主義軍隊達二萬三千多人，糾集在上海、南京一帶江中的各國軍艦達九十多艘。一九二七年三月二十四日，有共產黨人參加領導和作戰的第六軍和第二軍，攻佔了南京。反動軍

隊逃竄時，南京城内發生搶劫。英美帝國主義藉口僑民和領事館受到「暴民侵害」，下令停泊在下關江面的軍艦聯合起來炮轟南京城，造成死傷中國軍民兩千多人的巨大血案。這就是轟動世界的南京事件。（據胡華主編的《中國革命史講義》）——編者注

【第33章】

兩路北伐會師隴海路

1

南京國民政府既已正式成立，並選胡漢民為主席，此外軍事委員會和總政治部也次第成立（總政治部主任為吳敬恆，副主任為陳銘樞），乃公開否認武漢中央的合法地位。武漢方面也於同時以國民政府主席汪兆銘的名義，下令撤去國民革命軍蔣總司令職務，另以馮玉祥為國民革命軍總司令，唐生智副之，並擬組織所謂「東征軍」，順流東下，討伐我輩「叛逆」。在漢的原有激烈分子如徐謙等，衝動之情已不消說，即漢方軍人唐生智、張發奎、程潛、朱培德輩，也都摩拳擦掌，恨不得一舉蕩平東南，方洩其憤。

我方對此種威脅，自不得不採取相當防禦措施。先是，江右軍總指揮兼南京衛戍司令程潛，因同情漢方反蔣，已先期離寧返漢。程氏第六軍中的兩師精銳，一在南京，一在江北。程氏去後，其在江北的一師遂取道淮河北岸，遁返武漢。原駐南京的十九師因我軍監視很嚴，遵命改編為「暫編第六軍」，由原第六軍參謀長楊杰晉升軍長。

正當寧漢雙方鬩牆之爭相持不下之時，新近敗北的孫傳芳殘部和直魯軍主力也開始向我反攻，意圖捲土重來。四月十二日直魯軍許琨部自淮河南下圍攻合肥，我軍馬祥斌部正死守待援。另路直魯軍則沿津浦路南下，攻佔浦口，並經常以野炮隔江轟擊南京。時西線敵軍也圖南犯，奉軍精銳正由張學良率領，自京漢線南下至駐馬店，威脅武漢。處此緊要關頭，寧漢雙方如真自相火併，必將同歸於盡。

四月下旬，南京方面軍事委員會乃決定繼續北伐，以減除江北敵軍的威脅，並解合肥之圍。五月一日，軍事委員會正式發布命令，將東線各軍分編為三路，繼續北伐。第一路總指揮為何應欽，轄第一軍（欠一、三兩師，何自兼軍長），第二十六軍（周鳳岐），第十四軍（賴世璜），第十七軍（雷萬順）。第二路總指揮由蔣總司令自兼，白崇禧代行，轄第四十軍（賀耀組），第一軍的一、三兩師（楊杰指揮），第六軍（亦由楊杰指揮），第三十七軍（陳調元），陳調元並兼前敵總指揮。我則受任第三路總指揮，以王天培為前敵總指揮，轄第七軍（夏威），第十五軍的第二師（師長劉鼎甲），第四十四軍（葉開鑫），第二十七軍（王普），第十軍（王天培），第三十三軍（柏文蔚），獨立第五師（師長馬祥斌）。

此期北伐計畫我軍作戰的總方略，係以第二、三兩路為主力，由皖北攻截津浦路，第一路則陳兵於鎮江、常熟一帶，俟二、三兩路奏功後，渡江北進，以肅清蘇北之敵。

計畫既定，我遂將所部分為五個縱隊，指定集中地點，克日出擊，其戰鬥序列如下：

第三路總指揮　李宗仁

前敵總指揮　王天培

第一縱隊指揮官　葉開鑫

第四十四軍

第二縱隊指揮官　夏威

第七軍（缺第二師）

第三縱隊指揮官　胡宗鐸

第七軍第二師　胡宗鐸

第十五軍第二師　劉鼎甲

第十五軍獨立旅　嚴敬

第四縱隊指揮官　王天培

第十軍

第五縱隊指揮官 柏文蔚
第三十三軍
總預備隊指揮官 王普
第二十七軍

命令下達之後，第十軍暨第二十七軍乃於五月三日由大通渡江，向廬江、舒城集中。第七軍則分三處渡江，第一師於五月五日自西梁山，第三師七日自蕪湖，第二師及十五軍於六日自荻港開始渡江，七日渡畢。

斯時江北敵軍為程國瑞和許琨等部，一經接仗便紛紛潰敗後撤。五月十一日我第一縱隊遂佔領含山，第三縱隊也於同日佔領巢縣。十二日第二縱隊進駐巢縣，與第三縱隊會師。第四縱隊也於同日抵達舒城。

敵軍潰敗後，復將主力二萬餘人集結於柘臯、店埠、梁園附近，與前攻合肥之敵劉志陸、張敬堯等聯合，以圖頑抗。我二、三兩縱隊遂向柘臯推進，以尋找敵軍主力而殲滅之。

當我方決定繼續北伐時，武漢軍似乎真在作「東征」準備。目擊此一危機，我乃於四月間派參謀長王應榆往漢，向武漢各領袖陳述我的意見。我力主雙方均承認既成事實，大家分道北伐，待會師北京，再開會和平解決黨內糾紛。王氏抵漢後，不久便有電來說，武漢中央大體同意我的建議，主張先將北方之敵擊潰再說。

武漢方面情勢雖轉緩，惟江西方面的朱培德反蔣仍力，有待疏通。先是，當我軍於三月尾離贛東征時，武漢中央遂將親蔣的江西省主席李烈鈞撤換，而代之以朱培德。朱氏銜蔣甚深，積憤已久，一旦取得江西省主席地位，遂激烈反蔣，所有在贛的蔣系人物悉被擯除。朱氏並親作長書致何應欽，歷數蔣的偏私狹隘、市私恩、圖獨裁等各項罪狀，力勸何氏加入反蔣陣營。何應欽在南京曾將此函示我。該函確係朱培德親筆，長凡十餘頁。我問何應欽：「你把這信給總司令看了沒有？」

何說：「我當然要給他看啦！」

這時朱培德陳兵於九江、湖口一帶，武漢如真來一次「東征」，則朱培德部勢必為先鋒無疑。為徹底避免革命軍自相殘殺，我認為有一晤朱氏的必要。因此，當我軍開始渡江北進時，我乃電約朱氏一晤。五月十一日，我自蕪湖專輪西上，翌日抵湖口。朱氏乘輪來迎，我遂過船與朱氏傾談。

朱氏和我一見面當然就痛詆蔣氏，並力述南京另行成立中央的非計。我則說，此一問題的是非曲直極難辯明，何況南京國府已經成立，欲罷不能。目下當務之急，不是辯是非，而是解決實際問題，如何避免寧漢雙方的軍事火併，然後再緩圖徹底解決。我更強調說，如果武漢方面真要「東征」，從地理和軍隊位置說，當然以他的第三軍為先鋒，則首當其衝的便是現駐安徽的第七軍。試問以第三、七兩軍自相砍殺，武漢方面有無制勝的把握呢？如兩敗俱傷，豈不是替北方軍閥造機會，使寧漢同歸於盡嗎？我一再申說，為今之計，只有寧漢雙方承認既成事實，將錯就錯，暫時相安，並於津浦、京漢兩線分路同時北伐，直搗燕京，內部問題，再緩圖解決。

我的一席話，說得朱培德頗為所動，我便請他轉告漢方中央各同志，切勿河漢斯言，自貽伊戚。說完，我便辭別回船，駛返蕪湖。朱氏也去武漢報告，卒使寧漢暫緩衝突，分途北進。事實上，寧漢雙方也各為利害形勢所迫使然，並非全靠我這和事佬之力。

2

我於五月十四日返抵蕪湖，乃乘輪穿巢湖往合肥前線督師。在我去湖口期間，我軍第二、三兩縱隊已於五月十三日大破直魯軍於柘皋，斬獲極豐。我於十五日抵合肥時，敵我正相持於合肥東北梁園一帶。是日夜間，敵人新得蚌埠方面開來援軍，由馬濟親自指揮，夜襲我軍。來勢如疾風暴雨，猛不可當。我軍駐梁園部隊以為敵軍新敗，無力反攻，全軍解甲而臥，初未防備。驟遭襲擊，將士均於睡夢中驚醒。所幸我軍征戰有年，臨陣沉著，未被衝亂。將士就地據守，十分穩定。敵軍在主帥馬濟親自指揮之下，拚全力衝殺，已衝入梁園鎮上，與我軍巷戰徹夜未停。黎明之後，我方看透敵軍虛實所在，乃展開兩翼，向敵陣包抄過去。敵軍猛撲一夜無功，至是士氣已沮，我軍一旦反擊，敵人遂全線潰亂，一經跟蹤追擊，遂潰不成軍。馬濟復調集白俄騎兵千餘人，向我左側翼反撲。此批俄兵在北戰場中聲威素著，因俄兵人高馬大，當之者每為其氣勢所懾，而望風披靡。此次俄軍指揮官仍施展故技，列隊向我衝來。我軍將士均不發槍，候其行近，則槍炮並施，全軍迎頭逆襲。俄軍遂掉轉馬頭，奪路而逃，與北軍數萬人張皇逃竄，互相踐踏，伏屍遍野。主帥馬濟也落荒而走，在肥北高粱田中，為當地紅槍會用梭標所傷，不治而死。

據說，馬氏此次在梁園督戰，是抱定孤注一擲的決心而來的。他在蚌埠曾向張宗昌建議說，這次犯皖的革命軍的主力係廣西部隊。廣西部隊概長於運動戰，惟求速戰速決；利於進攻，疏於防守，一旦戰罷，則解甲高臥，防備極疏。馬說：「我知道他們就是程咬金的三板斧。三斧頭砍過之後氣就鬆了。這次我們決定於夜間進襲，攻其無備，包管可以一舉而聚殲之。」

張宗昌很看重馬濟，因為馬氏是多年宿將，又是廣西人，我軍上下多半曾任其部屬。馬氏既如此建議，張宗昌遂挑選直魯軍精銳，交馬氏親自指揮，南下增援。渠探得我軍在梁園宿營，遂乘夜拚全力猛撲。誰知我軍的沉著，大出其意料之外；馬氏未能撼動我軍絲毫，反而自食其果，一敗塗地。

梁園大捷後，我軍尾追不捨，五月二十日遂克明光、臨淮關和鳳陽。二十二日克津浦線上的重鎮蚌埠。斯時我軍第一、二兩路也在何、白二人指揮之下，與我呼應，齊頭向隴海線推進。

在全軍北進時，我本人則在合肥小住，以整飭第三路直轄的新編各軍。先是，我軍駐紮蕪湖時，因廣西後方匯款未到，餉糧不繼。我曾召集蕪湖商界，籌借軍餉十餘萬元。駐軍籌餉，為我國近代的通例，駐地紳商也認為是一項正規的負擔，不以為異。如數目不大，紳商都樂為之助，初無怨言。到我軍渡江北上時，適後方軍匯到達。我遂召集原來紳商辭行，並將前借的款如數奉還，未少毫釐。這種舉動，在當時商民目光中簡直是奇事。因自清末以來，駐軍借餉，如數歸還的，這還是頭一次。

可是合肥的情形便不同了。因原駐此地的第三十三軍，第二十七軍，第十軍等，多係北軍收編，加入革命為時甚暫，戰鬥力既差，擾民尤甚。士兵佔住民房，強買強賣，拉夫借餉等事，時有所聞，紳民嘖有煩言。我抵合肥時，全城紳商代表道左相迎。尤以紳士季雨農曾助馬祥斌守城月餘，不辭勞瘁，深堪嘉許。他們對我都很愛戴，我對他們也很尊重，彼此相處無間，他們遂得盡所欲言。因此，我對駐軍擾民情形洞悉無遺。遂於合肥召集軍事會議，面告柏文蔚、王天培、王普等軍長，務必嚴申軍紀。

柏軍長是皖省耆宿，辛亥革命時曾任安徽都督，是一位革命老前輩。他向我訴苦說，他的第三十三軍全是北軍和地方軍臨時收編的，軍紀極壞。我告訴他說，你必須痛加整頓，否則我便將一切不法的軍隊繳械、遣散。柏氏唯唯。王天培、王普、葉開鑫、馬祥斌都表示絕對服從總指揮的命令。會後，我便通令全軍，並張貼布告，整飭軍紀，有違令擾民者，軍法從事。三令五申之後，果然全軍肅然，一反故態，卒能令行禁止，秋毫無犯。足見天下無不可治的軍，只是事在人為，以及主帥是否能以身作則而已。

合肥小住之後，我即隨軍北進。六月二日徐州克復，遂移總指揮部於徐州。此時我友軍第一、二兩路也北進到隴海路會師。高級將領於六月上旬雲集徐州，作進一步北伐的商討。

當我軍進抵隴海路時，武漢方面北伐軍也同時抵達該線。先是，武漢軍在唐生智、張發奎二人指揮之下，曾與奉軍激戰於京漢路。斯時，馮玉祥的西北國民軍也已出潼關，攻佔洛陽，威脅敵軍的側背。奉軍不敢戀戰，於六月一日自鄭州北撤。武漢軍遂佔領隴海路中段，進駐鄭州、開封，與徐州我軍遙相呼應。

【第34章】徐州班師始末

1

六月初，我三路革命軍會師隴海線時，山西閻錫山已正式附義。革命勢力至此已奄有全國的大部，本可一舉而下北京與天津，以實現我原先「打下北京再說」的主張。誰知正因軍事進展的迅速，武漢方面反蔣聲浪也隨之高漲。卒使九仞之山，功虧一簣。

因寧漢分立後，武漢方面竟一變容共為聯共，舉行所謂「國共聯席會議」，凡重要政令悉由兩黨合議施行。蘇聯顧問鮑羅廷操縱一切，儼然太上皇帝。所謂群眾運動更搞得天翻地覆。這種過激的作風，早已引起軍中官兵的疑慮。到十六年夏季，兩湖軍隊憤懣的心情，已到無可壓抑的境地。因當時中下級軍官多為中小地主出身。其父母或親戚在故鄉都橫遭工會、農會的凌辱，積憤已久。而各級黨部竟視若無睹。縱使是革命軍第三十五軍軍長何鍵的父親，也被綁遊街示眾。到五月二十一日，長沙駐軍旅長許克祥部遂實行反共，並逮捕共產黨員，是為「馬日事變」。事變發生後，共產黨即向國民政府施壓力，要求處罰「不法軍官」，而高級將官唐生智、何鍵等，反而左袒許克祥等，國民黨領袖汪兆銘等也認為共產黨過分囂張，希圖加以抑制。共黨不服，遂伏下武漢「分共」的契機。適此時第三國際首領史達林等，也以武漢國民黨不可靠，訓令武漢中共自組「工農革命軍」，改組國民黨中央執行委員會，沒收地主土地，並組織軍事法庭，審判「反革命軍官」等。其真正企圖，是在乘機取武漢國民黨而代之，以與南京相對抗。此項訓令原極機密，孰知第三國際駐武漢代表、印度人魯易（Manabendra Nath Roy），竟於五月三十一日將全件密示汪兆銘，希望汪站在共產黨的一邊，共同奮鬥。汪氏大懼，乃召集中央領袖密議防共之計。六月五日武漢中央政治會議議決解除鮑羅廷國民政府顧問職務，並驅逐回國。六月六日江西朱培德也開始驅逐共產黨人出境。武漢分共到此遂成箭在弦上。嗣後，汪兆銘、譚延闓、孫科、唐生智、張發奎、鄧演達、徐謙等聯袂抵鄭州，電約馮玉祥於六月九日到鄭，會議三日，是為鄭州會議。會中，武漢方面決定將河南交馮部接防，武漢軍遂全師南撤。

武漢方面策動「鄭州會議」的目的有二。其一為南下防共，因中共密謀已露，變生肘腋，不得不防。其二在重行部署其所謂「東征」計畫。武漢方面以河南地盤餌馮，固希望馮氏沿隴海路東進，而武漢軍則順流而下，如是，可一舉而囊括東南。誰知馮玉祥也是一老謀深算的政客，未為武漢方面甘辭厚餌所動。且馮在陝西時，對共產黨活動已深感不滿而屢加抑制。此次鄭州之行，對武漢方面的建議，僅漫應之，使武漢領袖殊感失望。馮氏取得河南地盤以後，也答應蔣總司令之約，來徐州和我們一晤。

六月十七日，蔣總司令偕馮玉祥代表李鳴鐘蒞徐。馮氏專車預定十九日抵徐。是日清晨，蔣總司令乃率在徐各將領，專車西上，到郝寨車站歡迎。一時冠蓋如雲，儀仗隊、軍樂隊器械鮮明，金光燦爛。大家屏息以待，靜候馮總司令麾節。

我們在郝寨車站靜候很久，果然西方鳴汽笛數聲，馮氏的「花車」緩緩進入月台。一時軍樂大作，歡迎人員在國民革命軍蔣總司令率領之下，整肅衣冠，排立月台上，群向緩緩移動的車廂內窺視。惟車內概屬馮氏的文武隨員，未見有馮將軍在內。隨員見我們都在伸首窺探，乃以手指向後節車。我們遂一齊向後節走去。只見後節車廂並非客車，而是一系列裝運馬匹的「敞篷車」，及裝運行李貨物的「鐵皮車」，車廂上既無窗戶，更無桌椅。鐵皮車駛近了，只見一布衣敝履的關東大漢，站在鐵皮車的門口，向我們招手，大家才知道這位大漢便是馮總司令。車停了，大家便一擁向前去歡迎，他也走下來和我們握手為禮。馮氏穿一套極粗的河南土布製的軍服，腰束布帶，足穿土布鞋，與這批革履佩劍，光采輝耀的歡迎人員形成一尖銳的對照，頗覺滑稽可笑。

馮玉祥為我國軍界前輩，晚清時已任旅長。民初袁世凱稱帝時，馮曾奉命入川與護國軍蔡鍔作戰，並受袁氏封為「男爵」。嗣隸皖系軍閥，曾隨段祺瑞誓師馬廠，後叛皖轉隸直系。第二次直奉戰爭時，又叛直自稱「國民軍」。時人稱他為「倒戈將軍」，北方軍人都對他銜恨。嗣國民軍失敗，馮氏走俄加入國民黨，與俄人過從甚密，故北方軍人又呼他為「北赤」。

馮氏行伍出身，未嘗受正式軍事教育。其部屬也多係行伍出身，縱是高級長官，也每有目不識丁的。所以馮氏治軍，仍一本中國舊軍的陳規。部下犯過，縱是高級軍官，也當眾罰打軍棍，初不稍貸。其部將也專以效忠其個人為職志，部隊固然是其私產，將校也是其奴僕。軍官每有升遷，馮氏常按北方軍的陋習，先罰打軍棍數十，然後發表升官派令。故其部曲如有無故被打軍棍的，其同僚必購酒肉，燃爆竹，為渠慶賀，因打一頓屁股之後，必然又官升一級了。這種侮辱人性的作風，馮氏行之不以為怪（嗣後，黃埔畢業生曾有數百人奉命至第二集團軍見習，不久悉行潛逃，因打屁股升官的作風，實非一般現代軍人所能忍受也）。

馮氏治軍素稱嚴厲。渠因皈依基督教，不煙不酒，所以其軍中煙酒嫖賭，概行嚴禁，軍紀嚴明，秋毫無犯，為時人所稱頌。馮氏也很能以身作則，粗衣素食，與士兵共甘苦。渠尤善於裝模作樣，能躬自為傷病兵員洗腳、剪髮。偶有士兵思親、思鄉，馮氏便令將其父母接來軍中小住，關懷彌切，優禮有加，每使頭腦純樸的鄉人父老感激涕零，叮嚀子姪為馮氏效死力。

惟馮氏的為人卻難免恃才傲物，倚老賣老。渠又口才伶俐，演說起來，幽默諷刺一時俱來，極盡尖酸刻薄之能事，常使聽者處於尷尬萬分的境地。所以馮氏實可說是一時的怪傑。以渠的歷史背景和習性來加入革命，與一般黨人如胡漢民、蔣中正、譚延闓等相處，令人有鑿枘不投之感。

馮氏抵徐後，下榻花園飯店。當晚便由蔣總司令設宴招待，由在徐各高級將領作陪，席間談笑風生，頗為融洽。翌日，南京國民政府主席胡漢民偕吳敬恆、李煜瀛、蔡元培、張人傑、李烈鈞等專車抵徐，擬與馮氏會商今後北伐暨對付武漢諸大事。惟馮氏對北伐則竭力贊同，對武漢卻力主「調解」；並謂武漢方面已開始進行「分共」，國民黨自相殘殺，殊無謂也。持論尚稱公允。先是，蔣總司令於前日晚曾要求馮氏一致行動，向武漢進兵，消滅反動勢力，為馮所婉拒，到正式會議時，蔣氏遂不再提此要求。雙方磋商結果，決議由蔣、馮聯銜於六月二十一日發出通電，聲明為實現三民主義而奮鬥，未及其他。同日，由馮另電武漢方面汪兆銘、譚延闓、孫科、宋子文、何香凝等委員，勸其早日送鮑羅廷回國，並抑制共產黨的群眾運動；庶幾寧漢合流，完成北伐大業云云。徐州會議遂告結束，馮氏於是日專車西返。

馮氏去後，蔣總司令便召集在徐將領會議，力主回師西上，解決武漢。蔣一再地說：「先把武漢解決了再說！」我當時竭力反對向武漢用兵，力主繼續北進；如果武漢真圖異動，我們可以抽調一部分部隊以防之，但不必使北伐功敗垂成。

會後，蔣、胡率領中央各同志返寧；北伐戰事仍照原計畫進行。六月二十三日，白崇禧指揮第二路軍向魯南臨沂攻擊前進；我則指揮第三路的第七、第十兩軍向臨城，第三十三軍及暫編第十一軍向魚台、金鄉前進。當日便佔領韓莊。

六月二十五日，我軍佔領嶧縣。二十七日，我遂親率第七、十兩軍入駐臨城。敵軍前敵總指揮許琨退往兗州，所部精銳馬玉仁師全部被俘。數日間，我軍便已迫近鄒縣、濟寧一帶，克復山東，已成定局。

不意正當我軍迅速推進之時，武漢方面真正厲兵秣馬，準備「東征」。因自鄭州會議後，唐生智、張發奎所部已全師撤回武漢，作沿江東下的部署。南京方面接獲情報，蔣總司令乃急電令我於臨城中止北進，並返南京會商防禦武漢方面進攻的計畫。我得電後，即令各軍就原地據守。我本人夤夜南下，於七月初抵南京。至是，我才知武漢軍的精銳第四、第十一、第二十、第三十五等軍，確已向下游移動。我軍如不克日回師，則後防可慮。

我回到南京，蔣總司令一見我面，便問，在這情況下，怎麼辦？我乃向他分析敵情說：今日武漢既以精銳傾巢來犯，我軍勢必亦以精銳調回安慶、蕪湖之間，迎頭堵截；如此則非將我的第七軍自前方調回不可。但是我軍已深入魯南，北方之敵亦係直魯軍的精銳。第七軍一旦回師，北軍勢將反攻。以北軍的精銳攻我戰鬥力脆弱的第十、第二十七、第三十三、第四十四各軍，我軍絕難持久。況徐州向稱四戰之地，無險可守。與其明知不可守而守之，倒不如將主力撤回淮河南岸，到不得已時，即放棄徐州，而守淮河天險。俟武漢方面問題解決，再揮軍北進，尚未為晚。

蔣氏雖同情我的縮短戰線，退守淮河的戰略主張，但是他畏首畏尾，不願放棄徐州。他認為徐州是戰略要地，得失之間，尤足影響民心士氣。放棄徐州，勢必增漲北方軍閥和武漢的氣燄，所以他期期以為不可。

我說，古人有言，「蝮蛇螫手，壯士斷腕」，又說，「小不忍則亂大謀」。在目前情況之下，我們縱以可戰之師守徐州，在戰略上已屬下策，何況以戰鬥力薄弱的部隊來守徐州，則徐州必失。既知其必失，倒不如先捨之而去，豈可患得患失。無奈蔣氏意志堅決，不願放棄徐州。我深知徐州之失已成定局，然吾人服從命令行事，也只有徒喚奈何而已。我當即趕回徐州，召集軍事會議，宣讀蔣總司令訓令。調第七軍到蕪湖以西地區布防。至津浦前線軍事則由第三路前敵總指揮王天培負責指揮，固守徐州。

我宣布命令後，立見各將領面有愁容，默默無言。布置完畢，第七軍即遵命南撤，開往指定地點布防。當我軍南撤尚在途中，武漢軍的精銳已向東移動。第二方面軍張發奎部正進駐九江，有克日東進模樣。寧漢交兵已迫在眉睫。孰知即在此緊要關頭，武漢方面的共禍也已至決裂階段，拖延了武漢軍東進的日程。

2

武漢方面，自魯易示汪以共黨密件之後，各領袖已在積極準備分共（武漢自稱其反共運動為「分共」，以示有異於南京的「清黨運動」）。六月二十九日，武漢警備司令李品仙和第三十五軍軍長何鍵都表示反共，並解除漢口工會糾察隊的武裝。七月十三日，中國共產黨中央委員會發出宣言，聲明中國共產黨黨員參加國民政府的，一律撤退。七月十六日，汪兆銘等也以「政治委員會主席團」名義發表答辯聲明，指摘共產黨破壞革命聯合陣線，並將各級政府內的共產黨員解職。武漢方面國共至是已正式決裂。八月一日晨三時，張發奎第二方面軍所轄的第二十軍軍長賀龍、第四軍師長葉挺和第三軍教導團團長兼南昌公安局局長朱德遂各率所部叛變於南昌，並組織所謂「革命委員會」。武漢國民政府隨即下令申討，並嚴令第二方面軍總指揮張發奎率部進剿。八月七日，中共在武漢召集重要會議，另選瞿秋白為總書記，以代陳獨秀，並決定實行秋收暴動。武漢國民黨中央也於同日開除中央委員會中的跨黨分子黨籍，明令拿辦。執行「分共」之嚴，有過於寧方。因此寧漢分立的基本原因遂告消失，所遺留的問題，僅為雙方領袖間意氣之爭了。

正當武漢方面因共黨問題延誤其「東征」計畫時，我們津浦線上的戰事也急轉直下。我第七軍於七月上旬撤離魯南後，直魯軍許琨、徐源泉等部即會同孫傳芳所部，向我軍反攻。臨城一得一失，我第十軍損失甚巨。七月二十四日，直魯軍許琨等部竟攻陷徐州，我前敵總指揮王天培部退回安徽宿州。第二路軍也自魯南急劇向隴海路撤退回蘇北。敗訊頻傳，南京為之震動。

蔣總司令乃召集在京將領密議，渠意武漢軍為共黨所稽延，一時不易東下，我方應及時奪回徐州，以振聲威。蔣氏以此意詢我。我說，徐州為四戰之地，本不應採取守勢，其理由上次已陳述甚詳。今既不幸言中，則不如索性將各軍南撤，固守淮河南岸天險，待武漢局勢澄清，再圖規復。惟蔣氏仍力主奪回徐州再說。我說以現有兵力估計，恐力有不逮。蔣說，渠當力調第一軍兩師為先鋒，由渠親自指揮，反攻徐州。

在出發前的某次紀念週上，蔣氏竟聲稱，此次不打下徐州，便不回南京。我聞此言，深感蔣總司令身為主帥，說話卻如此意氣用事。以其所率兵力，斷難克復徐州，如徐州打不下，他是否真的不回南京呢？不知彼，不知己，徒逞一時意氣，焉有不敗之理？與蔣氏晤談後，我便遡返蕪湖防次，監視長江上游軍事的發展。

七月二十五日，蔣氏專程北上，指揮收復徐州之戰。我軍於八月初發動反攻。蔣總司令親自指揮第十、第二十七、第三十二、第四十各軍，另加第一軍兩師，會同隴海路東段以南、白崇禧所指揮的第三十七、第四十四等軍，與孫傳芳、徐源泉等部鏖戰於淮河、徐、蚌之間。戰鬥初起，津浦路正面之敵，佯作退卻，故我軍進展極速。到了逼近徐州，徐州城郭已遙遙在望，敵軍始發動頑強抵抗。

蔣總司令見徐州克復已是指顧間事，遂親赴前線督師，將所有預備隊俱調入第一線作戰，作孤注的一擲。殊不料敵人的戰略正欲誘我深入，蔣的奮勇前進，正墮其計中。到了戰事進入膠著狀態，敵人突由其右翼派出精銳部隊，向我軍左翼包抄襲擊。我軍首尾不能相顧，全軍頓形混亂。正面敵人乘勢出擊，我軍乃全線潰敗。敵軍跟蹤追擊，我軍無法立足，迅速逃竄，津浦路軌及橋梁均不及破壞。敵軍勢如破竹，我軍潰敗之慘，實前所未有。

八月六日，蔣總司令倉皇退回南京，據江而守。既羞且憤，乃將戰敗責任，歸之於前敵總指揮王天培，將其扣押槍決，以洩其無謂之憤。其實此次潰敗，完全由於蔣總司令自己估計錯誤，指揮失當所致，王天培實在是替罪的羔羊。

【第35章】
總司令下野，寧漢息兵

1

蔣總司令於八月六日自津浦路前線返抵南京，忽然有電給我，該電僅寥寥數語，要我立刻從蕪湖防地往南京一晤。那時我已得到前方受挫的消息，詳情卻未悉，市面人心已見浮動。我便即日應召前往。到總司令部時，才知蔣總司令已於當日去湯山溫泉休息。我就掉轉車頭，向湯山疾駛而去。

一見面，他便說：「這次徐州戰役，沒有聽你的話，吃了大虧，我現在決心下野了！」

我聞言大吃一驚，便說：「勝敗，兵家常事，為什麼要下野呢？」

蔣說：「你不知道，其中情形複雜得很。武漢方面一定要我下野，否則勢難甘休，那我下野就是了。」

我說：「在此軍情緊急時期，總司令如何可以下野？這千萬使不得。現在津浦路上一再失利，你下野必將影響軍心民心。武漢方面為什麼一定要你下野呢？他們現在也分共了。站在反共的立場來說，雙方已殊途同歸，不過我們早走了一步罷了。大家既已步調一致，便應捐除成見，既往不咎，恢復合作。」

蔣仍舊搖頭說：「你不知道內幕，情形複雜得很。」

我說：「你最好派員到武漢去疏通，多說些好話。我也派人從旁斡旋，以免同室操戈，為敵所乘。」

蔣說：「交涉疏通是無補於事的。我是決定下野了……」說著，他便拿出一張擬好的初稿文告，說是他下野的「通電」。

我說：「現在津浦線上，我軍已潰不成軍，局勢十分緊張。敵人已進逼蚌埠，旦夕之間即可到達浦口，威脅首都。武漢方面又派兵東進，如何部署江防實為當務之急。我看，你無論如何要顧全大局，不要下野！」

蔣說：「我下野後，軍事方面，有你和白崇禧、何應欽三人，可以對付得了孫傳芳。而武漢方面東進的部隊，至少可因此延緩！」

我還是堅持請他不要下野，而他則一再說，他已下了決心，非他下野，則寧漢之局不易收拾。這樣便結束了我們的談話。後來我才聽說，總司令赴津浦督師之前，曾派褚民誼去漢口和汪兆銘商洽。褚與汪私交極深，又屬至戚，故無話不可談。褚民誼既已數度往返於寧、漢之間，對武漢方面情形當然知之甚詳。我一再喋喋勸蔣不要下野，實是不知箇中底蘊，隔靴搔癢之談，難怪蔣氏說我不知道內幕情形了。

我辭別了總司令，即到隔壁各房間，見陳銘樞、戴傳賢、吳敬恆、陳布雷各人，對總司令的下野，均處之泰然，我覺得很奇怪。據陳銘樞說，下野宣言，在駛回南京途中，總司令已命陳布雷起草擬就了。他們也認為局面演變至此，暫時退避，也不失為上策。但是當時外間不明真相，且有部分黨人，以訛傳訛，歪曲事實，硬把罪名加到我和何應欽、白崇禧的頭上。說蔣的下野，是我們三人「逼宮」使然，恰與事實完全相反。是時白崇禧尚在蘇北軍中指揮作戰，不知此事。據我所知，何應欽當時也力勸其打消辭意，絕無逼其下野的事。下野文告因一再修改，到八月十二日才正式公布，蔣隨即赴滬，此時浦口敵人重炮與我獅子山炮台已對戰三日了。

這一謠言的發生，可能有三種因素：一是武漢故造謠言，以打擊蔣氏的威信。二是部分黨員也同我本人心理一樣，當此緊急關頭，總司令是萬不該下野的，而渠竟毅然下野了，其內心必有不可告人的隱痛；若輩疑心生暗鬼，自易聽信外界謠言。三是總司令是一個極端頑固偏私而忌賢妒能的人，他對任何文武幹部，尤其是統兵將領，都時時防範，連何應欽這樣四平八穩的人，他都不能放心。總而言之，蔣氏一生，只知一味製造奴才，而不敢培植人才。這一謠言可能係他授意所散布，以打擊我輩。嗣後，蔣氏由日本回上海，和宋美齡結婚並復職，此項無稽的謠言更為盛熾。我曾兩度在他南京官邸請他申明矯正。他只微笑說，這種不經之談，盡可不必去理它。我說：「我們的冤枉，只有總司令一言才可替我們洗刷乾淨。」他仍是微微一笑而已。

溯自十五年冬季，蔣總司令與武漢中央發生齟齬，我一直居中調停，以悲天憫人之心，希望黨內團結，內摧軍閥，外抗列強。後來共產黨問題發生，我也是經常袒護蔣氏，其目的無非維護本黨，完成國民革命，實無個人恩怨存乎其間。而黨內少數人不明真相，將己度人，認為白崇禧居間全力擁蔣，故第七軍始終未為武漢方面威脅利誘所動，而蔣總司令的地位始得以維繫不墜云云，此事殊有稍作澄清的必要。

蔣總司令請白崇禧為參謀長，非愛其才，而是利用白與各軍聯繫。到了白氏橋梁作用已告終結，蔣就必然要棄之如敝屣。加以白氏又是個性直才高的人，重於道義，忠於職守，敢作敢為，而又性喜直言疾諫，深鄙患得患失、奴顏婢膝的行為。此種性格與蔣氏尤為格格不入。因蔣的為人剛直其表，陰柔其裡，護短多疑而忌才。自佔領江西之後，蔣已對白深感不滿。如第二十九章所述，馬口之役後，白氏分發所獲敵人軍械予第二、三、六各軍一事，即深觸蔣氏之忌。蔣氏或不擬此批武器分發各軍；縱使分發，渠意也應由其自發手令執行，不可由白氏為之，以見好於各軍。其實，在一般情況下，參謀長為總司令作此處分，原是極順理成章的事。白氏以大公無私之心，初未想到總司令竟如此地狹隘。

然值此軍情緊急之時，將才難得，故蔣氏心雖不悅，但又無可如何。東征軍事發動時，白崇禧奉調為東路軍前敵總指揮，指揮第一、二、三及附義各軍入浙作戰。命令發表時，第二軍代軍長魯滌平極感不服。因論年齡、資望，魯氏均遠在白氏之上。然蔣總司令與第二軍軍長譚延闓均知此事非白氏擔任不可，魯滌平實才有不逮。後經譚延闓一再解說，魯滌平始無言。到入浙戰事發生，第二軍曾一度失利，魯滌平幾有潰不成軍之勢。值此緊要關頭，白氏曾親率總預備隊兩團，星夜冒險蛇行前進，深入敵後，直搗敵將孟昭月的總指揮部，方使全局轉危為安，卒獲全勝，佔領杭州，肅清浙江。此一乘危用險的進兵方式，才使魯滌平佩服得五體投地。

惟白氏以底定東南之功，不特未獲主官青睞，反招致無聊的嫉忌，身為東路軍總指揮的何應欽，竟以白氏單獨進兵，未等他一同入杭州而不悅。蔣總司令也以白氏竟能運用自如，指揮其親信的第一軍而疑竇叢生。白氏以一員猛將，但知披堅執銳，奮勇殺敵，初不意功高震主，竟有如許的暗潮。

京、滬克後，白氏又受任為北伐軍第二路代總指揮，指揮陳調元等軍循運河兩岸北進。陳調元原係白崇禧的老師，且曾任方面有年，此次屈居白氏之下，頗感不服。因親往見總司令，頗有抱怨之辭。蔣說：「白崇禧行！你應該接受他的指揮。以後你就知道了！」陳調元始鬱鬱而退。

嗣後，津浦線上之戰，白氏用兵如神，每每出奇制勝，陳調元不禁為之擊節歎賞。在我軍自徐州南撤時，敵軍乘虛反攻，如疾風暴雨。陳調元位居第二路前敵總指揮，倉皇不知所措。白氏命陳部先退，自率總指揮部特務團殿後，掩護本路軍，緩緩南撤。雖迭經敵軍猛撲，白氏指揮從容，三軍穩重如山，不驚不亂，陳調元尤為之咋舌稱奇。其時陳部餉糈不繼，白氏乃將總指揮部和特務團的給養，撥交陳部濟急，本部及特務團卻等待後到接濟再行補充，充分顯出主帥捨己為人的風度，更使陳氏心折。所以白氏在東南、蘇北、魯南，數度作戰之後，終教關、張俯首，士卒歸心，「小諸葛」遂更名聞遐邇了。

以上故事，都是譚延闓、陳調元等親自向我口述的。孰知白氏戰績日著，蔣氏對他的疑忌也日增，甚至在和諸元老談話中，時時露出對白氏不滿的批評，說白氏「不守範圍」。張人傑曾為此與蔣辯論，說在蔣氏直接指揮下的各將官，論功論才，白崇禧均屬第一等，值此軍事時期，求才若渴，應對白氏完全信任，使其充分發展所長，不可時存抑制他的心理。據說，蔣總是搖頭皺眉說：「白崇禧是行，但是和我總是合不來，我不知道為什麼不喜歡他……」這是張人傑當面對我和李濟深說的。我不免聞言悚然。

為著彌縫蔣和白的情感，中央元老如蔡元培、吳敬恆、張人傑等常向我提及此事，希望我也去和蔣先生委婉解釋。惟我私自忖度，很覺不便正面提出，以免有左袒白氏之嫌。某次謁見蔣氏，他問廣西有幾位留學日本士官學校的學生。我說，只有馬曉軍一人。提到馬曉軍，我就乘機介紹馬氏以前任廣西陸軍模範營營長，及民國十年中山援桂時任田南警備司令的情形，並涉及白崇禧為人的重道義感情。我舉他以前在田南警備司令部內當營長時的故事：

馬曉軍是一個看錢極重而膽子極小的軍人。一聽見槍聲，便神經緊張，手足顫動。每逢軍情緊急，即借故離開部隊，躲往安全地區。部隊統率的責任則交由黃紹竑、白崇禧、夏威等幾個營長，全權處理。危險期過，馬氏又回來做主官。如是者再，頗為官兵所輕視。加以他視錢如命，偶爾帶幾個士兵因公出差，有向他借一角或五分於途中購買茶水的，回防地後，他也必追索。所以上下官兵早已有心希望他離開部隊。某次，百色防地為劉日福自治軍所襲，部隊都逃往黔邊，馬氏個人卻逃往南寧。到劉部被驅離百色後，馬氏又要回隊。這時幾位營長，如黃紹竑、夏威等，都主張拍一電報給他，請其不必回營。獨白氏堅持不可，他認為這樣做，無異於犯上作亂，於做人的道義有虧。由這個例子看，以馬曉軍這樣的人，白氏對他尚且忠心耿耿，其為人的正直忠厚可知。

其次，白氏擔任我的參謀長，前後達三年之久。一有軍事行動，則出任前敵總指揮，從未計較名位。是一位喜歡做事，任勞任怨的人。廣西能夠完成統一，整訓收編部隊，提前出師入湘北伐，他的功勞，實不可沒。蔣氏知我有所指而言，只連聲唔、唔，而結束了我的談話。

又有一次，比較說得更露骨了。我說，白氏才大心細，做事慎重敏捷；他以前在當我的參謀長時，遇事往往獨斷獨行，然從無越軌之處，我對他也能推心置腹，所以事情做起來又快又好。如今他縱或有「不守範圍」之處，推其原意，亦無非想把事做得快，做得好。總司令如覺得有不合體制之處，大可明白訓諭，千萬不可於部曲之間，吞吞吐吐，疑心生暗鬼，反為不美。

我一再誠誠懇懇地向蔣氏解說，總希望全軍上下精誠團結，和衷共濟。但是不管我怎樣地言之諄諄，他總是時懷疑忌。忠言難以入耳，實堪浩歎。所以就蔣與白的關係說，自克復南昌而後，已失和諧，還是我居間維繫。故黨人所傳，說我的擁蔣，全是白崇禧居間促成，適與事實相反。

2

蔣總司令於八月十二日下野後，京、滬一帶軍民不知底蘊，竟為之人心惶惶。孫傳芳知我軍有內變，乃拚全力反攻，自蘇北循津浦路及運河兩路齊頭並進，自江北炮轟江南。長江上游的武漢「東征軍」也正向下游移動。我軍兩面受敵，形勢頗為不利。八月十九日軍委會開會時（蔣下野後我們復用軍委會名義），何應欽、白崇禧和我決定以軍委會名義，將軍隊重行部署；把三路大軍一齊南撤，防守長江，以阻敵人南渡。

我們的防禦部署，係以第一路軍，轄第一、第十八（原第六軍楊杰師改編）、第十四、第

二十六、第十及第三十一等軍，擔任南京城東郊烏龍山以東至淞滬一帶的防務。第二路軍，轄第三十七、第二十七、新編第十、暫編第十一等軍，擔任東西梁山以西長江上游的防務。前敵總指揮陳調元則駐於蕪湖。

我第三路，轄第七、第十九（原第十五軍改編）、第四十、第四十四各軍，則擔任烏龍山以西，東西梁山以東，長江中段的防務。

至此，除合肥、六安一帶尚由第三十三軍防守之外，江北已無我軍駐屯。孫軍與我隔江對峙，四處揚言，說要克日渡江，消滅我軍。武漢軍此時倘也東下，我軍勢難首尾兼顧，前途將不堪設想了。所幸自蔣下野後，武漢方面「反共倒蔣」的「東征」計畫已失了藉口。馮玉祥又連電寧漢雙方調解，汪兆銘也表示論事不論人。寧漢對立的局面，表面上確實鬆弛了不少。南京中央方面企圖遴選要員北上，和漢方接洽化嫌息爭，庶幾可以合力應付敵軍的反攻。在這場合下，大家一致推舉我做代表，往武漢商談。

南京方面推舉我的原因，主要是因為我性情平易，人緣甚好，武漢方面對我初無惡意。十五年冬，我曾一度為「遷都」問題奔走於潯、漢之間。十六年五月又為寧漢的和平專程往湖口晤朱培德。眾人皆知我識大體而無成見，為黨國奔走，毫無私意參雜其間。

眾人既以此相推，我也只得勉為其難。此時武漢方面領袖適在廬山開會，經過電報往還之後，我遂於八月二十一日自南京乘專輪西上。惟孫傳芳陳重兵於江北，自浦口隔江炮轟南京，終日不絕。我的「決川」號淺水兵艦無法在下關江面停泊。我們一行只有乘夜間自下關上游西岸約二十里的江面，利用蘆葦掩護，才得安全登船上駛。

「決川」從前為吳佩孚的座艦，行駛極速。二十二日黎明時，已駛近安慶江面。在晨光曦微中，我發現長江南北堤岸上大軍如雲，紛紛東下；這顯然是武漢的「東征」之師。看到這情形，心頭一怔，暗想蔣總司令已經下野，為何武漢大軍還在東進？因我軍自津浦路失利後，一、七兩軍已調駐南京，拱衛首都，陳調元部也調往蕪湖。安慶附近並未駐兵，遂為唐軍所佔領。「決川」艦過安慶，兩岸的武漢軍隊尤多，向東行進，絡繹不絕。且有輜重及炮隊等重武器，由船隻運輸，向東疾駛，顯然是有所為而來。

傍午之時，我的專輪便到達九江。在九江與汪兆銘等通過電話後，便趕往廬山。這時已是下午。果然武漢諸領袖都在廬山，遂由汪兆銘召集開會，聽取我的報告。到會者，計有汪兆銘、譚延闓、孫科、宋子文、陳公博、顧孟餘、唐生智、朱培德、張發奎、鄧演達等十餘人。

會中，汪氏請我報告南京方面的情形。首先，我說明南京方面清黨的苦衷，現在武漢亦已「分共」，雙方最大的隔閡已除，以後寧漢合作繼續北伐，完成革命，實係勢所必然。再者，武漢方面諸同志對南京方面同志誤解最深的，只是蔣總司令，今蔣同志為促使寧漢合一，已自動辭職下野。在此情況下，武漢諸同志應已毫無顧慮之處，所以南京方面同志特地派本人為代表，前來歡迎諸同志東下，同商大計。最後，我強調我沿途所見武漢軍隊東下的情形。我說，如今敵我正在南京上下游一帶隔江相持，蔣同志也已下野，人心惶惶，武漢的軍隊如仍沿長江東下，無異為軍閥張目，勢將引起極大的不安與誤會。因此，我堅決要求武漢的軍隊立刻在安慶一帶停止東進，以釋群疑。我並希望能有幾位中央大員同我到南京，以安軍心，庶幾使我不虛此行。

我報告完畢後，汪氏便說：「德鄰同志的報告已十分詳盡，所說各點也極合情合理，希望大家研究……」接著，他就把目光移向唐生智說：「孟瀟兄，你能否考慮把東下的部隊暫時停在安慶呢？」

唐生智回看一下汪氏之後，視線轉到我的臉上，便斬釘截鐵地說：「我的部隊決不能在安慶停止……至少要開到蕪湖！」

此時全場氣氛頓形緊張，眾人一聲不響，汪氏弄得十分尷尬，又無法再說下去。大家只是把目光盯住我和唐生智二人。停了半晌，我方說：「孟瀟兄，你的軍隊如開到蕪湖一帶，江南軍心民心都要惶惑不安。江北的敵人也必乘機渡江啊！」

唐把兩眼一瞪，說：「那我可不管什麼軍心民心惶惑不安啊！」

我說：「那麼你的軍隊為什麼不能在安慶暫停一下呢？」

唐說：「安慶沒有糧食能供給大軍之用，我軍必須到蕪湖！」

我說：「孟瀟兄，就我所知，蕪湖並不產米，只是個米市而已。真正產米地區是安慶附近各縣及巢湖周圍區域。為軍米著想，你應該把軍隊北調，進入巢湖沿岸魚米之鄉，再北上可以截斷津浦路，和我們南北呼應，以解決津浦路上的敵人。你又何必去蕪湖為敵人張目呢？」

唐此時的面色極為嚴肅，顯出十分不講理的樣子，說：「李同志說的話不可靠，……我有我的計畫，別人用不著管！」

我看唐生智那副蠻橫的樣子，心裡想這小子真翻臉不認人。他以前為吳佩孚軍所敗，在窮途末路時，對我是如何地卑躬屈節，搖尾乞憐。現在羽毛豐滿，便立刻反噬，實在可惡之極。

我既然與唐說不下去了，便問汪道：「汪先生能否派一二中央委員和我一道回南京，庶幾我們昭告國人，寧漢之間誤會已冰釋了呢？」

唐生智不等汪回答，便插嘴道：「現在我們哪一個敢到南京去……」

我說：「孟瀟兄，南京究有什麼危險呢？若說是敵人渡江吧，我擔保只要你的軍隊停止東進，敵人決不敢渡江。如果你更能和我們合作，自安慶北上合肥，出鳳陽，直搗津浦路，敵人便會聞風自潰。南京危險在什麼地方呢？」

唐生智此時已詞窮理屈，但硬是說：「我把部隊開到蕪湖再說！」

汪氏當即向譚延闓和孫科說：「組庵先生和哲生兄，您二人能否和德鄰兄到南京去一趟呢？」

譚延闓看了看孫科，說道：「哲生，還是我兩人與德鄰兄一道去吧！」

說著，他們便吩咐副官收拾行李。並開來午飯，大家吃了就一同下山去九江，乘船東返。

此次廬山之行，使我深深體會到，寧漢合作的癥結在唐生智一人。汪兆銘已失去控制武漢方面的能力，無法駕馭坐擁重兵的唐生智。我因此想到蔣總司令下野這一著來得高明。原來蔣在下野前曾派褚民誼赴漢，那時他可能已得到情報，深知汪已失去了控制的能力，他如下野，武漢即失去「東征」藉口，則汪便可統馭全局，唐生智也失其併吞東南的機會。但是汪氏無兵，必要時仍要請蔣氏出山合作，以對付共同的敵人。待共同敵人除去，則蔣之去汪，實易如反掌了。所以汪、蔣的一離一合，在政治上手腕的運用，實極微妙。惟汪氏究係書生，手腕的運用尚有所為，有所不為；對人處世，也尚有婦人之仁。蔣則不然，渠生性陰狠，久染上海十里洋場黑社會中的惡習，遇事只顧目的，不擇手段。其對汪氏若即若離的態度，呼之使來，揮之使去，玩弄於股掌之上，真使汪氏啼笑皆非而無如之何！蔣氏此次「下野」手法運用之妙，我不與唐生智一席辯論，實在不知其中的三昧。

唐生智這次不度德、不量力的做法，實是野心太大，見識太小所致。等到我們後來討唐之後，唐的部將葉琪、廖磊等將唐氏隱祕全部說出，才使我恍然大悟。原來唐生智曾利用蔣百里居間，與孫傳芳勾結，意圖夾攻我軍於京、滬、杭三角地帶。按唐氏計畫，俟我軍為彼等所敗時，渠即可收編我軍殘部，然後再一舉而滅孫傳芳，北上統一中國。如是則蔣總司令在長沙檢閱時墮馬的預兆，及「顧老師」的預言，均將同時實現了。這種荒唐絕頂、背信棄義的夢想，也只有唐生智做得出來。嗣後龍潭之役，孫傳芳主力為我軍一舉殲滅，唐生智聞孫軍敗訊，曾頓足歎息，痛罵孫傳芳，說他不等唐軍到達南京，便渡江發動攻勢，妄圖「先入關者為王」，故爾自招覆滅，禍有應得云。可見唐生智狼子野心，當時的陰謀是如何地可怕。孫傳芳如真的等唐生智來會師，則北伐前途不堪設想了。

後來譚延闓也向我說及唐生智的野心。他說唐在漢口時，反蔣最烈，曾向汪、譚申述，打到南京之後，他將擁汪為國府主席，譚為行政院院長，以何鍵、程潛、魯滌平分任安徽、江蘇、浙江三省主席，他自己則擔任北伐軍總司令云云。譚延闓說到此處，頻頻搖頭，說：「唐生智那小子野心大得很呀！」

【第36章】

龍潭之戰

1

譚延闓、孫科和我於八月二十三日黃昏，自九江乘「決川」艦下駛。舟行極速，次日天明已過蕪湖江面。我便頻頻用望遠鏡窺探江北的動靜。舟抵和縣境兔耳磯時，我忽發現北岸江面，有帆船百數十隻揚帆待駛，自望遠鏡中且可看出有大軍分批上船，我心中頗為詫異。左右隨行人員則說，這是我們自己的隊伍，但是我身為指揮官，知道北岸並無我軍，這顯係敵人在企圖偷渡。

當我們正在注視敵軍行動時，長江中忽又出現一小輪船，逆流上駛，向我船迎面而來。船上且有人用喇叭筒大呼問話，說：「你們是不是李總指揮的船？」我們的船上答話道：「是。

」該船上又大呼說，陳總指揮在他們的船上，務請李總指揮停船一晤。

聽到他們的喊話，我知道來船便是陳調元，來打聽我牯嶺會商的消息。我立刻吩咐停船，我船的舵手乃在江面上兜一大圈，將船頭掉向上流，逐漸與陳船靠攏。距離約數十公尺時，陳調元便站在甲板上，問我牯嶺之行的經過。我沒有回答，只用手招呼一下，全神仍注視江北。只見那百數十艘帆船已起錨下駛，乘風破浪，向我們斜駛如飛而來。這批帆船原在我船上游約六七百碼的對岸。仗著水勢，很快便與我船接近。用肉眼已可看得很清楚，每船所載的軍隊，二十、三十不等，分排而坐，頭上戴著童子軍式的軍帽，頸上繫著白布帶，顯然是敵軍無疑。說時遲，那時快，有一隻敵船已逼近「決川」艦約二十公尺處，我站在甲板上，大聲喊道：「你們是敵人，趕快繳械！」他們一聲不響。等該船駛近「決川」艦七八公尺時，忽有一連長模樣的人，一躍而起，從船夫手中搶過一頭有鐵鉤的竹篙，高高舉起，想鉤「決川」的船沿，同時叫：「衝鋒！登船！」我見這幫敵人泯不畏死，情勢又萬分危急，便大聲下令船上士兵說：「這是敵人，快開槍！」我船上原有攜駁殼槍士兵一排，乃一齊舉槍向敵人射擊。艦上兩生的排炮四門，和四生的舊炮一門，也同時開炮，向敵人船隻轟擊。陳調元船上的一連士兵旋亦開始射擊。敵人不甘示弱，也頻頻開槍還擊。此時風大浪急，敵船向我們一擁而來，真如蔽江蜉蝣。雙方在短距離內隔船互射，煙霧瀰漫，槍彈橫飛。譚延闓、孫科和我，原來都在船側走廊甲板上，這時乃避入艙房裡面。孫科忙著覓地避彈，我和譚延闓則憑窗觀戰。只見敵船排山倒海而來，有的已向我船靠攏，船上士兵急急放槍，應接不暇。此時我們艙內有一副官也在憑窗射擊，但是他槍法欠準，又無戰場經驗，心慌意亂，竟屢射不中。譚延闓說：「你把駁殼槍給我！」說著，便把槍拿過來，瞄準射擊。譚氏少年時喜騎射，今雖年老，工夫仍在。敵人方靠近我船，未及攀登便中彈落水。迎面蜂擁而來之敵，竟被譚氏打得人仰船翻。

鄰船陳調元隨帶的一連士兵，均用手提機關槍，火力尤猛。敵軍被擊落水，逐浪浮沉，恍似浮鷗。也有敵軍自己慌亂，致舟失平衡而闔船翻溺江中的。一時槍聲劈啪，水花四濺；時值長江水漲季節，風摧浪捲，嘶號呼救之聲，慘不忍聞。雙方鏖戰二十分鐘，敵船百數十艘，有的折回北岸，有的順流竄至南岸，而沉沒水中的，也不下數十隻之多。煙消霧散之後，船上恢復平靜，一場激烈的水戰才告結束。計此役敵人死的約二三百人，傷者倍之。我船上也有數人受傷，惟尚無死亡。

為顧慮敵人用大炮轟擊，陳調元未過「決川」艦詳談。他只說，武漢軍確有東下模樣。我也告以譚、孫兩委員已隨我東來，同去南京。言畢，陳乃駛往蕪湖，我輪也逕駛南京。

陳調元抵蕪湖後，果然接到唐生智的信。信中稱陳為「老師」，大意說，生智已決定東下滬寧，「老師」如願合作，則請為前鋒，進襲南京，如不願，也請將蕪湖讓開，莫阻唐軍東下之路，以免誤會而發生意外云云。

陳氏接到此信，大驚失色，不知如何是好，渠既不願與唐氏合作，又不敢單獨與唐軍作戰，乃電南京軍事委員會，請示應付方針。軍委會即覆電，如果唐軍逼近蕪湖，陳軍即應向南撤退一日行程，取監視態度，避免與其衝突云。

2

我返抵南京之後，尚不及向中央報告廬山會議的經過，便用電話命令第十九軍，說現有一部分敵人在大勝關兔耳磯一帶渡江，著速派兵前往剿滅。旋又命令夏威，將現駐南京近郊的總預備隊八個團，迅速東調，往烏龍山後方集結，準備應援守軍；並告以短期內，敵人必在南京下游附近強行渡江。因根據我的判斷，敵軍在兔耳磯白日強渡，顯係以聲東擊西手法，故布疑陣，吸引我軍主力於長江上游，而渠則從下游乘虛渡江。我即將計就計，將我軍主力調往下游，等他來自投羅網。

命令下達的次日，便接到第十九軍報告，兔耳磯渡江之敵已被肅清，繳槍數百枝；嗣後並無敵軍企圖續渡。此項報告益發證實我判斷敵情的正確。當天午夜以後，烏龍山腳以東，原為第一軍的防守區域，果然有敵軍南渡登岸成功，向我烏龍山陣地夜襲。我軍只注意江面對岸的敵人，初不料右翼友軍陣地發生意外。我軍倉促應戰，戰況激烈之至。烏龍山有炮台七座，竟被敵軍衝陷其四，我軍死守其餘三座，以待拂曉，援兵到達時反攻。

在戰鬥初起之時，我軍不解何以敵人竟從友軍方向而來，遂誤以為第一軍姚琮暫編師的叛變。因此時霧濃夜黑，既未見敵人渡江，也未聞友軍防區內有槍聲，而第一軍防地中突有一支人馬衝出，向我軍襲擊，非第一軍叛變而何？

戰至天明，才發現敵人原為孫傳芳的北軍，同時八卦洲一帶，江上船隻來往如梭，烏龍山腳以東第一軍第二十二師的防地已悉為敵有。事後查悉，才知第一軍換防，原防軍為新編師，未等替換友軍到達，便先行離去，而敵軍適於此時此地偷渡，故雞犬無聲，便渡過南岸，時我友軍已不知去向，而敵人援軍大至，向我陣地衝擊，勢極猛烈。我軍乃在夏威親自督戰之下，向敵逆襲。激戰至午，卒將所失炮台全部奪回，並向東繼續掃蕩，在東部地區作拉鋸戰，才把棲霞山克復，交還第一軍防守，第七軍則回原防。

孫傳芳軍向稱能戰，此次背水為陣，破釜沉舟，更具有進無退的決心，數度與我軍肉搏，均被擊退。惟此時我友軍第二十二師的棲霞山主要陣地又被敵攻陷，第一軍全師向南京後撤；敵軍跟蹤追擊，繞出我軍右側，有包圍我軍之勢。我見情況緊急，乃電令夏威自烏龍山陣地向東出擊，奪回棲霞山一部分陣地。我軍既出擊，敵人即停止深入，全師回據棲霞，瞰射仰攻的我軍。

二十六日敵我在棲霞山麓一帶高地反覆衝殺一晝夜，雙方寸土必爭；敵軍志在死守棲霞，我軍則志在必得。第七軍第一、三兩師更有進無退。炮火瀰漫，敵我屍體狼藉，山上樹木幾無全枝，真是崖裂土翻，天日變色。敵軍抵抗的驍勇，與我軍攻擊的慘烈，實為北伐史上所僅見。

激戰至二十七日清晨，棲霞山麓一帶的高地悉為我攻克。殘敵退據山頂，死守待援；我軍乃將棲霞合圍，繼續仰攻。然坡峻岩高，我軍攀登殊為不易，而殘敵數千人，困獸猶鬥，居高臨下，槍炮齊施，加以檑木滾石，一時俱來。我軍在李師長明瑞親自率領之下，也攀藤附木，奮勇衝鋒，決不稍懈。此時據報，長江中適停泊有英國兵艦數艘，遙遙觀戰。見孫軍退到絕頂，情勢危殆，為圖挽救孫軍，竟不顧國際公法，悍然以十英寸的巨炮，向半山我軍轟擊。一時炮聲隆隆，煙霧蔽天，整個棲霞山均為煙霧所籠罩。山頂敵軍視界不清，瞰射效力反而大減。李師長乃於煙幕中一哄而上，山巔敵軍數千，悉數俯首成擒。帝國主義者原為助孫而來，結果適得其反，可謂心勞日拙了。

棲霞山攻克之後，在烏龍、棲霞一帶渡江之敵，遂被全殲。我軍也傷亡數千人，亟待整頓休息。我遂令夏威全師撤返烏龍山原防，將棲霞防地再度交還第一軍防守。是為棲霞山之戰最慘烈的一役。

3

當棲霞爭奪戰正在激烈進行之時，我們得報，知龍潭已失守，鎮江、高資之間，也有大批敵軍南渡，高、鎮、京、滬間的鐵路及電訊交通俱已斷絕。警報頻傳，因孫傳芳此時已動員其所謂「五省聯軍」全部，號稱十一個師及六個混成旅之眾，傾巢南犯。

敵軍南渡的主渡點在龍潭。開始渡河之前，先由上下游佯渡，以牽制我軍。實施渡河時，卻先由江北的通江集、望江亭等地向烏龍山東側登陸，以牽制我左翼部隊。然後突向棲霞山、龍潭等地強渡，佔領各險要高地，以掩護後續部隊登岸。

因此，當我方烏龍山一部分炮台和棲霞山為敵所佔時，龍潭也同時失守。所幸白崇禧在自滬返京途中，被阻於無錫、鎮江之間，乃就地調集附近第一軍各部向龍潭反攻，與我軍呼應，形成對孫軍東西夾攻之勢。

白崇禧之所以能在此緊急關頭坐鎮鎮江，指揮反攻，其中有一段微妙經過，也可說是「無巧不成書」。

先是，蔣總司令下野之後，胡漢民、吳敬恆等也先後去滬，南京方面惟剩何應欽、白崇禧、李烈鈞和我等數人支撐殘局。然此時軍餉奇絀，三軍嗷嗷，不可終日。所以當我於八月二十一日西去九江時，白崇禧則東往上海，其目的是向上海商界、金融界的巨子籌借若干軍餉濟急。因白氏曾駐滬相當時日，與若輩大亨尚薄有往還。惟此時革命軍從津浦線上，與蘇北運河流域敗退不久，孫傳芳向京、滬人民團體聲言將往上海歡度中秋（九月十日）。商民聞訊，將信將疑。故白氏去滬籌款時，各金融巨子皆託詞推諉，一連兩日，尚無結果。白氏原定於二十五日下午四時專車返京，卒因與商界集會，不能成行。斯時上海北站有煤車一列，原定俟白氏專車西開時隨之跟進，現白既不能及時離滬，站長乃吩咐此煤車先發，這是五日午夜前的事。煤車去後約一小時，白氏專車也離滬西開。誰知此煤車剛過鎮江便出軌，車翻人傷，因路軌已為孫傳芳的便衣隊所破壞。同時京、鎮間的電訊也中斷，渡江孫軍已於二十六日清晨三時佔領龍潭車站，京、滬交通全斷，鎮江附近也發現敵人。

白崇禧得報，即停止前進，在無錫下車，電令駐京滬路東段的第一軍第十四師師長衛立煌就近率部向龍潭反攻，同時電令正自常州開往杭州的第一軍第二師師長劉峙，回師往援。衛立煌奉令後即率部趕往龍潭，於二十六日晨將敵人逐出龍潭站。惟敵人仍據守江邊，掩護大軍陸續渡江，向我反攻，我軍漸有不支之勢。白崇禧得訊，乃自無錫趕往鎮江坐鎮，並檄調駐滬杭路的第一軍第一、第三、第二十一等師，星夜馳援。

惟自蔣總司令下野之後，第一軍各師均無鬥志。聞蔣臨去時，曾暗示各師「保存實力」，並將第一軍大部調往滬杭路一帶。今番京、滬吃緊，白崇禧嚴令各師赴援之時，據說滬杭路上第一軍各師、團長曾開祕密會議，討論是否服從白參謀長的命令。會中曾小有辯論，所幸其中多數人深明大義，以南京危在旦夕，決定服從指揮，向龍潭進兵。（此實為蔣總司令嫉忌白崇禧的又一原因，誰能指揮他的心腹軍隊，他就恨誰。）

孰知援軍未到，龍潭於八月二十八日晚再度失守。敵軍攻勢極猛，孫傳芳已親自渡江，到龍潭水泥廠坐鎮，指揮督戰。我軍第二、第十四兩師因眾寡不敵，紛紛後撤，幾至潰不成軍。

棲霞山也於是時為敵三度攻佔。我方潰散部隊麇集南京城外麒麟門一帶，混亂不堪。敵人便衣隊已在堯化門一帶出現，南京聞風震動。政府機關、黨部、報館均紛紛將招牌取下，各人屏當行李，準備向湯山方面逃避。南京城內一片混亂景象，人心惶惶，不可終日。尤其是譚延闓、孫科兩先生，一夜電話數起，向我探詢戰局。譚氏曾驚慌地問我說：「德鄰先生，你莫要把我們請到南京來當俘虜呀？」

當夜，我便嚴令夏威督率所部，再度向棲霞山出擊，限期奪回。我內心忖度，第一軍的戰鬥力何以如此脆弱，實堪詫異。整夜焦急，不能成眠。翌日清晨，我一時心血來潮，乘車到第一路總指揮部去拜訪何應欽。那時南京只有一條馬路，其他街道都不能通汽車。我車抵該部巷口，忽然發現人聲嘈雜，行李壅塞滿巷，似乎正在作撤退的準備。第一路總指揮部人員見我來了，均讓路敬禮。我問道：「你們的總指揮呢？」他們齊聲回答說：「在裡面，在裡面。」

當我走進第一路總指揮部時，只見何應欽正在辦公室內吩咐各參謀整理文件和行囊。

「何敬公！」我說：「為什麼搬行李出發呢？」

何應欽一抬頭，看見是我，臉上即現出忸怩的樣子，說道：「德公這樣早，我原打算就到你那裡去辭行，我要出城收容部隊。」

我說：「現在戰局這樣緊急，收容部隊，應由師長負責，何須總指揮親自出馬？況且你行李都捆綁好了，集合巷裡，這不是準備出發開拔了嗎？」

何說：「你看，我的軍隊不能打了，我怎麼辦呢？總司令下野之後，軍心渙散，他們不打，我有什麼辦法？」

我說：「首都存亡所繫，你不能一走了事！」

何說：「德鄰兄，我的軍隊打不得了呀！你看棲霞山兩得兩失，還都是你的軍隊奪回來的！」

我說：「敬公，你真要走，我可對你不客氣了！」

何見我辭色俱厲，連忙道：「你要我不走，我不走就是了。你要我怎麼辦？」

我說：「你的軍隊不能打，讓我的軍隊來打，好嗎？我們生要生在一起，死也要死在一起。你決不能離開南京！在這緊要關頭，你一走，必然影響民心軍心，南京就守不住了。……你快叫他們把東西搬回總指揮部來。」

何便吩咐他的副官：「不走了，不走了。叫他們搬回來。」那些運輸兵又急急忙忙地把行李擔挑了回來。我與何應欽遂同車往軍事委員會，與李烈鈞等商討指揮反攻的大計。

此次我如去何的總指揮部遲三十分鐘，他必已撤離南京，大局便不堪設想了。我平時極少往該部訪何，有事只打電話，或在軍委會見面。不意一時心血來潮，竟發生如此重大作用。

抵達軍委會後，何仍然說他的第一軍打不得了。我請他把第一軍暫時調離戰場，讓我第七軍與第十九軍，除留少數部隊監視河面外，一齊向東出擊。適此時白崇禧自鎮江拍無線電報來，約我軍迅速出擊，夾攻孫軍於龍潭。我便向何應欽說：「現在我七軍、十九軍子彈缺乏。出擊之前，能否請你補充一點子彈呢？」因此時軍委會在南京尚存有七九子彈七八百萬發，由何氏負責保管，須他下條子，才可領用。

何說：「你要多少呢？」

我說：「六十萬發！」

何氏皺皺眉頭說：「德公，太多了。」

我說：「你預備發給我多少呢？總是拿出去打敵人的啊！」

何氏笑笑道：「我看，三十萬發，三十萬發。」

「好了，好了。」我說：「就是三十萬發吧。」這時我心裡實在覺得何應欽小氣得可笑。南京戰局緊張到如此程度，何氏自己也準備逃命了。我向他要六十萬發子彈去打敵人，他還要討價還價地給我三十萬。何氏在軍中，原有「何婆婆」之名，從這點小事上，也可看出何「婆婆」之所以為「何婆婆」了。

先是，我軍將棲霞山再度奪回後，仍交第一軍防守。不久，棲霞又被敵軍奪去，我遂令第七軍與第十九軍再向棲霞山進攻，並佔領之，不必再交予第一軍。同時以軍委會名義電白崇禧，約定三十日東西兩方同時向龍潭之敵反攻。

計畫既定，何應欽乃派員持軍委會命令到南京城郊，制止第一軍退卻的部隊。凡退下官兵已到麒麟門的，即在該地待命，不得入城；其尚在陸續退卻中的，均各就現地停止。何總指揮並通令第一軍，即刻準備反攻，渠本人且將親赴前線指揮。號令一出，軍心復振。各機關也暫停遷移，城內秩序，遂得安堵如常。

當晚東線我方第一軍的第一（王俊）、第三（顧祝同）、第二十一（陳誠）等師援軍均已到達龍潭附近。三十日拂曉，我軍三路全線反攻。第七軍的第一、三兩師和第十九軍的第一、二兩師在夏威和胡宗鐸指揮之下，自棲霞山向東進攻，沿鐵路及江邊前進，目標為龍潭鎮及青龍山、黃龍山的敵軍陣地。何應欽則親自指揮第一軍的第二、第二十二、第十四師的一部，自東陽鎮進發，會攻龍潭。

此時敵軍已渡江的部隊，和棲霞山等地潰敗之敵，都聚集在龍潭一隅。計其兵力，有孫傳芳聯軍的第二、四、七、八、九、十、十一、十二、十三、十四等師，及第十五、二十七、二十九、補充第一各混成旅，約達六萬餘人。依據龍潭以西的黃龍山，以南的青龍山、虎頭山，和東西的大石山、雷台山等險隘，編成堅固不拔的根據地，嚴陣以待，進可以攻，退可以守。孫傳芳駐節水泥廠，親自督戰。其悍將李寶章、上官雲相、梁鴻恩、崔錦桂、段承澤、鄭俊彥等都在龍潭前線指揮，孫軍官兵俱帶數日乾糧。船隻在部隊渡河後，悉數開往北岸，以示全軍有進無退的決心。我國古代名將項羽的「破釜沉舟」，韓信的「背水為陣」等孤注一擲的戰略，孫氏已並而有之。三軍懸的以赴，志在必逞。故我軍於三十日晨發動拂曉反攻時，敵軍也全線逆襲。龍潭周圍數十里地，炮火蔽天，血肉模糊。戰鬥的慘烈，實為筆墨所難形容。激戰終朝，敵軍漸不支，乃退守山隘，我軍乃逐漸形成三面合圍之勢。惟敵據山頑抗，深得瞰制之利，我軍仰攻，死傷極大，尤以青龍、黃龍二山的爭奪戰，最為慘烈，我七軍第一師損失尤大。然士氣極旺，至下午三時，遂佔領二山。敵軍倉皇向江岸潰退，所有扼守山險的機槍百餘挺，及山炮十多門俱不及攜走，我軍遂於午後五時克復龍潭。

我軍因連日奮戰，均已疲憊不堪，乃在龍潭徹夜警戒，俾翌日拂曉再殲殘敵。孰知三十一日清晨五時，我軍正在部署追擊，敵忽反攻，來勢極為猛烈。情勢險惡，較前尤甚，幸我軍將士均極奮勇。何應欽、白崇禧均已抵達龍潭督戰，卒將敵人攻勢阻截，並向敵反攻。自晨至午，卒將敵軍迫至長江南岸，包圍繳械。孫傳芳倉皇登上小汽艇逃命，僅以身免。到午後二時，不及渡江之敵，遂全部被俘。孫軍此次傾巢南犯，血戰七晝夜，至是終於全軍覆沒。

計此役孫軍渡江的不下六七萬人，除竄逸和傷亡溺斃者外，為我軍所俘的約四萬餘人，繳槍三萬餘枝，炮數十門；高級軍官，師、旅長等被擒的亦數十員。俘虜自龍潭押返南京明孝陵時，分四路縱隊前進，排頭已抵南京城郊，而排尾猶在龍潭，人數之眾，可以想見。惟戰後我軍官兵疲乏已極，尚須擔任警戒，故每一千俘虜僅持槍兵數名押送。既無火車輸送，又無給養，途中食宿均隨遇而安，致乘機逃遁的極多。抗戰期中，前孫軍第四師孫旅長曾在我五戰區任少將高級參謀。我們談到當年龍潭之戰的往事。孫高參說，他那時與其他孫軍師長均在龍潭被俘，惟在解赴南京途中逃脫云。

此役我一、七、十九三軍傷亡也達八千餘人，敵人死亡當倍於我軍，實我國內戰史上罕有的劇戰。

綜觀此役我軍雖獲全勝，其得之於微妙的契機的，實有甚於作戰的努力。第一，我自九江東返，如不在兔耳磯遇敵軍偷渡，我便不會將八團預備隊調往烏龍山後方集結，則敵軍二十五日夜偷渡後，必能攻佔烏龍山而直趨南京，則大局不堪設想了。

第二，如白崇禧不因事去上海，則東線便無兵增援，更無人統一指揮。再者，如白崇禧返京的專車，不因金融界巨子的推宕觀望而避開，則必陷入敵人便衣隊的陷阱，白氏或因此而遭不測，則戰局也不可收拾了。

第三，二十九日晨，如我不因情緒緊張，心血來潮，親往何應欽總指揮部探視，則何氏可能逕自向杭州方面撤退去了。何氏一走，不特第一軍無法收束，第七、第十九軍的士氣亦將大受影響，南京秩序必愈陷於混亂，則大勢也去了。有此三點的巧合，卒能使我軍轉敗為勝，孫軍一敗塗地，雖云人事，豈非天命哉！

【第37章】

寧漢復合的困難與特委會的風波

1

龍潭之敵既為我全部消滅，江南遂無敵蹤。九月一日我軍更渡江追擊。此時孫軍殘部已如驚弓之鳥，聞風潰退。江北浦口、揚州等要隘，一時俱克。我軍復向蘇北猛追，殘敵望風披靡，已絕無捲土重來之力，江南遂安如磐石。

惟此時西線忽告緊張，唐生智的「東征軍」分江左、江右兩路東下。江左軍第三十五軍軍長何鍵已於九月一日奉唐生智之命，出任「安徽省政府主席」，並委派各廳長。江右軍劉興所部第三十六軍的前鋒且已抵達當塗，距南京僅六十里。九月六日劉興本人也進駐蕪湖，簡直有一舉而下南京之勢。

唐生智本與孫傳芳約定東西夾擊我軍，然後平分東南。惟唐氏暗懷鬼胎，擬俟我軍敗後，收編我殘部，再消滅孫軍。孰知孫傳芳也是一代梟雄，深知唐氏意圖，故僅藉唐氏東下之勢，牽制我軍，不待唐軍到達，便先期發動攻勢。冀師「先入關者為王」的故事，獨吞東南。我軍如被消滅，則區區唐生智實不足道了。

孫、唐兩氏既同床異夢，遂為我軍各個擊破。孫軍敗後，軍委會乃嚴令唐生智自安徽克日撤兵。惟唐氏於九月十一日曾親赴蕪湖視察，仍擬伺機而動。然此時我軍新克強敵，士氣正旺。六朝金粉，雖使唐鬍子垂涎不止，然終不敢妄動。我們聞報，曾由何應欽、白崇禧、李烈鈞和我聯銜，電請渠來南京一晤，唐氏也不願東來。時我海軍「決川」、「浚蜀」兩艦，適在蕪湖江面停泊，遂為唐氏脅迫強擄而去。

南京國府的威脅既除，京滬路也完全修復，黨中重要領袖乃僕僕於京、滬、漢之間，謀求寧漢復合、繼續北伐的大計。我們在南京，更急電汪兆銘和漢方諸領袖，克日來寧，主持大政。

當時我們在南京負責的軍事首領，以及黨中央無數忠實同志，都有一種相同的想法。我們認為寧漢分立的癥結所在便是共產黨問題，今寧方既已「清黨」，漢方也已「分共」，則寧、漢便應重歸於好，合而為一。南京方面成立政府原是從權，今寧漢合一，則應當仍以武漢的中央為正統。

根據這種赤膽忠心的想法，所以我們歡迎武漢的國民政府汪主席早日東下，來南京辦公；蔣總司令也應早日復職，繼續領導北伐。我們的意見頗獲當時黨內忠貞之士，乃至全國人民的同情。李濟深自廣州且專為此事發出通電，力勸蔣、汪化除前嫌，繼續合作，領導中央。

我們這種想法，後來才逐漸發現太天真和幼稚了。當時黨內的重要領袖，如汪、蔣、胡等，及其私人的黨羽與小政客等的想法，卻和我們忠實同志們完全兩樣。他們對黨國前途根本置之腦後，一切考慮純以個人和小團體的政治前途為出發點。

我黨至此，非蔣、汪、胡三人赤誠合作，不足以談復興，但是他們三人相處有年，他們自己均深知他們三人絕無合作的可能，因此從未打算真正長期合作。偶爾合作，彼此都知是相互利用，得機則必然又來一個你死我活。

但是當時使我們忠實黨員們所最感痛苦的，便是他們三人的度量德性均不足以表率全黨，領袖群倫，而使黨員大眾一致歸心。

汪兆銘的為人，堂堂一表，滿腹詩書。言談舉止，風度翩翩，使人相對，如坐春風之中。初與接觸，多為折服，故頗能號召一部分青年。然汪氏黔驢之技，亦止此而已。其真正的個性，則是熱中名利，領袖慾極強，遇事又躁急衝動。欲達目的，既不擇手段，也不顧信義。每臨大事，復舉棋不穩，心志不定。此種心神，常在會議席上充分表現。汪氏每次主持重要會議時，神志多不安定，周身擺動，兩手搓個不停，一反其平時雍容和穆的風度。再者，汪的處人，亦極虛偽。凡汪氏所不喜的人赴其寓所訪問，汪氏亦均屈尊接見，娓娓傾談，狀至親暱。然客甫出門，汪便立現不愉之色，頓足唾棄。轉瞬之間，態度判若兩人，凡此均足以表示汪的為人。

所以吳敬恆曾罵汪是「偽君子」和「花瓶」，足見許多老同志也認為他不能負實際責任。總理在世時，汪總是受命出使四方，從未負過黨政專責。但是汪氏卻是個心比天高，熱中權力的人，中山逝世後，汪氏一意左傾，與蔣中正互為表裡，不擇手段地攬權奪位。誰知他的合作者蔣氏，也是個熱中權力不擇手段的人。他二人各取得黨權、軍權之後，竟又短兵相接，火併起來，經歷多次，汪氏自知非蔣的敵手。故此次我們誠心誠意地請他留在南京主持黨政，他總以為滬、寧一帶是蔣的老巢，上山則見虎，下澤則見蛇，斷非彼久戀之鄉。他如要掌握黨政，必須回廣東另起爐灶。這便是汪氏的基本觀念，也是嗣後寧、漢不能合流的基本原因。

蔣中正的為人，因其幼年混跡上海的黑社會，頗受其薰染。對同事，御部屬，一以權詐為能事。在在均使賢者裹足，壯士離心，而攀龍附鳳之徒則蟻附帷幕。因此，在蔣氏獨斷專行之下，終使一領導革命的政黨，逐漸變為爭權奪利的集團。此種轉變，在清黨後，已日益顯著。惟當時我輩仍癡心妄想促成汪、蔣合作，完成國民革命，今日回思，實不勝其歎息耳。

至於胡漢民，則確為一守正不阿，有為有守的君子。然胡氏的器量亦極狹隘，恃才傲物，言語尖刻，絕無民胞物與的政治家風度。當時黨內自元老以至普通黨員，沒有人對展堂先生不表示尊敬，然也沒有人覺得展堂先生足以為全黨一致歸心的領袖。因胡氏的天賦，為治世的循吏則有餘，為亂世旋乾轉坤的領袖卻不足。

在這種世局人事不調和的情況下，我們一心一意想把黨務國政納入正軌的同志，均左右失其依據，而有無能為力之感。偶有主張，均必然被捲入漩渦而無法自拔。甚至昔日並肩作戰出生入死的袍澤，如四、七兩軍，後來在廣東亦竟至自相殘殺，傷亡逾萬，言之實深痛心。

2

汪兆銘在我們一再電促之下，終於九月五日偕徐謙、顧孟餘、何香凝、陳公博、朱培德、程潛等自武漢抵達南京。我們赤誠地歡迎他從此長住南京，主持中樞大政。此時蔣總司令如即復職，則軍政恢復統一，我們便可繼續北伐，直搗北京。無奈汪氏心志不定，決不願在南京久住。

再者，此時寧、漢破鏡重圓，誠心為黨為國的領袖們本當相容相讓，才可化除前嫌。孰知一部分不識大體，甚或別有懷抱的黨務負責人，竟於汪氏抵京之日，遍貼反汪標語，辭句極盡尖酸刻薄的能事。但是這些標語並無正式機關署名，事實上，僅是一些無頭招貼。不幸汪氏正是一位極易衝動的人物，忿憤東來，其心本虛，一見這些招貼，不禁又肝火大動。

在我們歡迎他的會議席上，汪氏便質問我說：「你們既然歡迎我到南京來，為什麼又要貼標語罵我呢？」

「汪先生，」我說：「誰敢貼標語罵你呢？只是寧、漢剛恢復合作，局勢尚未安定，一部分下級黨員，不識大體，擅自貼出這些標語來——你看這些標語，不都是不署名的嗎？」

但是汪仍舊氣憤不已。

我又說：「汪先生，做個政治家，有人擁護，有人反對，總是難免的。你看美國選舉總統時，不是也有人反對嗎？我希望你能淡然處之，並長住中央，繼續領導。」

汪氏不論我如何地苦口婆心的勸告，也是不聽。在南京稍一勾留，便逕往上海。汪氏一去，在南京的中央執監委，遂亦聯袂去滬。譚延闓、孫科等且堅決邀我一同於九月九日乘滬寧車去上海。一時冠蓋雲集，中央執監委，乃至西山會議派諸領袖齊集上海。九月十日乃由譚、孫、汪等出面邀請在滬各同志，在戈登路伍朝樞寓所開談話會，交換全黨大團結的意見。到會者計有汪兆銘、譚延闓、孫科、李烈鈞、李宗仁、程潛、張人傑、蔡元培、吳敬恆、李煜瀛、于右任、朱培德、楊樹莊、伍朝樞、褚民誼、葉楚傖、鄒魯、張繼、謝持、覃振、許崇智、王伯群、傅汝霖、甘乃光、居正、劉積學、繆斌等二十餘人。可說是集黨中各派領袖之大成。惟胡漢民、蔣中正二人，因與汪不洽，拒不出席。

談話會共開三天，各方均甚融洽，無大辯論。會中一致決議於三個月之內舉行本黨第三次全國代表大會，解決一切黨內糾紛。在三全大會開會前，以各處代表合組的「特別委員會」為黨的最高執行機關。同時寧、漢兩中央政府亦合併改組，由「特委會」另行選舉國府委員，並委派軍事委員會暨各部部長。中央政治會議，則暫時撤銷。

九月十五日，互選結果，所有參預談話會的各方代表均當選為特別委員會委員，或候補委員。其因故未及參加的黨中重要領袖，蔣中正、胡漢民、李濟深、白崇禧、何應欽、馮玉祥、閻錫山、唐生智等，亦均當選。

九月十六日，復由特委會決議，改組寧、漢雙方的國民政府，並於翌日通過國府委員四十六人，以譚延闓、胡漢民、蔡元培、李烈鈞、汪兆銘、于右任等人為常務委員，輪流擔任主席。軍事委員會也改組，蔣中正、李烈鈞、李宗仁、白崇禧、馮玉祥、閻錫山、何應欽、程潛、朱培德等高級將領均當選。

特委會的成立，就事論事，本是最適當的過渡時期的辦法，暫時使各方有一團結的中心，以待三全大會的召集。所以我當時對「特別委員會」甚為擁護。

在構成特委會的分子中，值得特別一提的，便是所謂「西山會議派」的一群元老，如張繼、林森、鄒魯、謝持、鄧澤如、蕭佛成等。這些都是總理同盟會時代的老同志，辛亥革命的元勳，在民國初年便享盛名。如張繼在民元、二年間便任國會議長，名滿全國。這批元老因不滿於容共政策，在中央頗受左傾分子的排擠。到總理逝世後，黨權入於汪、蔣二人之手。彼二人藉共產國際之助，對這批元老排斥尤力。張繼等乃在北京西山碧雲寺總理靈前集議，自成組織，以與廣州的汪、蔣相對抗。是為「西山會議派」的由來。他們與汪、蔣表面上所爭執的，是共產黨問題。西山派堅決反共，而蔣、汪則實行容共。

到寧漢分裂後，寧方亦已反共，惟蔣總司令對西山派公開詆毀攻訐，猶如往昔。有時在總理紀念週上，他簡直把西山派罵得狗血噴頭。

我個人對西山派毫無恩怨之可言。因自北伐開始時，我便以純軍事人員自矢，服從命令，指揮作戰。對政治既無興趣，對黨爭尤感厭惡，因此對任何方面的政客都抱著「敬鬼神而遠之」的態度。為避免引起不必要的誤會，我對西山會議派也存著很大的戒心。當我們佔領京、滬之初，即有人在我面前說劉峙是西山會議派。我說劉峙自北伐開始便一直在軍中擔任指揮，戎馬倥傯，怎麼會是西山會議派呢？那人說：「他的思想是西山會議派！」這一頂「莫須有」的思想帽子到處亂加，真使人有啼笑皆非之感。

此次在上海，我第一次與「西山派」人士晤面。我發現他們都是一批年高德劭的老同志，為人正派，名利之心比較淡泊，頗有令人尊敬之處。這批元老對我個人素昧平生，然站在客觀的立場，對我這樣一位戰績輝煌而仍極守本分的將領，亦殊表敬愛之意，處處對我表示好感，存心拉攏。但我為避免黨中誤會，加以生性不喜與政客接近，對他們只是虛與委蛇，沒有深一層的往還。其時外界不明底蘊，曾有我與西山派接近的傳說。事實上，若輩存心拉攏我則有之，而我卻絕對無心與西山派採取任何聯絡的。

不過在特委會組織過程中，西山派分子大為活動也係事實。因特委會的組織，表面上是清黨後的國民黨各派大團結，西山派以其在黨內的歷史與資望，在此新的大團結形成之中，必然要取得重要位置。而汪、蔣二人原均是西山派的死敵，今西山派藉清黨機會捲土重來，則汪、蔣均不能坐視，自是必然的道理。

以故在特委會成立後，西山派聲勢大張。原來希望在蔣中正下野後便可重操黨權的汪兆銘，在特委會成立後，僅獲一國府委員的空銜，而其昔日政敵，今均扶搖直上，重據要津，汪氏未免大失所望。他原為特委會的發起人之一，到特委會成立後，汪氏卻一變而反對特委會。汪派人士也紛紛離開京、滬，汪兆銘、顧孟餘等西去漢口，陳公博則南下廣州。

九月二十日，特委會所選的國府委員和軍委會委員在京就職。而汪兆銘於九月二十一日抵達武漢，與唐生智組織武漢政治分會，竟宣布反對特委會。汪氏反對的呼聲一出，原先便反對西山派的親汪、親蔣的各省黨部，也紛紛聲言反對特委會。特委會前途的荊棘，也就不言可知了。

3

在此黨內糾紛無法解決之際，參加黨爭的人，大半只顧目的，不擇手段。流風所及，國民道德、社會風氣均蒙受極不良的影響。其中最顯著的一個例子，便是上海流氓的社會地位的提高，終至與黨國要人相頡頏。

上海原是一五洋雜處的國際都市，將近百年的帝國主義者殖民地的統治，使其畸形發展成為一世界流氓、盜匪、娼妓和投機客、冒險家的樂園。我國舊式社會中淳樸忠厚的民風固已一掃無遺，而西方民主、自由、法治的政體，以及活潑、積極的民風毫無所染。因此上海的租界遂成為一個流氓橫行的社會。中國流氓作帝國主義者不法商人和官吏的鷹犬，對中國商民極盡其魚肉之能事。

民國二十年代，上海流氓分青、紅兩大幫，最有名的流氓頭為杜月笙和黃金榮。他們在租界內倚靠洋人保護，包庇煙賭、盜匪、娼妓，無惡不作。以上海租界為巢穴，青、紅兩幫流氓的勢力簡直籠罩長江中下游的所有碼頭。商民旅客畏之如蛇蠍。

但是在軍閥時代，這批黑社會的流氓們尚有一種自卑感，不敢與正人君子和士大夫明目張膽地稱兄道弟。舊時代社會上的正當紳士官商也羞與為伍。那時縱係貪贓枉法的軍閥，也向不與流氓往還，他們還多少有點舊式士大夫的頭巾氣。盧永祥於民國十一年任上海護軍使時，他的兒子盧筱嘉和黃金榮曾有一段趣事：

相傳盧筱嘉某次進租界看戲，見一女戲子色藝均佳，便大聲喝采。筱嘉自以為是護軍使的大少爺，向一個女戲子喝采，固為一極尋常的事。孰知他采聲方息，身邊便走來一矮胖的中年人，指著筱嘉厲聲罵道：「你是什麼人，敢在此放肆！」未等筱嘉回話，他劈劈啪啪便打了筱嘉幾個耳光。筱嘉正待發作，招呼便衣衛士回打，他的隨員連忙上前說：「大少爺，算了，算了。」筱嘉見勢不妙，乃忍氣吞聲離開了。原來這個矮胖子便是大流氓頭黃金榮，這女戲子就是他包起來的姘婦。慢說是護軍使的少爺，就是護軍使本人，也休想在租界內染指分毫。

盧筱嘉受辱之後，只好匆忙逃回閘北華界。事過不久，黃金榮因朋友請酒，到了閘北。事為盧筱嘉所悉，乃派持槍衛士十餘人，將黃金榮押至護軍使署。盧大公子自設法庭，驗明正身，令健壯衛士將黃金榮按倒在地，棍槓交加，一頓毒打，把黃金榮打得皮開肉綻，伏地慘號乞憐。打過之後，盧筱嘉才叫衛兵把他放出去。此時黃金榮已不能行走，從護軍使署爬了出來，倖免於死。

黃金榮被打的消息一出，人心大快。因黃黨流氓在上海一帶作奸犯科，欺壓善良，商民恨之入骨，而莫奈他何。今番遭此毒打，實罪有應得。此一消息，當時曾哄傳國內。我們廣西方面自上海回來的人，都津津樂道，引為快事。此事足徵軍閥時代，官方尚不屑與流氓往還，黃金榮還可隨時被抓來打屁股！

後來蔣中正回到上海，流氓們的社會地位便上漲了。蔣氏於民初不遇時，曾列名黑社會，加入青幫。因其加入得遲，故「輩分」不高，上海甚多老流氓還是他的「長輩」。今番蔣氏衣錦榮歸，貴為革命軍總司令，他以前的「阿兄」、「阿弟」們，自然都難免有「雞犬升天」之感。十六年夏初清黨之時，蔣便利用他們以前的關係，由青、紅幫流氓頭代為組織工人，對付租界內的共產黨。事實上，那時清黨的主力還是軍隊，得力於流氓的究竟不多。不過他們自以為與蔣有舊，於清黨更有微勞，遂居然以紳士姿態出現，周旋於黨國要人之間。而我黨中樞領袖，不自覺其在政府中地位的尊嚴，竟與這批流氓稱兄道弟，不以為恥。官箴全失，斯文掃地，以視北洋軍閥，猶等而下之，實堪浩歎！

我初到上海時，杜月笙、黃金榮竟然也來拜候。我一概回絕，未許入見。龍潭戰後，我又因公去滬，杜、黃二人曾兩度聯銜請宴。我均置之不理，也未向其說明理由。我自思身為國府委員及革命軍高級指揮官，忝統數十萬將士，國家名器所關，何可與這批作奸犯科的黑社會中的流氓為伍！

一日，我因事去見當時的國府主席胡漢民。見胡氏辦公桌上有杜、黃聯銜的請柬一張，我不免詫異地問道：「展堂先生，杜月笙和黃金榮居然也來請你吃飯嗎？」

胡氏說：「敷衍敷衍他們。」

我說：「你真去嗎？」

「我去的。」胡沉默了半晌。又說：「上海是他們的勢力範圍，不好得罪他們。」

胡氏這句話真使我冷了半截。我又問：「胡先生，難道你竟要我們的革命政府向黑社會的惡勢力低頭嗎？」

胡說：「不過他們對我們的清黨運動，多少也有點功勞！」

我對胡氏的態度真感覺失望之至。胡公此時身為國府主席，竟不顧國家元首之尊而遷就事實，可歎孰甚。

胡漢民見我態度遲疑，便勸我道：「他們最近幾次請客，你都沒有到。我看你也太認真。在上海這種環境裡，我們應該敷衍敷衍他們，免得讓他們給別人利用了。」

胡氏的解釋真使我不寒而慄！我們革命政府的作風，竟軍閥之不如！

其後，杜、黃又聯名請客，胡氏在赴宴時，特地叫人打電話給我，說：「胡先生已去了，請你務必就去。」我不得已，也只好乘車前去。我車到之時，中門大開，杜、黃二人均在門外迎接，執禮甚恭。他們大概認為我居然肯來，是件很難得的事。我走進餐廳，見瘦削的胡漢民，戴著眼鏡，坐在上首。我立刻想到胡先生是國民政府主席，而請客的主人卻是一群大流氓，我心頭真有說不出的感覺。

這是我和杜月笙、黃金榮第一次見面。杜氏瘦長，黃氏矮胖。表面看來，二人均是守本分的人，不像個流氓頭。據說他們在他們自己的流氓社會裡，很講義氣，愛打抱不平，是所謂「盜亦有道」。嗣後他們曾特地來拜看我兩次。他們知識甚低，說不出什麼來，一口上海土話，我也不大聽得懂。二人稍坐即辭去，我們遂未再見面。

【第38章】

唐生智、張發奎之異動

1

當上海方面正在商討組織特別委員會之時，武漢方面的唐生智仍在蠢蠢思動。因自南昌共產黨八月一日暴動之後，張發奎以追擊賀、葉為名，已將其第二方面軍（原第四軍擴充）悉數開往廣東，兩湖遂變成唐生智的勢力範圍。嗣後，唐又乘我與孫傳芳交兵，取得安徽地盤。所以當特委會所選的國民政府於九月二十日在南京成立時，唐生智已坐擁兩湖、安徽三省，聲勢顯赫。國民政府一再電令其自安徽撤兵，唐皆抗不從命。

到了九月二十一日汪兆銘返漢組織其「武漢政治分會」，唐生智更是如虎添翼，並假借「護黨」之名，通電反對特別委員會，否認南京中央政府。其時唐生智入黨尚不足一年有半，便以「護黨」自詡，亦殊為滑稽。

南京國民政府在譚延闓領導之下，對唐均極憤慨，一致主張討伐，其中尤以程潛、譚延闓、孫科等為激烈。那時唐派葉琪為代表來南京，聲言渠決不放棄安徽。葉琪為我輩老友，來京後住在夏威家中，和我們不斷磋商。我告訴葉琪說，南京中央對唐生智的跋扈極為不滿，唐生智如不讓出安徽，兵爭將在所難免。葉說，唐總司令最多只答應讓出蕪湖，渠決不放棄安慶，因為何鍵已出任安徽省主席，省政府在安慶辦公已久，南京政府如堅持收復安徽，唐總司令將不惜以武力周旋云云。

事態發展至此，用兵已成必然的趨勢，因唐生智的蠻橫已引起公憤，中樞黨政軍領袖一致主張討伐。十月中旬國民政府乃密令軍委會組織「西征軍」，討伐唐生智。

湖自唐生智加入革命以來，國民政府待他不為不厚。孰知渠一旦羽毛豐滿，竟得意忘形，不特不飲水思源，且圖利用黨中矛盾而逞其私欲。在渠私心妄想之中，如我等老輩不除，則渠必將久居人下，永無唯我獨尊之望。先是，當我軍於十五年底抵達武漢之時，唐生智即戲呼我們自兩廣來的革命軍人為「老長毛」。因從前洪楊革命金田起義時的老輩太平軍，也有這樣的稱呼；而兩湖、三江一帶的附義者，則為「新長毛」。唐氏顯然以「新長毛」自居了。嗣後寧漢分裂，唐生智預備「東征」時，即時常以「打倒老長毛」來鼓勵其部屬。在他看來，「老長毛」一旦打倒，唐氏便可唯我獨尊，而其部屬也均將「雞犬升天」。無奈生智野心雖大，而見識德望不足。在武漢時，自恃坐擁重兵，氣燄咄咄逼人，武漢黨政軍重要領袖，對唐均側目而視，口雖不言，心實非之。唐氏固亦深知武漢方面的「老長毛」對渠不滿，竟一不做二不休，祕密和孫傳芳勾結，倒行逆施，達於極點。孫軍龍潭敗後，我方所獲敵軍祕密文件中，都載有「友軍唐生智部自上游夾擊南京」字樣。所以現在國民政府決定討伐，實在是唐生智自招覆滅。

十月十九日國民政府正式決定討伐唐氏，我遂受命為西征軍總指揮，白崇禧為第三路軍前敵總指揮，分三路向武漢進兵。三路軍所轄番號暨進兵路線，略如下：

西征軍總指揮　李宗仁

第三路總指揮　李宗仁（兼）

第七軍軍長　夏威

第十九軍軍長　胡宗鐸

第三十七軍軍長　陳調元

第四路總指揮　程潛

第六軍軍長　程潛（兼）

第十三軍軍長　陳嘉祐

第四十四軍軍長　葉開鑫
第五路總指揮　朱培德
第三軍軍長　王均
第九軍軍長　金漢鼎
航空隊司令官　張靜愚　曹寶清（副）
第二艦隊司令　陳紹寬
楚有艦　楚同艦　永健艦　永績艦　江貞艦

除以上戰鬥序列之外，馮玉祥亦奉命派樊鍾秀、方振武、吳新田向鄂北挺進，中央並密令駐宜昌的第二軍軍長魯滌平，湘黔邊境的黔軍師長李燊，兩廣的黃紹竑、范石生、方鼎英、李福林各軍，及湖北省防軍相機出動襲擊。因戰事迅速結束，故上述軍隊未及參預戰鬥。

此時唐生智部也很強大，所轄計有第八軍（軍長李品仙）、第三十五軍（何鍵）、第三十六軍（劉興）、第十八軍（葉琪）、第十九軍（高桂滋）、第三十軍（趙振國）、暫編第五軍（龐炳勳），以及十個暫編師，總計有兵力十餘萬人，頗堪一戰。所以軍委會所訂西征第一期作戰方略，擬先肅清皖境之敵，陳調元的第三十七軍佔領皖西後，即停止西進，擔任警戒皖北任務，然後協同上游各軍，會攻武漢，肅清兩湖。

我方計畫既定，三路大軍乃於十月中旬發動。第三路軍奉令沿長江北岸西進，掃蕩盤據西梁山、巢縣、合肥、舒城一帶之敵，進佔安慶。第四路軍則沿長江南岸，掃蕩蕪湖、灣址、大通、貴池一帶之敵，進佔東流、秋浦。第五路則以主力集結九江、湖口，阻絕漢、皖交通，相機截擊西退之敵，並以一部沿萍株路威脅長沙。惟朱培德的第五路軍因受汪兆銘的影響，態度曖昧，唐軍乃得安全撤退，只三、四兩路大軍向指定地點集中。此是後話。

時唐生智的代表葉琪仍住在第七軍軍長夏威家中，毫不知情。我對夏威說：「你可別把軍事機密洩漏給葉琪呀！」夏威笑道：「這種軍國大事如何能洩露呢？」所以夏威和葉琪仍終日遊山玩水，若無其事。

最後，葉琪看出真相，知我軍已發動西征，不覺勃然大怒，說不應該瞞著他。他並根據中國「兩軍交戰，不斬來使」的傳統，要求立刻回武漢。我們也不強留，遂送他到下關，搭外國輪船上駛，回部隊指揮堵截我軍。我也於同日乘輪西上，指揮部隊出擊。彼此握手言別，明知即將在戰場上拔刀相見，所以江干送別，也頗富浪漫滑稽的意味。

我軍三、四兩路沿大江兩岸齊頭並進，海軍則溯江而上，所向勢如破竹。唐軍士氣沮喪，不堪一擊。十月二十五日我軍克安慶，敵軍第三十五、三十六兩軍狼狽西竄，敵十九軍則被我俘繳殆盡。我乃於十月二十六日乘艦到安慶，指揮追擊。

這時據報，敵三十五、三十六兩軍已退據廣濟、虎穴之線。武漢唐軍也逐漸向東線增加，似有在鄂東地區與我軍一決雌雄的模樣。

我到安慶後，即擬定第二期進攻武漢計畫。決以第三路的第十九、第七、第四十四等軍，分途自太湖、潛山、安慶、舒城、望江等據點向西追擊。第四路則自秋浦、東流一帶乘輪往九江，自贛北向湘贛邊境截斷武長路，再北上攻武昌。

第二期攻勢於十一月初旬發動。我軍攻擊前進，敵軍則節節後退。在廣濟附近，敵曾一度強烈抵抗，但旋即潰敗。十一月八日我再破敵於蘄春，九日進抵蘭溪附近時，敵軍第三十六軍曾作困獸之鬥，抵抗極烈，與我軍相持一晝夜，卒被擊破。我軍俘獲敵軍官兵數千人，槍三千餘枝。我方第十九軍也死傷八百餘人，為西征中的第一惡戰。這時，長江南岸我軍也節節推進，未遭強烈抵抗。

蘄春、蘭溪激戰後，敵軍向西逃竄，已潰不成軍，再無抵抗能力，且馮玉祥也派所部方振武、樊鍾秀、吳新田向鄂北挺進。唐生智見士無鬥志，武漢已成四面楚歌之勢，乃在漢口召集師長以上將領會議，商討善後方針，渠表示決心下野，基本部隊則退守湘境，徐圖再舉。遂於十一月十一日通電去職，並以巨金收買日本軍艦，東駛出國；所部分水陸向岳州撤退。唐氏此一措置，不失為明智之舉，地方幸免糜爛。我海軍乃於十一月十四日進泊武漢。我第三路的第七、第十九兩軍也於十五日先後到達漢口；旋第四路的第四十四軍則進克武昌，第六軍也克咸寧，第十三軍克通山、崇陽，均停止待命。

我軍此次向鄂進兵之速，第十九軍胡宗鐸部實功不可沒。胡部多鄂人，久戍思歸，故作戰格外勇猛。據說，唐生智在下野前，曾擬調其精銳第八軍第一師張國威部死守漢口外圍，以掩護大軍撤退。惟張師長見大勢已去，死守無益，故反勸唐氏迅速撤退為愈，唐頗為不懌。後竟將張氏在其私宅勒斃以洩憤。此舉充分表現出唐生智性格的毒辣。嗣後，據目擊此事的唐部軍長李品仙、師長廖磊等告我，其故事的慘毒，實令人咋舌。

原來唐生智在決定下野時，曾數度召集各軍、師長在其私宅會議。最後一次會畢，各將領正紛紛下樓，唐氏忽對張國威說：「張師長你留一下，我有話跟你說！」張氏遂遵命留下。到其他將領均已走出大門不遠時，唐又告訴張說：「沒什麼事了，你走吧！」張遂一人單獨走向樓梯，剛到樓梯口，唐生智的弟弟唐生明忽率士兵數人，拿了一根麻繩，自張氏身邊出現。不由分說，便將繩子向張國威頸上一套。張氏知情不妙，乃大力掙扎，然終被按倒地上。張氏在地上大呼：「唐總司令饒命呀……」這時，李品仙等離去不遠，聞聲急忙回頭探視，只見張師長已被勒斃地上，慘不忍睹。李品仙等後來和我談及此事，猶搖頭歎息，似乎餘悸尚存。

唐生智通電去職時，我正自安慶乘艦西上。在馬當附近，見日艦兩艘疾駛而下，初不知唐生智即在其中。我於十一月中旬抵達武漢。時唐氏舊部均已退入湖南，李品仙部第八軍暨葉琪部第十八軍布防汨羅江，守長沙。何鍵、劉興的第三十五、三十六兩軍則守岳州，與我軍相持。適此時京、滬方面，中央領袖人物汪兆銘、蔣中正、胡漢民等，均在上海集議召開四中全會預備會，解決黨內糾紛。同時何應欽在津浦路上，與直魯軍鏖戰亦烈，南京軍委會亟需有人坐鎮，主持各項要務。再者，廣州方面於十一月十七日忽又發生張發奎的叛變，事態正逐日擴大，全國譁然。因此，我遂和程潛計議，委第十九軍軍長胡宗鐸為「武漢衛戍司令」，監視湘境內唐軍殘部的行動，一面派員入湘，勸唐部歸順中央。西征軍事至此遂暫告一段落。十一月下旬我和程潛、白崇禧乃聯袂返京，聽候中央計畫解決張發奎的叛變。

2

民國十六年十一月十七日張發奎部在廣州的叛亂（嗣後又引起十二月十一日共產黨在廣州的暴動），可能係汪兆銘、張發奎二人經過長期縝密計畫而後發動的。

當唐生智七月間發動「東征」時，張發奎實已面從心違，汪兆銘也深知唐生智終非囊中物，不可久恃。汪、張二人似已有祕密計畫，轉返廣東革命根據地，然後再捲土重來。適賀龍、葉挺、朱德三人各率所部於八月一日在南昌叛變，張發奎遂在九江以追剿叛軍為名，全軍南撤。惟賀、葉等叛軍於八月八日抵達贛南撫州，有竄入粵東模樣時，張發奎便停止追擊，並取道新淦、吉安、泰和、贛州、南安、南雄、始興、韶關逕向廣州前進。會賀、葉南下，潮、梅吃緊，廣州第八路軍總指揮李濟深乃派前第四軍副軍長陳可鈺，迎張於途，囑其向東江尾追賀、葉，與兩廣部隊夾擊叛軍。張發奎堅不從命。李濟深不得已，乃檄調駐廣西的第十五軍（原七軍留守部隊改編）兼程趕往粵東，與第八路軍的陳濟棠等會剿叛軍。在李濟深、黃紹竑二人親自指揮之下，數度血戰，卒將叛軍消滅，賀、葉自汕頭乘俄艦祕密出國。朱德則率殘部回竄江西邊地，為范石生所收編，粵東共患始平。

誰知正值李、黃會剿共軍勝利時，張發奎、黃琪翔等部率其第二方面軍數萬人，乘間於九月下旬進入廣州，加以盤據，並散發充滿火藥氣味的回粵宣言，公開攻訐南京國民政府，並揚言打倒一切「篡竊黨權」的分子。一時不滿意南京中央的黨人，如陳公博等，均紛紛南下入粵。汪兆銘也於十月二十九日自上海返抵廣州。

先是，汪兆銘既已贊成組織特別委員會，其後又反悔食言，於九月二十一日自南京到漢口，策動唐生智反對特別委員會。汪到了漢口，見唐生智別有懷抱，而南京中央政府已決定討唐，且張發奎也已進入廣州，汪氏乃於十月二十四日自武漢抵滬。翌日便搭輪南下，於十月二十九日抵廣州，與張發奎合流。汪氏抵穗之日，即在葵園官邸召集南下中央委員陳公博、何香凝等開會，謀在廣州設立中央執監委員會，與南京的國民政府相對抗。

此時南京中央政府譚延闓、孫科等，屢電汪氏，懇其克日來京，召集四中全會，解決黨內問題，均為汪氏所拒。因汪那時正在計畫以武力統一兩廣，作為政治資本。然欲統一兩廣，則首先須剷除李濟深、黃紹竑二人。惟李濟深德望素著，張發奎、黃琪翔等中上級幹部，均其多年部曲，頗難遽下毒手，加以翦除。汪、張二人乃決定先用權術，將李濟深騙離廣州，並將黃紹竑騙來廣州，加以逮捕、槍殺。李、黃二人一除，則以汪兆銘、張發奎的資望與歷史相號召，兩廣可傳檄而定。有兩廣作基礎，前途便大有可為了。這個如意算盤，也可謂極陰險毒辣的能事了。

汪、張計畫既定，適蔣中正於十一月十日自日本返國到滬，來電請汪北上，會商黨事。（當特委會成立之初，汪氏自漢東下時，曾電蔣求一晤，為蔣所峻拒；今蔣氏自日返國，反而移樽就教。其前倨後恭，曲折奧妙的手腕，實一言難盡。）會南京方面譚、孫等再度致電汪氏，主張在滬召開四中全會預備會，商討召集四中全會及停止特委會各問題。

這兩項邀請，對汪說來可謂適逢其會。汪氏乃於十一月初旬電邀黃紹竑自南寧來廣州一晤，並商請李濟深一同赴滬，參加四中全會預備會。李、黃二人固不知汪氏笑裡藏刀，其後別有文章在也。黃紹竑遂於十一月十五日中午自南寧應召抵穗。當即往葵園謁汪，適汪與李濟深正整裝待發，彼此匆匆略談數語，汪、李便聯袂乘輪去滬。

黃尚擬於翌日與張發奎聚晤，孰知夜十一時半，廣東財政廳廳長、黃的老友馮祝萬匆匆親來黃氏寓所告密，謂夜半將有兵變，囑黃速避。紹竑得報，連夜化裝潛出寓所。未幾，全市即槍聲大作，街頭巷尾貼滿「打倒黃紹竑，實現汪主席救黨主張」一類的標語。李濟深的公館也於同時被繳械劫掠。叛軍包圍黃氏寓所及其他軍政機關，搜捕黃紹竑甚急。黃氏乃潛上一粵港輪船，終於逃出廣州。

張發奎在廣州叛變的消息一出，全黨大譁。李濟深在上海至是始知受騙，乃呈請中央剿辦張發奎、黃琪翔，並痛斥汪兆銘。而張、黃二人乃一不做二不休，竟將其第二方面軍的精銳溯西江入桂，擬一舉戡平廣西，實現其統一兩廣的計畫。黃紹竑此時已潛行返桂，指揮第十五軍集中梧州，籌謀抵抗。雙方雖尚未短兵相接，惟劍拔弩張，大戰迫在眉睫。

孰知正當第四軍悉數西調，廣州空虛之時，前第四軍將領、共產黨人葉挺偕著名共黨首領張太雷、彭湃等潛返廣州。利用原赤色工會作基礎，勾結第四軍參謀長、共產黨員葉劍英，利用蘇俄領事館的掩護與接濟，煽動第四軍的教導團和警衛團叛變（該兩團幹部多係共產黨分子），改稱「紅軍」，以葉挺為總司令，於十二月十一日實行全市大暴動。

共產黨此次暴動，可說是毫無理性，燒殺之慘，實無前例。全市火光燭天，屍體狼藉。市民均被迫以紅巾繫頸，表示擁護紅軍，否則格殺勿論。張發奎匆忙潛往肇慶，急令黃琪翔回師平亂，黃氏乃率部返穗。張、黃二人以共黨在後方搗亂，破壞其統一兩廣的大計，憤恨之餘，遂也恣意殺戮。下令凡見頸繫紅巾的，即格殺勿論。人民分不出孰為紅軍，孰為第四軍，只知有紅巾亦死，無紅巾亦死。一時廣州全市鬼哭神號，無辜人民被殺的不計其數。大火數日不絕，精華悉被焚毀，實為民國成立以來鮮有的浩劫。

廣州暴動後，全國輿論大譁，粵人身受切膚之痛，群起籲請討伐；張發奎、黃琪翔固罪不容逭，而汪兆銘尤為眾矢之的。李濟深以被騙離粵，積憤尤多，乃急電在東江的陳濟棠、徐景唐、錢大鈞等，和在閩的第十一軍蔣光鼐部，在桂的第十五軍，分路向廣州出擊。張發奎、黃琪翔知眾怒難犯，大勢已去，均通電離職。由朱暉日繼任第四軍軍長，率部離穗，向東北方面撤退，與粵、桂進剿各軍大戰於五華、岐嶺等地。戰鬥的慘烈，為北伐諸役中所鮮有，雙方共死傷萬餘人。第四軍勇將許志銳戰死，黃鎮球受傷。昔為比肩作戰，同生共死的袍澤，此次竟自相砍殺，一至於此，言之實堪痛心。

汪兆銘此時自知不能見諒於黨內同志，乃於張、黃叛變時，竭力鼓吹，促使蔣中正復職。在汪氏看來，反對南京中央政府，蔣實與渠利害一致，休戚相關，如果汪、蔣合作的局面實現，必能左右大局，重握黨權。到了廣州暴動之後，汪氏受各方攻擊益烈，乃一意擁蔣以自救。惟全黨上下攻擊汪氏，並不因此稍懈。汪氏自知無地容身，乃於十二月十五日宣言引退出國，旋即離滬赴法。汪氏一去，黨爭頓失一巨擘，大局乃急轉直下，呈現一新局面。

【第39章】

重建中樞、綏靖兩湖

1

汪兆銘的再度下野，雖為促成蔣中正復職的重要原因之一，然蔣氏這次訪日歸來，傳聞攜有日本政府祕密借款，資本雄厚，復職實係必然趨勢，毋待汪的下野而後定的。

據說，蔣先生在日住於黑龍會首領頭山滿家中，利用頭山氏在日本軍、政兩界中的潛勢力，以游說日本朝野。嗣後復因頭山滿介紹，與日本首相田中義一，陸軍大臣向川義則，參謀總長金井范三，及參謀次長南次郎，都有祕密商談。始終參預其事的日方要角，為田中義一的心腹——南次郎。商談的內容，據日本少壯軍人透露的祕密報導，約為：㈠蔣氏承認日本在滿洲有特殊權益，履行中山先生早年對日本的諾言（據日本傳說，中山在辛亥前，曾以「滿洲特殊權利」作為日本援助中國革命的交換條件）。㈡蔣決反共到底。㈢日本支持蔣政權。㈣日本借予蔣氏四千萬日元，以助蔣安定中國後，中、日兩國進行經濟合作等項。密約共兩份，蔣、日雙方各持一份，以為後日交涉的張本。簽署既畢，蔣先生遂挾巨資返國，以圖東山再起。

惟蔣氏的手腕也很靈活，渠出讓「滿洲」權益，係以「統一中國」為先決條件。嗣後直至「九・一八」事變時止，中國迄未「統一」，故蔣氏有所藉口，不履行其個人諾言。而日本官方也因此密約係由少數個人所簽訂，未便予以公布。蔣氏既自食其言，日本政府也「啞子吃黃連」，有苦說不出。到「九・一八」前夕，日本少壯軍人積憤已深，蔣氏如再推宕，少數不更事的軍人可能公布此蔣、日密件。日內閣為檢討對華全盤政策，曾召集所謂「東方會議」以脅蔣。蔣不得已，乃允日人派代表來南京密商，惟事先聲言，渠所持的文件已在上海遺失，囑日方將所簽原件攜來。

民國十八年十月，日本政府乃特派駐華公使佐分利貞男為專使，來華與蔣密商有關滿、蒙事項。佐分利貞男一行於十月四日抵達上海。蔣乃令上海市長竭力招待，網羅上海的交際名花，舉行大規模酒會。日專使一行喝得酩酊大醉，然後搭坐掛車晉京。車行至中途，所有日人均爛醉如泥，南京特務，乃乘機將此密件竊去。

翌晨，日使一行酒醉醒來，到日使館整理行裝，擬拜晤蔣氏時，才發現此密件已不翼而飛，未免大驚失色，然又不敢聲張。與蔣晤談數日，自然毫無結果。佐分利貞男於十一月二十九日返日，自覺無面目見人，未幾，遂於箱根溫泉旅邸吞槍自裁。日本政界曾為此起一小風波，因佐分利貞男無故自殺，群疑莫釋，知其內幕的，口雖不能明言，然內心的憤懣實不能自抑，而見之於言辭。這一內幕才逐漸為外人所知。

這故事雖係傳聞，而日本軍人卻言之鑿鑿，似確有其事。再者，蔣氏於民國十六年在日時，確曾與田中及南次郎等會談。會談內容如何，蔣先生諱莫如深，也是事實。再證之以北伐完成後，蔣氏不斷製造內戰，以及養癰貽患，任令贛南共產黨坐大的情形，似均在製造「中國尚未統一」的藉口，以抵制日人的要挾。凡此種種跡象，對上述傳聞俱不無蛛絲馬跡可尋。

在「九・一八」事變後，全國民氣沸騰，各地學校罷課，要求中央出師抗日，是時兩廣民氣尤為激昂，廣西省府並密令民眾團體，組織糾察隊徹查日貨，雷厲風行。日政府希圖緩和兩廣民情，曾派大批文武官員及民眾代表來兩廣活動，藉資聯絡感情；並勸誘兩廣當局效法中央，阻止民眾的過激排日行動。值此時期，我在廣州私宅接見這批日籍訪客，先後不下百餘人之多。接談之下，我力斥日本侵華政策的錯誤，希其改正。

那些日本訪客聽了我的分析，都很動容，惟土肥原賢二少將和台灣司令官松井石根中將的態度，極為倔強。他二人強辯說，瀋陽事變時，日本關東軍司令本莊繁，固處置失當，但是你們的委員長對我們日本人也太無信無義了。我當即追問，我們的委員長究竟有什麼地方對日本無信無義，以致激起你們對中國動武呢?我願聞其詳!然土肥原與松井二人堅不吐實，似頗有難言之隱。

嗣後，我便根據此一線索，囑我方諜報人員及與日方接近的友人，多方自日本少壯軍人集團中設法探聽，才獲得如上的情報。事雖跡近荒誕，然證之以蔣先生在「九・一八」前，對內對外撲朔迷離的作風，實難斷言此事的必無。

2

蔣先生自日返國後，遂一意與汪言歸於好。蔣既有意負荊，汪更無心拒客，雙方都已半推半就，共產黨十二月十一日廣州暴動後，汪曾靦然公開宣言，籲請蔣同志復職，領導中樞，渠本人則從旁消極協助云云。汪氏的話一出，蔣的復職幾成定局，而攀龍附鳳之徒，乃乘機推轂，上海四中全會的預備會遂正式通過請蔣氏復總司令職的議案。蔣氏本已有「別人不請我自來」的腹稿，一月九日乃在南京正式宣言復任國民革命軍總司令職。

在蔣總司令復職的醞釀中，外界傳聞，白崇禧和我曾有反對的表示。此種謠言，可說是毫無根據的揣度之辭。在兩廣統一，出師北伐之初，我們以一股革命熱忱，服從中樞，擁護胡、汪、蔣的領導，完成革命大業，可說是出於赤誠。到了共事日久，發現他們彼此之間，勾心鬥角，爭權奪利，置國家利益於腦後的作為，始則憂慮，繼則惋惜，終則彷徨。試想歷年以來，數萬將士斷頭流血，肝腦塗地，所換得的，徒為若輩植黨營私，攬權竊位的資本，寧不令人痛心。故對汪、蔣的作風，心至不悅則有之。至於蔣總司令復職與否，權在中央執監委員會，我等統兵將領惟當服從中樞決策。且蔣先生的復職也斷不會因我等反對而中止，我們心縱不悅，也雅不願做徒招反感而於事無補的笨事的。

不過蔣先生於十二月一日在滬與宋美齡女士結婚之前，特於報章發表聲明，其內容大略是說，他與毛氏、姚氏、陳氏的結合，並無婚約，從今起斷絕一切關係。並申述他以前的革命是假的，今與宋女士結婚後，才是真正開始革命工作云云（此談話的原來措辭可能較報紙所載為委婉）。蔣、宋結婚時，我已由武漢乘輪東下，正在赴滬途中。當時閱報及此，我心中有無限的感慨。自思我們革命軍全體將士在蔣總司令領導之下，打了一年多的仗，死傷數萬人，難道都為「假」革命而犧牲？我們此後再追隨蔣總司令，冒鋒鏑矢石，去「真」革命，也豈視一女子為轉移？內心悒悒不樂之下，我遂決定不送賀禮。殊不知黨、政、軍各政要均奉贈厚禮，即與蔣先生最為格格不入的程潛，也未能免俗。惟我一人，始終未送禮物。當時年輕，閱世未深，頗易任性，今日思之，也覺毋乃過分些吧。

蔣、宋婚禮的次日，我偕內子到達上海。蔣先生知道我們抵滬，當晚即送來請吃飯的帖子，三日下午七時，我和內子乘汽車去謁見蔣先生夫婦於其住宅，也照例說幾句道喜吉利話。只見滿客廳都是各界贈送的豐厚禮物，琳琅燦爛，光耀照人。睹此情景，我反覺此心坦然，毫不感到難為情。蔣先生夫婦也落落大方，殷勤招待，言談甚歡。

蔣氏復職後，胡漢民、孫科、伍朝樞等，因不直蔣與汪合作，先後離京出國。寧、漢兩個國民政府對峙之局，至是復定於一。黨內政潮重歸平靜。中央政治會議也恢復辦公於南京，並籌備召開四中全會。經過數星期的籌備，四中全會乃於十七年二月一日集會於南京。汪派人物，何香凝、顧孟餘、陳樹人等七八人，也照常出席，惟汪兆銘則避居海外。大會決定改組國民政府，及恢復軍事委員會，惟人選則大體如舊；國府仍採常務委員制。大會並通過整飭黨務，完成北伐，十七年八月一日召開第三次全國代表大會，及在廣州、武漢、開封、太原設政治分會各議案。

四中全會於二月七日圓滿閉幕。寧漢分裂以來，不少省分有分崩離析現象，至是總算表面重歸統一了。

3

當中央正在籌開四中全會時，唐生智的基本部隊殘部均退回湖南。當時我軍所以未銜尾追擊，乃為顧慮地方糜爛，故派西征軍參謀長張華輔入湘，洽商收編。惟唐軍殘部不願受編，反竭力招兵買馬，與各方勾結，企圖擴大叛亂。一月初旬，國民政府乃電令白崇禧（為第三路前敵總指揮）、程潛自武漢督師南下，繼續討伐。白、程奉命後，即分兩路入湘。程潛率第六、第四十四等軍，自武長路南下；白崇禧則指揮第七、第十九兩軍，由通城向平江會攻長沙。我軍於一月十五日發動，十七日佔領岳州，程潛即進駐岳州；白崇禧也親往通城指揮。一月二十一日我軍發起全線總攻，冀一舉而下長沙。此時敵軍也背城借一，拚死抵抗。雙方在汨羅江兩岸鏖戰正酣時，我右翼第四十四軍葉開鑫部忽然叛變，乘午夜由黃沙街向左翼第六軍和十三軍的側背猛襲。兩軍猝不及防，損失很大，正面之敵復乘機出擊。第四路的第六、第十三兩軍已潰不成軍，形勢極為危殆。此時我左翼白崇禧所指揮的第三路軍，正向平江急進中，得報知右翼我軍失利，遂不敢孤軍深入，並急電南京，建議兩策：㈠回師營救第四路軍，鞏固武漢；㈡不顧第四路軍的失利，突破正面敵軍，直搗長沙。此電報到達國民政府後，譚延闓、何應欽、李烈鈞和我當即研究戰況。他們一致主張檄調白氏所部回援，鞏固武漢。但是我的判斷，與他們三人卻大異其趣，我主張一面令程總指揮收容第四路軍，逐步抵抗，遲滯敵軍北進；一面令白崇禧不顧一切，努力擊破當面之敵，迅速向長沙推進。長沙如克，武長路上的敵軍自然不戰而潰，此即古人「圍魏救趙」的戰略。李烈鈞等頗為躊躇，渠意若我軍攻長沙失利，武長路上的敵軍勢必乘虛直取武漢，則魏趙俱失，前途不堪設想了。我說，敵軍統帥唐生智早經宣告下野，所屬屢敗之餘，軍心渙散，如按我的計畫執行，白崇禧必克長沙，湘局指日可定，不出旬日當有捷報。李、何、譚三位將信將疑，蔣總司令時因事赴上海，不及請示。最後，大家同意我的計畫，令白前敵總指揮不顧一切，急攻長沙。白氏在前線奉到電令後，乃揮軍出擊，連戰皆捷。我軍傷亡雖重，然第七、第十九兩軍卒於一月二十七日攻入長沙。長沙既破，武長路上敵四十四軍遂不敢戀戰，越洞庭湖向湘西逃竄。敵將李品仙、葉琪、劉興、何鍵等匆率殘部，逃往湘南寶慶一帶，我軍銜尾追擊，佔領衡州。未幾，全部敵軍便接受改編。湘省戰事不到半月，遂圓滿告一段落。李品仙的第八軍、葉琪的第十二軍、廖磊的第三十六軍被調到湖北整訓。叛變的第四十四軍軍長葉開鑫已潛逃，由副軍長鄒鵬振率領歸編，調至武昌，旋即解散。

當長沙克復，敵軍全線潰敗的捷報到達南京時，李烈鈞翹起大拇指對我說：「德公，還是你行，還是你行！」我們相對大笑。湘局粗定之後，二月二十八日我仍回武漢坐鎮。兩湖因軍事行動的影響，若干邊區地帶土匪益熾，我乃計畫派軍隊清鄉，以安閭里，並積極準備北伐。

先是，當我西征軍於十六年十一月十四日攻克武漢時，唐生智所組的湖北省政府自然無形解體，新的省府亟待組織。第十九軍軍長胡宗鐸，以身為鄂人，每思毛遂自薦。一次，他竟笑著向我說：「德公，這一次我應該當仁不讓了。」

我也笑著回答說：「你是一位現役軍人，為什麼要分心去搞省政呢？你知道我是一向主張軍民分治的，我曾有機會一手掌握全省軍、民兩政大權，而我還預先表示不幹，竭力婉辭呢！你應該向我學習……」接著，我便舉當年統一廣西之初，我邀約黃、白二人均不做省長，及北伐軍底定安徽時，我又力辭兼任安徽省主席的前例，希望他也能學習我們，不要以現役軍官兼任省府首長。經我這一解釋，胡君以我確是以身作則，也就不再多言了。

胡宗鐸，湖北黃梅人。畢業於保定軍校第三期，與白崇禧、黃紹竑均有同窗之雅。嗣後隨我參加統一廣西及北伐諸役，驍勇善戰。我軍軍令雖嚴，而我們個人之間的私交則如兄如弟，彼此相處甚得，毫無官場習氣。胡君落落大方，知兵善戰，是一將才。惜一生一帆風順，未受折磨。自擊破孫傳芳軍，底定長江之後，各種惡習，一時俱來。並認為武力可以決定一切，天下事也不過如是而已。我雖屢誡以「驕兵必敗」的古訓，渠不甚體會。故其個性難免粗魯而輕浮，容易衝動。我軍北伐之初，尚無「師」的編制，我任軍長，夏威、胡宗鐸則分任第一、二兩路指揮官兼旅長，肅清長江一帶之敵後，我軍為謀與友軍編制漸趨劃一，編制也略有變更。我本人事前已由江左軍總指揮改為第三路總指揮。佔領徐州後，夏威升任第七軍副軍長，我本人仍兼軍長，胡宗鐸升任第十五軍副軍長（軍長劉佐龍抱病武漢）。兩路指揮官撤銷。夏、胡並兼師長，旅制仍暫保留。棲霞之役，第七軍實際上由副軍長指揮。龍潭戰後，我遂辭去七軍軍長之職，保薦夏威繼任。同時因胡氏所部鄂籍居多，故將胡宗鐸部隊改編為第十九軍，即以胡為軍長（時劉佐龍已病故於漢口）。

當十九軍成立之初，胡宗鐸曾要求將第七軍精銳分出一部編入第十九軍。我說，此事可以考慮，待與夏軍長商量後再決定。宗鐸認為我有意推宕，竟一怒而攜眷去上海。最後還是白崇禧親往上海，把他找回來，並將第七軍中一部精銳，撥歸第十九軍，宗鐸才無話。嗣第十九軍經過整訓以後，其戰鬥力實與第七軍不相上下。舉凡重要戰役，我均令該兩軍當其要衝，而以其他作戰能力較差的部隊作為輔助，故頗能收相輔相成之效。

我軍既克武漢，收編部隊很多，乃另成立第十八軍。軍長人選，白崇禧和胡宗鐸力保資歷甚淺的旅長陶鈞逾格超升，資望較深的師長，如鍾祖培、李明瑞等，反而向隅。陶鈞係湖北黃岡人，保定軍校三期畢業，驍勇善戰，也是一員猛將。惟陶君治軍，失之於嚴，有時竟達殘酷程度。作戰行軍時，遇有士兵落伍，陶氏有時竟槍殺以示儆，亦殊不近人情。其用兵布陣，乃至平時訓練，均善獨出心裁，標新立異，處處表現，皆似一匹不羈之馬。當時第四軍的作風便是如此，我七軍中胡、陶二人的作風，則頗與四軍相似。此種人才，最為白崇禧所賞識。以故十八軍成立時，白氏竟力薦陶鈞為軍長。不按資歷升遷，實違體制。我第七軍自廣西北上時，共有旅長四人，夏、胡之外，李明瑞、鍾祖培，亦均戰功赫赫。此番棄鍾、李二人，而逾格擢升陶鈞，不平之鳴自所難免，鍾祖培因此掛冠求去。再者，湖北久處北洋軍閥統治之下，「鄂人治鄂」的呼聲已非朝夕，今一旦如願以償，則鄂人以鄉土情誼，對具有實力的胡、陶二氏不免過分阿諛奉承，以圖一官半職。而胡、陶於得意忘形之餘，也不覺以鄂省主人翁自居，是亦人情之常。然第七軍的地位，遂無形中成為客卿了。而野心政客又從旁激蕩之，到民國十八年第四集團軍不戰而瓦解消滅，此實為主要原因之一。這是後話。

鍾、李二人俱隨我甚久。民國十年我軍避入六萬大山時，鍾任營長，李任連長。嗣後統一廣西及北伐，兩人亦無役不與。平時因我軍軍紀嚴肅，所至秋毫無犯，各級將士均事勞俸薄，而每臨劇戰，又均親冒矢石，首當其衝。所幸上下一心，甘苦與共，尚無怨言。鍾君為人四平八穩，臨陣勇敢，治事也從無隕越。此次求去，我未便強留，因軍中服役的辛勞，轉不若優游泉林的自若。鍾君返籍後，曾自營一農場，度其真正解甲歸田的生活。民國三十八年共軍入桂時，聞鍾君曾組織游擊隊，與之對抗。其後果如何，無從獲悉。多年相從，今日緬念賢勞，猶不免若有所失之感。

陶鈞升任第十八軍軍長後不久，率所部深入鄂西清鄉。斯時宜昌有一禁煙督察局，每月稅收平均逾百萬元。陶軍長即擅自委其軍需處處長為該局局長，前往接收。嗣後我查悉此事，深不以為然。蓋我軍自桂北伐，向不與聞地方政事，轉戰數千里，未嘗委派或推薦地方官吏，深為黨內外人士所稱許。今陶軍長接手不久，即擅委地方稅收官吏，不特有違體制，而軍人干政之風尤不可長。我遂擬請財政部另行委員接長該稅局。陶鈞聞風大懼，央請白崇禧向我說項。最初我堅持不可，嗣後白崇禧一再代為懇求，我恐白氏多心，遂未深究。然此一馬虎將事，其後頗有惡果。因該項特稅收入甚豐，而無規定比額，任由局長自行填報，解款多少，無法稽查，故大部收入，除以一部分為十八、十九兩軍公積金，並貼補兩軍將士服裝及餉額外，其餘概入陶鈞私囊。斯時各軍餉糈均虞不足，而新成立的十八和十九軍的官兵生活，反優於他軍，以致七軍將士極感不平，軍心頗受影響，此風的形成，不能不怪白崇禧，白氏雖精幹，然缺乏冷靜的考察，因此其豐富的感情遂易為不肖者所利用。

底定武漢時，我既以身作則，說服胡宗鐸不兼湖北省主席，因此其人選頗費周章。我們既不願亂薦私人，只有在湖北本省賢能之中，擇人而薦。幾費思量，才想到湖北籍第一屆中委張知本君。張君雖以接近「西山派」，不為黨中有成見的領袖所喜，然渠究係法學界中人，久享清譽，甚為當時湖北各界人士所推重。當我提出張氏時，鄂籍人士，及軍人如胡宗鐸、陶鈞等，均甚折服。眾望所歸，我遂向國府保薦張君為湖北省政府主席。時人咸知我是張主席的保薦人，但鮮有知道我與張氏固素昧平生。

張氏奉派主鄂之後，我們更助其遴選省府各廳人選。民政廳廳長嚴重，建設廳廳長石瑛，財政廳廳長張難先等俱負一時之名。張知本到職後，勵精圖治。嚴、張兩廳長並常微服出巡，探聽民隱，偵察縣吏。不期年而湖北省政積弊一掃而空，為全國所稱譽。

民國十七年秋間，李四光、王世杰、彭學沛等鄂籍知名教授回到武漢，和我磋商，撥款興建武漢大學於珞珈山，我亦深覺建國之道，首需人才，故在軍費極其支絀之時，慨然先撥二十萬元，以資提倡。省府不甘落後，也籌撥相同之數。後來該大學的校舍竟成為全國最壯麗的學府建築。

湖南唐生智殘部改編後，我們也將湘省政府改組，並薦程潛兼任主席。事前，我曾派員徵詢程氏對湖南省政府改組的意見，並請其推薦一位有才氣、孚眾望的人出任主席。他力陳湖南情形複雜，不比湖北的簡單，非有權力者任主席不可。我明白他已決心當仁不讓。為避免有傷感情，發生誤會起見，我乃保薦程潛兼任湖南省主席。由湘、鄂兩省政府改組的人選看，可知我當時對人處事的大公無私的態度。殊不知仍因此招忌，而惹出後來戰禍，實非始料所及。因此後不久，我便奉命出任武漢政治分會主席（事詳下章）。孰知在武漢政治分會治理之下，兩湖省政首先發生問題的，便是程潛。

程氏無論在軍中黨中，均屬老資格，自出任湖南省主席之後，更倚老賣老，目無餘子，根本忘記武漢政治分會還是他的上級機關。按當時的制度，省政府只徵收地方稅，至於煙、酒、鹽等國家稅收，應由政治分會財政處直接徵收。然程氏主湘後，竟將所有稅收完全歸省庫，致政治分會虛擁其名。湘省軍隊有限，稅款支用不盡，而武漢政治分會所轄部隊甚多，開支浩繁，各軍索餉，均無法發放。我一再口頭或派人向程潛疏通，他一概置之不理。因此武漢政治分會中諸委員乃一致主張對程潛採取行動。有時我將程氏蠻橫態度向中央吐露，中央方面人物，如吳忠信等，竟慫恿我將程潛撤職。

在各種因素累積之下，程潛與武漢政治分會的關係，逐漸發展至非決裂不可的程度。武漢政治分會為此事數度開會密議，大家一致主張將程潛扣留撤職，並敦促我從速執行。一次，在程氏來漢開會時，武漢政治分會遂將程氏扣留，並呈請中央將其撤職，改派魯滌平為湖南省政府主席。程潛所部在湘駐防的第六軍，聞主帥在漢被拘，乃自動向江西撤退。魯滌平在中央明令發表後，也率其第二軍入湘，接任主席。湘局既定，程氏即恢復自由，武漢政治分會乃撥巨額川資，送其東下，寓居上海。

此次拘押程潛，雖係程氏咎由自取，然事後，我對武漢政治分會此一孟浪行為深覺過分。頌老受一時之屈，事後對我未嘗有片言的抱怨，其胸懷的豁達，實屬可欽，而我本人則引為終身之疚，至今悔之。

【第40章】完成北伐

1

南京國民政府既經重建，唐、張之變也已平息，所部均奉令整編，預備繼續參加北伐。由於寧漢分裂而左右為難的川、雲、貴各省，至是也表示絕對服從中央。全國除東三省、熱河、察哈爾、河北等省尚為奉軍所盤據外，餘概在國民政府管轄之下了。為徹底統一全國，國民政府乃決定完成北伐。

國民政府職權，名義上雖由蔡元培、李烈鈞、譚延闓、張人傑、丁維汾五位常務委員負責，但是中央實際權力則操於蔣先生一人之手。然蔣先生復職伊始，為避免國人罵他是軍事獨裁者起見，特於南京中央政治會議中提議於廣州、武漢、開封、太原設立四個「政治分會」，由李濟深、李宗仁、馮玉祥、閻錫山分任政治分會主席。

中央政治會議又決定將馮、閻所部番號改為「國民革命軍」。成立四個「集團軍」，以資劃一，並以蔣中正（兼任，何應欽代行）、馮玉祥、閻錫山、李宗仁分任第一、二、三、四集團軍總司令。其餘不屬於四個集團軍戰鬥序列的部隊，則由國民政府直接指揮。

此項新任命的發表，表面上雖為中央政治會議所通過，事實上則為蔣先生一人所策畫。當時我適因公在京，但是我並非政治會議委員，不便參加討論。因而在政治會議開會前，蔣先生特地約我到他官邸談話，並告知我此項意圖。這多少含有市恩之意，而四人之中，當然以我受惠最多。蔣先生事先以此告我，以為我一定受寵若驚，誰知完全出乎他的意料之外。

因為當蔣先生正在告訴我此項決策時，我一面靜聽，一面揣測其含義的本質。這新措施顯然與蔣先生大權獨攬的作風背道而馳。蔣先生何以忽然要將中央的權力分散到我們四人身上呢？他無非想利用馮、閻為北伐賣力，揮軍北進擊破奉軍。至於我和李濟深，不過是被用作陪襯而已。因馮、閻二人都是軍界老前輩，資望在蔣先生之上，如番號統一，二人均將受蔣節制，頗使他自覺不安。所以蔣先生要把我超遷，與馮、閻並列，一則可以表示蔣總司令大公無私，不究資歷，唯才是視；再則因為我原係他的部下，今日擢升與馮、閻平等，可對馮、閻起規範作用，使蔣總司令便於指揮。我同時想到我個人的名位，蔣先生今日與之，異日又取之，何必多此一舉呢。所以我毅然表示不同意。

我對蔣先生陳述我不同意的理由，大意是說，設置政治分會的省分，概在交通便利，中央政令可以朝發夕至之區，並非中央鞭長莫及的邊疆；而且政治分會的組織和權力，有甚於北洋政府的巡閱使制度，頗易形成尾大不掉之局，為國家長治久安計，似不宜有此一駢枝的機構，請慎重考慮，然後決定。

至於集團軍的設置，也不必把我和馮、閻並列。在馮、閻附義之初，馮氏已自稱「國民聯軍總司令」，閻氏也稱「革命軍北方總司令」。今不久即將會師燕京，數十萬大軍向同一戰場前進，中央將各軍番號劃一，委馮、閻為第二、三兩集團軍總司令，不失為明智之舉。惟我本人現任第三路軍總指揮，統率戰鬥序列內的部隊原可多可少；何況北伐已近尾聲，一旦戰事結束，則「總司令」、「總指揮」等戰時名稱，即應撤銷，故不宜升我為第四集團軍總司令，以免改弦更張。對我個人來說，也正符合總理昭示革命黨人「要做大事，不要做大官」的遺訓，請勿建議我擔任此項新職務。

蔣先生卻說，處今日的情勢下，非如此措施不可。並說，「他們北方既有兩個『總司令』，我們南方也應有兩個『總司令』，方為公允」云云。蔣先生身負全國軍事的重任，而私心仍存南北畛域之見，我聞言不禁毛骨悚然。蔣先生復一再聲言：「你可以擔任武漢政治分會主席，一定升你為第四集團軍總司令。當仁不讓，你不必謙辭。」可是我已決定堅持自己的意見。再三辯論，竟相持不下，頗覺難以為情。

彼此默然有頃，我只好說：「倘你認為政治分會必須設立，則不如請譚延闓擔任主席，因為他是湖南人，德望素著，出任斯職，可謂人地兩宜。」蔣先生說：「譚先生在中央另有借重。」最後，我只得表示，中央即使發表此項新任命，我也必堅辭不就，務請從長考慮，乃辭退回寓。

次日早晨，我的副官喜氣洋洋地手執兩張報紙，遞給我看，說：「總指揮，恭喜你高升了總司令和政治分會主席。」我展開報紙一看，果然第一頁頭號大字標題登載我為第四集團軍總司令和武漢政治分會主席。當日許多朋友登門道賀。我內心鬱鬱不樂，其中苦悶，實非可為外人道的。我並非故意沽名釣譽，表示清高，其中實有難言的苦衷。嗣後，我只好一再滯留南京，不往武漢就職，表示消極的抗議。我既一再謙辭，蔣先生乃迭派吳忠信來寓敦勸。最後一次，吳說：「你如不就職，蔣先生說他就不能繼續北伐了。」一聽此言，使我恐慌萬狀。在吳氏苦勸之下，我說：「吳先生，蔣總司令既把事情說得如此嚴重，那我不敢再推辭，只有遵命首途去就職了。」以故在馮、閻就職後一個多月，我才在漢口宣誓就任第四集團軍總司令職。

我自京返漢不久，正在整飭部隊，預備北伐，蔣氏忽又派吳忠信來漢，勸我就武漢政治分會主席之職。我說：「吳先生，我是軍人，對打仗尚粗有經驗，對政治則既無經驗，更無興趣。並且我已轉推譚組庵先生，以譚氏擔任此職實最為理想。」

吳忠信說：「蔣先生一定要你做，你如不做，蔣先生說，你就是不願意和他合作了。依我看，你還是應該和蔣先生合作的。現在其他政治分會主席都早已就職，獨你不就，也容易引起外界的誤會，你就立刻就職吧。」

我說：「吳先生，你提到與蔣先生合作與不合作的問題，事情太嚴重了，那我只有遵命就職了。」吳氏見我答應了，他也可不辱君命，當然大為高興。

我又說：「吳先生，自古只有逼人丟官的，尚未聞有逼人做官的事，蔣總司令現在居然逼我做官，也為少有的奇聞。」我就職後，吳忠信遂欣然返京覆命。

出任武漢政治分會主席，實非我所願，何況政治分會的設立，原就是非驢非馬的制度。政治分會的權力極大，有任命所轄區內地方官吏，及處理政、軍、財、教、建各要政的全權。然政治分會並非中央政府以下的二級機關，管轄地區有限，凡不屬於政治分會掌握的省分，卻又直屬於中央，與各政治分會錯綜而治，形成一極奇特的政治制度，實與素主中央集權的蔣先生的意旨大相逕庭。蔣先生復職後，忽然搞起這種制度來，或係一種權術的運用。因蔣氏下野之前，黨內黨外曾一致攻訐其為新獨裁者。今番故意奠立此一分權制，或藉以表白而已。

2

第四集團軍的編制是直轄第七、第十八、第十九軍等基本部隊，以及唐部改編的各軍。我既擔任總司令，白崇禧也奉派為第四集團軍前敵總指揮。四月中旬，整編就緒，乃由白崇禧率領李品仙第十二路軍，沿京漢線北上，參加北伐。

那時，北伐戰事已接近尾聲（北洋軍閥中所餘的唯一實力派張作霖，已無心戀戰，華北傳檄可定）。先是，當我軍於十六年底發動西征時，孫傳芳殘部仍在津浦線蠢動，有乘我西征時向南京發動反攻模樣。軍事委員會為減少後顧之憂，乃決定同時命令何應欽率第一路軍，循津浦線繼續北上。十月中旬，何應欽部遂向徐、蚌及淮河兩岸發動攻勢；並電約馮玉祥自隴海路東進，會攻孫軍。

孫軍一經接觸即向北潰退。十一月十六日我第一路軍遂克復蚌埠。時直魯軍張宗昌部向孫傳芳增援，自徐南下反攻。雙方相持經月，我第一路軍卒於十二月十六日克復徐州，俘獲甚眾。以故，當我西征軍事結束時，何部正抵徐州待命，北伐戰事也暫告一段落。直至十七年春初，蔣總司令復職，四個集團軍重行部署之後，才繼續發動攻勢。

完成北伐的最後階段的戰略部署，大體上以第一集團軍沿津浦路北上，循泰安、濟南、滄州而直薄天津。第二集團軍則任京漢路以東，津浦路以西地區的攻擊任務，自新鄉沿彰德、大名、順德一帶北上，右與第一集團軍，左與第四集團軍聯繫，會攻京、津。第四集團軍則循京漢路，經鄭州、新鄉，向正定、望都一帶集中，直搗保定和北京。第三集團軍則自太原循正太路，出娘子關，截斷京漢線，北上與第四集團軍會師北京。

此時敵軍應戰的策略，係以張宗昌的直魯軍與孫傳芳殘部據守津浦線，以阻截我第一集團軍的北進。奉軍主力則後撤，以縮短戰線，並以保定為軸心，向西線集中，擬乘我第四集團軍尚未到達正定時，一舉將我突出的第三集團軍包圍殲滅，然後回師截擊其他各路革命軍，以達其各個擊破的戰略目的。

我軍攻勢係於十七年四月中旬發動，第一集團軍賀耀組、方振武兩軍於五月二日克復濟南。孰知日本山東駐屯軍福田師團，竟出兵阻撓，圍攻濟南。蔣總司令不欲與日軍擴大衝突，乃派交涉員蔡公時及隨員十餘人到福田師團部交涉，希望和緩此一嚴重局面，不料蔡等竟為日軍所槍殺。我軍迫不得已，忍辱乘夜突圍。日軍旋在濟南城恣意捕殺平民，遭難者數千人，釀成「五三」濟南慘案。第一集團軍賀、方兩軍自濟南脫險後，協同一部分友軍繞道魯西，越黃河，北進佔領滄州、德州，因之頗受稽延。時我三、四兩集團軍已克京、津，第一集團軍遂未續進。

攻勢發動後，第二集團軍馮玉祥部防區並無強敵，本可兼程而進，惟馮氏卻稽延不進，並撤回原駐博野、安國一帶的部隊，僅留置少數騎兵警戒前線地區。馮軍既無意急進，我第四集團軍尚遠在豫南，奉軍乃得乘隙實行對閻錫山第三集團軍的包圍。五月中旬，閻部幾陷入三面被圍中，閻錫山見形勢危急，乃電請馮玉祥迅速北上解圍。孰知馮玉祥不但不派兵赴援，反而通令所部，略謂：「不遵命令擅自退卻者，槍決！不遵命令擅自前進者，亦槍決！」他意在禁止其駐在京漢線上的部隊，擅自北上，解閻部之危。馮氏此項通令，後來在北伐軍中傳為笑談。因在向敵人發動總攻時，「擅自前進者，槍決！」實是駭人聽聞。

馮玉祥見友軍危難而不救，實在出於意氣用事，欲報閻錫山的舊恨。原來當民國十四年冬，馮軍在南口戰敗西撤時，閻錫山曾應吳佩孚、張作霖之請，陳兵晉北，企圖腰擊馮軍。因而馮氏懷恨在心，得機乃一洩私憤。

馮玉祥既不赴援，閻錫山在危急中，無以為計，適白崇禧率葉琪第十二軍乘車趕到定縣、新樂一帶增援。奉軍由其飛機偵察，知我第四集團軍已趕到，乃改變計畫，向關外撤退。我軍即乘勢追擊，於五月三十一日克復保定，並向北京挺進。

我第四集團軍原定於四月底在武漢乘車北進，惟以車少軌壞，運輸困難，乃由前敵總指揮白崇禧率第十二（葉琪）、第三十（魏益三，河南收編）、第三十六（廖磊）各軍，及第八獨立師（劉春榮）先期北上。經過將近一個月的運輸，先頭部隊第十二軍才抵正定附近。五月三十一日克復保定後，乃沿京漢路直搗北京。第三集團軍也於六月一日佔領宣化、花園，向懷來追擊。第二集團軍也向高陽、雄縣、永清、固安、河間挺進。第一集團軍同時佔領滄州。概未發生激烈戰鬥。

各路大軍齊頭並進，孫傳芳知大勢已去，乃於六月三日通電下野。所部歸鄭俊彥統率，向革命軍輸誠。張作霖不敢繼棧，於孫氏下野的次日，偕吳俊陞等文武官員出關，車至皇姑屯，被日軍河本大佐預埋的地雷炸死。所部奉軍乃由「少帥」張學良統率，繼續向關外撤退。六月八日我軍遂進佔北京。六月十一日閻錫山、白崇禧聯袂進入北京。

惟此時張宗昌所部，除徐源泉率萬人歸順中央外，尚有三萬人稽留於冀東一帶，本擬隨奉軍撤入東北，但是奉方因宗昌部隊紀律廢弛，恐其反為東北之累，故不讓張部出山海關。宗昌所部乃麇集於灤東一帶，要求我軍收編，同時準備作困獸鬥。此時蔣總司令與我已抵北平❶。知該部已無可改造，乃令白崇禧率第四集團軍及第二集團軍鹿鍾麟部、第三集團軍商震部進剿。不久即全部繳械肅清，馳名一時的大軍閥張宗昌遂一蹶不復起了。

在此期間，東北張學良也派遣代表入關，接洽服從國民政府。於是，東北顯無用兵必要。北伐至此，乃大功告成，軍事上所餘的，只是一些善後問題，有待處理了。

注釋

❶民國十七年六月二十日，中央政治會議議決，直隸省改為河北省；北京改名北平。北平、天津為特別市。——編者注

【第41章】

善後會議與東北易幟

1

在我國歷史上，凡是大兵之後，善後問題總是難處理的。北伐完成，自然也不能例外。平、津克復時，由於中央任命文武官員實際上均為蔣先生一人所操縱，有欠公允，致心懷怨恚。而表示沉默反抗的，便是第二集團軍總司令馮玉祥。因直隸（旋改稱河北省）、察哈爾兩省及北京（旋改北平）、天津兩市的光復，實係第二、三、四各集團軍協力作戰的戰果。然戰後中央政府對光復地區地方軍政機關人事的安插，除第四集團軍保持一貫作風不薦人外，幾乎全是閻系人物；馮玉祥僅分得北平特別市市長和崇文門統稅局一所。此稅收機構原為北京政府歷任總統私人佔據的肥缺，每月收入約二十萬元。這數目對擁兵十餘萬的馮玉祥說來，簡直是「杯水車薪」，無濟於事。面對坐擁河北、察哈爾兩省暨平、津兩市的閻錫山，難免感覺不平，因而發生怨言。

蔣先生這種措施，事實上也是一種權術。意在挑撥本已互相嫉忌的馮、閻二人，使其發生齟齬，以便控制。閻錫山對蔣先生的厚己固然感到心滿意足，但是久歷官場的馮玉祥，對蔣先生的用意豈有不知之理。因此他對閻氏尚無甚惡意，而對蔣先生的運用詭譎伎倆，卻積憤很深。

因此蔣先生於六月中旬，電邀我和馮、閻到北京舉行善後會議時，馮玉祥遂託病覆電不來參加，並電令其駐漢口代表李鳴鐘向我解釋，希望對他原諒，順便探測我對善後會議的態度和意見。馮氏此時坐擁重兵，虎踞西北陝、甘各省和中原河南四戰之區。他的消極態度，不特對蔣先生面子上極為難堪，而中央政令在全國即將統一之時，遭受極大的阻力，尤損威信。

馮氏的消極抗令，就事論事，也情有可原。因馮軍所駐西北各省均極貧瘠，地方收入不足以養重兵。今平、津光復，地方稅收甚豐，馮軍幾一無所獲，安得不怨？

事實上，軍事新勝之後，諸將爭功，本不易應付。而蔣先生不但不善加處理，反想擴大其矛盾，促成其惡化，以收漁利，實有失全國軍事統帥的風度，居心也不可恕。我當時在武漢目擊這種事態的演變，內心頗引為隱憂。因一面電中樞，主張裁兵，移軍費作工農建設，以政治方式解決國內的紛爭（此一裁兵電報曾傳播各地，頗為輿論界所讚揚）；一面派曾在馮處任職的高級參謀黃建平偕李鳴鐘前往河南新鄉，慰問馮先生的病狀，並代為懇切陳述我對善後會議的意見。略謂，民國成立以來，外有帝國主義的侵凌，內有軍閥的割據，北征南討，擾攘經年，民苦已久。今賴將士用命，人民輸將，北伐既已完成，國家統一在望，倘善後會議遭受挫折，中央固有責難，人民也不會諒解，則吾人何以自處？深盼馮公顧全大局，忍辱負重，扶病北上，參加善後會議，則公私兩利，實國家之幸。旋接馮氏覆電，略謂，黃、李兩君蒞臨，並出手示，情誼拳拳，銘感肺腑，至分析時局，洞若觀火，尤為欽佩。我兄如北上參加善後會議，弟當扶病奉陪末座云云。我接此電後，極感快慰，隨即拍電報告蔣先生。中央諸公獲此清音，一天雲霧頓時消散，歡忭可知。那時，蔣先生已派吳忠信來漢，擬請我居中調處。因我實是擔任這項任務最適當的人選。論攻克平、津的戰功，我第四集團軍或在第二、三兩集團軍之上；但我軍功成不居，祿亦弗及，我輩也從無怨言，殊足以為馮玉祥作規範。不意我已自動從旁疏解，並已獲得了圓滿的結果。

南京接電之後，蔣總司令乃決定約我同道往新鄉，親約馮玉祥往北平開會。這是蔣氏捨近求遠，取道武漢，前往北平的原委。

民國十七年六月下旬，國民政府乃正式通過設立裁兵善後委員會，並決定於北平召開善後會議。六月二十八日蔣總司令率總參謀長李濟深、中委蔡元培、吳敬恆、張人傑、戴傳賢及隨員張群、陳布雷等一行二十餘人，自京抵漢。我既為武漢政治分會主席，少不得帶了文武官員暨各民眾團體到江畔歡迎。旗幟招展，鑼鼓喧天，為蔣總司令復職以來難得的盛會。當晚設宴為諸公洗塵。誰知在此宴會上，竟發生一項不愉快的小事件，後來蔣先生的歧視第四集團軍，可能便種因於此。

原來在宴會舉行時，我第四集團軍中的夏威、胡宗鐸、陶鈞三軍長俱未出席奉陪。盤箸虛陳，情形頗為尷尬。我發覺之後，立即派人去催，他們竟都託故不來。此事使位居首座而氣量褊狹的蔣總司令頗為難堪，心頭自然不悅，可能更疑竇叢生。

其實，夏、胡、陶的缺席並無惡意。只是他們三人都是習於戰場的生活，粗邁豪爽，不拘小節。性喜高談闊論，大碗斟酒，大塊吃肉，對於蔣總司令特意裝模作樣，嚴肅靜穆的官場應酬，感覺乏味和不慣。我間或有款待上賓的正式宴會，他們三人也往往不參加，並說：「有總司令在招待難道還不夠光輝，要我們去幹什麼呢？」我也不以為意，因一般宴會他們本可不必參加。

但是這次的情形便不同了。我們的主客是復職不久的最高統帥——蔣總司令。在這場合，他們三人一致不參加，就容易引起誤會了。事後，我深悔沒有事先關照他們三位粗枝大葉的莽漢，致造成不愉快的場面。

更壞的是，宴會的翌日，蔣總司令循例檢閱第四集團軍駐漢部隊。我首先致簡單歡迎詞，然後恭請蔣總司令訓話。訓詞當然冠冕堂皇。大意謂，革命軍人應忠誠擁護中央政府，應盡階級服從天職和確守軍風紀，不惜為國家犧牲云云。蔣氏辭畢，不料身為閱兵總指揮官的胡宗鐸，心血來潮想出鋒頭，突然站出閱兵台前，對中央來賓諸公和官佐士兵，提高嗓子，大放厥詞。略謂，革命北伐軍在進展期中，中央政府政潮迭起，致影響軍事，屢受波折。自今以後，深盼中樞開誠布公，賞罰分明，用人唯才，造成政府廉潔風氣，俾武裝同志為國犧牲才有代價，才有意義等語。這番話顯然與蔣總司令的訓詞針鋒相對，使我驟然陷於誠惶誠恐的境地。宗鐸此種言論，發之於私人談話之間，尚無不可，在這種場面下，公開演說，實在太為不雅。蔣先生當然大為不快，此事可能也是他後來決定消滅第四集團軍的原因之一。

這兩不幸事件發生後，我曾因夏、胡、陶三人不識大體，認真地訓斥了他們一番，然究有何補？

夏、胡、陶三人都是革命軍中第一流的戰將。然因百戰功高，本已有驕蹇之態，一旦戰事平息，住入繁華的大都市，禁不起聲色犬馬的誘惑，都娶了年輕的新歡，宴安鴆毒，目無餘子；及捲入政治漩渦，又因缺乏政治素養，難免誤事。言念及此，益覺秉政當國，用人行事的不易。

2

六月三十日我們一行在蔣總司令率領之下，自漢口專車北上。原擬逕赴新鄉訪問馮玉祥，但馮氏來電約在鄭州晤面。翌日早晨，我們車抵鄭州時，馮氏已自新鄉趕到，在車站迎接，握手相談甚歡。

此時是七月上旬，中原天氣已漸燠熱。馮氏設午宴款待我們。我見馮身軀結實，滿面紅光，無絲毫病容。然他在宴會席上，仍頻頻咳嗽。望其人，聽其聲，分明是假咳嗽。我就用膝蓋碰了碰坐在我身旁的李濟深。散席後，我問李：「你看馮先生在害病嗎？」李微笑道：「他在扮戲！」

與馮小聚後，我們仍搭原來專車北上，馮則另乘一車隨後。翌日，當車抵北平郊外的長辛店站時，閻錫山、白崇禧等都親自來迎。這是我和閻錫山第一次晤面。閻是中等身材，皮膚黧黑，態度深沉，說的一口極重的山西土音，寡言鮮笑，唇上留著八字髫鬚。四十許人，已顯蒼老，一望而知為工於心計的人物。渠為山西晉北人，生於清光緒九年（一八八三）。早年留學日本士官學校，據閻的同學程潛告我，渠在日本留學時成績平常，土氣十足，在朋輩之間，並不見得有任何過人之處。誰知其回國之後，瞬即頭角崢嶸，馳名全國，為日本留學生回國後，在政壇上表現最為輝煌的人物。民國初年歷任山西都督、山西督軍等職，勵精圖治，革命軍北伐至長江流域，渠即向國民政府輸誠，成為中國政壇上的不倒翁。錫山為人，喜慍不形於色，與馮玉祥的粗放，恰成一對比。

我們一行抵平後，於七月六日齊赴北平香山碧雲寺總理靈前，舉行祭告典禮。由蔣先生主祭，我和馮玉祥、閻錫山任襄祭。祭告典禮開始時，蔣先生忽撫棺慟哭，熱淚如絲。馮、閻二襄祭也頻頻抆淚，狀至哀傷。我本人卻在一旁肅立，雖對總理靈柩表示哀悼，但並未墮淚。竊思總理一生，事功赫赫，雖未享高壽，然亦盡其天年。如今北伐完成，中國統一於青天白日旗下，功成告廟，也足慰總理和諸先烈的英靈於地下。撫棺慟哭，抆淚相陪，都似出於矯情，我本人卻無此表演本領。

我們到北平去，原以開北伐善後會議為標榜。當時參預會議的，計有蔣總司令、馮總司令、閻總司令、李濟深、蔡元培、張人傑、李煜瀛、吳敬恆、李烈鈞、戴傳賢和我，一共十一人。而事實上，並沒有議事細則，更無預定提出討論的大政方針，只是一個座談會而已。說話最多的是吳敬恆，其次是戴傳賢。東拉西扯，不著邊際，開了四天的會，毫無結果可言。吳敬恆屢於席上詼諧地說：「好在國民黨慣於會而不議，議而不決，這次的會議當然無傷大雅。」不過我由各種跡象推測，蔣總司令利用這場合來造成他的中央黨政軍領袖的地位，確實相當成功。最後，大家同意先成立編遣委員會，再續議裁兵。蔣總司令乃取出一份擬好的裁兵計畫，閻、馮和我都一致副署，擬於五中全會時，作為議案提出。

蔣總司令駐節北平日子雖短促，但做了兩件富戲劇性的事，令人玩味。第一件，他忽然以總司令名義通緝前曾歷任國務總理和執政的段祺瑞。此公年邁，隱居天津，不問政治已有五年。門生滿全國，革命軍中將領均多呼段氏為「老師」。某次，我特對蔣先生說，段祺瑞不問政治已久，何必通緝他。蔣先生回答說，段為北洋軍閥的巨頭，不把他的威信打擊一下，對我們國民革命很有妨礙。

第二件是關於蔣先生學歷上的一段趣事。蔣先生原名志清，弱冠時曾考入保定陸軍速成學堂，因不守堂規而被開除。後往日本進陸軍振武學校，接受軍士教育程度的訓練。回國後，卻說他是日本士官第六期畢業生。此次到了北平，乃派曾一度任其副官長的陳銘閣（河南人）到米市胡同南兵馬司和士官學生同學總會負責人劉宗紀（士官第六期，曾充孫傳芳的參謀長）接洽，並捐五萬元，作為同學會經費。那時有些人，像四期的蔣作賓、雷壽榮，六期的楊文凱、盧香亭等，就向劉宗紀質問，哪裡出來這個叱吒風雲的大同學呢？劉說，捐巨款還不好嗎，何必深究呢？本來「英雄不問出身」，蔣先生實在是多此一舉。

在北平除開編遣會議之外，其餘時間則消磨於聯絡情感的社交飲宴。一次，馮玉祥作東，在故宮宴請中央要人和四個集團軍的高級袍澤，與宴的凡百餘人。酒酣耳熱時，忽有百餘位大小職員和工友排隊走進餐廳前的天井裡。與宴者均不知這群人究為何事而來，不免相顧愕然。

他們站定後，做主人的馮玉祥乃起立發言說：「我馮玉祥在民國十三年將清廢帝溥儀趕出故宮時，外界謠傳都說我馮某曾乘機偷竊故宮財寶。剛才進來的這一批人，都是在故宮內做事的人，知道溥儀出宮的情形最為詳細。」馮氏越說聲音越洪亮，大聲問道：「你們都是在故宮做事很久的人。你們直說，宣統出宮時，我馮玉祥偷過東西沒有？」

馮氏問畢，站在天井中的百餘人都大聲回答說：「我們都知道馮總司令沒有偷東西！」

馮又大聲問：「你們說話誠實不誠實？」

眾人又大聲回答說：「我們說話是誠實的！」

馮氏乃轉身向眾賓客行一鞠躬禮，然後說：「諸位現在已知道我馮玉祥並未偷過故宮寶物吧！」

馮氏的話，引起哄堂大笑。那一大群「證人」遂又整隊退出。一場喜劇才告收場。

一九五七年，紐約一位中國古董巨商曾到我家裡閒談。我把上述的故事告訴他，並問他，古董商場上有無馮先生出售古物的痕跡。他說，在若干年前，有一美國大古董商請他考證並估價一個長約一英尺、高約五吋的中國式花舫，是整塊翡翠雕琢而成的。人物生動，花草逼真，確是精緻絕倫。他用放大鏡細看，證實係乾隆朝代的貢品。據說，這寶物原屬馮玉祥所有，這洋人用二萬金元購得的。這位中國商人對我說，該花舫誠稀世的寶物，至少值十萬元以上，原售主以兩萬金割愛，殊為可惜云。

又抗日勝利後，我任北平行轅主任，時孫連仲任河北省主席兼綏靖主任。某次，我問孫說：「人們都傳說，民國十三年馮先生攜取故宮的寶物，據你推測，有無此事？」孫說，當時他任馮的衛隊旅旅長，派部隊保護故宮。後來聽說，有一士兵誤以為一隻大鐵箱裡藏有金銀，乃用斧頭鐵錘把它打開，發現其中貯藏的全係歷代瓷器，已震碎無餘。至於馮先生曾否攜帶寶物出故宮一事，孫君並未作答。

不過，馮氏的為人也有殊足為人稱頌的。據說，民國十三年第二次直奉戰爭，馮氏和張作霖勾結，趕走直系首腦曹錕和吳佩孚後，奉張應玉祥約請，隻身入北京相晤，磋商善後問題。然直系倒台後，張、馮二人的政治利害又直接衝突，無法協調，善後商談，自然沒有結果。因而在歡宴張作霖之夜，玉祥曾約其股肱胡景翼（國民軍第二軍軍長）和孫岳（國民軍第三軍軍長）密議，終無善策可循。胡、孫二人一致認為張作霖將為西北軍的大患，不及早除去，將噬臍莫及，故力主將張作霖即刻逮捕為質，然後出師驅逐奉軍出關。馮氏以合作未逾匝月便下此毒手，將招物議。無奈胡、孫堅持，以為時機稍縱即逝，不可畏首畏尾。辯論到最後，胡景翼竟代書手令，逼玉祥簽字。馮氏拒不握筆。胡、孫二人，一執手令，一執毛筆，和馮玉祥在中南海居仁堂中往返追逐，作團團轉，直如演戲一般。三人爭辯徹夜，玉祥卒未下令，張作霖才能於翌日平安離京。孫連仲時任馮玉祥的衛隊旅旅長，是晚因身負拱衛居仁堂之責，故能目擊這一戲劇性的會議。抗戰期間，我受任第五戰區司令長官，連仲為副。偶爾閒談往事，孫氏對我說來繪影繪聲，聽了為之捧腹不止。

3

善後會議期中，關乎全局的最重要一項決策，厥為接受張學良的和平解決方案，對關外停止用兵。

當革命軍進駐平、津，張作霖為日人謀殺之後，我即電陳中央，主張對東北停止用兵，以政治方式謀求統一。我的想法是，全國統一大勢已定，張作霖已死，張學良斷不敢作負隅頑抗之想，和平接受中央領導，將為必然的後果。再者，此次日人謀殺張作霖，其處心積慮侵略東北的計畫已如箭在弦上，我們如出兵東北，日軍加以阻撓，可以斷言，濟南慘案的血跡未乾，出兵東北更應特別慎重。

當善後會議在北平開會時，張學良果派來代表三人——邢仕廉、王維宙、徐祖詒——接洽東北易幟，歸順中央諸問題。然馮、閻兩方人士認為東北已失領導中心，士氣渙散，故力主乘機進兵，一舉削平奉系，以除後患。他們的主張蓋基於兩種心理：㈠馮、閻二人和奉系都有宿怨，此時正可報復；㈡戡平東北後，我一、四兩集團軍都是南方人，不耐嚴寒，則白山黑水之間，沃野千里，必係他二人的天下。

他二人態度既很堅決，蔣總司令也為之舉棋不定。因此奉方代表在六國飯店住了十來天，尚未蒙總司令接見，心有不悅，乃決意遄返奉天覆命，三代表之一的徐祖詒且已先行離平赴津。

我目擊此事發展的危機已著，而蔣總司令腹案仍未定，乃單獨去見蔣先生，分析對東北繼續用兵的非計。蔣也深以我言為然，並叮嚀說：「本晚約馮、閻談話時，你可將此意見提出。」

就在同日，前廣西國會議員王季文忽到我的住處來告我說，東北代表因久未蒙總司令接見，自覺和平無望，決意於明日離平返奉。季文並說，他們非常憤慨，因為他們曾收到恫嚇信，並不時受到言辭間的侮辱，其情形直如亡國賤俘，頗覺難堪。

我聽了，知此事關係重大，乃請王君去六國飯店代為致意，請各代表再住數日，敢保必有佳音相告。如各代表感覺安全堪慮，請即搬到北京飯店和我的朋友同住，我並當派便衣人員保護。並告訴他們，此次和平使命關乎國運至大，希望他們為國忍辱，以大局為重。至於就內戰來說，實是勝不足武，敗也不為辱，希望他們不必介意。

季文去了不久，便來回報說，邢、王二代表感激我的盛意，願再住下，但搬往北京飯店及派便衣保護等事，俱不必要。

與季文談後，我立即往見蔣總司令，告以所聞種種。蔣說：「你聽誰說的？」言下頗為詫異。

我說：「王季文說的！」

王季文和蔣也很熟稔，前中山先生定桂時，季文曾受中山委任為桂林清鄉督辦，和蔣頗有往還。

蔣先生既知此訊確實，立刻便派員往六國飯店，約東北代表晤談。東北易幟的大計由是遂定，其餘細節留待以後再行磋商了。

【第42章】

編遣會議的糾紛

1

在北平方面的事務已粗告結束，蔣總司令便於七月二十五日啓節南旋。馮玉祥與吳敬恆旋亦聯袂離平。吳先生是馮玉祥約他到其軍中小住的。馮氏素以刻苦耐勞，粗衣淡食出名，吳氏此次特地隨馮前去，嘗試其「苦生活」。

七月二十八日，閻錫山、李濟深、戴傳賢和我也結伴專車南下，自平漢路轉隴海路到開封小遊。開封為馮玉祥駐節之地，渠以地主之誼，親來車站迎接，並導遊名聞全國的開封博物館。其後，我們又同車到徐州，轉津浦路返京，預備出席正在籌備中的五中全會。

五中全會於八月八日在南京正式揭幕。會中，除一般黨務議案外，最重要而亟待解決的實際問題，便是各地政治分會的存廢問題。政治分會的設立原為蔣先生的意思，現在才施行數月，蔣又欲把它取消。馮、閻二人和一部分黨中元老，如李煜瀛、張人傑等，則主張暫時保留。於是，由政治分會的存廢而牽涉到黨的理論問題來：三民主義的政治體制，究係中央集權抑係中央和地方均權？蔣派人士主中央集權；李煜瀛、張人傑等元老則說，總理遺教地方自治理論中明白規定中央、地方均權。後者主張有步驟的削藩，逐漸削減政治分會的權力，然後加以裁撤。如生吞活剝地加以撤銷，恐怕要出亂子。這一問題鬧得滿城風雨，結果還是無疾而終。

五中全會所通過最重要的決議，便是實行五院制，並推選蔣中正為國民政府主席，譚延闓為行政院院長；並成立編遣委員會，設法裁減全國兵額。

蔣先生同時並發表馮玉祥為軍政部部長，閻錫山為內政部部長，我為軍事參議院院長，並希望我們三人長期住京。我曾向蔣先生建議說，我長期住京，絕無問題。因為武漢政治分會可由程潛、胡宗鐸、張知本各委員負責處理大政。第四集團軍也可由參謀長代拆代行。但是我深深感到馮、閻二人絕難長住京畿，因為他們二人的軍中大小事務悉由他們親自裁決，參謀長形同虛設。他們二人不在軍中，則軍中一切事務都要停頓。強留他們長住南京，反不若讓他們常去常來比較好些。

至於裁兵問題，我向蔣先生說，裁兵不難，裁官難，裁高級軍官尤難。

因士兵均係招募而來，軍中逃亡風氣很盛，任何部隊如停頓一年不招兵，則士兵人數便可能降至半數。如著意裁兵，則下降速度自更快了。至於下級軍官，退伍後轉業也不難，如強迫他們退伍，尚不致引起嚴重抗拒行為。而師長以上將領就不同了。軍人到少將以上，便成為一純粹的職業軍人，正如一隻桐油桶，除盛油外，別無他用。如對他們任意裁撤，而不予適當安插，他們兵符在握，必然不肯就範，那就反使中央為難了。

為今之計，莫若由政府提出一筆巨額經費，將各軍中的高級將領分批派遣出洋考察軍事。一則可以增長他們的見聞；再則可以作一回旋的步驟。他們回國後，可令入高級研究機關深造。其可繼續任用的，仍給以軍職，其不堪造就或自願退伍的，則由國家優給退休金，使能優游林泉，或轉務他業。國家所費雖巨，然亦革命軍人於革命成功後，所應得的報酬。再退一步想，萬一因裁兵不慎而招致內亂，所耗軍費將更不止此數了。

蔣氏聞言唯唯，未置可否。其實，他這時已另有腹案。他的第一集團軍斷難裁減；至於其他各軍，他意對第三集團軍首先開刀，然後再及其他，庶可各個擊破。

2

編遣會議表面上係根據五中全會的決議案而成立。會中設常務委員九人至十一人。蔣總司令、各集團軍總司令和前敵總指揮等都是常務委員。民國十八年一月一日，編遣會議舉行成立典禮。嗣後連續開會達一月之久。

在這些會議中，蔣總司令便首先提出編遣第二集團軍的計畫。但據當時中央的統計，各集團軍的人數卻以第一集團軍為最多，約二十個軍、四個獨立師，共五十餘萬人。第二集團軍共十個軍、八個獨立師，合計四十二萬餘人。第二集團軍總司令馮玉祥因蔣氏未提到第一集團軍的編遣計畫，殊感不服，遂提出辯難。

馮氏首先提出裁兵的原則：㈠裁弱留強；㈡裁無功留有功。他因而指出，第一集團軍內所收編的南北部隊十餘萬人，應該首先是裁撤的對象。如今這些收編的部隊留而不裁，反要裁北伐有功的正規部隊，實有欠公平云云。

馮氏語畢，蔣先生便說，第一集團軍也有編遣的計畫。他要何應欽回答這一問題。何氏起立，說了些不著邊際的話，未提到任何具體方案。馮氏頗有不愉之色。此後不久，馮氏便稱病不到軍政部辦公。馮氏未稱病前，閻總司令已像熱鍋上的螞蟻一般，急於回防，但又不便說出口。然此公工於心計，結果，蔣先生留他不住，勉強允許他回太原一趟。於是馮的內心更為著急，「病」也轉劇。我們有時到馮的住處去「探病」，只見他臥房裡炭火熊熊，馮氏則臥在床上，蓋了兩張棉被，滿頭是汗，呻吟不止，好像真有大病的樣子。

蔣先生有時也親往探望馮氏，並囑他好好靜養。孰知一日，馮氏竟祕密渡江往浦口，乘事先預備的鐵甲車返回原防，並留書蔣主席道別。

馮氏一去，所謂編遣會議，自然就無疾而終。僅就原先通過的議案，成立南京、武漢、太原、開封、瀋陽五個編遣區，綏圖編遣，大會乃匆匆結束。

國家圖書館出版品預行編目資料

李宗仁回憶錄 / 李宗仁口述 ; 唐德剛撰寫 . --
二版 . -- 臺北市 : 遠流 , 2018. 07
冊 ; 公分. -- (唐德剛作品集)

ISBN 978-957-32-6587-0(全套 : 平裝). --
ISBN 978-957-32-6588-7(上冊 : 平裝). --
ISBN 978-957-32-6589-4(下冊 : 平裝)

1. 李宗仁 2. 回憶錄 3. 口述歷史

782.886 99000035

胡適口述自傳

一般人對口述歷史的了解，大抵是從唐德剛這部《胡適口述自傳》開始的。這是他根據美國哥倫比亞大學「中國口述歷史學部」所公布的胡適口述回憶十六次正式錄音的英文稿，和他自己保存、並經過胡氏手訂的殘稿，對照參考，綜合譯出。是他在哥倫比亞大學與胡適親身交往，提著錄音機完成的一項偉大「口述史傳工程」。

胡適先生此書的重點是對自己一生的學術作總結評價，而這評價反映出胡適晚年期的思想，與他中少年期的思想簡直沒有甚麼出入，所以正如唐先生所說，讀過胡適《四十自述》的人，在這一本口述中很難看到新東西。但唐德剛先生在把英文口述譯為中文後所作的注釋評論，卻是不可不讀的好文章。本書「傳」與「注」已成為一不可分割的整體，就學術價值和史料價值而言，注釋部分的分量，恐怕還遠在傳文之上。70年代海外史學界盛稱「先看德剛，後看胡適」。唐先生在這些注中所表現出來的學養見識具有難得一見的才情風致，真正讓人有讀其書想見其人的欽慕之感。

胡適雜憶

《胡適雜憶》原是唐德剛教授在撰錄《胡適口述自傳》之餘，打算自寫的一篇「短序」。不料下筆千里，把胡先生一生牽惹到的無數問題與糾葛，幾乎無所不談，談無不痛快，一寫就是一、二十萬言，結果「頭」大不掉，不能印在書前，序文成了專書，獨立出版。且不論二人同寓紐約期間深厚的「忘年之交」，即憑唐德剛教授自己的「職業」、「訓練」和「娛樂」，他實在是為胡適作評傳最理想的人選。本書最大的特色即是憑唐德剛教授的回憶和當年自己日記上的紀錄，給胡適先生留了一個最忠實的晚年寫照。

本書不止是篇回憶錄，它暢談歷史、政治、哲學、文學、文字學，以及其他一切胡適生前關注的學問，由於唐德剛古文根底深厚，加上天性詼諧，寫起文章來，口無遮攔，氣勢極盛，讀起來真是妙趣橫生。在這裡他把胡適寫得生龍活虎，但又不是公式般裝飾什麼英雄超人。他筆下的胡適只是一個有血有肉、有智慧、有天才也有錯誤和缺點的真實人物。讀了唐德剛的胡適，你也可以和他握手寒暄，笑語談辯，不知夜之將盡，人之將老，也在胡適裡找得到唐德剛。

張學良口述歷史

回首百年中國，張學良是現代史上一個少有的是非人物。本性最適合做一個聲色犬馬的公子哥兒，可現實偏要壓他一肩的戎馬戰事和國恨家仇。在他名下鬧出的「瀋陽事變」和「西安事變」，改寫了中國歷史和世界歷史，而他身為這兩件大事的主角，生前若未能留下「第一手」的交代，殊屬可惜。

本書以張學良 1990 年自述為主體，以史學名家唐德剛論張學良的數萬文字為輔。張氏的口述，隨興而談，隨意而至，流於細碎，卻趣味盎然，更往往於不經意間，透露出遍尋史書也不能得的真實；更兼唐氏的論說精闢而有洞明世事人情的味道。一邊是研究人物的「自白」，一邊是研究者的「審視」，兩相對映，使歷史變得更為真切而生動。

2010年10月26日是唐德剛教授的周年忌日。唐教授是中國近、現代口述史研究的主要開拓者，「中國近代口述史學會」由其倡導創辦，也是他的最愛，用中國近代口述史學會編輯的專集來紀念他，自然最合適不過。

紀念集除了收錄眾多友人的追思文章之外，尤其難得的是，其中有一篇是古蒼林先生數年前對唐教授做的口述歷史訪問稿，使我們得以將這篇寶貴的文稿為本集重頭文章刊出，以這種獨特而又再親切不過的方式來紀念唐教授。唐教授生前曾花費大量時間精力，對李宗仁、張學良、胡適、顧維鈞等歷史人物進行口述史訪問，寫出《李宗仁回憶錄》、《胡適口述自傳》等傳世名著，為後輩留下從事口述史研究的典範之作。他老人家晚年又欣然同意對他自己做口述史訪問，誠實而又興趣盎然地回憶他的一生，給後輩留下又一典範。唐教授曾多次強調，口述史應記錄「正史」上看不到的、生動具體的生活細節和個人感受。